# N13

Rediscovery of Ningbo

# 文·化宁波

## 宁波文化的空间变迁与历史表征

黄文杰 著

浙江大学出版社
ZHEJIANG UNIVERSITY PRESS

# 序言
## 悦读:"文"化宁波的过程与结构

关于宁波文化的研究,近年来动静最大的是日本。有 60 余所日本国立大学的 100 多位教授学者共同参与,用数年时间从事《东亚海域交流与日本传统文化形成——以宁波为焦点开创跨学科研究》,日本文部科学省拨给 11 亿日元(折合人民币约 7000 万元)科研补助金,以资助这项课题。他们多次来宁波调研,我也因此而受邀,在日本东京大学做了相关内容的学术报告。然而话说回来,我的内心深处却难免疑惑——把宁波文化置于研究的"焦点",其定位是否有点儿偏高了?

现在,这本《文·化宁波——宁波文化的空间变迁与历史表征》帮我解惑了。因为该书的视野与定位,比日本学者更加高远,认为"认识宁波文化,必须置放于七千年的时间纵轴与全球的空间横轴,宁波文化的生成和展开与特定的时间和空间密切相关,也必须依据特定时间与空间构成的坐标得以阐释";而且,该书的阐释能够自圆其说,某些言论还颇为引人入胜。

譬如说,宁波先民创造的可以傲视全世界的河姆渡文化,代表了中国新石器时代晚期文化发展的最高水平,典型地展现了长江古文明将近四千年的文明进程。而因不可抗拒的大自然伟力,我们的老祖宗不得不多次迁徙,结果则是"祸兮福所倚",河姆渡文化在走向衰弱的同时,也随着大迁徙而传播至四面八方,与各地的原始文化在碰撞中实现融合,有力地推动了中华文化的初成,成为东海文化圈重要的源文化。所以,"河姆渡文化的扩张,表现了从公元前 5000 年到公元前 200 年左右,以中国大陆为中心,延及东海、南海诸濒海之地,所发生的最初的文化融合过程。在这一过程中,宁波文化属于文化输出的高地"。这就部分地印证了日本那项研究课题的可行性。当然,所谓的"扩张",是不自觉的,且因其先进性而大体上是平等融合的。

再譬如,把因为争贡事件而导致海禁、全世界最大走私集散地双屿港的遽兴速亡、王阳明创立完善的心学思想体系等几乎同时发生在宁波的大事联系起来,以此划定明代中叶为宁波文化发展演变在时间与空间上的转折点的言论,看似牵强附会,实则放眼全球。我很赞同以下这段话:"1492年哥伦布发现美洲大陆,宣布着各成体系的古典文明格局正式结束,全球化时代由此到来。按照自然的人文选择,宁波可能会是全球化最初的重要推动者,双屿港一时的兴盛说明了世界文化发展对于宁波区域的选择。然而明清两代以严酷海禁为代表的文化收缩政策,使宁波从自然的发展趋向中陡然扭转。依海而生的宁波,经济发展陷于困顿,但在思想文化上却成为中华文化的高地,即以心学为代表的中国哲学最终在明中叶完成近代化探索,阳明心学是东亚区域突破近古威权伦理束缚、肯定个体人生意义的思想启蒙利器。"至于嘉靖年间的争贡事件、双屿岛倭寇、阳明心学对于日本传统文化的影响,无疑是不言而喻了。

该书对于宁波文化的研究,有宏观的,也有微观的,"日常与传统""家族与人物"两部分,几乎囊括了值得一提的宁波的事与人。"地理与人文"更多讲述在宁波这一特定地理格局中,随着历史变迁所呈现的文化脉流,是立足大格局与大历史阐析宁波文化的流变;而"日常与传统""家族与人物"更多侧重细节阐述,是一个个独具地域风情的符号与一个个曾经鲜活地张扬着地域精神的生命。

宋代以降,地域精英引领着地域文化的发展,以浙东学术为代表的精英传统是地域文化的灵魂,但是我们也要关注多样性民间文化的生发与变迁,它以多种形式丰富着人的精神生活,左右着人的行为选择、审美趣味、情感表达,甚至悬置着人的终极关怀,不注意这些文化传统就无法分析地域文化面貌的纷繁复杂,无法理清文化演进的历程,也无从规划文化发展的前景。无论建筑、农业、水利、音乐、舞蹈,还是自然,都不断充实着地域世世代代百姓的智慧,对于这些文化符号里面意蕴的揭示,让我们增加对土地的亲近感与到达感。没有这种无声的指令,我们很难想象宁波人何以共同认同,何以不涣散。"日常与传统"所贯联的事物,让我们珍惜时间创造的文化魅力;如此独特与丰富的遗存值得我们骄傲,值得我们去认真探寻;同时也让我们看到在贸易、扩张、交通等接触过程中,文化传统这一有机体在不断咀嚼、消化和吸收新的成分,新的因素在蓬勃生长,新的传统在不断形成,所谓"日日新,又日新"。"家族与人物"所列举的人物与家族,不仅在地域发展中起过重要作用,甚至在中国乃至在东亚等更广泛的区域中,发挥着重要作用。诚然,其组合似有牵强之嫌,描述不免浅尝辄止,但是一本书要穷尽丰厚的地域人物,几乎不太可能;所做的好像一块七巧板,以独特的想象力与理解力,加以相当巧妙的拼接,再加上流畅的文字,看来大有"悦读"之味,给人提供一个视角来理解宁波人物在历史变迁中此起彼伏的有趣轨迹。

区域文化是该区域的软实力。在积极创建"港口经济圈"的今天,宁波人读一读这本书,想必会有所得益。在当下,传统文化的重振与重组,不是全面复旧,也不是无视或排斥新的事物,但需注意地域个性的保存,地域之间的文化交流主要是去理解那些地域所独具的基本成分。这正是作者最为关注的地方。在阅读过程中,想必还能为作者提供一些宝贵意见和新的资料,因为这本书总体而言,还可以继续往前朝更深邃处探求,道出宁波这方水土之所以能钟灵毓秀的独特本质,那就更丰满圆润了。

黄文杰走出校门有 20 年了,依然记得我这位老师,送来这部书稿,嘱我作序。通读之后,倍感欣喜。古人云"青出于蓝而胜于蓝",诚不我欺也!

是为序。

戴光中

2015 年 3 月 28 日

# 前言

## 宁波：历史的经验与意义的创造

一

宁波（为了叙述的方便，以下明州、庆元等宁波古地名都统称为宁波，区域涵盖现今下属的十一个县（市、区）位于东亚大陆海岸线中点，四明山、天台山雄峙西南，甬江水系纵贯区域。这里山清水秀，人杰地灵。思想伟人、商业巨子辈出，浙东学术、姚江文化、东南佛教、三金一嵌等，气象万千。宁波文化的辉煌成就几乎涵盖思想哲学、道德伦理、文学艺术、文化典籍、科技工艺等，都有上乘的表现，而且自成体系；其具有地域特点的思想造诣、艺术水准、文化内容，常常是那个时代最高水平的一个代表。认识宁波文化，必须将其置放于7000年的时间纵轴与全球的空间横轴，宁波文化的生成和展开与特定的时间和空间密切相关，也必须依据特定时间与空间构成的坐标得以阐释。当今社会，多元文化互相碰撞，地域文化的自觉即对于地域文化的自我觉醒、自我反省、自我创建，显得尤其迫切。唯有对宁波文化本身有着深入而切实的把握，才能真正在全球化的背景下，构建区域文化与世界文化平等而自由的对话关系。

从河姆渡文化起，宁波文化就有了确切的物证，河姆渡文化是阐解宁波文化的原点，是宁波文化的底色，这一带有极大原创性的文化，也是东亚文化圈重要的文化发源地。河姆渡文化的变迁主要由海侵等自然灾难引起，延及战国末期越国的灭亡,越人外迁,中原百姓移居越地,地域文化构成经历了一次颠覆性改变。这一文化时期跨时近五千年,是文化东亚化过程的重要组成部分,即河姆渡文化的扩张表现了从公元前 5000 年到公元前 200 年左右,以中国大陆为中心,延及东海、南海诸濒海之地,所发生的最初的文化融合过程。在这一过程中,宁波文化属于文化输出的高地,中华文化的初成与百越文化的形成,均与这一区域的原创性文化密切相关。

从秦汉到明代中叶,宁波总体属于文化的输入性时期。以儒道佛为中心的精神文化,由外而入,在四明山地与宁波平原延展文明地域化进程,因为地域海洋贸易对文化与生活方式的影响,如越窑青瓷这种改变世界饮食方式的文化数百年的演进,使宁波的文化特性逐渐显现,成为越文化中一个独特的亚文化,并在中唐时期从行政上独立于会稽。在宋元时期,宁波商业发达,移民家族的后代涌现了一大批心怀"新民"之志的儒家学者,由白衣而卿相,致力重建人间秩序。这一时期也是文化的亚洲化时期,宁波成为东海文化圈的核心城市之一,成熟化的儒道佛思想,尤其是汉传佛教的传播,使东海区域成为世界区域文明的一个高地,其文化格局的影响沿着海上商路甚至已经到达非洲,并以西亚为中转,到达了欧洲,最终吸引着西方人来到太平洋西岸。

1492 年哥伦布发现美洲大陆,宣布着各成体系的古典文明格局正式结束,全球化时代由此到来。按照自然的人文选择,宁波可能会是全球化最初的重要推动者,双屿港一时的兴盛说明了世界文化发展对于宁波区域的选择。然而明清两代以严酷海禁为代表的文化收缩政策,使宁波从自然的发展趋向中陡然扭转。依海而生的宁波,经济发展陷于困顿,但在思想文化上却成为中华文化的高地,即以心学为代表的哲学思想最终在明中叶完成近代化探索,阳明心学是东亚区域突破近古威权伦理束缚,肯定个体人生意义的思想启蒙利器。而反观这一思想之所以在宁波完成,从文化发展脉络来看,也是历史对宁波的必然选择:处于中华帝制结构边缘的宁波,反而在文化上可能实现创新与突破。阳明出,而天下书院复兴,宁波属于思想输出高地,日本等国成为阳明心学的受益者。但这一时期,宁波在经济上成为以苏杭为中心的江南经济圈里的附属城市,作为草根商帮的宁波商帮外出求生,相比有着政府背景的徽商、晋商等,处于配角的地位。

从明代中叶起,尽管中国的生产依然左右着世界前期的全球化,广州一口的通商与走私贸易，让马尼拉航线等国际航线畸形繁荣，其实以银为本位的明清两代，始终没有脱离与世界的关系，但闭关自守使世界文明的发展很难渗入宁波文化体系。鸦片贸易与战争炮火打开中国大门，促使了封建帝制结构的解体，以五口通商为起点的面向海洋的中国新文明格局开始形成。西方文化的先进性，包括商业、宗教、科技、教育、工业、建筑、政治等方面截然不同的表现，催使具有开放性特质、学习型文化结构的宁波，在开埠以后，迅速产生新的精英阶层，在各个方面形成狂飙突进的民间力量，并占据上海、天津、武汉、香港等重大城市，成为这一时代推动文明全球化重要的群体之一。

海洋是世界文明交流的重要平台，以船舶发展为核心的海洋运输升级换代，是人类文明发展的重要标志之一。宋元时代，属于帆船时代，由于南北海运换船的需要，以及作为中国大运河出海口，宁波是以在国家贸易框架上占据重要地位；宁波经济繁荣，人口汇聚，文化勃兴。清末民国，属于轮船时代，中国的经济中心自然转为有着更为广阔腹地的上海，宁波成为一个转运港口；宁波文化表现为人与地域的分离，即宁波人借助上海等城市引领文化发展的时代风潮，而地域文化发展相对滞后。当代，属于集装箱时代，中国的对外对话框架又发生重大变化；改革开放以后，宁波从三江口时代迅速跨入北仑港时代；宁波作为东方深水大港的地位愈来愈为突显，几乎全年全天候停靠几十万吨级海轮的工作能力，在长三角一带几乎无可替代；宁波港的吞吐能力已经成为中国经济的晴雨表，宁波是新海上丝绸之路的重要节点。而以民营经济为代表的新宁波帮，在近30多年中迅速崛起，成为中国的一个经济现象；经济的繁荣如何带动高素质人才的汇聚，从而实现宁波区域在中国，甚至是东亚、亚洲、全球的文化一环，成为现实的重要课题。

由此，我们对宁波七千年的文明进程有了一个基本的纵观。经济发展带来的生产方式和生活方式的变化，文化的交融，以及政治、军事、教育等各种因素的辐辏，推动着宁波文明的前行，文化如阳光一般照彻地域。在距今七千年至五千年间，我们遵从神话学与人类学的研究，还原宁波文化作为中国多元起源、多区域不平衡发展的历史真实，从而更为清晰地认识中华文明、中华民族从点状的新石器文明，历经黄帝、颛顼、帝喾、尧、舜五帝，夏商周三代，走向块状结构的过程。随着文明发展的推进，与人群的历史迁移，中华文化逐渐走向地域文化的细分。宁波文化大致在中唐时期确定了自身文化的独立性，并在宋元之际，由移民带来的学术与海洋贸易带来的经济发展,实现了文化的繁荣,宁波成为推动亚洲区域化融合的重要城市。明代中叶,阳明心学的完成标志着儒学近世转向,也奠定了宁波学术在中国精神发展史中的地位。明中叶开始宁波与国际对话中断,但全国逐渐一体化的经济,使宁波深层次融入民族经济之中。宁波文化在近代开埠之后,再次促进中国文化的发展,活力充盈的宁波文化是19世纪中叶至20世纪中叶中国最具魅力的地域性文化之一。在这一过程中,地理环境中的海、运河、山是塑造宁波人个性、影响文明发展的背景因素;历史环境中的政治变迁、文化融合是铸就宁波文化的核心因素,不同文化圈的战争、贸易政策变迁等都引发了文化的变动,而一些事关中华或者亚洲甚至全球性全局的变动,往往使宁波文化的生命力与独特性得以显现。

同时,我们也发现宁波文化发展并不呈现线性向前的样态,而是呈现为螺旋式上升。在回应挑战的过程中,有文化发展的高潮,也有低谷所在,表现出周期性特征。河姆渡文化是史前文化的一个高峰,海侵之后走向衰落,但促成了文明的扩展;越文化达到一个小高峰,之后又走向衰落;直到宋元以海洋贸易为中心的宁波文化发展达到高潮,稍后明代阳明心学在学术文化上占据高地,其后因海禁城市文化发展受挫;清末民国开埠以后,宁波帮历史性地推动了中国近代化、现代化的过程,但宁波城市的发展主要在20世纪80年代改革开放,北仑港崛起以后。当下,宁波正处于文化发展的上升期。

## 二

文化是一个非常驳杂的概念,包罗万象,它是人类群体所创造、所享有的物质实体、价值观念、意义体系和行为方式的总和。从外显形态看,文化是各种符号,即物质实体与行为方式,在叙述历史之时,关系到生存与发展的经济行为往往得到较大的关注;从内隐部分看,是意义系统与价值观,是人对物的需要和要求、理想和愿望,是人认识自然、社会与自我的精神框架,是人幸福感、判断力、行动力的来源。这些内容虽然纷繁复杂,形态迥异,但置放于特定的空间,放眼于历史的变迁,能够发现涌涌而前的文化发展之中,包蕴着脉络,或者说在这些社会文化现象或关系背后的"深层结构",或"无意识模式"。正是如此,本书之所以选择"地理与人文""日常与传统""家族与人物"三个方面来阐解宁波文化,目的是在纷繁芜杂的历史表象中，尽量梳理出几条脉络，通过阐析文化空间的转换，以及历史对文化发展的选择，能够对"文"是如何实现"化"宁波区域的过程，对宁波文化的内容与特质有较为清楚的把握，从而解决宁波文化"是什么""为什么"的问题。"地理与人文"是讲析宁波文化在时间与空间格局中的流变，分为史前至明中叶与明中叶迄今两个部分，因为明中叶是世界全球化的开始，世界文化格局改变之始，而明代中叶也是宁波近世意义系统与价值观完善的开始，所以将明代中叶作为宁波文化史古典文明与全球化文明的分蘖；通过追寻宁波地理热点的转换，即从河姆渡到东钱湖，到三江口，到苏州、北京、上海，及至到北仑港等足迹，解释宁波文化史，显现地理对于文化的影响，也显示着文化变迁对于地理的选择。"日常与传统"是讲析日常视野中的宁波文化，梳理七千年中各种诉诸感官、影响人性成长的文化符号的流变；这里包含大量物质与非物质的文化载体，诸如建筑、农业、水利、音乐、舞蹈、雕刻、语言等，这些独具风情文化符号的背后是人潜意识层面的需要与愿望。"家族与人物"是整理宁波的家族与人物，人是文化的活态载体，血肉丰满的宁波历史人物与一个个起伏跌宕的家族，可以深入洞察宁波人承担起文化对话历史使命的真实过程，从门阀贵族到科举世家，到商业巨族、科技家族等，一部宁波家族史，就是中国文化走向民间、走向平民的生动写照。

这样的角度选择带有去芜存精的价值判断，所表现的可能还不能反映宁波文化的全貌，因为所梳理的脉络是在有形与无形之间；"脉络"与"文化"之间常常形成矛盾，因为有形的脉络无法完全涵盖文化发展的全部内容，而文化又作为价值、信念与世界观的构成，本质上遵循自身的非实体的文化认同发展的线索。本书旨在建立起与宁波文化整体价值发展相联系的点、线、面，重在突出处于文化上升期正面积极的部分，而且这些表现还带有自身研究视域的局限性，所体现的是理解、解释、探索意义的研究范式，而不是探讨规律、法则，拘于细节的考证，希望所做的努力能够启发人从多个维度来诠释宁波文化，使我们既有宏观空间与时间的视野，在万千流变中把握蕴藏其中的脉流，也有微观的体察，感受到宁波文化存在的温存感。这样的维度选择，使我们不会过度地去夸大人的力量，而是冷静地展示历史发展洪流中人积极应变的作用。人之所以完成了哪些事，而成为一代标志性人物，是文化发展对于地域文化的选择，是地域文化对于人类前行的力量支持，个人承担历史使命，内蕴必然的规律。这就是本书重在叙述"地理与人文"的原因所在。同时，我们也不会过度地去渲染历史对人的左右,人作为一种符号化的动物,被动地接受文化,从而完成自身的社会化是客观的存在;但完成主体性构建,证明人本身的存在,仍然离不开人自身的努力。人不仅仅是文化的被显示者,同时也是文化的构建者、创造者。在文化的对话格局中,不同的文化体系间进行了解、对话、交流与融合,人本身的主观努力往往起到决定性作用。这就是必须梳理"家族与人物"这一部分的原因。相对来说,明代以前,宁波人物更多地体现为集体的力量创造着历史,个人较多地淹没在群体之中;明代以后,宁波文化则更多体现为民间精英力量的崛起,近世形成的绅士社会,是宁波精英辈出的肥沃土壤。

而我们着力于解释宁波人的日常世界,主要是从宏大的历史叙述中超越出来,回归于人本身的生活,即在人类学的视野下,通过讲析宁波人的传统生活世界,寻求符号意义的多义性和多层次的理解,透视作用于人感官经验系统的意义世界,以及大传统和小传统的立体交融。在这里,无论城市历史,无论风俗节日、吃穿住行,都不是毫无情感的信息,而是充满温暖意味的符号系统,宁波人获得诸如"四明山""姚江""奉化江""汤团"等物品以及名称之后,显得心满意足;其在不知不觉中决定了宁波人的表象和判断的集体精神状况。美国自然文学作家桑德斯认为:"没有地理中心的支撑,我将无法拥有一个精神的中心。"地域感支撑着人类心灵的归属感,人之所以会变得有生机和富于表情,常常与这些意象构成的图景世界密切相关,人与这些风景相接触产生了心景与心灵的慰藉,从而保持良好精神状态。或者说,这一文化世界是人真正的精神家园。

阐述宁波文化,我们更多用"文化对话"一词,主要区别于文化征服、文化扩张。对话是双方发挥各自的创造性和批判性思维,是为超越自身生存现状和生存方式进行认识上的探索。在明中叶以后,外柔而内刚的宁波文化,典型地显现了古典中华文明的特性。宁波文化是一个学习型文明的文化架构,能在文化的对话中,积极调整自身的结构形式,生成新的文化样式。它常常能掌握对话的主动性,开放进取,又勇于出征,从而实现文化软性的传播与融合。武力是文明融合的现实动力,尤其是冷兵器时代,推动中华民族文化融合的重要因素就是北方游牧民族的入侵。但宁波文明的播化主要体现于观念与商品在接触中互融,充满尊重与理解的人道性;在宁波历史上,有宁波人的抗争,但没有宁波人组织过侵略性的战争。

# 三

人作为感性的个体，在接受围绕着他的文化作用的同时，具有主动性；对于每个人来说，都有一个从文化到心理的过程，从而带有明显的个性化特征。由此，文化在很大程度上是超越科学关于"客观"与"真实"的定义，我们对于世界的观念永远是对世界做了某种加工的产物。对于文化而言，我们更多地指向发育地域心灵史的文化符号与历史事件。具有心灵意味的文化符号，往往为人主观选择，充满主观情愿的创造性，有的时候不一定符合客观史实，但是心灵的真实；真实地与你我的心灵相关，比如依附于天封塔、灵桥，以及四明山的种种故事，尽管如此神秘，但没有人去怀疑过它的真实性，因为这是心灵之所以生长出地域性的根源；这些因素在塑造宁波人方面起了决定性因素。我们以为，种种文化符号所包含的意义，是一种精微态的存在，它蕴藏于万物之中，"浸泡"着万物，它从暗处、在根基处、在整体上影响着我们，无时无刻不在与我们进行着意义的交换，具有极大的传递力、穿透力。但也须明白，宁波文化并非自动而直白地提供并呈现在个人面前，而是需要人自己的观察、思考和体验，使事物由"遮蔽"状态转变为"敞开"状态。若我们"心不在焉"，或者精神、意识、心灵觉悟修行程度达不到一定的高度，即使天天身处其中，也不会明白其中的奥妙与迷人之处，也无法理解文化对于自己所具有的内在意义：它将与我们的心灵毫不相干，所谓"心外无物"。"立心"者，建立心理本体也；意义的建构在于人本身。相同的历史积淀而成的地域文化，使"人同此心，心同此理"有了可能，但这是建立于人的文化自觉之上。通过对宁波文化曲折过程的较具文学性地呈现与梳理，或者说是一种理性与情感并融、注重故事、注重细节、注重过程的散文化阐述，一方面，想要说明文化发展扑朔迷离，并不意味着混乱，或者根本无迹可寻。尽管每一代人都有其不同于前代人的精神世界，每一代人都在创造着新的文化世界，体验着新的意义世界，谁也无法预告规定下一代人的精神世界、文化世界和意义世界，但有一点必须认识到，人永远无法走出这深沉浩然的文化脉流。另一方面，也是说明本书对于宁波文化的诠释，强调的是文化和人的精神生命之间的关联，目的是显现宁波人自身世界的图景；文化事件的重要性并不在于它属于过去，而是它作为持续有意义的存在对我们的言说，解释传统文化不是重新体验和重新构造曾经的史实,而是在于沟通过去和现在。我们总是以不同的方式理解宁波文化,每一个历史事实都有无限解释和再解释的可能,每一个人活生生的经验的价值,也改变着历史与文化的"固定化"呈现方式,人们正是用这种生成性、关系性和创造性的思维方式,掌握地方知识,形成个人知识与生活世界观。如果我们只是静止化、凝固化和片段化地认识与阐释历史,将会遮蔽历史文化本应具有的发展理智的意义,遮蔽历史文化的道德意义,而助长了人在历史和现实面前的无能为力感和冷漠无情。

康德认为,人的自由是有边界与阈域的,只有人的理性认识到一切界限都是"自己所加之于自己的",人的精神与思想才能得到解放。乡土的一切是宁波人按照自己的理性所设定的,人们可以在这些客观事物、精神符号中认出自己。当人的精神在客观事物、精神符号中认出自己的时候,精神就有权根据理性重新设定种种界限,这就是"自由"的启蒙。启蒙不是先知先觉来完成,不只是开启民智,主要是开启自己,即对自己的自由,自由的自己有充分的信心。理性地梳理与认识对自己有"超越""自己所加之于自己的""界限"的权力能力有坚实的了解;由此,理性所向往的"彼岸"与现实的经验世界有了一种矛盾、一种紧张,理性的自由境界体现为建立新秩序的倾向。宁波人要有能力面对这对永恒的矛盾,也要善于处理这对不断发展的矛盾。我们期待着通过对宁波文化流变的认识,能够促成宁波人对自我主体的体认,对内在本质的证悟,为宁波人追求主体的境界提升,提供一条历史悠久、意域深广的审慎的内在超越之路,为宁波人科学运用这一对矛盾推动经验世界的历史发展做好准备。

从另一方面讲,宁波文化内容极深极广,名家众多,文化无论在量上还是在质上,在中华文化体系中都堪为重要。宁波文化是中国少数几个绵延七千年而能从各个维度理清发展线索的文化,可以独立成一门专门的学问的研究。探求宁波的文化现象,对宁波文化有一个整体把握与细部的梳理,不仅对认识宁波本身,而且对研究中华文化发展对地域的选择,分理中华文化与地域文化互动相成的关系,探求中华文化之所以绵延常新的原因,都有着积极意义。宁波文化始终与人类文明发展的历史潮流相呼应,并通过与中国、东亚及至世界文化的对话,实现对自身文明内质的确认与发展,并由此展现了文化结构包蕴的生气活力。当然,这种"六经注我"式的写法,旨在提供视角,以省察现象,其史料梳理与逻辑论证,颇为疏阔,可能不为历史方法所取。但如果能够揭示其中的关键，引发人的思考，将是本书的理想效果。

研究宁波的"文"化过程，让我们感受到人类生存、发展的神圣性。而"文"化宁波集中体现为宁波人在现实生活中建立起个体人格的伟大力量；神圣不在所崇拜的对象，而在现实生活的担起历史使命与社会责任的行为活动、情理结构中。"文"化宁波最终体现为宁波人对自身主体性历史的肯定与自觉：生命神圣，人生神圣。这也是中华文化的深层结构所在。这是我们当下建构宁波文化自信，尤其是价值观自信，确认文化在世界文化结构中坐标的重要起点。宁波有文化的雄厚基础，对中华文化、亚洲文化、世界文化做出了重要贡献。当下文化建设的关键在于文化创造力的唤醒，从而在当下实现在世界现代化话语体系之中地方性话语体系的构建。也是说本书对于宁波文化的诠释，强调的是文化和人的精神生命之间的关联，目的是显现宁波人自身世界的图景；通过描述文化在宁波文明演进及个人成长中的意义与价值，引起人们对于文化力在地域崛起、复兴中的地位与作用建设性思考。

费孝通先生将文化自觉的历程概括为"各美其美，美人之美，美美与共，天下大同"。特定的自然环境、历史空间文脉、传统生活方式、文化审美心态等，构建了地域民众独特的形象、性格、精神与气质。激发蕴含于每一个人身上的文化力量，澄明自我的存在，建构意义世界，重建世道人心，以创新引领文化的时代发展，这对于构建愉快、自由与有意义的城市文化功能，有着重要价值。宁波人有自信去否定将现代化称为西化，也应当有自信实现理想型现代化的建立。

# 目　　录

**地理与人文(史前至明中叶)**

河姆渡与文明的播化　　3

　　河姆渡文化与中华文明的起源　　3

　　卷转虫海侵与宁绍平原的舜禹传说　　7

　　鸟图腾与中华文明的初成　　11

从东钱湖到上林湖　　15

　　古越文化与越国起源　　15

　　古越文化的分化与句章、鄞、鄮的兴起　　18

　　上林湖青瓷与吴越文化的初成　　23

从小溪到三江口　　28

　　它山堰与南塘河　　28

　　州治的建立与小溪时代　　32

面朝东海的运河城市　　39

　　从唐城到宋城　　39

　　宁波文明的转型与东海文化圈的成熟　　45

　　从南宋末期到元代的庆元时代　　51

双屿港与招宝山　　56

　　朝贡贸易与宁波争贡　　56

　　双屿港的兴毁与嘉靖倭患　　59

太平洋贸易的兴起与招宝山威远城　63

鸣鹤、药行街与江南的繁荣　70

　　鸣鹤：江南市镇的兴起与药业萌生　70

　　药行街：宁波药业与商帮兴起　74

　　苏州、杭州与江南市镇　79


# 地理与人文（明中叶迄今）

近世宁波的儒学发展　87

　　浙东学术与中国儒学的发展　87

　　四明儒学的俗世存在　95

儒道佛的区域融合　100

　　道教的传入与三教的融合　100

　　佛教的兴起与儒佛的对话　105

民间多元化信仰与东海信仰的兴起　111

　　多元和谐的宁波民间信仰　111

　　妈祖、观世音、弥勒与东海信仰　118

从北京到上海　129

　　宁波人在北京　129

　　宁波钱庄与清末民国的金融业革命　134

从外滩到太平洋东岸　143

　　老外滩与上海滩　143

　　上海滩的崛起与宁波商帮的转型　152

　　宁波帮与近现代中国新格局　159

　　面向大海的宁波时代　169

从三江口到北仑港　176

　　民营经济的兴起与宁波模式　176

　　北仑港的崛起与城市框架的改变　183

　　走向未来的城市　189

**日常与传统**

山海之间：宁波文化的物态肌理　　199

　　山海对话与文化生态的构建　　199

　　水利治理与江南生活　　204

　　马头墙、乡村与城市　　208

日常风华：融入生活的艺术　　215

　　动静相宜的舞韵与音飞　　215

　　金雕彩绣与繁华世俗　　219

风俗底色：宁波人的生活结构与序列　　224

　　自然天放的宁波风俗　　224

　　节庆宁波：东方游戏的文化解读　　229

饮食有道：淡而有味的人生美学　　234

　　弥漫七千年芬芳的米香与鱼香　　234

　　茶与瓷：宁波播扬的东方神韵　　239

言语表达：文化变迁与言语传承　　244

　　石骨铁硬与柔和畅丽圆融的方言　　244

　　塑造日常伦理的故事传说　　250

书与商：人生双修的旨向　　256

　　书藏古今的城市价值取向　　256

　　港通天下的海洋商业洪流　　262


**家族与人物**

龙泉山下：虞氏与王氏的千年绵延　　271

　　绵延五百年的江东文化家族虞氏　　271

　　王氏家族传奇　　276

月湖人家：文化从开化走向汇聚　　282

　　从"庆历五先生"到"淳熙四君子"　　282

　　月湖丛楼中的丰氏、范氏　　287

平民政治：两种不同的家族政治实践　　295

四明史氏:繁华南宋文化家族　　295

方国珍、方孝孺与方氏家族　　300

百里姚江:桨声与书声合奏的江南　　306

孙氏、叶氏等三北家族的文化嬗变　　306

姚江黄氏的文化骊歌　　311

慈江西去:走向近代化的运河家族　　317

由科举转向商业的慈城家族　　317

中大河畔的镇海家族　　322

奉江北去:江东江西的家族变迁　　329

塘河人家:鄞州文化家族的家国呼应　　329

溪涧淙淙:奉江家族的军政精英　　336

**参考文献**　　343

# 地理与人文

（史前至明中叶）

# Geography and Humanity

## (From the Prehistoric Age to the Mid-Ming Dynasty)

　　地理是文明衍发的重要依据,也使文明具有相当的辨识度。河姆渡文明的器具创制、种植技术,以及信仰构建,与古浙东地理密切相关。但地理同样也是限制人类发展的重要因素,河姆渡文明演变为越文明后相对落后于中原,也与地理环境的变迁、地理位置相对偏僻有关。因为农耕与游牧文明长期存在的冲突,使文明中心经常在中国中东部广阔的区间中转移,浙东由此吸引了高素质文化移民的到来。通过数百年的积累,夷越文化与中原文化、中原农耕文明与海洋贸易文明相融合的宁波文明渐趋成熟。宋元两代,宁波文明的样式得以彰显,但在日趋封建固守的明代,以双屿港的覆灭为标志,显现着中华文明内部对两种不同质的文明的对话与发展的选择。

# 河姆渡与文明的播化

## 河姆渡文化与中华文明的起源

河姆渡文化让我们洞悉太平洋西岸人类将近4000年的文明进程,它是代表中国新石器时代晚期文化发展最高水平的文明之一。它以水稻种植、干栏建筑与陶器制作闻名,研究著作众多,但它真实的文明样式我们尚未完全了解。

考古是近百年来人类拓展对自身的认识的重要方式,随着地下文物发掘,被认知的时代不断往前延伸,仿佛随着太阳的升起,时间的神髓被照得越来越敞亮与遥远。这种越来越清晰的历史叙述,时常让人惊喜不已。1973年,宁波市区西去25公里处的姚江岸边,一次偶然的排水站建设,使沉寂地下七千年的河姆渡文化横空出世。这个新石器时代的史前文明的发现,骤然给予东海一隅的宁波以文明发源地的自信。河姆渡文化代表的是中国曾经经历的漫长的新石器时代,被置放于历史教科书第一页,这也给整个长江流域以文明的自信:它的丰富遗存,具有划时代性的成熟物证,在当时改写了5000年来中国人言之凿凿的黄河流域是中国文明的唯一摇篮的历史观。它启发着人们重新去考证中华文明的形成过程。长久以来,"中华文明起源于中原,并向四周辐射扩散,离中原中心越远的地方,似乎离文明也越远,则进入文明的时代就越晚,文明的程度就越低"这些传统的观念一直深入人心,然而随着河姆渡文化的发现,这一观念由此被否定。

在河姆渡博物馆,面对圆润的磨制石块、造型多样的陶器、长排式的干栏式建筑等文明物证,仿佛一个成年人看着自己的童稚时代,它所展现的生活状貌已经与现代相差不远。其实,人类认识自身的发展,7000年还是太短的时间跨度,许多人性的形成,基于几万年甚至几十万、百万年的演化。比如从女娲补天、孙悟空破石而出的神话传说,到绵延至今的石敢当崇拜、玉石崇拜,以及中医对砭石的运用等,与人类几十万年漫长的石器时代文化相关,只是现在的大多数人对石头的运用能力已经完全退化。人们想着减肥,却常常抵制不住美食的诱惑,是不是与人几百万年来在草原上饱尝饥饿的经历有关? 在人体基因中根植着原始人对食物渴望的痕迹,重复着曾经的草原生活模式。文化传承不只在意识层面,也在下意识、无意识、潜意识的层面,人是没有能力与百万年的文化驱力去抗争的。从人类漫长的发展史出发,解释这些文化现象,能够使我们对自身的行为与意识得到更本真、更合理的理解,这是一件富有意义的事情。

如果从类人猿算起,参考中国科学院古脊椎动物与古人类研究所倪喜军等人的成果,人类大概已经走过了5500万年;如果从能够制造工具的南方古猿算起,大概有200万年到300万年了;就从体质形态与现代人类无多大差别的晚期智人算起,大概也有4万年了。据浙江省文物局局长鲍贤伦介绍,2002年至2010年,浙江省共发现83处旧石器时代遗存点,遍及湖州、吴兴、长兴、安吉、德清、临安、浦江等县(区、市)。但现在的研究,还是集中在从1万年前开始的新石器时代。描述占人类历史99.9%以上的旧石器时代,即在地质时代上,涵盖上新世晚期和整个更新世时代的人类生活,基本上还停留在想象与猜测的阶段。在旧石器时代,人们手持简单的打制石器,过着以采集和渔猎为主的游群生活,这种"攫取性经济"与现代生活差别巨大,但对人类文化的形成肯定有着深刻的影响。毫无疑问,人性的形成与文化的选择密切相关。对于我们来说,新石器时代留下了足够的物证,从中可以了解它与现代社会生活千丝万缕的联系。那时的人们过着半定居或者定居的生活,以农业与畜牧业为主满足生活所需的方式,已经近似于现在的"生产性经济"。对这些社会现象的描述,我们可以触摸寻根的感觉,他们的日常生活常常被研究者用"文化"来命名,这也是一般意义上的"文明起源"。从某种意义上说,文化核心都是对更久远的始祖文化根源的连续继承。

河姆渡人的生活可以置放在中华文明的起源上,考量对世界发展的意义。建构这一宏大的论述框架,赢在遗存所展现的时间的跨度和物证的具体与丰富。尽管新石器时代起源在万年之前,到河姆渡文化时期大约经历了 3000 多年,但它仍然处在一个伟大的开创年代,横向对比世界主要的新石器文明,种种原创性文明的意义不言而喻。比

河姆渡遗址出土的刻画稻穗的陶盆

如河姆渡出土了近千件完整的陶器,约 50 万件陶片;饮食用具有釜、罐、钵、盆、盘、碗等,像釜、甑等炊具的出现,说明人类已从生食到熟食,从渔猎到定居,从野蛮进化到文明的新的历史阶段,是人类历史划时代的标志。再如出土的许多陶制生产工具中,有各种陶制纺轮,是纺锭的鼻祖,把它与同时出土的骨梭、梭形器、经轴等纺织工具,以及与盅形黑陶上刻着的四条栩栩如生的蚕纹,联系起来考察,说明当时该地先民已有养蚕知识,并有原始的纺织劳动。出土的骨器数量远超过石、木、陶质各种工具的总和,就目前所知,为中国新石器文化中所独有。梯形不对称刃石斧、拱背厚体石锛、骨耜、斜铤骨镞、管状骨针、骨哨、木矛、木刀等,都是具有特色的器物。动物的遗骨中,有人工饲养的猪、狗、水牛等,说明当时原始畜牧业的发展。再者,那精巧的木桨、残存的独木舟,以及历经 7000 年仍然完整的陶舟,让我们想象传说中的"有舟氏",是不是喻示着曾经打造过史书上记载的横渡大海的"方舟"?而与中原穴居截然不同的干栏式建筑,中国现已发现的古代木构建筑中最早的榫卯,让我们想象是不是传说中的构木为巢?他们是不是传说中的"有巢氏"?

我们不难想象,发展着原始农业和原始畜牧业的河姆渡人,经济正经历着由采集和狩猎为基础的攫取性经济转化为以农业、畜牧业为基础的生产性经济的变革,正从食物的采集者转变为食物的生产者。这种崭新的劳动实践活动,会引发生产生活方式乃至社会制度、思想文化上的巨大变革。但遗憾的是我们对这些内容至今了解很少。

河姆渡文明出土后不久,我们便发现,整个浙东处处是这样的古遗址,河姆渡西面 1.5 公里有鲞架山遗址,北面 7 公里有田螺山遗址,东北 10 公里为傅家山遗址,西北 12 公里是鲻山遗址,在象山发掘出塔山遗址,在舟山发现马岙海岛史前文

化遗址等,这些遗址星星点点分布在杭州湾北岸从萧山至宁波的 200 公里古海岸线一带。

也许,我们要庆幸"河姆渡文化"的及时命名,1977 年《考古》第 4 期夏鼐先生的《碳-14 测定年代和中国史前考古学》一文最早提出了这个名字。这个名字提出以后,得到了广泛认可,"名正言顺"成为一个新石器文明的标注。它与传说中沉没的大西洲、北非撒哈拉大沙漠的"火神火种"壁画、埃及的金字塔群、拉丁美洲的远古玛雅文明遗址、古巴比伦的空中花园、四川广汉的三星堆古遗址、杭州的良渚文化等,共同标注着北纬三十度的神奇。而现在来看,史前文明在长江三角洲遍地都是。1990 年,发现距今 8000 年的萧山跨湖桥文化,跨湖桥人已经会用骨针缝制兽皮制作的衣服,其陶器的精致程度甚至要高于河姆渡文化;2001 年,距今 11000 年的金华浦江上山文化被发掘,同样以稻米为食物,拥有众多大口盆、平底盘等陶器。但是这些遗址的名声无论如何不能超越河姆渡文化,这不仅仅是谁得了历史先机的问题,而是文明本身的质量:河姆渡四期遗址清晰地展现了从 7000 年前到 3000 年前的人类发展进程;集大成地显现了从上山文化到良渚文化的这一段历史过程,代表了中国新石器时代晚期文化发展的最高水平,典型展现了作为稻作文明的长江文明特点。河姆渡文化让我们洞悉长江古文明将近四千年的文明进程。

河姆渡文化叠压着四个断层。最底下的一层,为第四层,距今 7050～6500 年;第三层,距今 6500～6000 年;第二层距今 6000～5500 年;第一层距今 5500～5000 年。其中内容最为丰富、价值最高的为第四层,标志河姆渡文化成就的稻谷、陶器、建筑、象牙雕刻等,都在这一层得到了展现。在宁波与第四层相近稍晚,有余姚田螺山、慈溪童家岙;与第三层相近的有余姚鲻山(鲻山文化一直延伸到距今 3000 年左右)、鄞州董家跳、上虞牛头山;与第二层相近的有江北慈湖等 18 处;与第一层相近的有 24 处。从整个江浙,环杭州湾来看,著名的有马家浜文化,相当于河姆渡三层;崧泽文化,相当于河姆渡二层;再接下去便是良渚文化遗存、钱山漾文化类型遗存、马桥文化遗存、商周阶段遗存等。而河姆渡文化的精华在第四层与第三层。

**卷转虫海侵与宁绍平原的舜禹传说**

海侵改变了河姆渡文明的发展进程,宁绍平原处处播扬的舜禹传说是河姆渡文明在中华文明发祥中起到重要作用的历史回音。

我们不能以现在的自然环境来推想河姆渡人的生产与生活。7000年前的河姆渡人不可能有治理大河的能力,宽阔的姚江咸潮每天两次逆水而上。宁波人根治姚江咸潮在建国之后,即姚江大闸建立后咸潮从此不能逆流而上,史前文明只能诞生在山口台地,围绕山涧的溪流开展最初的农业。而事实也是这样,我们不能把河姆渡文明想象为姚江文明。现在的姚江是5000年前改道而成,姚江的改道与这一时期的气候变化相关。据海洋资料显示,今天的渤海、黄海和东海大部海域曾经水深都在120米左右;在更新世晚期(距今10万~1万年前),全球进入最后一次冰期,当时平均气温大幅度下降,我国东部和日本的气温下降7~8度,海面下降132米。可以想象,古老的长江、钱塘江等,包括北下的姚江沿着古河道而下,最终是汇聚成一条大江注入远离现在海岸线几百公里以外的大海。距今16500~6000年前,温度开始回升;温度增高,使海平面不断上升,海岸线不断后退;古"三海平原"(渤、黄、东海)逐渐被海水淹没;约距今11000年前后,海平面要比现在低30~40米,宁绍平原还能一直延伸到舟山群岛;距今9000年前,海平面仍比现在低10米左右;在6000年前,温度达到最高,海岸后退到最大限度,最高时可能比现在高出许多,整个宁绍平原都在水面之下。而这一时段中,海平面无数次的反复,上涨、回落,再上涨、回落。直到气温稳定,海面上升的速度和长江输出的泥沙进行堆积作用之间取得平衡时,海岸最终停止了后退。

我们可以想见,万年以来长江三角洲层层叠叠往上推进,现代长江水下三角洲就叠覆在古代长江水下三角洲之上。因为长江口沿岸流并不强烈,而且水下三角洲前缘水深一般在30~50米,这是利于江沙沉积、形成三角洲的区域。现有的长江口研究表明,长江来沙31%淤积在江口之外的水下三角洲,40%回淤在杭州湾及其近海,11%散积在浙闽沿海近岸水域,这就是长江口南岸海水混浊的主要原因。7000年来海平面稳定之后,长江的搬运与杭州湾在科氏力的作用下南长北削的地形变化,最终造成了今天的地貌。杭州湾在涨潮时,潮流向北偏,形成对北岸的侵蚀;在退潮时河流来沙,以及涨潮时大量卷入的泥沙裹挟而下,淤积南岸上,杭州湾南岸的地势越积越高。这种堆积使得北入杭州湾江流改道:姚江改道东行,而西去不远的曹娥江选择了西行。

由此我们还可以猜测,在东海之下的沉积岩中除蕴藏着油气资源之外,还散布着大量的史前文明。随着海平面上升,人类不断往高处迁徙,河姆渡文化只是这个向上迁徙过程中的一个节点。在距今 7000 年前后,海平面已经大致稳定,人类发现这一条雨水与阳光充足、物产丰富的狭长的山北平原地带,找到适合居住的台地,河姆渡文化一时繁盛而出。他们用创造的热情,使生活变得知足与多彩。

在距今 6000 年前后,海侵再次来临,人们离开家园,部分外迁,中原曾经的“涿鹿之战”可能与其中一支外迁的部落有关,这场发生于争取领土的进驻部落与原住部落之间的战争双方,炎帝带有强烈的南方文化痕迹;这之后中原地区进入了传说中的炎黄时期。而部分迁入南部山林的人们,在洪水过后,来到故地。这便是河姆渡第三层时期的来源。但距今 5000 年前后的洪水,彻底改变了家园容貌,洪水作用下姚江东泄,百米宽的江面成为先民上山狩猎采集的严重障碍。更为严重的是,从此咸潮一日两次倒灌而来,土地因此盐渍,破坏了他们的水稻耕作,这使得许多人不得不离开这块族群生活了近 2000 年之久的土地,人类历史上的又一次重大迁徙发生。而河姆渡文化由此走向衰弱。

人类用神话来记录这一时期的洪水,世界各地几乎在同进,有了见诸文献的故事。《圣经》中记载大洪水发生在公元前 5000 年前,这场洪水时间并不算长,天下的高山都淹没了,40 天时,洪水开始退去;到 150 天时,洪水完全退尽,陆地露了出来,诺亚方舟最后停靠在土耳其东部的亚拉腊山上。苏美尔人的泥版文书称大洪水发生在公元前 3500 年前。中国的上古神话没有确切时间,大都以神名来表示,如女娲时期的洪水大致与河姆渡第四层相当,尧帝时期的洪水大致与河姆渡第一层相当。在《竹书纪年》《孟子·滕文公》等文籍中记载,“当尧之时,水逆行,泛滥于中国”。水出现“逆行”的现象,即指海水倒灌,那时的人自然想到了“堵”与“填”的办法,这就是《尚书·洪范》中“鲧埋洪水”、《山海经》中炎帝的女儿精卫化鸟填海的传说来由。河姆渡文化的现世,让中国的这些史前神话有了具体的实证,证明洪水并非只是上流而来,同样遭受着海水的倒灌,这些难以解释的文书,由此可以更加合乎逻辑地加以解释。

但是"堵"与"填"不能从根本上解决问题，于是历史选择了积累了治理海侵经验的河姆渡人。而这个代表人物，如果依从口述的传说，他就是舜。《孟子·离娄下》记载："舜出生于诸冯，迁于负夏，卒于鸣条，东夷人也。"汉代赵岐作注："诸冯，地名也，负海也。"现在余姚兰江街道姚江南侧，四明山北麓，乌丹山清贤岭下，有一古树茂密、风景秀丽的村庄，叫冯村，古称即为诸冯。在地方方言中，乌丹山也称为握登山，握登是舜母亲的名字。余姚关于舜治水、孝父、耕渔历山的传说数说不尽；在邻近的上虞也都是虞舜的故事，上虞县城百官，郦道元《水经

余姚龙泉山"姚墟古迹"碑刻

注》引《晋太康三年地记》曰："舜避丹朱于此，故以名县。百官从之，故县北有百官桥。亦云，舜与诸侯会事讫，因相娱乐，故曰上虞。"当时这一带氏族最核心的居住地为"姚"，国家文物鉴定委员会史树青教授认为"姚墟"就在河姆渡一带。我们猜想姚江改道东去，一方面是自然伟力，另一方面也融入了河姆渡人的意志与智慧，舜有可能承担了领导的工作，故姚江又称舜江。按照神话传说，尧把治理天下洪水的任务交给了舜；舜也成为尧的女婿。因为做了尧的女婿，舜改妫姓为姚，即以出生地为姓；带着母系氏族文化遗迹的妫与姚，是为同宗。在共同的大自然灾害前，人类对文明的尊重变得理性与温和，尧舜禅让的时代一直被中国人描述为理想的大同时代。

当然也有很多意见认为尧舜为中原人，中原也遍布尧舜的遗迹，也有众多尧舜的传说；集中于浙东的舜的传说，是地方文化认同中原文化的结果。也有人认为尧舜本来并无其人，而是中国各种创世英雄的合身。但我们完全有理由认为舜已经完全融入了地方百姓心灵史的发育之中，河姆渡文化的出土让舜的故事增添了真实性。

我们对比观察罕见的自然灾害下河姆渡文化发生的巨大变迁。这一个安逸的部落因为天赐沃壤，一直以来以采集、狩猎与农耕相合作的方式生产、生活，采集与

狩猎占的生产比重会更大一些。这可以从河姆渡遗存中发掘的丰富的野生食物中得到印证。河姆渡遗址第四层出土有骨镞1079件、木矛42件,足见河姆渡人狩猎活动的频繁。狩猎的鸟类8种,主要是生活于沼泽芦苇地带的鹈鹕、鸬鹚、鹭、鹤、鸭、雁等;哺乳类达31种,如大型动物亚洲象、圣水牛、苏门犀、爪哇犀,凶猛动物如貉、犲、虎、黑熊等;遗骨遍布第三、四文化层各个探方,据不完全统计,仅鹿类下颌骨标本就有700余件,角的件数达1400多件。渔捞对象主要是淡水鱼类,如鲫鱼、乌鳢、鲤鱼等,淡水蚌类和龟鳖类,以鲫鱼和乌龟最多。陶釜里充满龟、鳖、蚌、鱼的骨骸,其中一个陶罐内竟存了满满一罐完整的龟与鳖甲壳。这种生产方式,使得土地有相对较高的载能,人口压力较小,群体之间合作和依赖程度相对较弱,大规模密集劳力型农耕经济的优越性和必要性并不明显,自然与周边文化交流极少,一定程度上束缚了社会的转型与发展。在7000年到5000年之间,文化一直停留在较为分散的状态,没有形成过较大规模的聚落,没有出现仪式中心类的公共建筑;墓葬随葬品也是以实用器为主,没有礼器,也没有出现神圣化了的墓主人;文明发展缓慢,社会复杂程度较低,基本是一种平等社会。

但是洪水改变了这个社会的生存境遇,面对重大的自然灾害,人们必须打破较小的、相对隔绝的生存单位,联合起来,而男性的力量变得更为重要。这些应变带动了社会结构的变革;舜的时代,河姆渡已经转向父系氏族制度,社会开始分化,等级制度出现,并出现私有的财产。最后一场的特大洪水中,绝大多数部落选择了迁徙;可能狩猎与采集的生产方式,一定程度上帮助了他们战胜漫长的艰苦的迁徙过程。河姆渡部落在迁徙过程中,与其他部落进行广泛交流,逐渐适应了新的环境,比如稻作生产在北迁过程中逐渐向麦作生产转换。而河姆渡文化发达的器具文明、相对成熟的精神文明,给其他部落带来了惊喜。以中原地带为中心,几乎覆盖整个中国地势的第一阶梯与第二阶梯,骤然之间形成了中国文明史上热闹的一个时代。灾难,在历史上往往与希望共生。

姚江平原既有舜的传说,又有舜的继承者禹的传说,禹把治水的秘册藏于余姚秘图山,在海水退后的宁绍平原上"教民鸟田",有人以为"鸟田"是"岛田"之意,即指山头栖鸟的生态景观,宁绍平原一片缀以陵岛的泽国上,岛上或许已有随水高下的梯状稻田。禹在会稽山万国聚会,计功行赏,筹划灾后的天下交通,还有可能从这里出发,完成《淮南子》所记载的海外36国的治水。河姆渡文化可能在此时衍生为夏会稽国,达到了自身文明发展的高潮。《尚书·益稷》篇中叙述夔龙主持大禹治水成功的盛典,群鸟群兽载歌载舞,最后来的是凤凰,所谓"萧韶九成,凤凰来仪"。我们可以想象成这样一个象征性的仪式:各部落带着自己的图腾登场,而最后登场当然也是最重要的一个部落,就是崇尚凤凰的河姆渡部落,或者是融入了各种图腾,但以鸟首崇拜为最主要的一个部落联盟。

## 鸟图腾与中华文明的初成

　　"鸟图腾"的播撒,使人们清晰地洞见河姆渡精神的力量直入中华文明。

　　"鸟图腾"对于中华文明初成的意义,可能无论怎样评价都不会过分。在河姆渡文化中,"鸟图腾"是灵魂,这一图腾在七千年前的文化层里即已经存在,有鸟形象牙雕刻、圆雕木鸟等,甚至在进餐用的骨匕上也刻有双头连体的鸟纹图像,这是至今发掘出的最早的鸟形象。最典型、声名最远布的无疑是雕刻在一块象牙蝶形器上的"双鸟舁日"图像,它出土于第三文化层底部,距今已有 6500 年的历史。器物正面图像构思奇特、布局严谨,雕刻技术娴熟,是原始艺术品中少见的佳作;它不是个人使用的符号,而应该是氏族、部落上层巫师们使用的符号工具。而干栏式建筑可能就是先民鸟化生活行为之一,所谓构木为巢。其后 3000 年的发展中,鸟形象始终处于东南沿海地区原始艺术创作的核心地位,并作为一种区域文化模式对后世文化传统和艺术观念的建构产生了巨大而深远的影响。这一图腾的起源,可能源于人们对带来稻米种子的鸟的崇敬,可能河姆渡人在剥食炙烤的麻雀时,发现了香甜的稻米,也许是先民们相信鸟类可以捕食害虫,帮助耕种稻谷。宁波很多地方都有这样的传说,即稻谷是鸟儿从天上带到人间的。小时候,农村里老人还这样念叨驱赶晒场吃粮食麻雀的小孩:"都是它们带来的,让它们吃些去。"有可能是因为农业生产的需要,使人们对太阳的崇拜,最终与飞鸟合二为一。陈勤建教授认为:"稻作的文化心态酿就了鸟的信仰文化,稻作生产的永生观念,在它酿就的鸟信仰中,变成了鸟的永生……谷的永生的生命原质,似乎也不是谷本身具有的,而是鸟在传递中,由鸟转化递送的,故鸟成了谷具有永生性的原动力。"所以,在后世流传的神仙故事中,要真正的长生不死,必须有鸟的长生的原动力,即要鸟化——羽

"双鸟异日"象牙雕

化,才能升天达到永生。

这样的文化传统,自然影响到凝聚越地精神认知的宇宙观,诸如盘古开天辟地一类追问人类起源的神话,融入了鸟的样式。在浙东传说中,盘古是由蛋孕孵而成,鸡头人身,而不是其他地区所说的龙头蛇身。传说最初之时,天地就像一个硕大的鸡蛋,中心是蛋黄,中间是蛋清,外面是蛋壳,后来蛋黄内孵化出盘古,长着鸡的头,人的身,整个身体像鸡一样盘着,故称为盘古。盘古慢慢长大,因为受不了不分天地日夜的生活,所以用脚踢,用嘴啄,四十九天后,蛋壳砸破了,破碎的蛋壳混在蛋黄中变成了岩石,混在蛋清里变作了星星,最大的两块变作了太阳与月亮。于是有了天地、日夜。盘古活到十万八千岁去世后,身体化作了昆仑山,魂灵变成了雷公,所以后来的雷公,也是人身鸡头。

在迁徙的过程中,鸟文化的精神功能越来越突显。比如由河姆渡文化发展而来的马家浜文化、崧泽文化、良渚文化,都有大量鸟文化的遗存;尤其是良渚文化,其玉器上刻画着大量鸟纹图像;良渚文化以精湛的玉器工艺著称,有着独特的玉器文化和玉器礼仪。由良渚北上,山东大汶口文化陶樽上有众多鸟的简化和变形,这些符号已经演化为巫师用来沟通天地的巫术符号。20世纪70年代末,唐兰率先提出大汶口文化即是少昊集团的文化遗存。《左传》昭公十七年记载少昊氏共有4个胞族、24个氏族,每个氏族都以一种鸟来命名,如凤鸟氏、玄鸟氏、青鸟氏、丹鸟氏等。有关学者认为少昊氏的"昊"即"昦"字,为族徽,日火组合的本义应源自鸟图腾崇拜。

因为鸟部落文化先进,使许多部落把自己的祖先与鸟联系在一起。如商族的图腾即为玄鸟,《诗·商颂》:"天命玄鸟,降而生商。"《史记·秦本纪》:"秦之先,帝颛顼之苗裔,孙曰女修。女修织,玄鸟陨卵,女修吞之,生子大业。"女修吞玄鸟卵而生先秦始祖大业,即表明秦人的祖先是以玄鸟为图腾的。而从民族志的材料来看,中国大多数近现代少数民族,都还或多或少地残留有鸟图腾崇拜的文化痕迹。怒族、苗族、彝族、满族、朝鲜族等都有鸟图腾,并有关于鸟是自己祖先的神话。此外,黎族、珞巴族、赫哲族也都有鸟图腾。在台湾省一些古老的民族神话、历史记载及宗教习俗中,仍然可以看到对鸟的崇拜。在漫长的年代中,在广阔的地域中,凤的地位是高于龙的;龙的地位超过凤,是从唐代起历代帝王通过祭龙、封龙和扩建龙王庙来提高龙的身价,加强皇权统治的结果。而以鸟图腾为线,这种文化精神的贯注甚至延续至今。

这一时代中国文化创造力勃郁的地方,必然在来自东夷的鸟信仰和来自中部、西部龙信仰相交汇的地方。历史选择曲阜诞生孔子,在偶然中存在必然。活跃在黄河流域的炎黄部落,在兼并过程中形成兼容各种部落图腾的"龙"图腾,其龙爪即为鸟图腾的融入。曲阜,少昊族世居之地,炎黄部落的边缘区域;在崇尚"龙"图腾的周代,成为中国最重要的文化创造伟人之一周公的封地。中原地区因文化融合,逐渐形成华夏族。崇尚"鸟"图腾的殷商后裔孔子,最终完成了新的历史背景下的文化融合,影响中国后世的儒家文化融汇而出。孔子是商文化的后裔,故有"凤"的称谓,在他的衣袖上赫然有凤鸟的图案,而他又是以周公的天命自任,孔子说:"周监于二代,郁郁乎文哉,吾从周。"孔子编纂六经不是一般意义的考订与编著,而是把繁复而无统系的先王遗文典册,用一以贯之的道体贯通,成为一个具有内在思想统一性而又不失其丰富性和多元性的思想体系。

如果我们由此往下看几千年,东亚文化圈形成最初的文化基因也许要追溯到这一千年灾难带来的人口大迁移与大融合。东亚文化圈的一个鲜明特点是语言为孤立语,中国南方民族、东亚及东南亚许多民族,绝大多数的语言属汉藏语系,均为孤立语,而且惯于具象思维,这可能就是东亚最终在历史演变中体现出四夷对中原这一文化高地天然的接纳与吸收的根本原因。

而距今 5000 年以来,留在本土的人们却因人口稀少、文化闭塞,走向了文化的衰退,浙东大地成为荒芜的咸碱之地。其实在河姆渡文化第一层、第二层时已经不如前期来的光彩夺目。在距今 6000 年至 4000 年左右,年均温和年降水量都大幅度降低,平均值低于现今水平。在约距今 4000 年左右跌至谷底,分别为 13.5 摄氏度和 827 毫米,比现今值低 1.7 摄氏度和 302 毫米。但是艰难求存的人们,还是保存了文化的独特性,成为越族的先民。越族的图腾,就是鸟图腾。他们把自己的文字写成"鸟篆",在青铜兵器上,用鸟篆刻写着越王的名字,他们的"王"字就是双首联体的鸟形,让我们想到河姆渡文化中的联体的纹饰。《拾遗记》载:"越王入国,有丹鸟夹王而飞,故勾践之霸也。起望鸟台,言丹鸟之异也。"在越人看来,他们的国王甚至长有鸟相。《史记·越王勾践世家》载:"越王为人长颈鸟喙。"人鸟相通,反映了越人对鸟图腾的崇拜。《史记·越王勾践世家》载:"勾践自会稽归七年;拊循其士民,欲用以报吴。大夫逢同谏曰:'国新流亡,今乃复殷给,缮饰备利,吴必惧,惧则难必至。且鸷鸟之击也,必匿其形。'"越国把自己对吴国的打击称为鸷鸟之击,也反映了越人乞求鸟的保护,以鸟为图腾的迹象。他们的语言也被外人称为"鸟语",《后汉书·度尚传》说越为"鸟语之人",如"余"在越语中意为"盐","余姚"一词在汉语中是难以理解的,如果在越语中,应该有它的意义所在。

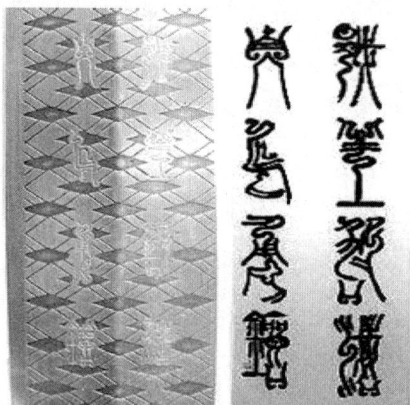

越王勾践剑、鸟篆铭文(铭文为"越王勾践,自作用剑")

在余姚民间的庙宇屋脊上,依然点缀有据说可避邪和保平安的鸟形器物。尤其是至今仍盛行的"鸟占"(或称"鸟卜"),这种能预卜祸福的鸟,它们的鸣叫声、体型和毛色与麻雀十分相似,是鸟崇拜的孑遗。

而在日本,迄今为止,在诸多民俗文化中还能见到鸟信仰的踪迹。比如在神道信仰中,人们常常在神社中许愿敬献一座鸟居;进了鸟居象征着进入了神的领域,广岛县严岛神社的海上大鸟居,常被用来象征日本传统信仰文化。日本的太阳崇拜与绳文后期越人大量移入有关,越人把稻作农耕带入日本,改变了古代日本狩猎、捕鱼的单一生产方式。在弥生时代,稻作农耕的推广使日本人口大增,同时也促进了原始宗教信仰的内容和价值的深化。《日本书纪》中把天照大神统治下的天国世界,描述成一个祥和、安定、温饱的农业乌托邦社会。因为日本文化相对独立的发展,使这种基于古老农耕文明的鸟信仰保存得相对完整。

一句话,河姆渡文化是东海文化圈重要的文化起源地。它不是仰韶黄土文明的配角,而是其发展的重要导引。河姆渡带有蓝色的海洋性的经验,在新的空间生发,铸造中国原初的人文。他们已然有了大中国的意识,并开始构想中国最初的理想政治秩序与文明秩序。这种空前的意识也只有具有开拓性文明性质的后人才能创造。而让人奇怪的是,舜、禹神话传说所表达的经营天下、文化共融的意识,在这之后两千多年的中原地带,居然会湮没无闻。在战国时期出现以华夏居中的意识,故有中国一词出现,而这种由地域之中转化来的"中国""四夷"意识却整整影响了中国整个封建时代。

# 从东钱湖到上林湖

## 古越文化与越国起源

从河姆渡文化到古越文化，被发文身的越人被中原认为是蛮荒落后之地。

尽管5000年前滔天洪水淹没家园的历史一时被尘封，但是河姆渡文化的精神脉流没有消散，也没有随着外迁的脚步消失殆尽。它依然曲折前行，具体的表征将在"日常与传统"里涉及。我们接着要讲述的是距今5000年至距今2000年中宁波地域上发生的故事。这也是一个相当巨大的跨度，因为史料与物证稀少，要清晰地叙述还是非常艰难；只是到了这一时段的后500年，因为文史资料的增加，时间的内容才变得密实起来。

这3000年处于大洪水之后，自然条件极为艰苦。文明比起之前的2000年，乏善可陈。也正是因为这3000年的寂静，足够漫长的时间，使5000年前曾经的繁华，在人们的记忆中消失殆尽。我们可以想象这片大多数还是咸碱土地的宁绍平原，草甸丛生，海潮日复一日，漫溯其上，潮退时滩涂上大量蟹类等生物纷纷出洞，享受阳光的抚照；鸟类时而啄食，时而翩跹而起。这片湿地，作为亚洲最重要的鸟类迁徙线上的一个停驻区域，鸟的种类和数量可能远远超过现在慈溪的杭州湾湿地公园。

我们从姚江流域遗址群的发掘来看，遗址数量的下降起于第三期晚段，从众多遗址的下限看,完成这一剧烈动荡的时间,在距今 5000～4000 年间。海平面的升降是改变文明进程的主要原因,但海平面最高曾经达到多少,至今还不能给出一个准确的答案。我们猜测可能在现今海平面上 12 米左右,时间约在距今 4000 余年。越国都城的变迁,能够描述这段历史的大概。公元前 1888 年,越王无余定都秦余望南,《越绝书》记载:"禹始也,忧民救水,到大越,上茅山,大会计,爵有德,封有功,更名茅山曰会稽。"夏后帝少康恐怕禹迹宗庙祭祀断绝,把其庶子无余封到于越(今会稽)。《越绝书》卷八载:"无余初封大越,都秦余望南。"有人认为秦余望南为现在会稽山南今平水镇所在地的若耶溪旁,即现在所谓的"嶕岘故都"。这里应该是当时离大海较近的地方。

这之后的夏商周三代,越国的都城一直在迁徙之中,约公元前 1598 年(商代)迁都埠中,现诸暨店口一带;前 1046 年(周代)迁都大部,现诸暨枫桥一带。最终在春秋末期的公元前 490 年,迁徙到现在的绍兴,当时越王勾践听从范蠡"不处平易之都,据四达之地,将焉立霸王之业"(《吴越春秋》卷八)的意见,委任相国范蠡在今绍兴的府山、蕺山、塔山三山之内,营建山阴小城和山阴大城。这说明此时这一带肯定退尽了海潮,可以建城于有小山围护的台地上。但这是战略迁徙,越人真正北迁到这片平原营建家园是在战国中期,这在至今未曾发现过春秋时期的墓葬或相应的地层文化上可以得到印证。这片贫瘠的土地,在地理名著《禹贡》中被列为"下下"等,越王勾践面对的水环境相当险恶,"西则迫江,东则薄海,水属苍天,下不知所止,交错相过,波涛浚流,沉而复起,因复相还。浩浩之水,朝夕既有时,动作若惊骇,声音若雷霆。波涛援而起,船失不能救。未知命之所维"。

介绍越国的起源与城市的变迁,使我们对这 3000 年的浙东文化脉络与地理环境有一个综合的了解。5000 年前,姚江谷地、宁绍平原淹没以后,有部分百姓选择在会稽山间停驻。在无余到来之后,两种文化的交融,形成了新的文化中心。而河姆渡一带,及向东的宁波平原区域,在近千年里阒寂无声。在姚江、奉化江的冲击下,泥沙覆盖在海相沉积土之上;甬江尚未汇合,咸潮浸泡的平原,大约过了 2000 年,曾经繁华的大地才露出水面,平原上形成了一个个静静的潟湖。东钱湖大概形成于这一时代。

因为这 2000 年间,人们面对河湖沼泽的水环境无能为力,只能选择山居。在句余山(即后来的四明山,"句余"是已经失传的越语,其意义不得而知)间求生的百姓,他们可能在一些较为狭长的谷地或者较为宽广的盆地里,缘溪做一些稻作的播种,过的是"随陵陆而耕种,或逐禽鹿而给食"的迁徙农业和狩猎业生活。《管子·水地》描述:"越之水重浊而洎,故其民愚极而垢。"即使有一小部分勇敢的越人后来移居到了山北的大沼泽地中生活,但他们的活动范围极小,只能困守在突露于这片沼泽地上的几百座孤丘中,靠山坡上的小片土地和山上的清泉以及下海捕鱼维持生计。被发文身,是人们对越人的描述。但他们的生计不一定艰难,因为地域可采集的物产丰富,是他们保留着狩猎业的主要原因。而这也限制了文明的发展。

此时的中原地区却形成了成熟的温带农业经济,黄土台地,不易受灾害影响,稻黍稷麦豆五谷丰植,畜牧业发达。从《诗经》看,当时对原野中农田和牧场已经有整体的规划,所谓"井牧田野",经济的转向使土地能够支撑起更多的人口。不同的文化人群因为自然的引力在这里相聚,互相角逐、交融,促成了文明跨越式发展,黄河流域成为东亚大陆文明的高地。夏朝的法政文化,即建立了以《禹刑》为代表的国家体制;商代的天文、历法、气象、农业、医学、数学、生物、交通等方面出类拔萃,以及规模可观的采矿业、青铜器的冶铸等,这些在安阳殷墟出土的甲骨文中都有切实的记载;周代从神话的朦胧走向了人文的理性,礼治形成,被称为"中华文化之本源","东方智慧之渊薮";从手持石斧的时代开始萌生的抽象而玄秘的哲学,《易》在这个青铜盛世正式落成。在文化史上,夏商周三代正是汉族前身华夏民族形成的时代,也是中华民族文化形成独自特色与哲学体系的时代。传统视野中的中华文明正始于此。

由此我们简单回顾中华民族的历史融合。在约7000年前,包括河姆渡先民在内,中华民族先人大约有百万之众;在原始社会末期,即氏族部落、部落联盟阶段,出现了各种族群的融合,传说中的黄帝战胜炎帝、击杀蚩尤,炎、黄联合战胜太昊、少昊,以及尧、舜、禹禅让,都是早期部落间相互冲突、融合的历史记录。在夏商周时代,处于中原的华夏族成为汉族演化发展的主干,夏与商是东夷部落,周为西夷部落,在兴起的过程中,向渭河平原、黄土高原、黄河中下游平原以及淮河平原迁徙;至夏初约有1355万人口。经过夏商两代发展,汉民族初具雏形;西周时,中华民族人口约达2000万。为区分文明人群和野蛮人群,有了"华夷之辨"。当然,在夏商周时代,夷戎与诸夏的限域与尊卑观念不是非常明显,孟子称舜为"东夷之人",周文王为"西夷之人";其中夏商建国与东夷有着密切关系。中国海洋大学的朱健君在《东夷海洋文化及其走向》中认为,在来自内陆的华夏集团与来自海滨的东夷集团不断征战融合的过程中,东夷集团开始对中原显示出越来越浓的兴趣,这是中国文化主体上背向海洋面向中原大地发展的开始。也许东夷集团变迁的根本原因,在于那时海洋并不像今天这样给人类带来巨额财富和无尽的生产生活资料,人们驾驭大海的能力有限,靠挖贝捕鱼和航海贸易所支撑的生活无法与农耕的安全稳定相抗衡,东夷人放弃海洋也在情理之中。

在春秋时期,各族群、族体之间的矛盾扩大,诸夏的意识得到强烈发展,族称由诸夏演化为诸华,或合称华夏。战国时期因华夏居中,称中国,而夷、蛮、戎、狄配以东、南、西、北四方,构成五方格局。秦统一中国后,达成"五方之民,共构天下";东夷已融入华夏之中,秦汉以后的东夷主要指先秦的东北夷,后泛指东方族群族体与国家,如日本,与先秦的东夷不同。到西汉人口达到5959万人,汉民族基本形成。三国、两晋、南北朝时期是又一个融合的高峰,西北和北方的大量少数民族与中原进一步融合,民族活动范围空前扩大;至唐代,人口总数达到8000万左右。正是在这样的融合过程中,形成了共同的心理特征。汉族人口之所以占民族总人口92%,根本上说是民族大融合的结果。

## 古越文化的分化与句章、鄞、鄮的兴起

位于于越族与瓯越族之间的宁波平原,在春秋后期,形成了句章、鄞、鄮等宁波初期的地缘中心。

在这一时期,浙东古越文化产生了分化。这种分化,与中原文化高地的向心力有着密切联系,由高到低呈现为三个辐射环。一是"钱塘江"水系,于越之族从南源的"兰江—衢江"段的金衢盆地,北上宁绍平原,走向对中央之国的融入,这是于越的主动脉;二是"甬江水系"的"宁波平原",因为曹娥江等相隔,此地相对独立;三是浙东南洞宫山、括苍山、雁荡山山脉之间的水系,包括台州地区入海的灵江与温州地区入海的瓯江、飞云江、鳌江等,因为山川的阻隔,以及狭小平原无法支撑整体转化为农耕民族,保留了越人海洋民族的原始属性,称为瓯越族。

介于于越族与瓯越族之间的宁波平原文化,呈现出过渡的特点,相对受于越族

影响更大,故而与"钱塘江"水系合称为内越,而瓯越被称为外越。随着宁波平原向北滋长,错综复杂的江河湖泊形成,越民重新回归低地山麓峡口散居,并形成了最初的城市。尤其是春秋后期,越国的政治、军事作为,地域外贸的发展,促进了宁波地缘中心的形成,出现了句章、鄞、鄮等城市。这三个城市的形成有着各自的原因,比如鄞与传说中赤堇山堇子国的关联,鄮与海洋贸易的关联,句章与越王勾践的关系。句章城始建于周元王四年(公元前472年,越勾践二十四年),《十三州志》载:"越王勾践之地,南至句余,其后并吴,因大城句余,章(彰)伯(霸)功以示子孙,故曰句章。"

或者说,句章见证了越国发展的高潮。在无余封越以后的一千余年中,越国不为史书所提及;在距今3000年时,因为于越向周王朝缴纳贡品,《竹书纪年》有一次"于越来宾"的记载,为周成王时(公元前11世纪)。之后记载过周穆王三十七年(前965)"周伐越"事件。到了公元前601年,《左传》中有了越国情况的单独记载,但在当时,越与吴一样,都是楚国的附庸国。之后,因为沿海平原自然环境好转,钱塘江以北接近先进中原的吴国崛起,越国成为吴国的附庸国。到了越王允常之时,越国开始谋求独立。允常之子勾践,雄才大略,能屈能伸,以卧薪尝胆与励精图治著称于史。经过"十年生聚,十年教训",终于使弱小的越国强大起来。公元前473年,越王勾践"发习流二千、俊士四万、君子六千人,出三江之口,以海道通江袭吴",实现了灭吴雪耻的宏愿。周元王对越王勾践的灭吴雄起又敬又怕,不得不派人赐勾践"伯爵"的地位。勾践后又北上争霸,迁都琅琊,越兵横行于江淮之上,成为春秋五霸的最后一位霸主。

这段历史记录的是越地进入春秋时期,面临新的开发所做的回应。勾践的一系列依据强劲的政治力量推进的改革,实施的发展举措,给地域带来新的气象。物质生产迅速丰富,具体表现为农业生产结构的完善,农田水利事业建设的扩大,耕作技术的提高,手工业生产全面发展,以及思想文化的演进所呈现的新局面。从现在沿着平原近山一带的发掘可以得到证实,大量吴越相争的兵戈年代的文物,如铜斧、纺轮、原始瓷等,让人窥见那时发达的手工业。他们种植、捕鱼、制陶、造丝,还发展出制盐、冶炼、航海等业。大批青铜制和铁制农具,以及有着系统水利设施的田地的出现,说明越地农耕已经告别了大禹以来的鸟田时代。勾践还颁布增加人口、奖励生育的政策,"令壮者无娶老妇,令老者无娶壮妻;女子十七不嫁,其父母有罪;丈夫二十不娶,其父母有罪;将免者以告,公令医守之;生丈夫,二壶酒,一犬;生女子,二壶酒,一豚;生三人,公与之母;生二子,公与之饩"(《国语·越王勾践灭吴》)。地域人口增加,使大地更显生气;地域也由此走出一批才华出众的人物,成为这个时代的弄潮儿。相传,越国大夫文种,辅助勾践称霸的重要功臣,就是从这片土地的镇海九龙湖镇汶溪村走出,这在光绪《慈溪县志》中有记载。当然也有不少历史资料记载其为楚之郢人,今湖北一带。

经过考古发掘,句章故城的确切所在地在现在江北区慈城镇王家坝村一带。根据各方资料考证,古城的城址范围大致在南临姚江、西倚大湾山、东至焦家山西侧,北邻王家坝村南面的区域内。城址平面大体呈不规整的长方形,长约 470 米,宽 120～200 米,周长约 1200 米,面积 10 万平方米左右。有人认为句章是战国五大港口之一。

但在总体上,宁波还是非常落后的,《左传》载:"(哀公)二十二年冬十一月丁卯,越灭吴,请使吴王居甬东。"相传吴王宁可自杀也不愿到这里来。而以部落集合为主体政治形式的越国,在称霸之后也走向了衰落。第七代国君姒无疆,曾欲北上伐齐重振祖上霸业,但后又听从齐国说客,由攻齐转而攻楚,结果被楚国打败,是年为公元前 306 年(楚怀王二十三年)。这一场闹剧,带来了浙东政治与文化的灾难。越国从此四分五裂,北方据琅琊地区,南方退入山林,化为瓯越、闽越等诸国,而宁绍平原大本营却为楚人屠戮,越人大量外迁。前 223 年,楚国灭亡,秦国接着到来,本土文化受到更大打击。前 221 年,秦始皇统一六国以后,开始有计划地实施移民:他把中原的一批人迁到了长江以南,宁绍平原即在其中;而将越人迁徙到江淮流域。北方移民在文化上具有优势,又得到官方政治势力的支持,从黄河流域带来的文化自然得到传播,内越加快走上了完全汉化的道路。为更好地掌握汉族先进的技术、文化,百越族开始学习汉语;随着时间的推移,越语中的汉语借词越来越多,最后百越语消失了。

而对历史影响最大的还是越人的主动外迁。天性桀骜不驯的越人,又重现了五千年前洪水到来时的情景:越地再一次成为文化的出发地。他们带着传说中的青铜吴钩、越剑,像传说中的河姆渡凤鸟一样,"以船为车,以楫为马,往若飘风,去则难从"(《越绝书》)。1976 年,在鄞州区甲村出土过一个铜钺,上面雕刻着四位头戴羽冠划船人奋力挥桨前行的图画,宁波海事博物馆把它放大成雕塑,立在门口——它确实是越地强悍粗野、勇于征战的生命情态的真实写照。"越",从走戈声,《广雅》释义为"渡","戈"又含"铖"义,用来命名这群执铖尚武、视大海为天堂的冒险者最恰当不过了。在隔海相望的东瀛邻国,在这一时代突然有了一夜飞跃的文明进步奇迹。这一被称为弥生时代的时段中,稻米的传入,结束了日本的渔猎生活,开始了农业耕种。日本始终把徐福奉为"农神"和"医神",而相传徐福就在慈

羽人竞渡铜铖(宁波博物馆馆藏)

溪的达蓬山起航东渡,慈溪徐福东渡的故事被列为浙江省的非物质遗产文化。农业社会兴起后,男性在部落中的作用凸显,地位逐渐提升,日本从原始社会逐步向阶级社会过渡。我们从弥生时代人们与越人共同的鸟灵信仰、相通的干栏建筑民居风格,以及文身的习惯等来看,越人可能是起到最为重要作用的移民。

而大陆之上的迁徙族群如潮水一样向南涌来。外越也随着内越人逐步外迁,与南方民族,包括南越、雒越、西瓯、骆越,以及濮人等互相交融,这也许就是太平洋东岸形成绵长的百越文化带的原因。在秦汉时百越仍广泛分布于江南各地,后大都融入华夏族,部分成为傣族、黎族、壮族、畲族、仫佬族、毛南族等侗傣语族的先民。其实,在这五千年中,"越地"一直是大洋西岸文化策源地之一,而这一次兼并的动荡成为文化输出的高潮。这也说明,从河姆渡文明开始,越文明不是一个保守、顺从、安乐的农业文明,而是带有强烈的外向性、发散性的海洋文明。这是一个具有开创精神的活跃族群,一场场无论海洋、无论大陆的历险,反而成为文明走向开拓的契机。

作为鄞县边上通海的大湖,东钱湖可以以舟山为跳板,借助季风与洋流便捷地走向远方。越地繁荣的贸易很多是通过鄞县进行,在越国"十年生聚",最后灭吴称霸的过程中,贸易起到了重要作用,所谓"实系计然经营实业之力"。这个潟湖应该停驻过众多船舶,称为钱湖有其历史的渊源。但是有一个人的停驻,为湖泊增添了浪漫的记忆,他就是被后世尊为商祖的范蠡。

范蠡的一生是充满抉择的一生:去留的抉择,荣辱的抉择,名利的抉择。在年

轻时,他选择了弱小的越国,选择了一个有雄才大略、正带领人民走上国家复兴的国君。然后经过漫长的等待与埋没,42岁那年勾践兵败,方有用武之地,脱颖而出。司马迁在勾践的传记里如此赞美:"范蠡事越王勾践,既苦身戮力,与勾践深谋二十余年,竟灭吴,报会稽之耻,北渡兵於淮以临齐、晋,号令中国,以尊周室。"灭吴之后,63岁的范蠡急流勇退。在《史记·越王勾践世家》有这样一段话解释原因:"飞鸟尽,良弓藏;狡兔死,走狗烹。越王为人长颈鸟喙,可与共患难,不可与共乐。子何不去?"但从范蠡后25年同样精彩的人生来看,这何尝不是一种明智的抉择?《史记·货殖列传》载:"范蠡既雪会稽之耻,乃喟然而叹曰:'计然之策七,越用其五而得意。既已施于国,吾欲用之家。'乃乘扁舟浮于江湖,变名易姓,适齐为鸱夷子皮,之陶为朱公。朱公以为陶天下之中,诸侯四通,货物所交易也。乃治产积居。与时逐而不责于人。故善治生者,能择人而任时。十九年之中三致千金,再分散与贫交疏昆弟。此所谓富好行其德者也。后年衰老而听子孙,子孙修业而息之,遂至巨万。故言富者皆称陶朱公。"这里记载了范蠡二次迁徙,一是在齐国,因贤明能干被齐人赏识,齐王把他请进国都临淄,拜为主持政务的相国。三年后散尽家财,迁徙至陶,在几年中经商积资又成巨富,遂自号陶朱公。司马迁称:"故范蠡三徙,成名于天下,非苟去而已,所止必成名。"最后,范蠡以89岁高龄逝于定陶,此时勾践早就辞世17年,文种也去世26年了。

范蠡从东钱湖泛舟而去,摆脱勾践的追捕,也许是历史的真实,东钱湖陶公岛即因纪念范蠡而命名。在《四明谈助》中载有李杲堂一诗,"此地陶公有钓矶,湖山漠漠鹭群飞。渔翁网得鲜鳞去,不管人间吴越非"。相传他离去的时候,钱多得放不下,故贮于湖底,因此这个湖有了"钱湖""万金湖"之名。这样一位侠义的志士,必然附会上许多美丽的传说,其中最为动人的是范蠡与西施的情恋故事。这是一个虚构的故事,但东钱湖却因他们的美丽身影而走入了宁波人的心灵史。东钱湖刻写的既能入朝建功,又能下野善终的文财神形象,象征着地域百姓对于人生的经营:陶朱公是儒商的鼻祖,既善于经商,居官致于强国,治家能致千金;又仗义疏财,施善乡梓。财富不是人生的最高目的,人生的价值在于伸展智慧,在于扶济弱小。范蠡的身上,集中体现了越人的时代气度:天地开阔,任意我行。这一个从容的背影,这一幅壮丽的人生景象,应该不仅在后代宁波海商的脑海中浮现,知识分子在仰慕中也能感召到一种独立的人生样式。这种潇洒而去,也成为后世中国人向往的生活姿态。

而我们从钱湖陶公岛望海口向东遥望时,似乎又看到河姆渡人在海侵到来的时候,乘着"方舟"从这里飘向远方。远方,日出之地,有着金色的梦想。在这块土地上,因为梦而演绎浴火重生的传奇故事。

## 上林湖青瓷与吴越文化的初成

上林湖的青瓷,是地域从夷越文化向吴越文化跨越最美的见证。

经过夏商周三个时代,夏族、商族、周族已经在黄河流域融合为以农业经济文化为基础的华夏族;春秋战国实现对南方楚越无本质区别的火耕水耨羹鱼的农业经济文化的融合;到秦汉大统一后,华夏族已经转型汉族。而在这个融合的过程中,越地有些特殊。楚威王败越后,浙东人口的构成发生了剧变。越人几次较大规模的外迁,留下的越人较多退入浙闽丘陵,史称山越。及至后来秦代的民族迁移、同化政策影响下,作为高地文化的大陆文化迅速由西向东渗透,到西汉中后期,宁波地域已基本汉化。之后,三国两晋,中原战乱频仍,历史学家普遍认为西晋时的"五胡乱华",华北地区人口八年内消失了90%,十室九空。士族及其部曲大量南迁,江南区域成为中华文化的避难所。307年,会稽内史贺循主持开凿西兴运河(即直抵明州的浙东运河),儒道为核心的中原文化输入进一步加大。317年,流亡江南的东晋政权在建康成立,与其后的南朝是以汉朝为主建立,而北朝政权多为少数民族所建。因为具有全国声望的王羲之、葛洪等人隐居天台山、会稽山、四明山一带,并以一场兰亭诗会闻名天下,东晋时宁绍平原一度有全国文化中心的样貌。然而粗野的山越还有相当的势力,并与南迁的汉人发生激烈的反抗与冲突,以至于很多人还以为鄞地是蛮人连结、山越叫嚣的化外之区,如东晋名士陆士龙的朋友车茂安的外甥石季甫被任命为鄞令,就相当害怕。陆士龙是上海华亭人,对宁波相对了解,在《答车茂安书》中说:"东临巨海,往往无涯,汜船长驱,一举千里,海物杂错,不可称名。"安慰他不必如此紧张。

东晋之时,温柔敦厚的人文风尚全然取代原始越风,框构了浙东百姓主体的心理结构,这在那个时代开始流传的梁山伯祝英台求学故事就可以看到。学者们称之为夷越文化向吴越文化的跨越。文化转向不一定意味着土著文化因异地文化的冲击而消亡,相反,常常表现为两种文化碰撞交融,涅槃新生。比如狰狞的文身虽然淡褪,但骨哨依旧高亢激越;越音渐渐消散,但石骨铁硬的话腔依然留存;士大夫的笔墨在大地上柔柔展开,但锐兵任死的剑铖精神仍然深潜于灵魂。越文化显现出复杂而特殊的刚柔并济的地域文化特征,形成一种新的张力结构:既具有稳定性,又与时俱进,自我超越。互动的张力使土地的创造力愈加勃郁。

这可能就是中国历经四五千年的陶器制作,为什么最终在浙东得到重大突破的背景原因。与文化转型同步,从钱塘江到曹娥江,从曹娥江到姚江,从姚江到东钱湖,遍地的炉窑里孕育着一场重构中国人生活方式与审美取向的技术革命。遍生杨梅松竹的上林湖,见证了这一器具文明的华美飞跃,一块粗朴的泥土在这里冶炼出玉的品质:粗重的河姆渡土陶在春秋时变成硬陶,在东汉时化为青瓷,在唐代煅烧出让人惊艳的秘色瓷。至今长湖两岸仍然缀满莹亮的碎片。散文家余秋雨即在湖边长大,小时候常常拾起青玉般的瓷片平甩向水面,薄片跳跃着划破如镜的湖面,犁开条条波纹,这种打水漂的游戏给他的童年带来无数快乐。

隋唐时期,中国的制瓷业已经相当发达,青瓷和白瓷在数量和质量上都有很大的提高。瓷器在社会中已部分取代了金、银、铜、陶、漆器等生活用品。从唐朝起,瓷器制造与陶器制造完全分离,形成一个独立的手工业部门。青瓷制造的重要区域便是越窑。青瓷,这种用生长水果树杨梅的特殊泥土烧制成的器物,有着不可思议的质感。它如冰,却又温润;它是泥铸,却能敲出钟磬的清脆;它莹薄柔弱,却细腻坚实;它素雅清纯,却用烈火煅烧。它与士大夫的雅致情怀有着几多神妙的契合,又亭立着几分春秋铜铖的刚烈。它刚柔对立却又和谐统一。它以中国技术新臻的极致,宣告轻盈灵动的俗世审美从此风卷天下。皮日休说:"越人皆能造瓷器,圆似月魂堕,轻如云魄起。"陆龟蒙以"九秋风露越窑开,夺得千峰翠色来"赞其神韵,故青瓷又有"千峰翠色"的代称。茶圣陆羽对青瓷推崇至极,他把用青瓷杯泡四明山瀑布茶当作人生最高雅的情致。官府自然也被吸引进来,唐政府在上林湖设立官窑,为中国官窑的先声。上林湖众多的碎片大多应该是官窑所弃瓷件打碎留存。

在唐代,从东汉到隋代500多年的小规模就地销售的作坊生产,激增为大规模的外销型生产。在千年之前,从晚唐到五代到北宋,上林湖几十里湖岸就依傍熊熊炉火。沿湖木杓湾、鳌裙山、茭白湾、黄鳝山、燕子坤、荷花心、狗头颈山、大埠头、陈子山、吴家溪、周家岙等,窑场密布。这片土地随便一掘便能惊起一座沉睡千年的古窑。当时湖上船只穿梭,繁多得应该像今天初夏时节满载着杨梅与游客的轻舟吧。装满青瓷的船,涨满柔风的帆,从翠屏山北迤逦西去,碧湖、运河,多么唯美的画卷! 不难想象,星罗棋布的瓷窑之间,必然存在着竞争,这种市场生态犹如当下上林湖边遍布的小家电、打火机、模具等产业的集群。市场之手推动着窑主们革新技术,提升品质,使青瓷制作走向巅峰:一是增添品类,从盛储器如四系深腹罐、盘口壶、鸡首壶,到饮食器如碗、盘,灯具类如羊形烛台,洁具类如唾壶等应有尽有;二是创新烧制技术,出现了装烧瓷器的匣钵,坯件装在匣钵内烧成,不再相互叠压和受烟火、灰砂的熏染,因而釉面光洁,色泽一致;在 1200～1400℃ 中把握火候更为出色;三是瓷体品质提升,胎体更薄,胎质更为细腻,釉色更加纯粹。

众多的瓷器销往哪里呢? 这是一个引人兴趣的话题。《宋史》记录北宋太平兴国三年(978)吴越王钱弘俶亲自北上朝觐宋太宗赵匡义时,携带的贡品中"越器"达"五万事","金扣越器百五十事"。但上林湖窑主们的目光不只是盯着贵族,当然官窑产生后,皇族的品位深刻影响了瓷器制作。他们还关切贸易商从市场带来的消息,因为他们也是大众生活实用品的生产者。而消息常常不是来自内陆,而是近在咫尺的大海。在东海岸边很早就形成的商贸城市,在狭小的宁波平原上在秦代就设立句章、鄞、鄮三个县邑,此时集聚了更成熟的早期浙东商团与越来越多慕名而来的海外商人。位于鄞县宝幢至同谷与阿育王山的东面(这是唐以前的海岸线)的鄮邑,可能因为在广大区域里口口相传、认可度极高,有了海口贸易的品牌性质,所以直接被人称为"鄮"。青瓷是历史上最早的全球化的大宗海洋贸易商品之一。

在日本,发现了数量巨大的越窑青瓷遗存,在福冈市鸿胪馆遗址共发现 2500 多个点片;西部沿海地区共发现近 50 处有越窑青瓷的遗址;奈良法隆寺、京都仁和寺等都还保存着越窑青瓷。在朝鲜,江原道原城郡法泉里出土了越窑青瓷羊形器;百济第二代首都忠靖南道公州发现的武宁王(卒于 523 年)陵,出土了越窑青瓷灯、碗、四耳壶、六角壶等;新罗首都庆州出土了越窑青瓷水壶;开城高丽王宫发现北宋早期越窑青瓷碎片等。在泰国,在马来半岛索呐他尼州的柴亚及其附近地区发现了越窑钵、水注及壶的大量残片。在菲律宾(古称吕宋)、在马来西亚,几乎所有岛屿都出土过中国古陶瓷。在印度,科罗德海岸的阿里曼陀古遗址、南方的迈索尔帮也出土过越窑青瓷瓷片。在与印度仅一水之隔的斯里兰卡,即古代中国人所称的"狮子国",这一联系孟加拉湾和阿拉伯海的枢纽,发现了大量青瓷残片:如迪迪伽马遗址、马霍城塞、马纳尔州满泰地区的古港遗址等。巴基斯坦的布拉明那巴德、卡拉奇东南的巴博,都出土过唐宋时期的越窑青瓷。

青瓷堆塑罐(宁波博物馆馆藏)

地处欧亚非三大洲的联合处的阿拉伯(中国史书上称为大食),在这一时代走向了发展的巅峰。伊斯兰教出现后,阿拉伯半岛很快实现了统一,在8世纪以后的500年间,成为与唐朝并驱的世界强国。崇尚贸易的穆斯林先辈们,以非凡的贸易才华将中国的丝绸之路与非洲、欧洲贯通。中国的丝绸与瓷器一直是阿拉伯世界所喜爱的奢侈品,在邻近阿曼湾的阿曼,这一印度和中国商船进入波斯湾通道旁的著名港口,古有"通往中国之门户"之称,20世纪80年代在此地出土过越窑青瓷片。巴林、伊朗、伊拉克等国各地都有越窑瓷器的出土。其中伊拉克巴格达以北120公里处、位于底格里斯河畔的萨马拉遗址因出土中国陶瓷而闻名;在公元836—892年,这里曾作为首都,出土的唐越窑青瓷,与上林湖出土的标本完全相同。

同样,在非洲也发现大量青瓷。埃及从9世纪前后就源源不断地进口中国陶瓷。在埃及福斯塔特遗址出土的越窑瓷器主要为9—13世纪初期制作,有些刻有莲花、凤凰等纹样;还有比较典型的属于唐代平底小圆凹式的玉璧底碗。20世纪60年代在库赛尔和阿伊扎布等遗址也出土过唐末到宋初青瓷器。另外,在苏丹的埃哈布、哈拉伊卜等地出土有唐末五代青瓷;据统计,该国出土中国瓷器的遗址有46处之多。在肯尼亚的曼达岛,也出土有9—10世纪的青瓷。

需求必然影响制作。所以,青瓷自然刻上了海外文化的印记。在汉晋出土的有堆塑的青瓷器上,发现了高鼻、深目、虬髯的西亚人形象,作着弹奏或欢庆的状态;还有本地没有的狮子造型,在《大智度论》中说:"佛为人中狮子,佛所坐处,若床若地,皆名狮子座。"这是越地有佛教影响、狮子吉祥的寓意为基层社会所接受的明证。随着青瓷风范的成熟、美名的远播,越来越多的人被吸引到这片土地,瓷的生产与销售自然越来越成为地域主题。如果能做千年的俯瞰,可以看到几条青色的脉流,顺着三江平原的滋长,向着河海相接的三江口集中,最后咸碱浸泡的荒凉的河滩地上,泊满了航船,开满了青色的花朵。

而在古老的海洋航线上,在深蓝的海水下面,一定沉睡着许多遭遇风暴或触礁而沉的商船,一旦打开其尘封的秘密,价值连城。1998年,在印尼苏门答腊南端的彭加山岛附近名为勿里洞岛周围的海域,发现一艘唐代沉船,里面有一批做工精细、烧造良好的越瓷,有很多是类似陕西法门寺出土的秘色瓷。越过千年,还显现出越窑青瓷所特有的那种碧玉光泽。瓷碗、水注、酒壶、熏炉等器物,带有浓浓的佛教色彩,说明宁波的制作为海外诸港提供着众多的与佛教有关的商品。2004年2月,一支比利时海底勘测团队在印尼爪哇井里汶岛海域,发现了一条五代时期的沉船,沉船埋在52～57米之深的海底,起获了超过10万件越窑青瓷器,其中有9万多件碗碟、200多件执壶,以及形制多样的其他器皿,如水盂、套盒、熏炉等。其中一个周身凸雕莲瓣的大碗,底足有"戊辰徐记造"的字样。这戊辰年就是公元968年,是五代末期吴越国钱氏王朝之时。

# 从小溪到三江口

## 它山堰与南塘河

历史选择了鄞西最大的峡口为地域新的中心，光溪是鄞西平原千年发展的生命之源。

雄硕的四明山，从西南腾挪跌宕而来，在宁波平原西面戛然驻步，一垄垄条贯的山脊如苍青色的长龙匍匐大地。在几大长龙之间，间隔着幽深峭拔的山谷，无数溪流从碧绿的龙身潺潺而下，汇集谷底，然后形成山流奔泻而出。从余姚鹿亭、鄞县樟村下来的樟溪，绵延数十公里，是其中最为悠长与宽阔的溪流之一。在清源山与锡山之间，山谷形成了一个峡口，山溪轰然推开山门，进入豁然开朗的万畴平原，最后蜿蜒汇入奉化江。从这个峡口到奉化江的一段樟溪便称为鄞江。

宁波发现这个峡口在宁波平原天然的地理优势，与 1600 年前的一场战争有关。在东晋南迁大族中，有一支失势士族即信奉道教的山东琅琊大族孙氏落户浙东，在东晋末年统治阶级内乱爆发之时，用五斗米道组织群众发动起义。398 年，组织者孙泰被杀，其侄孙恩逃到海上。399 年，司马元显下令征发江东八郡"免奴为客者"，以充兵役，结果引起江东民变。公元 400 年，孙恩乘机率领百余人从舟山群岛逆姚江而上，攻克江畔当年由勾践始建的千年古城句章，并将其一把火烧成灰烬。会稽三吴地区的贫苦农民和奴客，及利益受到冲击的地主，一时俱起，很快发展到数万人,攻陷会稽及江东八郡。起义前后持续 12 年,沉重打击了东晋豪强大族。

战争过后,地域重新选择政治、交通与军事中心。东晋的戍边大将刘裕,也就是辛弃疾笔下"气吞万里如虎"的刘寄奴,后来成为南朝宋的开国皇帝,放弃了缺少天险可依的句章故城,他注意到了鄞江,并最终确立在这里建立新的城市。鄞江的浃口由此走向历史前台。相传,堪舆术士参与了选址。术士按四明山峰脉走势,以龙鹤为脉络,依狮凤(指鄞江桥东面的狮子山和凤凰山)为屏障,采龟蛇(指鄞江光溪村的乌龟山和悬慈村的蛇山)为灵气,点官池为晶珠。又分两溪(指光溪与鄞江)为经纬,接鸟山(即凤凰山)为伴,在鄞江之滨,与响岩隔江相望的风水宝地,建造新县城。现在鄞东村被称作古城畈一带,据说就是最初的城市所在地,在已经开始发掘的现场,发现了一段类似古城墙的夹杂着六朝古砖的垒石。无论如何,历史证明它的抉择富有远见:这之后的 500 年,宁波以这个山口作为自己的发展重心。

如果还原当时的地理环境,刘裕的选择是一种历史的必然。两晋时,宁波三江口区域已有人烟散布,但总体上土地漫浸甬江咸碱,人们只能依于东湖(日湖)、西湖(月湖)、小江湖与广德湖等湖泊,以及近山汲取淡水便捷的区域择居。城市需要集居众多人口,又需要相对方便的交通,相比横街等几个溪口,鄞江的优势不言而喻:一者,漫长的樟溪能够供应城市用水所需,鄞江通海,但咸潮到达的最高点正好在鄞江镇平水桥处,不影响淡水汲取;二者,此处虽然相对离开平原中心,但距离不远;相比湖区,这里土地高燥,更适合居住;三者,鄞江地处山地与平原交界,南北要冲,容易形成自然的货物交易集散市场,物资供应充分。

在南北朝时期,小江湖、广德湖畔开始进入了繁盛的农耕时代,广德湖可"溉田四百顷",小江湖可"溉田八百顷"。这些潟湖的水源补给来自四明山溪,而要扩大灌溉面积,以及供应越来越多聚居的百姓,必然要利用水源充分的大溪流,樟溪水源在鄞西平原开发过程中的地位越来越突出。

在唐代,水利开发成为一种自觉,唐太和七年(833),山东琅琊人士王元暐任鄮县令,在任上完成一件彪炳史册的水利作品,这就是它山堰。他在樟溪上以木石为构架,筑坝引水至光溪。然后开凿与鄞江平行的南塘河,直至宁波三江口区域的月湖。王元暐考虑到大暴雨后泄洪能力不足,又在南塘河上分别建乌金碶(上水碶)、积渎碶(下水碶)、行春碶(石碶)三座碶闸,以启闭蓄泄。南宋时,鄞江人魏岘著《四

它山堰(鄞州鄞江镇)

月湖水则亭

明它山水利备览》,系统记录这一水利的治理技术,该书成为中国水利理论的滥觞。南宋宝祐四年(1256)春,安徽宁国人吴潜任明州沿海制置使,他在它山堰下游修筑洪水湾塘,为阻隔江河之巨防,并修砌长十余公里的"吴公塘"。其后,为配合它山堰调节洪峰,在鄞江与南塘河之间又建造了一系列碶、堰、塘、坝,至明末清初,配套工程增至9坝、5堰、13塘,形成了一个完整的水利工程,实现樟溪水平时七分入南塘河、三分入鄞江,涝时三分入南塘河、七分入鄞江的目的。后吴潜在月湖平桥之下,创建"水则亭",亭中立碑石,刻"平"字于石上;并颁布政令,规定城外所有碶闸均视"平"字的出没,为启闭潴泄的标准;水则亭与它山堰由此首尾呼应,成为鄞西水利的两个关节。

1973年,我国水利专家张光斗教授向西班牙水利大坝工程会议上提交了一篇名为《中国的堰工建设》的论文,着重介绍了它山堰的工程概况,引起与会者的关注。20世纪90年代,为了修它山堰,清华大学的教授前来测绘,发现了它山堰在科技史不可小觑的地位,一是石堰堰底倾向上洲,倾角为5～10度,这是抗平移能力最好的角度;二是条石下面的黏土夹碎层,用青紫泥和碎石头混拌,提升大坝的抗折断能力,也起到了防渗铺盖与提升抗碱强度的作用;三是堰体平面略带向上游鼓出的弧形,从而使流水过坝时,向河床中心汇集,减少对河床两岸的冲刷,而堰体落水的消能,采用多级护坦等。这一些设计完全能用现代水工建筑物及力学的原理测算,而唐代人已经掌握这样的原理。宁波水利上技术的突破,为三江口州治的出现做好了准备。

　　它山庙会纪念的就是它山堰的缔造者，王元暐与十位壮士。在堰成后五十年左右，人们在堰旁立庙纪念，南宋乾道年间，赐庙号为"遗德"。宋宝庆中（1226）敕封王元暐为善政侯，淳祐九年（1249）加封"灵德侯"。清嘉庆十年（1805）封"孚惠侯"。这座庙千年延续，至今香火旺盛，庙内有楹联赞曰，"万顷黍苗治惠泽，千秋蕉荔报神功"，横批为"远绩禹功"。它山庙会一年三期，"十月十"庙会纪念的是王元暐的生日，也是它山堰开工之日；"三月三"庙会纪念的是它山堰竣工，也是王元暐夫人程氏的生日。这两个庙会以祭祀为主，兼及演戏敬神，男女各有所重。而"六月六"庙会以群众性活动为主，又称"稻花会"，即是稻谷开花时，聚会祈求丰收在望的稻谷有个好收成。据《鄞江镇史料》载："至民国初期，定海、舟山及浙东沿海各府县商贾多有向鄞江它山庙庙会赶集求利，它山庙庙会已成为宁波府下第一大庙会盛市。"

　　古老的光溪桥，如一弯明月静静跨于溪上。这座宁波最古老的石拱桥下欢畅而泻的就是哺育鄞西平原的光溪。光溪出鄞江镇往东便进入宁波平原，称为南塘河，大致与鄞江平行；往北沿山而走的称为小溪港；即南塘河在鄞西平原之南，小溪港在平原之西，与姚江与奉化江构成一个包围圈。由此出密集沟连的河荡水渠，滋育出一片水乡江南风景。日本学者斯波义信把这种水利开发的过程称为甬江模式，即自然江河（姚江、奉化江、甬江、鄞江），与一条或多条、一段或多段人工塘河相配，以此巧妙解决咸潮对土地的碱渍，以及潮汐、水位对航运的影响，最终形成灌溉蓄泄、通航水运一体发展的河网格局。

　　在10—13世纪，即宋代，宁波的水利建设进入了高潮。政府组织百姓完成浩大的水利工程，受益田地的主人有钱的出钱，有力的出力。农民每挑一担土获得一根竹签，完成定额后，多余的劳作可以换取工钱，工钱由出钱不出力的绅士人家承担。这就是被学者们称为"江南水利共同体"的生产现象，而马克思称其为"亚细亚生产方式"。大河流域的灌溉得到积极的治理，是人类与自然和谐共处的进步的典范。王安石、吴潜等都是著名的水利治理官员，历史百姓建庙而祀之，如《鄞县通志》记载："忠应庙下水乡下水，祀宋王荆公安石，清嘉庆年建，旧历正月十二日为神寿诞，演戏敬神。"再如原广德湖湖西白鹤山下有"广德遗爱庙"，纪念唐宋时代治理过广德湖的十位先贤。而后宋代沿三江的堰坝水利建设，明代的支流水利设施建设，以及江之东围绕东钱湖建造的碶、闸、堰、坝（据载，新中国成立前鄞县有81座

"碶",新中国成立后总计曾达150多座,如四眼碶、五乡碶、云龙碶;沿着五乡北去的小浃江,在几百年间陆续建成东岗碶、燕山碶、义成碶和浃江大闸等),其源头即在以它山堰为核心的鄞西水利;而这些水利工程正是形成宁波文明的基本内核,或者说,统一的水利工程,正是宁波区域凝聚力产生的根源。南宋於潜县令鄞县人楼璹将宁波的农业技术绘制成四十五幅画,展现出一番中古时代美丽的小农经济图景,得到了历代帝王的推崇和嘉许。

## 州治的建立与小溪时代

小溪历经五百年辉煌,包含甬上新质文化形成的秘密;因为商业的发展,以及农民起义的触动,在唐朝后期,宁波州治完成了从农业文明向海洋文明的飞跃。

在漫长的发展过程中,与经济发展相同时,中国东南区域各个城市的文化逐渐形成。传说大禹治水后,将华夏分为九州,扬州为九州之一。那时的扬州包括了江苏、上海、安徽、江西、浙江、福建大部以及广东、湖北、河南部分地区,是一个很大的自然区域。据《周礼正义》,"此州地包百越,扬、越声转,义亦同,扬州当因扬越得名,犹荆州之与荆楚义亦相因矣"。汉代以前,扬州若有若无,最早出现的中心城市为吴(又称姑苏,今江苏苏州),吴最早为吴国的首都,越灭吴国后成为越国首都,楚灭越国后仍为楚国东部都会,曾为春申君的封地。秦朝统一全国后,吴命名为吴县,作为会稽郡的治所,统辖着吴、越两国的旧地,即大约今江苏长江以南,上海、浙江全部;项羽起义正是从吴县开始。汉顺帝时,因会稽郡幅员辽阔,不便管理,于永建四年(129)析郡地东北部置吴郡,西南部仍为会稽郡。吴郡领县十三,吴县为首邑,郡治在吴县;而会稽郡治则徙往山阴,即今绍兴。

宁波平原在秦代设县时,已有三个县域,即鄞、鄮、句章,会稽郡共十五个县,无疑这是设置最密集的区域之一。宁波表现出文化上的区域特点,是在鄞西平原成熟之后。由此,鄞江镇不仅是甬上文化初成的见证者,也是甬上文化最初的铸造者之一。在鄞江,沉淀着宁波从越文化脱壳而飞的一段历史。

隆安五年(401),刘裕撤退到现在的鄞江镇,修筑句章新城,称小溪镇,始为县治。六朝期间，小溪即为鄞西，包括现在江北、慈溪一大片区域的中心。隋灭陈后，重新调整全国政区，开皇九年（589），会稽郡改为吴州，而鄞、鄮、余姚、句章四县合并，成为新的句章县，面积相当于现在的宁波、舟山两市，这便是地方志上称为"大句章"的时代，县治仍设在小溪镇。小溪由此一跃成为浙东政治中心，声名日隆。隋炀帝时，吴州曾改为越州，一度又恢复会稽郡，但无论越州或会稽郡，句章大县并没有变化。

唐武德四年（621），全国行政体制改革，郡制改称州制，会稽郡改为越州。句章县被分析，在原来的句章、鄮县、鄞县区域建立鄞州（州治设于今宁波三江口），在原来的余姚县建立姚州，两州均属越州。但这一变化持续并不长久，唐武德八年（625），废鄞州，设鄮县，县治设在小溪镇，仍隶属越州。此时的鄮县，包括秦汉时期的鄞、鄮、句章三县所辖之地，即比大句章少余姚之地，地方志上称为"大鄮县"。

反观行政区域划分的纷乘变化，小溪愈来愈走向区域中心的原因，与这一时代宁波区域开发的重点在鄞西相关。此时的宁波，地广人稀，鄞西平原背靠四明山，拥有丰富的淡水资源与物产，又有湖泊遍布的天然优势，是当时宁波最适合居住的区域之一；而三国两晋时代又是中国第一次大移民的时代，通过浙东运河先期到来的移民自然择鄞西而居，这也决定了鄞西的先发优势。鄞江镇作为鄞西首镇，必然成为整个浙东区域的中心，史称宁波的"小溪时代"。

而从三国两晋到隋唐的这一段历史，也是中国意识形态重构的时代。自然天放的绝美浙东给在战乱与倾轧中的文化学者以无限安慰，以平静秀丽为审美特质的四明山，尤其成为他们的追寻之地。他们在四明山中寻访仙迹、炼制丹药、建造宫观，并用充满玄思与梦幻的笔墨来描绘风景，抒写对文明理想的向往，并给予四明山以仰俯天地的精神气度。这种被称为魏晋风度的风尚，从两晋的王羲之、谢安到谢灵运，一直延续到唐代的贺知章、李白等。晋人称大俞山主峰陡崖下横陈的四洞"四窗岩"为"四明之目"，认为"中通日月星辰之光"，四明山因此而得名。天台山的北面支脉，由此拥有了在中国文化史上与会稽山并同重要的四明山，会稽山因大禹治水传说而融入中华文化，四明山因魏晋人物的描写而融入中华文化；越语"句余山"从此湮没无闻，而宁波文化显示出从越文化独立出来的端倪。

唐开元二十六年（738），浙东采访使齐澣认为越州鄮县是海产品和丝织品集散地，也是国家重要的港口，地位显要，故上奏建议将鄮县划分为慈溪、翁山（今舟山

宁波三江口

定海）、奉化、鄮县四县，设明州统辖。朝廷批准了齐瀚的上奏，在鄮县的基础上设置明州。鄮县、明州治所均设在小溪鄮江桥。明州、越州分治，级别相同，同属于江南东道。越州为今绍兴各县，明州为今宁波、舟山两大市。唐天宝元年（742），改明州为余姚郡，余姚县仍属越州；唐乾元元年（758），余姚郡复改属明州，属浙江东道；唐广德二年（764），台州象山归入明州管辖，明州由四县扩大为五县。

建立明州，对于唐王朝来说，其重大意义不言而喻。明州是当时以扬州为中心的长江三角洲的重要港口城市，扬州是隋唐时代全国最繁华的城市之一。明州港的开辟，说明从唐朝中期起，经济重心向南方进一步转移；商业经营的广度大大扩展，突破了从前的限制；国家经营海洋的能力进一步增强，中国对东海诸国以及世界各国的贸易影响进一步扩大。明州迅速成为国内大港，日本后期的遣唐使即以宁波作为主要的登陆港，进入中国；带着对人生知识渴求的日本僧人成为这一时期最活跃的使者，带动了宁波佛教的兴盛。而之所以以"明州"作为这座城市的名字，原因非常简单，四明山是宁波最主要的地理构架，在唐代享有崇高的文化声望；而州治所在地小溪处在四明山口。

在鄮江古镇，鄮江、樟溪与光溪，其实构成了一个小型的三江口，它山堰的建造，使三江口变成较为宽广的湖区；而光溪、南塘河、小溪港也构成一个微小的三江口，从小溪港中，鄮江著名的梅园石源源不断地运输出来，转入东去的南塘河。

而我们可以想象，作为州治之后，小溪鄮江桥不仅是山区与平原交界，进入四明必经通道，是鄮、奉、慈、姚诸县的交通要冲；也是对话国际的港口，海外贸易必须沿着南塘河，或通过鄮江运输到这里。这时，鄮江镇经历了一次城市的变迁，最繁华的区域离开了古城畈，到了现在的光溪村，如今的柿子树下、石佛亭、金家车头一带;鄮县县治衙门大约设在古小溪桥,衙门朝南,街宽丈余,长十数丈,街至尽头往西为大兴巷,是市集的主要交易场所。往东为校场,时称马家营,驻扎千余军马,位于现工农桥、老车站附近。

但这样背山临江、地形较小的山谷之口,作为州城的发展空间毕竟不足。而此时的宁波,作为一个海洋性贸易城市,规模进一步扩大;航海船只体量较大,无法进入小溪;而对于宁波来说,其经济腹地,以及对中国的意义,是通过运河将到埠的货物扩散出去,所以也没有进入小溪的必要。甬江、姚江与奉化江交汇的三江口之地,地势平坦,地形广阔,且离出海口更近,比起小溪镇,在这方面,优点显而易见,走向大三江口势在必然。传说,东晋著名文学家、堪舆名家郭璞曾经应永嘉太守谢灵运的邀请,南下相地度宅,路经鄮江。泛舟三江口踏勘之后,预言五百年后,此地当成繁华都会,果然应验。

搬迁经历了相当长的一段时间,台州人袁晁所发动的农民起义促成了鄮县县治进入三江口。唐大历六年(771),翁山被起义军占领,官军败退,只得废翁山并入鄮县,鄮县县治移至三江口。至此,县治在三江口,州治仍留在小溪镇。州、县分为两城。明州辖鄮县、奉化、慈溪、象山四县。但州是县的上级行政机构,衙门规模、官吏人数都比县大;州城在狭小的小溪,县城在开阔的三江口,显然不太合适;加上当时起义军攻打鄮县的某些山区,因此,唐长庆元年(821),明州州治迁至三江口,而鄮县县治迁回小溪镇,州、县治所对调互迁。

五代后梁太祖开平三年(909),明州刺史黄晟死,武肃王钱镠占有其地,以明州为节镇,置望海军,治所设在三江口。钱镠在唐亡之前,效忠于唐朝;在朱温篡唐建梁以后,效忠于后梁。这一年,一个偶然事件,宁波政区又重新排布。后梁皇帝朱温看地图时见到鄮县,"鄮"与其曾祖父朱茂琳的"茂"同音,为避讳,改鄮县为鄞县。同时,鄮县县治也由小溪镇迁至三江口,小溪鄞江桥历时508年的县治史、80年的州治史结束。

宁波的鼓楼正是唐代子城南城门,州治机构创设和城市建立的标志。根据考证,子城为长方形,南北长约350米,东西宽约400米。1997年,宁波在鼓楼商业步行街地块第一次对子城遗址进行抢救性考古发掘,发现了唐代子城西城墙、府西护城河、府第基址和砖砌道路等重要遗迹。2011年,宁波文保部门又在位于子城遗址东南部的原市公安局地块进行考古发掘,发现了在建城前即汉晋地层中,有印

青瓷（宁波博物馆馆藏）

纹、钱纹、水波纹、弦纹、素面陶片，以及少许釉色较差的青瓷片和釉陶片、汉代五铢钱、瓦当等，说明这一带在汉晋以来就有人生活和居住，并已有一定的繁荣。子城内原为州治衙门，后为道台衙门。现尚保留浙江督学行署、独秀山旧址等。鼓楼几毁几建，几度更名，因置有刻漏，更鼓以报时，而名鼓楼。宋庆历八年，新任鄞县县令王安石几次登楼，特为奉国军楼的刻漏作《新刻漏铭》。鼓楼之西200多米，尚存唐代方形砖塔，塔因属天宁寺故得名为天宁塔，因建于唐咸通四年（863），又称咸通塔，距今已有1100多年，是我国江南地区现存原体保存最完整的唯一一座唐代密檐式砖塔，被列为第六批全国重点文物保护单位。

明州是中国历史上最早以丝绸与陶瓷制作、贸易兴起，最早以贸易为中心功能的大型城市之一。子城之外，是一个没有传统高墙市门、鼓钲锁钥的坊市的城市，一排排临街而建的民居、店肆树立起来，出现了商业店铺荟萃的繁华街市。新质的吴越文化最具贸易活力的区域，借助青瓷催使一个新型城市从农耕文明中解放出来，从古越文化中脱壳而飞；宁波五千多年漫长的航海史中星星商业的星星之火，从此燎烧出开阔的文明气象。我们不妨称之为甬越文化的卓然而立，是越文化随着时代的发展，滋生的新的文化样式。宁波的崛起，也是大唐最为精彩的杰作之一，横亘南北的京杭大运河因之增强了海派风格，各国遣唐使团的朝贡贸易、民间贸易使中国东南的经济带日趋活跃。唐朝政府规定，遣唐使到明州后，在此办理入京手续，地方政府派专差护送获准进京的使团主要成员去长安，路途一切费用均由中国政府负担；羁留的使团成员往往在宁波停驻数月至一年。以大唐、新罗、日本三国为主体，东亚贸易圈在"朝贡"贸易发展到"商团贸易"的过程中逐步形成。对民间海外贸易，日本著名学者木宫泰彦在《中日文化交流史》中统计，中国大商人李邻德、李延孝、李处人等商团由明州启程，来往于日本达数十次，平均三年往返一次。他们带去大量的丝绸、瓷器、经卷、佛像、书籍、药品出售,贩回砂金、水银和锡。史书记载的还有新罗张保皋商团等。唐明州港、朝鲜半岛莞岛港(清海镇)、日本博多港(博多津)成为东亚贸易圈中三大贸易港,在日本的博多港(博多津)与值嘉岛港还保存了张友信驻地的祭祀堂、码头等遗址;博多鸿胪馆遗址还出土了大量从明州运去的唐代越窑青瓷和长沙窑彩瓷。当然,作为与扬州、广州并称的三大对外贸易港口之一,航线还到达如环王(越南)、室利佛逝(印尼巨港)、占卑(苏门答腊)等,然后一直延伸到北印度洋沿岸,再以之扩散;它以丝绸、陶瓷等交换各国的砂金、黄铜、人参、药材、香料、珠宝、象牙、犀角等;它的主流商品 china(瓷器)是此后千年世界想象中国的传奇物件。

在城市之中,留下了当年热热闹闹的开建过程激情的痕迹,与人们的想象结合在一起,构成了一部人们心目中的绚烂与美丽的开城篇章。比如始建于唐长庆三年(823)、位于奉化江近三江口处的灵桥,现在已然成为宁波的城徽,为明州刺史应彪所建。建桥既解决了百姓渡江之苦,也使已经发达起来的东钱湖流域农业地区融入城市,成为城市经济腹地。传说始建时,桥基总难夯实,在一筹莫展之际,一场骤风暴雨不期而降,眨眼之间又云破天开,半空中出现一道虹,七彩辉映,经久不散。桥工们心领神会,当即照着虹的位置下桩,结果桥桩很快打成,桥也就造起来了。因有这样的灵异事情,于是取名为"灵显(现)桥",简称灵桥。大桥用篾索将16条木船连成排,上铺木板,九排十六船的体制历经千年基本没有改变,清嘉庆年间为便于通航,曾改为八排十四船,但发现抗击风暴潮能力远不如旧制。这些承载桥面的浮船,有一个专用词,叫"艒(音义同'垫')船"。"艒船"是灵桥的独特设计,具有潮汐型浮桥与通航型浮桥的长处,在中国浮桥技术史上有重要地位。现在的灵桥是 1936 年建成的铁桥,由德国西门子洋行总承包,这是宁波演变成近代城市的标志。

其实在建三江口子城之前,已经有一座高楼屹立在那里,那就是唐武后天册万岁及万岁登封(695—696)纪元时所建的天封塔。塔,起源于古代印度,与佛教文化相关,在佛教中见塔如见佛祖。但在宁波相传是为了供奉当地老石匠从四明山采来的宝石,这块宝石杀死了在招宝山外兴风作浪的鲨鱼精。宝塔采用中国传统的木结构,七明七暗共十四层,是古代明州港江海通航的水运航标,有学者说在塔壁上发现过法国三帆阿尔克梅纳号多名海员题画的名字。于是一座塔把高山与大

天封塔（海曙）

子城城门鼓楼

海、盛唐与世俗、中国与西方六个元素紧紧地融在一起，成为一座地标。对航海而来的人来说，远远地就看到气度非凡的盛唐矗立在那里，青瓷、丝绸、茶叶等高雅奇秀的中华文化已经触手可及；而对宁波人来说，它是宁波百姓弄潮蛟川、征服大海的信心显现，它用雍容挺立的姿态说：来吧，欢迎你，远方的朋友！

在天封塔1957年的一次挖掘中，以及周围诸如波斯巷等许多街衢的考古中，我们发现了来自外域的水晶、玛瑙、琉璃、铜铸的佛像等物件。诸如此类的物件当时应该很多，光怪陆离地陈设在和义大道、鼓楼前、月湖边，这个遍地商铺的城市，点亮了许许多多平常人的生活，这也是一个开放国度的真实写照。

# 面朝东海的运河城市

## 从唐城到宋城

> 从唐代到宋代,因为中华政治、经济、文化的南迁,以及一批有为的政治家主政宁波,集聚高素质移民的宁波城迅速崛起。

从唐到北宋,与中原地区的战乱纷呈不同,地域的相对稳定,吸引了一批具有较高文化素养的移民前来定居,据现代浙东地区的氏族源流调查,自唐末五代迁入四明而至今繁衍成族的氏族至少有 20 余支,迁移原因有做官、避乱、商游等。城市迅速扩大,商业经营的范围从子城北门外的姚江沿岸逐渐延伸到奉化江岸,在唐末黄晟的年代里,已经着手建筑罗城,把日湖、月湖揽进了城市的怀抱。接下去,吴越国王钱镠平定两浙以后,以保境安民、发展农桑为务,带来了经济的繁荣。从吴越外运的货物以青瓷、香药、锦绮织物为主,也有名家诗文、经卷、历书等印刷品和佛画、佛像,进口货物则以砂金等为主。越窑生产获得了前所未有的发展,窑场不断扩展,产品产量与质量都达到了有史以来的最高峰。而东南最重要的港口扬州,由于五代战乱造成的"江淮不通"而衰落,也为吴越国的海上贸易提供了机遇。大批青瓷通过唐代所拓展的"海上陶瓷之路"畅销亚非各国与地区,制瓷技术远播朝鲜半岛,越窑青瓷外销也达到了最为鼎盛的时期。

北宋之后,因为北方丝绸之路的阻断,在吴越国基础上继续发展海外贸易,对外贸易进一步成为明州地区社会经济发展的外在推动力。有学者研究认为,宋初设立的最重要的两个市舶司即广州市舶司和两浙市舶司,有着管理上的分工。广州市舶司重在管理海外来的舶商入境,而两浙市舶司重在管理境内舶商出海。《宋会要辑稿》记载:"自今商旅出海外番国贩易者,须于两浙市舶司陈碟,请官给券以行,违者没入其宝货。"从20世纪以来对环印度洋地区的许多古代遗址的考古发掘分析,在9—10世纪中国瓷器外销达到了第一次高峰,在9世纪上半叶,外销瓷器最多的还是长沙窑瓷器和广东产青瓷;但在10世纪中叶,长沙窑就已经退出了外销瓷器的行列,而以广东产的青瓷和越窑瓷器为主;到了10世纪后半叶,越窑瓷器一跃成为陶瓷外销最主要的产品。2004年,印度尼西亚爪哇岛井里汶发现的装有10万件以上越窑瓷的沉船,印证的正是这一史实。

如果由宁波向西看,我们发现于610年建成的隋代大运河,使本来阻碍内地、沿海以及海上运输的自然屏障在某种程度上得到了克服,临近运河的几个区域因为水上交通网络扩大与改善而联系更为紧密。在北宋,帆船类型、运河设施、航海设备的发展等方面提到了提升,内河航行成本相对低廉,并表现出相当的安全性与实用性,促使不同区域的生产者改变其生产观念。他们开始关注"比较优势带来的收益",建立起区域劳动分工,制造并交易地方特产,这又反过来极大地提高了贸易量和贸易额。黄河下游,拥有众多支流的长江流域,东南海岸线以及大运河沿线,都是受惠最多的地区。1061年,南中国的商税额超过了北方,占全国的59%。

商业发展,生产力解放,促进了人口增长。如果将742年与1080年的户籍数字进行比较,会发现北宋1080年的户数为17211713,几乎是742年户数的两倍;三十年后,北宋1110年的人口统计数字上升到20882258户(近11000万口)。这个数字超过了接下来四到五个世纪中任何一个时期相应的中国全部人口的数字。宋代经济的突破不仅是前代所无法企及的,同时也成为后世民间经济持续发展的基础。

宁波区域的开发不只是限于商业,整个文化生态在北宋庆历新政时期得到了根本性的突变。唐代文化移民的后代,如杨适、王致、杜醇、王致、王说、楼郁等人以播化文教自励,以"庆历五先生"的群体文化自觉形象,走向历史前台。他们的教学饱浸着移民力求立土生根的忧患精神与光耀先祖文脉的梦想,推开从汉唐一路秉持而来的章句之学,从发明儒典精义的时代精神出发,主动地切入中原儒学的精髓,直追当时的学术典范,即宋代儒学复兴思潮的代表人物,被称为"宋初三先生"的胡瑗、孙复、石介。杨适提出"治经不守章句",杜醇力求"笃志穷经","理学造韩王之奥",楼郁崇尚"学以穷理为先","病汉儒专门之见"。他们以高尚的道义激励自己,安贫乐道,各创书院,收聚生徒,历三十余年教化

位于海曙县学街的鄞县县学门楼

乡里;由此,六朝以来主导地域的家族式贵族化教育宣告结束,海隅之地从此"田家有子皆习书,士儒无人不织麻"。

庆历七年(1047),时年26岁,风华正茂的王安石出任鄞县县令。这位锐意有为的年轻学者将这一股股涌动的民间文化力量,注入政府的导引:庆历八年(1048),他在月湖畔县学街的孔庙设立鄞县县学,延请楼郁掌教"县庠",杜醇为学师,宁波的官方教育从此开始。不久之后,府学创立,地方的学术思想如同四明山涧的清湍丽水,淙淙汇入三江之心月湖一般,三江口州治成为地域文教合聚之地。我们可以这样解释宁波儒家教育文化的勃兴:王安石作为新政的积极实践者,推动了崇尚实学的时代精神与地域自发的民间学术取向的融合,官民良好的互动推开了地域隐儒的门风,在文化上向中原的迅速贴近从而拉近了与中原的地理距离,化解了边缘意识和自我中心意识,使当地人民再"不以鄙邑为夷"。五先生的门生及门生后代,如在唐末由台州居鄞而发祥的蒋氏,吴越国时迁自齐的舒氏,宋初迁自江苏溧阳的史氏等,在近百年里纷纷走出耀眼的人物。

换句话说,五先生在讲学中锐意排除佛教和谶纬思想,是对当时的庆历改革的深层呼应,是强大的庆历思潮波及地方的显现。这种讲求"明体达用"的实学,全新的"由我注经,阐释义理"的研读经典之风,是直通孔孟原旨的儒学回归。日本学者佐藤仁认为:"这一现象是从中国社会的中唐时期开始萌生的,即从神秘的咒术性宗教(佛教和道教)为主导的政治形态向现实的合理的科举官僚(儒教)为主导的政治形态转化。换句话说,到了庆历年间(1041—1048)从中世社会向近世社会转变,已是历史发展的必然所趋。""五先生"与庆历年间江南各地群体性涌现的"教化之

儒"，如福州"古灵四先生"永嘉王开祖、丁昌期"二子"之学；杭州吴师仁、吴礼之学等，这些大众化、平民化的教育，一方面显现着社会文化素养整体性的提高，另一方面预示着全国文化重心向江南转移的趋势。儒家伦理，以及笃实的治学品格，植根地域，成为明州文化全新的生长点。

一部城市史往往就是一部起伏跌宕、可歌可泣的诗史。三江口州治从821年建城开始，一直向着巅峰前进，但是1130年的一场宋金战火却焚毁了数百年的积淀。1129年12月初，完颜宗弼从安徽宣城直扑临安(杭州)，高宗赵构仓皇逃到明州。稍晚一步，驻守会稽(绍兴)的浙东制置使张俊放弃守地，也逃避到明州。张俊在明州一名为刘相如的隐居侠客的帮助下，设下草席阵，与金兵在高桥决一死战。因为时值除夕夜，寒冬腊月，草席结冰，极为光滑，金兵铁骑纷纷打滑跌倒，蜂拥而上的宋军杀得金兵丢甲弃盔，仓皇逃窜，此为金兵南下第一次失败。不久，金兵报复性反攻。1130年正月十六(2月25日)，金兵攻下明州城，一炬之下，可怜城市化为一片焦土。

而此时，历经千年的开采，优质的瓷土资源减少，加上北方窑系以及龙泉青瓷等崛起，上林湖橘红色的窑火阒然消匿。南宋初年的宁波，似乎陷入了发展困境。如果在中原地域，可能因此成为废墟；如果在千年之前，三江口的城垣可能湮没于地下。400年，千年古城句章毁于孙恩起义军的一炬，刘裕重建城市于四明山口的小溪镇。然而现在，人们几乎没有迟疑，依着唐代的墙基砌起城楼与雉堞。轮廓大概还是旧时模样，东到奉化江，北起姚江，西至北斗河，南边也沿着河，弯弯地圆过去直到奉化江，勾勒出如鸭梨的形状。一座城市迅速恢复往日的模样。灵桥之畔，远洋大帆船重回港口，在宁波卸货，转驳给能通航运河及其他内陆航道的小轮船或小帆船，再由这些小船转运到杭州、长江沿岸港口以及北方运河城市。或者，将丝绸、茶叶、书籍，以及远从长沙、景德镇运来的瓷器等，装上"绿眉毛"等三桅船，驶往遥远的国度；进口的则有胡椒、香料、珠宝、木材等。在近桥区域的里巷里，散布着政府管理海洋贸易的管理机构，如市舶司、来远亭等，以及船商们聚会的场所与精神信仰场所天妃宫等。斯波教授认为，"在蒸汽船出现以前的船运方面，宁波港不愧是中国(东部沿海)中部的第一个商业性海港"。

由于金人的入侵和北中国的陷落，宋朝丧失了运河最北的一段，而中段则遭受了严重破坏，结果，内河运输网络越来越小，越来越单一，而且其主要生命线由人工运河转向航运环境不稳定的江河——长江。此外，从削减运河维护费用节省下来的收入,用来维持一支军队,进行长江沿岸的守卫;因为长江入海前的最后 1000 多公里与金人的边界、军队的要塞以及宿营的骑兵接近,非常危险。如此一来,未因宋朝北方领土的丧失而受到较大影响的长江三角洲内部的江南河,成为唯一一段相对安全的运河。起于明州(宁波)港、终至杭州的浙东运河是它最为重要的支线。在南宋时期,北宋大运河系统中最短的一段不仅容纳了源源不断的驶往杭州的船只,而且构成了新的全国水上运输系统的中心一环,将繁荣的长江航运与东南沿海高利润的海外贸易连在一起。江南河与浙东运河不仅便利了南中国内部剩余谷物与其他产品的循环流通,还使商人们在帝国南部地区以及日本、东南亚的富庶港口获得了贸易机会,从而弥补了他们在北方市场上的损失。

现在想象宁波那时的繁华,是一幅极富诗意、充满俗世气息的图画。操着各种语言的商人,在灵桥头评论货物的质量;短工们为寻找到的货物短驳,兴冲冲过江;小贩们在熙熙攘攘的人群中叫卖。渔船到港之时,老百姓在桥头三圣堂前,用本地土产咸鲞换取渔户上好的蟹酱、黄鱼、乌贼;这三圣堂传颂

月湖北宋高丽使馆遗址

的是诚信鞋匠还宝于阿拉伯商人的故事,三圣堂原址即在现在的中信国际大厦之处。而普通百姓为贩卖鱼鲜,大清早赶过灵桥赴东门晓市,这些情景就记录在日本画僧雪舟在明成化初年作的《唐土胜景图卷·宁波府图》中,这幅作品现藏于美国波士顿美术馆。随着佛教东传,在车桥街、石板巷一带兴起了佛画绘制,职业画师陆信忠、金大受、陆仲渊等创作绘制的佛画作品,通过僧侣与商人大量携入日本,现在留存的如《十王图》《十六罗汉像》《释迦三尊像》《骑狮文殊图》等已经成为日本的国宝。不仅贵族经营海洋商业,大量相对贫穷之人也进行小股资金的投资。根据13 世纪的官员包恢所述,许多中下等户根据一种名为"带泄"的惯例,每人结托海商,少或十贯、多或百贯,进行海外投机活动,牟取利益。这些投资人或是海商的同乡,或可能是海商的亲戚,等等,因为人数众多,以至于包恢认为他们对铜钱流出中国负有部分责任。

宋代万斛神舟复原(镇海)

这便是南宋时的宁波城,它是当时中国最为成熟的商业城市之一。1195年,宁波升格为府,并以国朝年号"庆元"为名,地位相当于潜都。宁波的迅速复兴,与近畿的地理位置突显了政治、军事、经济与文化地位有关:政治安定,经济基础良好,为南迁家族的首选卜居地;史氏、郑氏等宁波籍政治要员长期主持朝政;1133年,宁波置沿海制置使,辖温台明越四郡;隋唐以来的东方大港扬州,此时成为边境城市,故而东亚等国家首先选择在宁波港登陆等,这些都是复兴的有利条件;但最关键的还是唐代已经酝酿成熟的"工商立市"的机制,或者说,是自河姆渡文化起累积的商业经验,青瓷时代积聚的产业经验,在移民潮的撞击下,基于新的时代契机,表现出的前所未有的创造力。这一次转型与新生,带有脱胎换骨的性质,虽然本地制瓷业萎缩,但作为对接大海与内陆的商贸平台性质进一步突显,并萌生类似海洋资本主义的运行机制。

更为难得的是,以杨简、袁燮、舒璘、沈焕为代表的"淳熙四君子"等文化经营者又一次群体性出现。他们以月湖为中心,引导城市追求艺术才情、哲学沉思,以君子之儒实现儒学的创造性转化,给城市注入了士族精神、书生气质,使这一时代的生命状态走向高贵与典雅。如全祖望所说:"南宋儒林五派,俱萃于此,叹为盛哉!"宁波的崇文情结从此一发不可收拾。"港通天下,书藏古今"的城市品质即在此时成熟,宁波以大都市的身份与杭州、苏州并列,无论经济、科技、教育,还是学术思想、文学艺术,在全国处于领先位置。

而繁荣的不只是海曙城,沿着运河而上,满目清心隽秀的风景:争流的货船,采茶的姑娘,千万人家的琅琅书声,还有散落乡间翻印畅销国内的《资治通鉴》等书籍的作坊。融融泄泄的运河边还有两座名城,慈城与余姚,其建筑、人物、风物等等无不是盛世气派。此后,大河上下走出了 2000 多名进士与 12 位状元;而再往下看一千年,竟然是为中国儒学的后续发展,预埋了新生根系。

**宁波文明的转型与东海文化圈的成熟**

　　　宁波城市文明的迅速发展,与航海技术的成熟,促成了中华文明的进一步播化,茶瓷贸易与佛教文化输出成为宋元两代宁波对东亚诸国的核心影响。

　　综观两千年以来,东亚文化及至整个亚洲区域的文化交融,我们会发现宁波州治,即这一区域性影响力城市的诞生,是历史变迁的必然,也是更大变迁的一种预示。在南宋之时,亚洲大陆的四大文化圈已经非常明晰了。这四大文化圈分别为处于东方的汉字文化圈、北方的游牧文化圈、南方的印度文化圈与西方的阿拉伯文化圈。四大文化圈之间有战争,有商贸,有政治外交,也有民间的迁徙等,文化交往日益频繁。影响东亚文化圈最大的是游牧文化圈,气候变迁促动这两大文化圈互相交融。当气候寒冷时,北方游牧民族会因生存环境恶化,如狼群一般掠夺农耕民族的家园;在他们看来,进行掠夺是比进行创造的劳动更容易甚至更荣誉的事情。让人震惊的是文化成熟极早的中华文明,在冷兵器时代,面对游牧民族的暴力侵袭,常常只能被动应战,或建造长城,或纳币称臣,甚至是大规模的南迁等;而极少主动北伐,开拓疆域。两千年来,气候历经多次冷暖起伏。进退如疾风闪电的游牧民族,动辄以"控弦数十万"而称雄:一是西周后期的北方犬戎大举南侵;二是魏晋南北朝时的"五胡内迁";三是宋元时期契丹、女真、蒙古族的连续南下;四是清军入关。北方犬戎南侵,导致西周东迁;匈奴、鲜卑、羯、羌、氐先后相继的"五胡乱华",是几乎陷汉民族于灭族的灾难,胡人生性残暴,实施大规模屠杀,中原地区十室九空,华夏人口严重减少。宋元之后,游牧族开始有了较为长远的政治目光,如任用汉人治理政事,经济上农牧并行,并积极吸收汉族文化。契丹建立的辽朝长达 218 年(907—1125),女真建立的金朝长达 119 年(1115—1234)。之后,蒙古族建立的元朝长达 97 年(1271—1368),满族建立的清朝长达 276 年(1636—1912),而这两个皇朝还为历史上著名的统一帝国。在这四次游牧民族南下中,促成了两次大规模的汉民族南迁,即魏晋南北朝与宋元时期,这也成为中华民族大融合、东亚文化圈形成的高峰期。宁波的繁荣正是在女真入侵,南宋朝廷南迁,大量北方高素质移民迁入江南之后。

气候因素不仅引发战争,造成人口的重新布局,生产的中心、文化中心也随之南移。比如中国最为重要的手工业——丝织业的中心也在这一时代南迁。在西汉以前,丝织业的布局是北丝南麻,丝织业绝大部分在黄河中、下游和冀中平原,当时最大的丝织业中心在河北定县,其他比较小的中心也分布在河北、河南和山东一带,而长江流域及南方各地以生产麻织物为主。东汉、魏晋之时,南方的丝织业有所发展,但北丝南麻的布局一直维持到隋唐时代。到北宋,因为气候变冷,北方不利于桑蚕生产,再加上唐末五代时北方战乱,北丝南麻的布局随之改变。而在南宋,江南的丝绸生产达到了鼎盛。当时的宁波,不仅交绫、吴绫极为精美,作为贡品的大花绫也颇负盛名,奉化的绝别具一格,"密而轻如蝉翼,独异他地"。而杭州,因为帝国京师的地位,集中了大量北方流寓的人口。剧增的人口、旺盛的需求导致消费市场的繁荣和商品贸易的发展,丝绸不仅产量大,而且由于技术水平的提升,品种也新颖多样。晁补之《七述》中说:"杭故王都,俗尚工巧……衣则纨绫绮绨,罗绣縠绨轻明柔纤,如玉如肌。竹窗轧轧,寒丝手拨;春风一夜,百花尽发。其制而服也,或袍或鏊,或绅或纶,或缘或表,或缝或襕,或紫或缥,或绀或殷。"虽然宋代出口商品已经实现了多元化,包括丝绸、瓷器、茶叶、铜钱、铁锅、漆器、书籍等,不是像唐以前以丝、织锦和薄纱为大宗,但丝绸还是一种数量极大、获利丰厚的商品。

汉字文化圈与阿拉伯文化圈、印度文化圈的交流,正好与游牧文化圈相反,充满着祥和的气息,商业贸易是这些文化圈之间最重要的交流方式。南宋政府倚重海外贸易,对海外贸易采取推动与奖励的政策。国家和商业力量相互结合,使中国海商成功地参与到以往几代由穆斯林商人垄断的海洋贸易中,并很快垄断了中国与印度之间的航运。他们用罗针导航、"海道针经"开创出一个小型全球化的海丝贸易网络,一个中国主导国际贸易的时代。美国当代著名历史学家斯塔夫里阿诺斯在《全球通史》中这样描述当时的世界图景:"宋朝期间,中国人在造船业和航海业上取得巨大的进步,12世纪末,开始取代穆斯林在东亚和东南亚的海上优势。宋元时期,中国的船只体积最大,装备最佳;中国商人遍布东南亚及印度港口……表明这一时间,中国在世界经济中居主导地位。"

当然我们也不能否认游牧民族也是强大的商业民族,游牧经济的重要特点之一就是难以"自给自足",如他们对茶叶有着特殊需要;因为草原气候乍暖乍寒,除自产的皮毛之外,还需要布帛。因此,游牧民族也是世界上最早、最为活跃的商队之一。在和平时代,他们不畏戈壁、沙漠、草原和高山,以马匹和骆驼为舟,跋涉万里,充当国际贸易的中介。只是,他们常常充当搬运工的角色,而不像农业民族一样去建设大的城市。但也因为四海为家,他们视野宽阔,能够广泛接纳各种文化。譬如宗教上,他们普遍信奉萨满之类的原始宗教,但外来的神智祆教(拜火教)、摩尼教、犹太教、基督教、伊斯兰教、佛教、道教都可在他们中间传播;伊斯兰文化在游牧民族中广为传播,中国西部的游牧民族几乎都受到了伊斯兰文化的影响。所以,他们也能成为文化传播的推动力量,如在中国音乐处于衰微之时,他们把胡笳、胡琴、琵琶与羌笛带入中国,各种"胡乐"至隋唐时,在中原形成了"七部乐""九部乐"和"十部乐",呈现出一片繁荣景象。事实上,游牧文化圈与阿拉伯文化圈、印度文化圈都有着对抗与交流,甚至欧洲罗马帝国的分裂及东、西罗马帝国的灭亡,都由游牧民族驱动。游牧民族在世界古代及中世纪的历史上起着举足轻重的作用。只是因为自身经济起伏、社会动荡、政权更迭频繁,文化总是处在不断破坏与重建的过程中,因而文化积累远远不如农业民族;加之接触面广,人口大幅度流动,人与地的联系极不固定,难以形成世代相承的文化传统。

这是这一时代特殊的文化现象:往北,我们看到了南宋王朝面对金戈铁马的懦弱;换一个方向,这个王朝却向我们展示了它的博大精深与富有强大。城市坊市制崩溃,草市镇兴起;货币流通不断进步,出现了世界上最早的纸币;商人和商人资本崛起,海外贸易取代了传统的陆上贸易,商业革命支撑宋朝成为整个中国封建社会阶段最富有的朝代,南宋的城市化率、科技商业均达到了中国古代的最高峰。与南宋通商的国家有五十多个,最密切的有高丽、日本、交趾、占城等。周边国家对宋朝的依恋,让人惊奇。这些国家出奇地喜好宋朝的铜钱,甚至取代了当地自己铸造的主币,成为他们必不可缺的通货。铜钱本身是一种贱金属货币,单位重量大而价值小,并不是良好的贸易支付手段,如果是买卖香料的话,铜钱的重量可能要超过香料;而且两宋政府也一再限制铜钱外流,但是质量精优、信誉稳定的宋钱,还是源源不断外流。

经济的一体化,带动了文化圈内部深层次的交融。汉字文化圈兴起于汉晋、形成于隋唐,在这个时代走向成熟。汉字文化圈的表征之一,即为使用共同的文字,日本、朝鲜、越南等国在长达 1000 多年中，一直以中国的方块汉字为书面记录工具，以至于这些国家在很长时间内创作文章、交流思想、记录历史只是贵族的事情。他们还共同遵循中国的夏历及其岁时祭享之俗，中央集权的律令制度，以及儒家伦理与佛教文化。在这个文化圈中，东亚几个国家之间的交往显得尤为密切，形成了东亚文化圈；古老的东海航路，尤其是宁波出发的船舶，促成了这一文化圈的形成。在史前，浙东的水稻、玉器、漆器就已经东传；汉晋时，江浙沿海海上交通水平大幅度提升，越窑青瓷外输。此时，朝鲜为绵亘 500 多年的高丽时代（918—1392）；日本则从平安时代（794—1184），进入镰仓幕府时代（1185—1333）。我们从日本嵯峨天皇（786—842）时期的"新撰姓氏录"可以看出东亚之间往来的密切，这本姓氏录记录了居住在京都及畿内的 1182 个氏族，其中"汉"为 163 氏，"百济"为 104 氏，"高句丽"为 41 氏，"新罗"为 9 氏，"任那"（属朝鲜）为 9 氏。

这一时期，佛教东传达到高潮。佛教为迦毗罗卫国（今尼泊尔境内）的王子乔达摩·悉达多所创，诞生至今已有三千多年。大月氏在印度建立贵霜王朝时，佛教达到鼎盛，并走出区域，成为世界性宗教。佛教大约在公元纪年前后传入中国。4 世纪时传入朝鲜半岛，无论三国时代还是新罗统一时代，佛教发展很快。其中影响最大的为曹溪宗，始祖道义和尚（753—814），784 年在江西开元寺拜六祖惠能的第四代弟子智藏禅师为师，在中国生活 37 年后回朝鲜半岛创立教派。到了高丽王朝，佛教得到王室的大力支持，成为国教。佛教大约是在 6 世纪传入日本，平安前期佛教有"入唐八家"，所学皆与密教有关，以最澄和空海从唐朝传入的天台及真言宗最盛，贵族青年一时以出家为风尚。奈良时代佛教出现新的宗派，如以空也上人与惠心源信为代表的净土宗；镰仓时代出现影响较大的日莲宗，以及从宁波传入的临济宗、曹洞宗；其中曹洞宗成为影响最大的佛教宗派，由此宁波也被日本称为圣地。

佛教不同宗派在东亚国家的发展，不可避免地与本国的政治相关联，并由此走上自己独特的发展道路，形成民族佛教。但无论怎样，佛教在东亚表现出如下共同特点：一是均以主张利己利他、众生平等的大乘佛教为主，传偏于行持、重在讲行的禅宗、密宗、净土宗，而偏于教理的发挥、解说的慈恩宗、三论宗、华严宗等影响不大。其中，影响最大的是具有中国特色的本土佛教汉族佛教，即讲求"教外别传、不立文字、直指人心、见性成佛"的禅宗，临济宗、曹洞宗均为禅宗流派。二是在这一时代,佛教由贵族走向平民,朝鲜的曹洞宗,日本的净土宗、临济宗、曹洞宗都是民间化的佛教,强调在生活的实践与社会的考验中,追求精神境界的一种"安身立命"的生活智慧,影响直至当今。

因为中国在地理上处于中心,在人口、政治经济文化上处于较高阶段,占有悬殊的优势,中国周边这些国家民族形成较晚,故而形成以汉民族为主导的文化融合局面。东亚文化圈的文化模式相对稳定而全面:在政治上为宗藩关系,在思想统治上以儒家学说为核心,在宗教上以佛教为普

位于海曙东门口的道元禅师入宋纪念碑

及的宗教,在书面交流上以汉字为共同的文字。而从纵向发展来看,这一时代东亚文化圈的文化内涵也悄然转型。日本京都学派内藤湖南将东亚文化圈的历史发展分为三个阶段:一是古代时期,由春秋战国的割据争雄时代至秦汉帝国的统一;二是中世时期,历经三国魏晋南北分裂时代,隋唐帝国大一统时代,中唐以后割据,以及分裂更为厉害的五代;三是近世时期,从宋王朝统一后迄明清时代,这一时期大致维持了统一的格局。进入近世之后,东亚的社会结构、政治体制、经济形态、文化性质、权力关系、政府组织全面改变。在政治上,表现为贵族政治衰微,君主独裁兴起。在唐朝以前,政治是君主与贵族的协议体,人民为贵族所辖;在宋以后,政治变成全体臣民的共有物,由此君主的地位比起贵族政治时代要稳定得多,人民从贵族手中解放出来而直辖于国家。在经济上,从实物经济时代变为货币经济时代,如唐代物价还多用绢布来表示,在宋代改用铜钱与纸币;庄园闭锁经济消失,家庭工业走向了近世以分业为基础的资本主义式的大企业经营,首先兴起的大企业为纺织业、制陶业等;部曲变成了佃户,成为与地主平等的自由人,产生了新的劳动形态。在文化上,倡导复兴先秦之学,一改经学师法模式,而以己意说经;文学等艺术,也从贵族式转变为庶民式。

日本学者宫崎市在此基础上,展开进一步的研究。他认为宋代政治的最大特

色之一,是在独裁君主之下,万民平等,打破了古来所谓的身份制,人权得以解放,前代用以各良民区分的贱民阶层(如奴婢、部曲等),到宋代以后已不复存在。宋代佃户的身份等差是临时性的,只要佃户将田地退还给地主,他就立即可以恢复本来的自由民地位;而贵族、官僚、富豪的家族,不能像六朝隋唐的中世贵族社会一样绵延不绝,社会为唯才是视,实现了广泛的层际流动。比如宁波的科举家族,大都是出身贫寒的农民,科举成功之后,政治上而言是官僚,文化上而言是读书人,经济上而言是地主、资本家,较为广泛地从事生产、买卖与交易。政治、经济的系列变化,促成了科技的进步,火药、印刷术、罗盘针或改进或发明;促成了司法的发展,人权保护得以规范,宋代已有独立的逮捕、讯问、裁判犯人的机构,诉讼学开始变得发达;城市的性质也发生变化,可以说进入了以运河为中心时代,城市建设即围绕商业展开,在城市中从事交通、搬运的事业尤为发达。

许多学者认为,从整个世界的发展来看,最早进入近世的是西亚,其次是以中国为中心的东亚,最后才是西洋;东亚受西亚的影响,西洋受西亚、东亚的影响才进入近世。在宁波,一时间经济繁荣、河运海运发达、佛教繁荣,与宋室南迁带来的机遇密切相关;但当我们在更大的空间范围与历史格局中来观察这些变迁时,变迁的原因以及发展的特殊性就变得清晰起来。在南宋,江南弧线形的海岸线上等分地分布着三个城市,即宁波、泉州、广州。因为经济辐射面不同,在前期,广州更胜一筹;在南宋后期,泉州成为世界第一大港,泉州城内集聚了大量阿拉伯商人,在现在,泉州仍然保留了大量阿拉伯文化遗迹;但在文化格局上,宁波可能更值得赞扬。广州并没有因为繁荣的贸易,形成一个成熟的南洋文化圈,印度尼西亚在室利佛逝王国和满者伯夷王国(1293—1478)统治时,居民大多信奉印度教与佛教,在 15 世纪迅速转向伊斯兰教。菲律宾只有一部分侨居的中国人信奉佛教,佛教影响较小;而在西班牙入侵之后,迅速被天主教所占领。泉州的文化辐射力也相对有限,台湾就在泉州对岸,但此时的文化还相当落后,反而是 17 世纪流寓台湾的宁波人沈光文,成为文化开台第一人。而二战后大批宁波人的迁入,共同创造了台湾地区作为亚洲四小龙的经济起飞。也许是洋流等因素的辐辏,东海在帆船时代具有足够的通达性,也许是众多佛教徒以坚毅不挠的决心、超乎寻常的文化努力的结果。当然还有更多的因素的辐辏,东海航线上最重要的港口宁波,经营的不只是物流,更是文化之流,最终力促东亚文化圈这一世界性文化现象形成。而文化圈的成熟也表现在各个国家民族意识的逐渐高昂,不仅南宋如此,周边诸国也开始有了自觉的国家意识,并开始尝试发展自己的文字与宗教。

## 从南宋末期到元代的庆元时代

从南宋宁宗朝开始,宁波称庆元,这是宁波商业繁荣的时代。元统一天下之后,这一游牧民族对宁波的海洋贸易起到了推动作用。元末方国珍的割据,也使宁波免于朝代更替的战乱。

宁波唐代因四明山得州名,即明州;1195 年,宋光宗次子宋宁宗赵扩即位,因宋朝有宗藩入承大统者,其原封邑称"潜邸",有即位庆典时潜邸升为府的惯例,赵扩在淳熙五年(1178)时,迁明州观察使,封英国公,宁波由此改州为府,并以年号为州名,这就是历史上的庆元府时代。宋代的行政区划实施三级制,最基本的是路、州、县,最高一级为路,府、州、军、监为州级单位,其中以府的地位最高。这一年,政府废江阴、秀州、温州市舶务,留存庆元府市舶务作为对日本、高丽等国的贸易口岸。因为政府对贸易的依重,宁波的城市地位开始赶超绍兴。而宁宗及其后理宗时代,宁波史氏、郑氏等接连为相,占据了政治舞台的中心,史称四明集团。这一时期的四明集团在政治作为上有较多的争议,尤其是史弥远主政时期,大量印造新会子,会子充斥,币值跌落,物价飞涨,民不聊生;后在民族仇恨和雪耻之心的影响下,宋宁宗不顾唇亡齿寒的道理,联元伐金;1234 年,南宋灭金,南宋与元直接接邻。其后,天台人贾似道主政,这一权相一方面在政治上打压一批中兴能臣,重用奸佞,沉迷享乐,荒芜朝政;另一方面制定了一系列错误政策,造成经济严重衰退,一手推动南宋走向灭亡。1252 年,忽必烈率 10 万大军长途奔袭灭大理国,完成对南宋的军事包围。之后,又以摧枯拉朽之势,灭掉了与南宋有着经济往来的众多东南亚、南亚、西亚国家,南宋赖以生存的"海上丝绸之路"名存实亡。1271 年,忽必烈称帝,1274 年,忽必烈率 20 万元兵南下;崖山之战后,南宋悲壮灭亡。

我们常常鄙夷南宋在蒙古铁骑下的懦弱,但实际是成吉思汗及其后继者在 25 年的时间里,以总数不到 20 万人的军队,先后灭亡 40 多个国家,征服 720 多个民族,建立了人类历史上版图最大的国家蒙古帝国,面积最大时接近 4000 万平方公里,占当时世界有人类政权区域的五分之四。显赫一时的阿拉伯帝国就在蒙古帝国开始兴起的第一次西征中灭亡。13世纪中叶,蒙古铁骑冲入西亚大地。1252年,成吉思汗之孙旭烈兀奉其兄蒙哥汗之命西征。他率领蒙古军队横扫波斯、美索不达米亚和叙利亚,并于1258年攻陷帝国首都巴格达,1260年攻占叙利亚首府大马士革。据说,除少数技艺高超的工匠外,巴格达全城居民都被屠杀,被屠杀人数约为9万人(《多桑蒙古史》中记载为80万人)。在这一征服过程中,汉人是蒙古最强劲的对手,与蒙古人进行了持续半个世纪的战争,如果以战争的胜率来算,南宋赢率在70%以上。陆秀夫身负幼帝赵昺与近10万官员、宫人、士兵投海殉国,与文天祥的宁死不屈,表现出汉民族壮烈的国家情怀。

落后的农牧民族带给汉族的灾难不言而喻。南宋灭亡后,元朝统治者毫不掩饰地把各民族按照族别和地区划为蒙古人、色目人、汉人、南人四个等级,南宋统治下的江南人民即为四等公民,宁波自然包括在内。蒙古人可以随意侵占农田,逐走汉人,以便畜牧。所举行的赏赐中,少者赏赐数十户数百户,多者竟赏赐十万户。每户以五口计,一次就得到五十万个农奴,汉人一夜间从自由农民沦为农奴,却没有地方可以申诉。元朝统治者还规定汉人不许结社、集会、集体拜神,禁止汉人私藏兵器,数家才可共用一把菜刀。好战的民族,不断发动扩张战争,1281年七月初六,左丞相阿剌罕统10万元军从宁波出发,八月十五至十六在日本一岐、平户等岛,为飓风所毁,全军仅存十之一二。

他们还极为漠视汉族人重视的科举入仕;直至仁宗时期,即1313年始,才恢复三年一次的科举,而且科举规模很小,汉儒入仕的比例极低,仅占1/20;怯薛(军士)入仕是取士的重要途径。元政府虽学习汉族文化,但牵扯到贵族特权利益的,像投下、斡脱、怯薛、达鲁花赤等制度却被保留下来;"投下"倚仗权势,向属民横征暴敛,是元代社会一大痼疾。在元中期以后,因为政治腐败,皇帝几乎成为傀儡,全由权臣摆弄,1307年至1333年就更换了36个皇帝。

但游牧民族也并非一无是处。因为国境开阔,视野远大,而蒙古族的信仰集中于天,他们邀请阿拉伯专家推进中国的天文学;地方志也得到了大发展,如朱思本的《舆地图》,耶律楚材的《西游记》,袁桷的《延祐四明志》,《延祐四明志》是宁波宋元六部地方志中最为优秀的一部。元代产生了最好的青花瓷,有着最好的中国戏剧。民众普及教育超过了前代,书院达到400余所,州县学校的数量最高时达到

24400 余所。元代还是中国历史上第一个完全以纸币作为流通货币的朝代。在耶律楚材劝谏下,农业生产得到了维护,颁布过《农桑辑要》等综合性农书;在江南一带,经济作物棉花不断推广种植,元成帝元贞年间(1295—1297),黄道婆从海南崖州返回故乡松江,使得这一地区棉纺织技术得到了突飞猛进的发展。思想文化极少禁锢,宗教信仰自由,主要宗教在中国几乎都有活动场所和信徒。信奉伊斯兰教的西域人,随着蒙古军队西征,大批迁入中国,散布各城市经营商业;这个以中东阿拉伯、波斯族系为主体的群体,吸收汉、蒙古、维吾尔等民族成分,逐渐形成了一个统一的民族"回族"。宁波就聚集了大量回族人。因为商品经济十分繁荣,元朝当之无愧是当时世界上最为富庶的国家。

对于人口众多、更加富庶的南方,政府有意实行宽松的管理。宁波有众多的南宋遗民,如王应麟、胡三省、黄震、舒岳祥、戴表元等,都采取隐遁乡里,终生不仕的方式抵抗元廷。王应麟以著述为业,计有二十余种、六百多卷作品;胡三省寄居鄞县城区袁桷家里,在至元二十二年(1285)完成《资治通鉴音注》294 卷及《释文辩误》12 卷。黄震的学说,还为耶律楚材、许衡所发挥,成为元蒙理学的重要思想。在元代,宁波也出了不少著名人物,如隐居慈城大宝山东麓的赵偕,传承四明心学,门人有小说家罗贯中等。还有著名散曲家、剧作家张可久,流存小令 800 余首,占现存全元散曲的五分之一。因为元朝是江南文士最落寞的时代,除了袁桷、程端学,四明文士基本没有进入京城为官,士大夫文化地位下降,宋朝的传统社会秩序崩溃,属于中下层的庶民文化迅速发展。元曲与小说的作者,成为江南文人阶层的核心人物,北方文人如郑光祖、关汉卿流寓江南,在以杭州为中心的经济发达的东南城市圈中开放出市民文化的花朵。其中,杭州的市井文化、街市最受人瞩目,马可·波罗在游记中盛赞它为世界上最美丽、最华贵的城市。

在南宋灭亡的过程中,宁波受到的战争冲击较少;而提倡商业的游牧政权,客观上有利于倚重海洋贸易的城市。元朝的对外贸易陆路借助陆上古丝路得以确立和延展,海路在因袭唐宋以来的市舶制度和海航网络的基础上构建。与元代有海外贸易关系的国家远远超过南宋,达到 140 多个。海洋信仰得到政府扶持,元代政府前后七次敕封妈祖,神格由宋代所封之"妃"升为"天妃"。元大德八年(1304)陈大震等撰的《大德南海志》,元顺帝至正九年(1349)汪大渊撰的《岛夷志略》,详尽介绍了远航所至各国的位置、风土、民俗、物产等。在江浙沿海,政府本来设置 3 处市

元代永丰库遗址(海曙)

舶司,后增至 5 处,最终并为庆元一处,作为对日本和高丽贸易的主要港口,同时也有部分从事东、西洋贸易。宁波一港总揽两浙市舶之利。

元至元十三年(1276)设宣慰司,统领半个多浙江省区域。至元十四年(1277),升为庆元路,治鄞县(宁波市),领鄞县、象山、慈溪、定海四县和奉化、昌国二州。但是元代,官方力图垄断海外贸易,相比较广州与泉州,宁波海外贸易的官方色彩更为突出。2002 年,宁波鼓楼东首发掘出庆元路永丰库,就是一个大型衙署仓储机构遗址,它的前身为南宋"常平仓"(官府粮库),元朝用作"收纳各项断没赃罚钞及诸色课程"。这里出土了大量文物,尤以宋元时期著名窑系的瓷器为主,如越窑、龙泉窑青瓷,景德镇窑系的影青瓷、枢府瓷,福建产的影青瓷、白瓷,定窑、德化窑白瓷等。蒙元政府曾经有四次不长时间的海禁,第一次因为发动征讨占城、爪哇战争的需要,也有因为金银、铜钱等违禁品外流严重所致,但主要是因为政府力图垄断海外贸易的高额利润,禁止私商下海。元朝政府规定"凡权势之家,皆不得用己钱入蕃为贾,犯者罪之,仍籍其家产之半"。但是推行"官本船"贸易制度,面临重重困难,在英宗至治三年(1323),政府不得不宣布,"听海商贸易,归征其税"。

1975 年夏天,朝鲜半岛西南部新安海域发现的一艘世界上现存最大、最有价值的中国元代贸易船,内装瓷器、漆器、铜器等文物 1.2 万多件,其中浙江龙泉生产的外销瓷就有 1 万多件;钱币 800 万件重达 28 吨,其他杂件一批。一铜权(秤砣)上镌有"庆元路"字样,船上还有元代"浙东道宣慰使司帅府""使司帅府公用"铭文龙泉窑碗,说明此应为从宁波起航的海舶,也说明宁波这个出口大港可能承担了全国南北大多数瓷器的出口。

　　因为民族歧视、暴政,对于百姓的无尽的掠夺,以及滥发纸币——有人说蒙古人一直把草原作为自己的家,蒙古贵族得到的金银赏赐都运到了戈壁沙漠埋藏起来;也因为连年灾害,百姓纷纷聚众起义,将蒙元推向了灭亡。至正八年(1348),以佃农和贩私盐为生计的台州黄岩方国珍与兄国璋,弟国瑛、国珉聚众数千起事海上,成为最早反元的义军。方国珍屡败元军,后复降复反;至正十五年(1355),占据庆元、台州、温州 3 路及余姚州地,割据一方。吴元年(1367 年)九月,征南将军汤和率大军长驱直入抵达庆元,方国珍降明。因"庆元"有庆贺元朝的意思,改为明州府,庆元时代结束。洪武十四年(1381),因避国号明朝之讳,改为宁波。

# 双屿港与招宝山

## 朝贡贸易与宁波争贡

　　宁波发生的日本使者争贡事件,促使明政府实行严酷海禁;宁波双屿港的兴亡,成为解读明政府之所以走向积弱积贫的历史秘密的最好教材。

　　从空中下望,宁波地域西高东低的象貌,仿佛硕大的贝壳覆盖海边,贝壳顶端是四明山攒簇的山峦,溪流沿着贝壳的褶皱向东、向北潺泻而下,除了少部分淙淙独流入海,大多数汇入依傍山麓蜿蜒的奉化江与余姚江,宽广的两江在东北部狭小的宁波平原相汇,融成二十六公里甬江,涌入东海。贝壳的东部几乎是贴着海岸线的,一路腾挪奔腾、步伐雄健的山脉,还一头跃入万顷波涛,形成了贝壳外沿的数千美丽岛屿。在历史上,这数千岛屿都是宁波辖域,舟山从宁波在唐设州治以后,一直为宁波属县;作为一个独立的地级市是在 1953 年以后的事情。

　　千年来,南北商船在这片开阔而平静的濒陆岛域间来往穿梭。但在帆船时代,远洋航船无需在这里停靠。宋代最大的货船是五千料海船,据《中国帆船与海外贸易》记载,船长 13.6 丈,面宽 3.83 丈,深 1.35 丈,推算吃水 1.10 丈,排水量不到千吨。"料"在明代计算已经不同,明代二千料海船排水量是超过千吨的,郑和的二千料宝船是当时最大的船只之一,主尺度考证估算为总长 19.12 丈,船宽 4.31 丈,吃水 3.9 米,排水量估计约 1170 吨。这样的海船是可以轻松进入甬江,泊在三江口便捷卸货的。但在 16 世纪前期,这里突然开发出双屿港、舟山、烈港、岑港、普陀山、洋山等几个外贸海港,也就是说,仿佛是属于 20 世纪、21 世纪的海港时代提前到来,其中最热闹的为六横岛的双屿港。六横岛位于象山港口一条开阔海道之旁,因岛上有六条东西走向的并行山脉得名。山脉陡峻,夹并之间自然形成了深港,出港便是双屿门海道,进佛渡海道便可直奔穿山半岛。葡萄牙商人著述的《远游记》中,这样描述 1540 年至 1541 年间的双屿港:常住居民 3000 人,葡萄牙人 1200 人,还有数以万计的往来商旅;这座商城有两座教堂,一座市政厅,两家医院,超过 1000 幢私人住宅。葡人和其他族裔的海商,建立了一个由司法行政官(警察)、审计官、法官、市议员等构成的自治市政机构。而日本学者藤田丰八直接把它称为"十六世纪之上海"。

双屿港的兴起要从古代中国的贸易体系说起。中国古代一直与亚洲诸国维系着一种庞大的贸易体系,这个贸易体系以中国为中心,以"朝贡贸易"为主体,构成亚洲贸易的主流网络,即使是西方人在和亚洲人做生意时也绕不开这个网。这种贸易与政治有着密切关联,其基本原则是地方统治者到北京觐见皇帝(天子)并接受册封,确认朝贡的使命即俯首称臣,朝贡国与中国的关系即为藩属和宗主国的关系。朝贡国家、地区、部族以定期向中国进行朝贡的方式表示忠诚,中国统治者由此获得海外奇珍异物、香料等。作为交换,朝贡国能获得数倍甚至数十倍的回赐,如锦缎、纱罗、金银、铜币等;还有奢侈品贸易的机会,政府不仅为来华贡使提供免费的食宿、交通,还对贡使携带来华的私有商品给予免税待遇,甚至贡使触犯中国法律也免于或从轻处罚。据统计,仅在永乐年间,东南亚及非洲国家使节来华共 300 余次,平均每年 10 余次。而文莱、满剌加、苏禄等每次来华使团都是国王带队,数百位使团成员往往住上一两个月。从商业角度看,"贡"和"赐"是不等价的,朝廷做的是亏本的买卖,所谓"厚往薄来"。但各朝政府为了保持"万国来朝,四夷咸服"的景象,常常乐此不疲,自然导致"贡使"频来。

游戏烧钱,却满足了朝廷的虚荣心;但在国力衰弱的时候,财政负担就难以承受。尤其郑和下西洋以后,随着各国贡船及附舶商队人数大量增加,明朝廷每年接待贡使的花费不断增大,且有应接不暇之感。为减轻财政负担,自永乐时起,逐渐对朝贡的国家和地区实行认定资格、颁给"勘合"的制度,即发给允许来华朝贡的国家或地区特许凭证,没有这种凭证的外国船只不许入口。在明中期以后,对贡期、贡船数目、随船人数、进境路线及停泊口岸等也都做出限制性规定。如日本,定例10 年一贡,入宁波港,人员不得超过 300 人,舟不超过 3 艘;琉球入泉州港,2 年一贡,不超过 100 人;占城、真腊、暹罗及西洋诸国入广州港,3 年一贡,等等。

这一时期,日本进入了室町时代后期,细川氏、斯波氏、畠山氏、大内氏等大武士掌握权政,将军实权旁落,变成傀儡。这种分化的政治局势在对明贸易中就体现出来。两个最大的武士豪族大内氏和细川氏联合起来,排挤将军,共同组成第八次对明贸易团。大内氏二船,细川氏一船,由了庵桂梧出任正使,率船队赴明。因为这一次朝贡正值山东、直隶农民起义,地方政府怕途中发生意外,奏请将贡物暂存市政司库,按例给价放回。明政府准奏,并颁发正德新勘合百道,因为这次贸易团中大内氏占有优势,所以正德勘合又落于大内氏手中。1523 年,大内氏自己以正德勘合组成第九次对明贸易团,由宗设谦道率领三船三百余人。细川氏得知大内氏组织对明贸易团时,也立即派出一个使团,由鸾冈瑞佐和宋素卿率领,一行百余人兼程赴明。宗设谦道的船虽然先至,但尚未检验勘合,等到宋素卿到达,浙江市舶司才一道验证。宋素卿熟知市舶司弊政,暗中向市舶司的执事太监赖恩行贿,于是得到先行进港验货的机会。市舶司随后在嘉宾堂为两个贸易团举办欢迎宴会,在安排席位上,将鸾冈瑞佐置于首席,宗设谦道居次。在国内互相敌对的两派,因席位问题激起了派性斗争,爆发武斗。宗设谦道让手下打开东库,抢出按规定收缴保存的武器,攻入嘉宾堂。鸾冈瑞佐因无武器,被乱兵杀害,宋素卿出逃。宗设谦道率众焚毁嘉宾堂,然后又至和义门外,烧毁泊于该处的宋素卿船。之后,为追杀宋素卿,直近绍兴城下。在折回宁波时,沿途杀掠。至宁波大掠市区,后逃向海洋,备倭都指挥刘锦率军追赶,不幸战死。

日本人在中国地盘上打架,并且祸害地方,杀害朝廷官员,这一事件震动朝野。此事导致嘉靖皇帝下令关闭浙江市舶司,开始全面海禁。海禁是元朝开始的,但元政府本质上是支持海外贸易的,宁波海洋贸易的规模在元朝是空前的。明代,朱元璋为了防方国珍、张士诚等沿海军阀余党与海盗滋扰,下令实施海禁,海禁主要针对民间商业。而嘉靖的海禁,是以停止朝贡贸易为目的;国力衰退,朝廷无力承担厚往薄来的朝贡,借日本争贡事件的机会,朝廷在内阁首辅夏言等人的促使下,一刀切地裁撤沿海各省市舶司,岛民内迁,并严禁片板入海。

站在历史发展的角度考量这一决定,政策不仅违背社会经济发展的要求,带有极大落后性,甚至不以沿海百姓性命为虑,严酷推行的海禁,无疑断绝了或从事渔业生产,或从事海上贸易的依海而生、靠海而活的沿海百姓生路。但是,在这一时代,民间私人海外贸易已经极为繁荣,以中国为中心的亚洲贸易网络已经形成,光滑细腻的丝绸、玲珑剔透的瓷器、沁人心脾的茶叶等产品是国外热销的奢侈品。比如松江府(今上海市)是当时全球最重要的纺织基地之一,在国内值1万两白银的松布,在日本能卖到5万两,造成越来越多的人改行从事纺织和棉布贸易。中国民间的商贸力量,不但经营着中国丝瓷茶等出口、香料进口的大宗,甚至把持着其他国家之间贸易往来。政府一刀切的决断,只能推着海民或入海从盗,啸集亡命,转掠海滨;或勾结地方权势,从事武装走私;或逃亡、潜往海外。

**双屿港的兴毁与嘉靖倭患**

海洋贸易巨额利润的支撑下,双屿港大约兴盛了30多年,后为政府剿灭。之后,引来了更为严重的倭患。

最早到来双屿港从事走私贸易的,是福建商人,以漳州、泉州人为主,时间在1517—1518年之间。福建商人经常从漳州下海,先到南洋购进胡椒、苏木、名香等热带产品,然后运输到宁波双屿港区。由于走私商品利润诱人,往往有百倍之利,吸引了不少宁波人和安徽人冒险乘船到海上进货,然后再运到江浙一带销售。1526年,福建监狱中犯人郑獠越狱后下海经商,鼓动葡萄牙商人来到双屿港,与宁波商人卢黄四等私下开展交易。这是葡萄牙商人到宁波经商的开始。

葡萄牙远在欧亚大陆另一端,面积与浙江省相仿,在12世纪获得独立;但终因幅员逼仄,资源匮乏,边侵不断,饱受苦难。穷则思变,之后的几个世纪,葡萄牙人以武力为支撑向海外探险。大约在16世纪前期,他们带着改进的中国指南针,马可·波罗的彩色梦幻,对瓷、丝绸、茶叶的渴望,以及用来交换的胡椒、苏木、名香,来到了东海水域。他们将双屿港称为"PortoLiampó",意为"宁波港"。因为这里直接连接中国最富有的东南沿海,各路商人云集,显然对他们充满了独特的吸引力。

参加沿海走私贸易的宁波人,主要是盐场的"灶丁"。因为灶丁负责采办渔课,

慈溪校场山戚继光练操之地

可以因采办之名,私下制造大船下海,帮双屿港走私分子搞物资运输,有的则直接参与交易。随着时间推移,一些小海商逐渐成为走私大商人,有福建人郑獠、金子老、李光头,安徽人许氏三兄弟(许松、许栋、许楠)、徐海、徐惟学,宁波人卢黄四等,其中以许氏兄弟、李光头两大海商集团最大。赫赫有名的皖南人汪直即王直,也在1540年下海,加入许氏集团,成为管家。因为海上竞争弱肉强食,小海商依附大船主,大的海商集团不但雇用本地的舵工、水手,还招募了一些日本的贫穷浪人,规模大的多达100只船。走私贸易集团化、国际化、公开化,宁波人万表《海寇议》称:"十数年来,富商大贾,牟利交通,番船满海间。"而这是政府所不愿意看到的。

双屿港走私贸易的结束时间在1548年。1547年,走私贸易积聚的矛盾爆发。葡萄牙人与余姚谢氏做生意,谢氏是余姚望族,东晋名相谢安后代,明代走出了阁老谢迁等政府要员。这一官宦之家倚仗地方势力,不仅打压走私货物价格,而且拖欠货款,葡萄牙商人上门催讨不得,并被恐吓举报官司府抓捕。愤怒的葡萄牙商人与双屿港武装走私分子联络,在六月的一个半夜,进入泗门,烧掠谢氏大宅。地方官员立即以"倭寇抢掠"上报。嘉靖震怒,委任苏州人朱纨为浙江、福建海道巡抚,打击浙江、福建沿海走私活动。因为宁波守军与走私商人相通,不肯出剿,最后调用福建军队围剿。嘉靖二十七年(1548)三月二十六日,朱纨率千余人将在港的海商扫荡得一干二净。五月二十五日,朱纨下令"聚桩采石",填塞了进出双屿港的"港门"。至此,繁荣三十多年的港区消失于世。朱纨的行动引起沿海地方利益集团的强烈不满,但朱纨强硬坚持,要求朝廷处罚相关走私人员,朝廷未加采纳。朱纨凭着自己的尚方宝剑,索性未奏先斩,在宁波演武场处决了96名大走私商。这一事件,促发地方及在朝的浙江籍、福建籍官员纷纷上章弹劾朱纨,称他"注措乖方,专杀启衅"。结果,朱纨被罢官,临时增设的浙福海道巡抚一职被废。明世宗甚至下诏捉拿朱纨,朱纨闻讯后,在家自杀。

被逐赶的海商在更为严酷的海禁政策下,成为叛逆的海盗。他们呼啸而来,掠掳一尽后呼啸而去,甚至还袭击州府,围攻城池。顾炎武在《天下郡国利病书》中指出,"海滨民众,生理无路,兼以饥馑荐臻,穷民往往入海从盗,啸集亡命","海禁一严,无所得食,则转掠海滨"。这场历史性的大灾难被称为"嘉靖大倭寇"。在余姚临山、慈溪观海卫、镇海招宝山、北仑总台山、象山爵溪等地,处处矗立的烽火台正是这一时代的遗迹,张经、胡宗宪、戚继光、俞大猷、王忬、卢镗等,明朝历史上赫赫有名的人物都曾登临这些卫所。这些海盗为何被称为"倭寇"? 谜底并不难解。一者明初以来确有日倭侵袭;而明代法令严定,入海为盗者将株连九族,此时中国海盗冒充为"倭",可以保护家人。二者沿海官军遭遇侵袭时,上报为"倭乱",容易推卸责任,如果战赢,奖赏更高。三者对朝廷来说把沿海民乱定义为外族入侵,将其极端仇视的武装海商力量与叛国者画上等号,镇压起来更为便利与合理。于是这一场沿海民众反对海禁的战争,最终被封建史书描述成一场被民族英雄击退的倭国罪恶侵略。

双屿港之役后,士大夫参与走私活动更为猖獗。汪直收编走私集团余部,转移到舟山烈港(沥港),因为政府的默许,汪直主动配合官府,平定了多股烧杀掠夺的海盗,并确立了自己"海上霸主"的地位。但最终官府还是铲除了烈港,汪直败走日本平户,平户由此成为繁荣的国际贸易港。史载汪直在平户"绯袍玉带,金顶五檐黄伞侍卫五十人",号称"徽王"。明政府以为东南祸害关键在汪直,后继的抗倭统帅胡宗宪以同为皖南人的关系,许诺开放港口招降汪直,之后又违背诺言,斩杀汪直。史载汪直至死不服,不明白要求通商为什么会有死罪,直呼"吾何罪! 吾何罪!""不意典刑兹土",并申诉"死吾一人,恐苦两浙百姓"。有一个同情倭首徐海的故事广泛流传,名为《金云翘传》,由明末青心才人创作。此传后来被越南诗人阮攸改编成诗体小说,大放异彩,成为越南古典文学中最伟大的作品。小说女主人公叫王翠翘(史有其人),徐海投诚明政府源于她的劝说。徐海死后,王翠翘自感辜负徐海,对总督胡宗宪说:"你诛杀归顺的人,你把天道放在什么地方了?"并写下一首绝命诗:

"建旗海上独称尊,为妾投诚拜戟门;十里英魂如不昧,与君烟月伴黄昏。"随后跳海自尽。

朝廷间权臣的互相倾轧,使事件发展失去控制。因为诱杀汪直,朝廷丧失信义,海商由绝望、怨恨转为彻底的堕落。在俞大猷、戚继光等名将全力攻打之下,汪直义子毛海峰等突围南下,疯狂报复,闽广成为倭患重灾区,东南富庶之地被严重破坏。嘉靖三十三年(1554)正月,倭寇攻破苏州,直取松江,六月由吴江出发,很快拿下嘉兴。《明史》记载,倭寇"纵横来往,若如无人之境"。

在政府决然厉行海禁的诸多原因中,最根本的还是农业立国的传统治国思维。在传统体制中,农业代表财政,农业的粮食、劳动力,又能代表充足的军队,保证足够的威权,从而稳固王权。稳固王权,内部稳定,并且能让敌对势力处于臣服状态,这样就足够了。以丝、棉为主要商品的对外贸易,对国家的粮食生产造成了重大影响,一些输出粮食的州府,反而成为粮食购入地区。而在交通运输手段比较落后的时代,这种粮食生产的区域化和市场化很可能造成粮食危机。如有天灾造成粮食短缺的问题,会因粮食的市场化被放大。事实证明,市场化最为彻底的苏杭也无法抵御粮食危机,在灾荒时期,有钱也买不到粮食。这在一定程度上,加强了政府禁海的决心。

禁海与反禁海,在明朝中表现为一场儒家官吏与宦官之间的殊死斗争,这场战争在明成祖永乐帝驾崩的 1424 年已经结束,官吏占了上风,郑和下西洋的航海资料或封存或毁灭。1500 年,朝廷禁止民间建船,凡建造双桅船只者一律被处死;而到 1525 年,更明令拆毁所有远洋船只,历史上最庞大的郑和舰队在一场政争中断送了。而这一次严酷的海禁只是往前再走一步而已。

如果我们从政府收入的角度来看,明政府的收缩政策是势所必然,而又陷入画地为牢的困局。有资料显示,明朝政府如果不附加额外的税收,财政收入总计大概在 2500 万两到 3000 万两之间浮动;按说,明代的耕地面积大于宋代,粮食的单位产量高于宋代,人口也多于宋代,财政收入理应超越宋朝。但是,明代赋税大都维持在极低的水平,常年在三十税一以下,这样的低赋税,是洪武皇帝朱元璋所定。1377 年,洪武皇帝分遣各部官员、国子监生和宦官巡视 178 个税课司局,固定司局税收额度。1385 年,各省和各府税粮课一岁收用之数刊刻于石板上,并竖立在户部厅堂内。1393 年,田赋收入达到 3227 万 8900 石,洪武皇帝就此宣布北方各省新垦田地永不起科,自此各地定额税收作为不成文的法律固定下来。而这样的收入,政府的官员数量只能维持在一个相当少的水平上,1371年地方官员总数仅有5488名。在16世纪早期,政府各个部门规模扩大,但整个帝国的文官也仅有20400名,吏员总数虽然达到51000名,但包括供职于军队的吏,也就意味着全国1138个县,最大的县也只有30个左右的薪俸人员,这些有限的人手要负责所有的地方行政事务,包括税收、审判、治安、交通、教育、公共工程和社会赈济等,实在难以展开。财政收入低,势必要控制政府雇员数量;控制政府雇员数量,社会治理势必难以有效施行,小倭寇大灾难也势在必然。由此,黄仁宇在《十六世纪明代中国之财政与税收》一书中提出,明代的问题不是政府收的税太多,而是政府收的税太低;不是政府对社会控制得太严密,而恰恰是政府对社会控制得太无力。

从这里也可以看出明政府管理思维的僵化。北宋中后期,每年的中央财政收入达六千万贯,而南宋时期则常年超过一亿贯,甚至一亿二千万贯(宋代1贯钱等于1两白银,1000文钱)。据统计,宋熙宁十年(1077),在中央财政收入中,70%以上来自工商业;而南宋时,政府从进出口贸易中抽取的关税最高已经占到了中央财政收入的15%。按照社会生产的发展,明代中央财政最明智的选择是转换治理思路,恰当发展国内、国际贸易才是根本要点。然而,政府的决策最终走向了历史发展的反面。

最终,朝廷逐渐意识到倭患问题根结不在"倭寇",而在海禁。经不起战争折腾的明王朝,在汪直死后八年,即嘉靖驾崩之后的隆庆元年(1567),立即开放漳州月港;此后,倭患迅速得到缓解和平息。

## 太平洋贸易的兴起与招宝山威远城

> 宁波海岸线上的处处卫所记录了明中叶这段充满痛感的历史;而放在葡萄牙、西班牙这两个世界性大国崛起的背景下来看,文明因闭守而失去引领姿态。

如果我们从更大视野来考量这一段历史,就会发现明政府国策与历史发展所趋的错愕。15世纪末至16世纪初,是世界历史上的"地理大发现"时代,或者说是"大航海时代"。因为贯通东西方的元朝的崩溃,奥斯曼土耳其人的崛起,阻断了中西方贸易之路,在西欧,各国君主与商人们都急切地希望能够打破意大利人和阿拉伯人的垄断,前往印度、香料群岛,以及马可·波罗笔下的黄金国度中国等地,直接与当地人进行香料、丝绸等商品交易。罗盘、六分仪、海图、三角帆等航海技术的成熟,以及对求知世界的向往、对新殖民地的渴望、传播基督教的狂热等等因素辐辏一起,促成了欧洲人的海洋探险之旅。

这一时代在当时的西欧还流行这样的观念:一是基督教国家有权力占领异教徒的国土,二是教皇有权力决定异教徒统治土地的主权归属。欧洲最早的两个民族国家葡萄牙和西班牙,在国家力量支持下开展了航海冒险,以谋求国家的发展:在恩里克王子的指挥下,葡萄牙航海家们开辟了从大西洋往南绕过好望角到达印度的航线;在伊莎贝尔女王的资助下,1492年哥伦布代表西班牙抵达了美洲。两国为争夺殖民地矛盾激烈,教皇于1493年5月在罗马划分西班牙和葡萄牙瓜分殖民地的分界线,规定以子午线为分界线,线以西的一切土地都划归西班牙,线以东的一切土地归葡萄牙。葡萄牙由此在印度洋、太平洋东岸建立了一系列殖民地,如马六甲、马来西亚摩鹿加群岛、东帝汶、日本长崎等。1522年,麦哲伦完成环球航行,也到达了菲律宾。

从现代的眼光来看,这两个国家经营的是一种新海洋文明,《大国崛起》第一集客观记录了它们筚路蓝缕的开创。作为第一代世界性大国,新航线和殖民掠夺建立起势力遍布全球的殖民帝国,在16世纪上半叶达到鼎盛时期。它们的商人都把与中国贸易当作首要任务,或者说作为牟取巨额利润的重要渠道。背靠发达的江南经济,外负东洋与西洋冒险商业,是宁波双屿港得以成为当时江南最大的中外贸易中转港的重要原因。斗牛士的后代无疑给东方带来了新的视界、新的机会,但日趋封闭的大陆文明却让他们遭遇顽拒。

双屿港消失之后,太平洋贸易仍然不断发展。1565年,又有了新的飞跃。这一年4月,西班牙入侵菲律宾,从此开始对菲300多年的统治。同年6月,满载亚洲香料的"圣·巴布洛"号大帆船驶往墨西哥南海岸的阿卡普尔科,亚洲和美洲间的太平洋航线由此开辟,马尼拉大帆船使菲律宾成为国际贸易中心。中国的瓷器和丝绸、印度和波斯的地毯、马六甲的香水、爪哇的丁香、锡兰的肉桂、印度的胡椒,这些远东各国的产品都在此集散。为了获取中国商人的信任,西班牙铸造银纯度稳定地维持在0.931的8雷阿尔银币(约合27.468克),专门用于对外贸易;这些银币输入中国后可以直接熔掉做成银锭。

葡萄牙和西班牙是两个热衷于掠夺式贸易的国家,它们把中国的货物搬运到欧洲,而把美洲的货物搬运到中国,并不发展自己的工商业,这是两个帝国很快盛极而衰的原因。据《晚明史》记载:"生丝、丝绸、瓷器等中国特产,遍销西班牙本土和它的各殖民地;棉麻匹头为西属殖民地土著居民所普遍消费。"此时的明朝,手工业已经较为彻底地完成了从宋元时的官营到私营的演变;至明朝后期,除了盐业等少数几个行业还实行以商人为主体的盐引制外,大多数手工业都已经成为民间手工业,摆脱了官府的控制。私营工商业的巨大发展,使明朝无论在炼铁、造船、建筑等重工业上,还是在丝绸、纺织、瓷器、印刷等轻工业上,都在世界上遥遥领先,大约集中了世界 2/3 以上的工业产量,能够源源不断地生产出令欧洲人艳羡渴慕的奢侈品和日用品。加之劳动力资源丰富,劳动力成本低廉,中国产品极具价格优势;而恰好在这时,欧洲各国正经历持续一个世纪之久的涉及所有工农业商品的通货膨胀,西班牙、葡萄牙的物价从 16 世纪 30 年代到 17 世纪普遍上涨 3 倍左右,英国、法国、德国物价从 16 世纪中期开始上涨两倍左右,大大削弱了欧洲各国商品的市场竞争力。而以银为本位的中国,不是生产白银的大国,宋元明之时,中国白银的需求增长一直快于供给增长,到明代,白银购买力已相当于宋、元时期的两倍;这更造成以白银表示的中国产品在国际市场上的价格优势。

由此,在 16 世纪至 17 世纪,全球经济形成了以中国产品与白银为中心的供需结构。每年春天,马尼拉大帆船从墨西哥载着白银横渡太平洋来到马尼拉;差不多相同的季节,会有 30～40 艘中国帆船满载丝、棉、瓷器等驶向马尼拉,与西班牙商人交易;然后包括其他亚洲国家在内的商品被运到欧洲消费。中国的白银本位将世界各地的经济连成了一个最初的全球化模式,明代中国实际上已经成为当时世界经济的中心。这种贸易在历史上被称为"丝银贸易"。

这或许是一个乐观的描述。葡萄牙、西班牙的政府除了贸易谋利的决心胜过明政府外,没有其他更容褒扬的地方。明政府的闭关自守恰好与殖民主义者形成了鲜明的对比。明代建造了两大长城,一是面对海洋民族,一是面对草原民族;而明代海上长城的建造时间甚至要早于万里长城。从明洪武年间起,宁波开始构建以"卫所"为中心,水陆一体的防御体系。在宁波区域里,有三个战区:一是临山卫、观海卫主导的临观战区,即今杭州湾以南的慈溪市与余姚市东北部;二是以定海卫、宁波卫主导的定海战区,即今甬江出海口两岸的镇海区与北仑区沿海一带,以及象山港北岸的鄞州区与奉化市;三是以昌国卫主导的昌国战区,即今象山港南岸、三门湾北部的象山县。历经600多年风霜雪雨后,宁波卫、定海卫目前仅有卫址而无遗迹,临山卫、观海卫、昌国卫尚有较丰富的遗迹;所存遗址共6处,司城遗址4处,寨城遗址3处,营汛城址1处,所存遗址多为十字街、城墙、护城河;烽堠、墩台70余处。

在甬江口有两座对峙的山,一为招宝山,一为金鸡山。这两座山原是海中的小岛,因为泥沙淤积,最终成为甬江的锁钥。招宝山原名候涛山,以潮涌滔天得名,故而山巅原建有"插天鳌柱塔"。后来因为"商舶所经、百轸交集",以"招财进宝"之意,改称招宝山;金鸡山,似乎让人想到金鸡报晓之时,商船鱼贯而入,带来滚滚财源。如果按照正常的历史节奏,随着太平洋贸易航线的成熟,招宝山吞吐的物流应该迅速达到新的历史高度,然而这两座在民间与贸易密切相关的山,在明清两代却建造了众多的防御设施。在招宝山上有一座名为"威远城"的古城堡,清晰地记录了这一段抗争的历史。威远城建于明嘉靖三十九年(1560),都督卢镗与海道副使谭纶率军民建筑,城堡周长600余米,高7.4米,雄关气势,十分壮观。城内一侧有明清碑群,碑文如"海天雄镇""撑半壁天""天险崇开""永清四海"等,颂扬招宝山天险、纪念抗战胜利,多是明、清军政要员题写。城内曾建有报功祠,供奉明代抗倭名将戚继光、俞大猷等人的塑像。两种截然不同的价值追求,横亘千年的历史,在这片天地间抗辩,演绎着变幻纠结的文明冲突。

戚继光和俞大猷都是一代抗倭英雄,宁波的海岸线上处处留有他们的足迹。在与招宝山隔江相望的金鸡山上,他们也曾设防抗倭,俞大猷曾勒"江海朝宗"四大字于山上;金鸡山一旁即为著名的戚家山。这些斑驳的遗迹记录最多的是戚继光的故事。这位山东汉子在这一带前后转战14年,历经80余战,带领精良雄锐的戚家军创下了伟岸战功,如在观海卫龙山使之成名的三战三捷;其战无不胜、攻无不克的故事与传奇的鸳鸯阵等,已然成为宁波抗击外侮的符号、尚武精神的载体。在宁波的乡村海隅,至今还有许多祠庙来纪念这位英雄,众多百姓以自己是"戚氏"后代为荣。慈溪观海卫、余姚临山镇、北仑戚家山街道等最热闹的地方,都立着戚继光英武的石雕像。在观海卫,至今还有几种从戚继光军队中流传下来的古拳法:左手棍、金锁拳。这些武术遒劲雄强、断然果决、攻击性强,出手便能伤人。

回看这些海岸线上与青山、长空寂寞相对的烽火台，我们的心情非常复杂。在穿山半岛的三塔山上，在晴天里可以望到六横岛如黛的青山。三塔山上有一座建于明初的炮台，名为总台山烽火台。这座沧桑静穆的石屋，用沙土夯成台基，以长石条为主骨。当年，总台山烽火台一旦发出烽火，左右五台立时策应。山下是曾经饱受祸患的郭巨古镇。600 年前，在这里，前前后后有多少英雄驻足远望啊。张经、胡宗宪、戚继光、俞大猷、卢镗等等，无不是明朝历史上赫赫有名的"海上长城"。但可叹的是，他们无一不是悲情人物。之前，勤政忠诚、精明强干的朱纨死于自缢；

招宝山安远炮台

招宝山炮台

之后，胡宗宪、戚继光也为朝廷所害。不知道他们有没有看过被研究者视为中国戏曲摇篮的角抵戏《东海黄公》，戏剧表演的是秦时一个能施法术的黄公到六横岛来降服白虎，可惜法术失灵，自己反而被虎所杀。我们不得不这样叩问，为什么他们面朝大海，视界里却没有大海？为什么他们思维缜密，智慧超群，却没有海洋的思维？而他们忠心耿耿的朝廷更没有关于大海的梦想，从明代开始，明州改称"宁波"，意指波定海宁，我们可以遥想深宫的裁决者在命名时的祈望。其实海洋有风暴何其平常，并不可惧，如果能以开放为长城，中国东南最为富裕的海疆怎么会变成这个国家最容易受到攻击的肚腹呢？

隆庆开海后，因为廉价的远东物资与惊人的中国生产力吸引，马尼拉大帆船的航线很快固定下来，成为在菲律宾和墨西哥之间每年往返的商贸要渠。而在 1571 年，即弛禁 4 年之后，明朝政府银库收入骤然增加，白银从 75000～86000 公斤增加到 116250 公斤，增加的大都是进口的白银。但对宁波来讲，失去了一个很好的历史发展时机。被逐出海岛的葡萄牙人辗转来到了澳门,1554 年,明政府批准广东海道副使汪柏的请求,以每年向明政府进贡为条件,允许葡萄牙人在广东沿海进行贸易。东南沿海人民蜂拥海外谋生,到明末,在海外求衣食者已达 10 余万。但此时合法出洋的中国海商,所处环境已非宋元时期中国商人独步印度洋以东海域的时代。葡萄牙人以强大的舰队为后盾,以印度果阿、澳门、马六甲和长崎为据点,构建起葡萄牙东方贸易网络。西班牙人在向来为中国海商活动范围的菲律宾建立殖民政权,中国海商的菲律宾贸易不得不仰西班牙人之鼻息。1596 年,荷兰人占领爪哇岛,1604 年占澎湖。1619 年,荷兰人在爪哇巴达维亚建立殖民政权,逐渐控制了华商对印尼群岛的贸易与移民,并以海盗形式袭击各条商线。英国人于 17 世纪初到达香料群岛,于 1613 年在日本出岛建立商馆;但在荷兰人的驱逐之下,在 17 世纪 30 年代淡出远东水域,集中精力经营印度。到 18 世纪后期,英人卷土重来,逐渐在马六甲、槟城、新加坡、仰光等地建立了包括暹罗在内的远东贸易圈。面对全副武装并受到本国政府全力支持的西洋人,中国海商也组成武装海商集团,如李旦、郑芝龙、林道乾、林凤等部。政府招抚了实力较强的郑芝龙海商集团来对付其他中国海商武装集团和西洋海盗。郑芝龙集团迅速崛起,使福建沿海地区成为其独立王国和牢固的后方。1633 年,郑芝龙与荷兰舰队在金门料罗湾决战,击败了荷兰舰队。1661 年,郑成功收复台湾,击退了盘踞台湾 38 年的荷兰殖民主义者。中国人在东亚获得了局部海权优势,建立起通过台湾联系世界各地的贸易航道。但郑成功英年早逝,清廷收复台湾后,因为禁海,此后 200 年里,东亚海域的控制权又重新落在欧洲人手里。

此后 300 多年,对中国来说,中西文化交流以及海上贸易中心遂从浙江转移到福建与广东。对东亚来说,东海文化圈开始走向分化。东西洋贸易合法后,对日贸易一度仍为非法,郑成功的走私贸易在中日贸易中取得暴利。就日本而言,16 世纪中叶,葡萄牙人、西班牙人来到日本,传入了枪炮和基督教,一时间国家生气勃勃;不久进入战国时代,即安土桃山时代(1573—1603),其后进入德川幕府时代(1603—1867),初期还与越南、吕宋等地进行贸易,与中国和葡萄牙的商人等展开竞争。但不久便推行"闭关锁国"政策,宽永 10 年(1633)到宽永 16 年连续发布 5次锁国令,禁止日本人出入国门;外国人中仅有中国和荷兰的商人可以在唯一的开放口岸——长崎从事商业活动。清王朝为了铸造钱币的需要,每年要从日本进口大量黄铜，1688年，德川幕府采取了限制措施。1740年，为政府允许的民间铜商出现，宁波黄铜商人在乾隆中叶起在东南洋铜商中成为主角。但贸易量极少，到了19世纪初期，两国间维持正常贸易的船只，没有超过十艘。而中国也处于清朝锁国期，所以中日实际意义上的来往已经断绝。1868年日本维新运动以后，新政府积极引入欧美各种制度，急速发展成近代国家。朝鲜在1519年发生"己卯士祸"，士林派首领赵光祖被害，进入了党派纷争、腐败盛行的时代，并在1592年和1597年两次遭受日本入侵。1636年，皇太极攻打朝鲜，史称"丙子胡乱"，最终朝鲜成为清的藩属国，其后，朝鲜开始闭关锁国，与外界仅进行少量交往。在17世纪的东亚世界，儒学还被视为普世文明，清朝取代明朝时，周边国家还有儒家文明传承的忧患意识，如朝鲜儒者发出了朝鲜是"小中华"的声音，日本初期水户学出现了日本是"中朝"，担当儒学发展的意识。到19世纪60年代，日本走上了学习西方的"脱亚入欧"之路。

# 鸣鹤、药行街与江南的繁荣

## 鸣鹤:江南市镇的兴起与药业萌生

      商业立镇的鸣鹤,是明代中叶宁波最早走向全国的区域之一,这些草根商业家族经营着充满国粹精神的药业,成就了一道封建后期温暖的风景。

明代中后叶,江南城市的发展表现出新的特点,传统的州县城市随着封建统治的日趋僵化,走向了衰退与没落;而广布于辽阔农村的各式市镇由于较少受到封建统治的阻碍,又因为邻近农业生产区域,作为新型的经济中心得到了较快发展。从明代中叶到鸦片战争前,江南的市镇呈现出空前的繁荣,达到了古代发展史上的高峰。不少学者都指出,这一时期大中城市的发展基本停顿,城市化的新方向转到市镇。牟复礼说:"中国工业主义滥觞于各市镇,而不在大城邑。"在宋代,宁波区域共有143处草市镇,其中较为稳定的其实只有20多处;而到了明代嘉靖年间,这类市镇已有了41处(不包括余姚),增加了近一倍,《嘉靖宁波府志》列举到如甬东、宝幢、小白、东吴、韩岭、横溪、栎社、大隐、车厩、南渡、溪口、白杜、泗洲头等。鸣鹤即为其中一个著名的小镇。

"鸣鹤"镇得名,始于唐代,为故江南士族虞氏后代集居之地,因纪念唐名臣虞世南的重孙虞鸣鹤而得名。相传东晋杰出的天文学家虞喜,东晋思想家、史学家虞预,初唐名臣虞世南都在这个镇居住过。三国两晋虞氏移入鸣鹤的时候,此地还只是一个临海的盐碱地。后来异姓迁入,人烟开始繁盛。镇南为翠屏山脉的五磊山、栲栳山,山势幽深秀美,海水退去之时,山麓形成一个潟湖,名为杜湖,古称杜若湖,湖中有高坝,将其分成里、外两湖。杜若一词,常在屈原的诗歌中见到,如"山中人兮芳杜若","搴汀洲兮杜若","华采衣兮若英"。据说杜若属蔷薇科,淡紫色,有幽香,又称杜衡,至今已然无存。杜湖西隔禹王山与白洋湖相连;白洋湖,又称白湖,唐时所筑。相传唐中宗李显夜梦姚北浅滩白龙被困,令余姚县令张辟疆修建白洋湖以救之。白洋湖东岸有始建于南朝梁大同年间的金仙寺,迄今已有1400多年历史。这一寺庙为五磊寺的下院,五磊寺相传为三国时印度高僧那罗延得到孙权母亲的资助所建,是宁波历史上最早的佛寺。清雍正《慈溪县志》载:"五磊寺,吴赤乌间有梵僧那罗延结庐修静,唐文德间僧岑建,名灵山禅院。"金仙寺初名"静进庵",唐乾元年间(758—760)福林度智禅师住此,改名"福林寺"。宋治平二年(1065),因白洋湖曾名"金仙湖",朝廷赐额"金仙禅寺"。寺庙依禹王山而上,寺院山门外广场有七座宝塔建于白洋湖水面上,别有一番风景。

可以这样说,鸣鹤先儒后佛,然后商业成镇,历史上以生产青瓷与盐业著称。西去不远便是上林湖,一条与白洋湖、杜湖贯通的运河,与之贯通。运河是小镇的经济命脉,在宋代时成为三北重要的农副产品集散地。现在这个镇还较好地保存了清代的三条老街,分别为上街、中街、下街。上街上起翁家岙,至隐山山脚,巷窄墙高,主要是居住人家。下街自鸣鹤雕像起,至隐山北,为小镇主要商业街。中街起自杜湖塘边陡塘桥,至沙滩桥,长约四里,是旧时鸣鹤的主要商贸区。据载,清末民初,中街有三北最早经销美商美孚行火油的同信孚,经销英商亚细亚火油的锦恒泰,三北最早经营生漆的永泰鸿号(徽商店铺),生产和经销酱油的致和酱园、润和酱园、中存仁酱园,经营百货的张同德、琴信康、同德和等,经营宁式糕点为主的泰来、永大昌等,经营国药业的天芝堂、滋德堂等店号。镇内河道交错,单明代古桥就有七座,著名的运河桥就在中街之上。

但是我们的叙述要从明代中叶开始。翠屏山北的土地与山南完全不同,山南姚江谷地是水稻的原产地,但山北是海岸滩涂盐碱地,从这里生长出来的城镇,注定不是自给自足的农业城镇,而是依据商业法则立镇。在北宋咸平年间,鸣鹤设买纳场;明洪武二十五年(1392),置盐场课司。但是因为封建社会盐铁专卖,盐场没有给百姓带来财富,反而是无尽的役使。盐民入了盐籍就终身不能改变,逃离就要

鸣鹤镇运河风光

鸣鹤镇国医馆

受到严厉惩治,许多盐民还因煎煮制盐,烟熏致瞎,历史上多次发生盐民暴动。南宋时,盐民暴动遭到政府血腥镇压,大批盐民被杀害。乡贤、浙东提举黄震经过深入调查,还之官逼民反的真相,才最终平息风波。明代中叶,鸣鹤场盐民再次暴动,朝廷派刑部侍郎兼金都御史、福建莆田人彭韶到鸣鹤场"剿办民乱"和"整理盐政"。彭韶到盐场后,面对"灶、仓半虚,犹有包摊之累;丁户将绝,尚多额外之征;工本克扣,而民不聊生;刑罚过严,而肌无完肤"的事实,力排众议,实行了抚恤灶民、多发工银、减轻刑罚、减免课税等政策,撤换了一批民愤极大的官兵,使盐场恢复生产。鸣鹤盐民为纪念彭公之恩,立祠祭祀,至今仍存。在盐铁专卖不能改变的情况下,盐民的斗争性也仅能止于此。这也是鸣鹤人多外出经商的原因之一。据《慈溪县志》记载,鸣鹤居民十之九以上外出经商,江浙一带均有鸣鹤人涉足。

从整个宁波来看,抗倭、海禁的创伤严重;之后,最为密切的几个贸易国家即朝鲜与日本也开始锁国;再加上两宋时因人口大量增加,大规模泄湖为田(如废广德湖),所造成的旱灾频发的问题爆发出来,向外拓展成为必然。王士性在《广志绎》中说:宁绍地区人民竞相外出从事商贩、手工业和体力劳动,十分之七在外谋生。但与闽粤百姓向海外移民不同,他们沿着运河向大陆探寻新生。这就是一个工商立市的海洋性城市,一个以经营陶瓷、丝绸、茶叶等闻名于世的海洋城市,在封闭时代的努力突围。地域人口的外流类似于数千年前越人迁徙的情态。三北区域咸碱地束缚力弱,本身是移民集居之地,人们多流动意向,到新土地白手起家的愿望强烈,故而成为人口外流最早也最多的区域。在中国历史上,流民问题是一个很重要的人口问题,历史上几次重大的南迁,以及越民的外迁,也是流民的一种;但在宁波,流民没有形成社会问题,相反还成为改变社会的力量。这一时代流入城市、市镇的宁波人,为手工业、商业的发展提供了大量劳动力与区域的智慧。

这些以家族式外迁的人群中,鸣鹤有一脉显得与众不同。他们以地域的医学智慧,与浙八味这样的特产谋生,显现出独特的生命关怀。最典型的一户为鸣鹤乐家畈(即今慈溪市掌起镇鹤凤村)人,名为乐良才,一名手持串铃、走街串巷的游方郎中,在北京住了下来。乐氏在唐末战乱时来到宁波,主要居住在北仑湖塘,故称湖塘乐氏;经过五六百年的繁衍俨然成为地方大户,乐家畈是其中一个重要分支。据舟山岱山兰秀乡乐嘉和先生所藏清光绪三年《鄞东梅墟乐氏宗谱》记载,乐知鄁(据乐炳成、乐晓明先生在《纵观中华乐氏》中考证,乐成为乐氏宁波始祖,乐知鄁为第七世)三子乐光仿在北宋乾德四年(966)从大隐山迁居慈溪三北(今掌起、观海卫两镇地区)成族。这个游方郎中的四世孙乐显扬,是一个了不起的中医大家,也是一个药业经营奇才,他成为清太医院吏目,并于康熙八年在北京大栅栏创建同仁堂,以"配方独特、选料上乘、工艺精湛、疗效显著",成为中国药铺的典范。不久,这个药铺走出北京,如天津最大的国药号达仁堂、河北最大的国药号石家庄乐仁堂、山东最有影响的国药号济南宏济堂、天津著名的国药号宏仁堂、北京著名的国药号永仁堂等也都是同仁堂乐氏所开设,成为名副其实的"中国第一药铺"。

与同仁堂齐名的还有"江南第一药铺"南同仁堂,又称叶同仁堂,是东南最大的国药老字号,为鸣鹤人叶心培于清康熙九年在温州创建。叶同仁堂售药兼医,生意兴旺,温州最有名的大新街,有半条街是叶同仁药栈。叶同仁堂的生意还行销福建、广东、江西、上海等地。同仁堂最著名的产品有平安丸、虎骨酒等,叶同仁堂最具特色的是景臣全鹿丸和同仁胶,据《中国大药典》记载,当时的温州是中国驴皮胶最大的产区之一,据说闽浙苏沪等地中医处方开驴皮胶只写"同仁"几钱,可见叶同仁堂制售的驴皮胶在当时的声名。在鸣鹤叶氏、同仁堂乐氏的影响下,鸣鹤中药业在全国各地纷纷开张,湖州慕韩斋、绍兴震元堂、台州方万盛以及上海宓天一、塘栖翁长春、南浔延年堂、绍兴光裕堂、台州岑震元、萧山姚大成、嵊县逢春堂、温岭方同仁、临海遂生源等。鸣鹤还走出了另一个药业经营奇才——康熙时的叶天霖。

这种跨越空间与时间的绵延与发展,应该是中国封建后期最感动人、最激励人的伟大事件之一。鸣鹤乐氏、叶氏等家族的成功，使儒家所弘扬的传统人文精神，在凝聚家族、作为社会上，表现出新的意义来。中国有"不为名相即为名医"的古语，激励人济世救人。而从鸣鹤的药业传承，我们发现儒家的"孝"有助于十几代如一坚守祖业；儒家的"信"有助于自觉遵守商业的伦理道德，即"炮制虽繁必不敢省人工，品味虽贵必不敢减物力"；儒家的"仁"，使制药行医超出了行业自身的视界，它以悬壶济世弘扬原初儒道深切的人本关怀：天下大同，仁爱普施。即"同仁"，所谓"同修仁德，济世养生"。传说温州"叶同仁堂"与北京"乐同仁堂"之名并非巧合，而是叶心培在杭州遇到同乡乐显扬，言谈中商量共开药店，起名"同仁堂"，堂名两家共用，同行仁义。从生意上讲，一南一北互相呼应，也容易打响品牌。"乐同仁堂"开于康熙八年(1669)，"叶同仁堂"开于康熙九年(1670)。

**药行街:宁波药业与商帮兴起**

> 宁波帮是清代药业十三帮之一，宁波药商纵横内陆，沟通南北东西。在五口通商之后，尤其是太平天国起义之后，药行街成为全国著名的药材集散中心。

中医文化，在中国源远流长。中医产生于原始社会，相传伏羲发明了针灸，神农炎帝尝尽百草，并且用茶来解毒。轩辕黄帝写下了人类第一部医学著作——《黄帝祝由科》，后世以此为基础衍生出《黄帝内经》和《黄帝外经》。在春秋战国，已经基本形成了"天人合一"的整体观念和阴阳五行为基础的理论，出现了解剖和医学分科，采用望、闻、问、切"四诊"，治疗法有砭石、针刺、汤药、艾灸、导引、布气、祝由（如画符等）等。历代著名的医生有东汉张仲景、三国华佗、唐代孙思邈、明代李时珍等。孙思邈医德高尚，集5000多个药方传世，被称为"药王"；李时珍《本草纲目》收集医方11096个，载有药物1892种。在明代开始，蒙医、藏医、朝鲜东医学在中医的影响下，得到很大发展。

宁波区域濡浸汉文化，中医学是其中被广泛接受并受崇敬的一项。在地域的理解中，中医与救人济世紧紧联在一起。比如汉初著名的"商山四皓"之一夏黄公崔广隐居鄞西一带，以行医播泽；其女黄姑，继承父志，亦以行医为业。夏黄公去世后葬于姚江畔覆船山，故渡口以黄墓渡命名，黄墓渡即河姆渡。江东区有划船社区,相传张仲景为百姓看病,每次是划船而来,他上下船的巷口被命名为"划船巷"。余姚大隐镇素有"浙东小九寨"之称的芝林村,相传是孙思邈后裔聚居地,孙氏本居住长安城郊孙家埭,因避"安史之乱"流落于古越之地,居于河姆冯家。后因"采芝入林",见此地植被丰满,盛产草药,而定居下来。历史上宁波有众多的名医,《鄞县通志》记载自唐宋至明清的甬上医药名士达140余人。如唐代陈藏器,著《本草拾遗》;宋代日华子,著《日华子本草》;元代名医滑寿,发现了麻症黏膜症;明清以后各类专科名医频出,如儿科董水樵、半仙钟纯泮、内科范文甫、妇科宋氏、伤科陆氏等。由这样一条历史文脉,在明代中叶,游方医生乐氏最终到北京落脚,成为可能。而这些名医往往是南迁望族之后,如乐氏先祖乐仁规(867—937)为唐光禄大夫、兵部尚书,与其弟乐仁厚(刑部尚书)同朝为官。再如慈城著名药业家族冯氏五马桥支系,上溯始祖为人称大树将军的冯异的后代,汉献帝建安年间任朝散大夫的冯冕。冯氏自汉至今历经千余年间,《慈溪县志》记载有76人取得功名,其中进士56名。自宋以来,这一家族即以经营药业致富,较高的文化水平使其历千年而不衰。清康熙年间,冯映斋在宁波开设冯存仁药铺,清道光二十六年(1846),四世孙举人冯云濠延用祖上店号名,将药店开设在灵桥边。清道光二十六年《冯存仁堂丸散全集序》记:"……康熙初,先人元长公(冯映斋)由郡城开设药铺,颜其堂曰'存仁'。凡药必审其产处之优劣……后世当有光大门闾者,谨读之下,惕然思仁人用心,有合于文正良医之旨……复由丙午春设铺于郡城灵桥门内'又新街',采各省药材……"冯云濠成功之后废寝忘食地收集家乡文献,建有醉经阁,所藏书多为善本。

清代康熙年间是中药业成熟的重要年代,官药制废除之后,因为利润丰厚,民间药业得到迅速发展。当时的药材商业机构可分为药行、药号和药铺。药行主要办理原料药材的交易,从事代客买卖,包装和托运事务,一般具有旅店、货栈、牙行等多重性质。药号也称为药庄,一般具有雄厚资金,在主要城市设有分号,依靠各地药源,互相调动,在某些程度上有垄断国内市场的能力,主要经营各地原料药材。药铺即药店,中药材零售的场所,与百姓日常生活密切相关,主要经营成药,如丸、散药。我国古代医药不分家,医生行医带卖药,因此一部分药店由此而来,但大部分药店由商人经营。药铺有大小之分,规模小的以零售为主,供应周围所需的各种药品,规模大的往往是零售批发兼营,大小药铺很多时候都承担收集本地药材的业务,收购后集中送交大药行,进行销售。在国内,当时出现了四大药市,即百泉(今河南辉县)、樟树(今江西清江樟树)、祁州(今河北安国)、禹州(今河南禹州);药商们为了维护自身的利益,在所到之处建立会馆或公所,合并起来以巩固自己的力量,并以这种区域性组织,保护本地的药商权益,增强自身的竞争力。宁波药商成立会馆的时间大约在明朝万历到天启这一时期,在京的鄞县药业商人成立了鄞县会馆。

慈城与鸣鹤正好隔山相望,这个"儒魄商魂"的城市,药业从明至清延及民国成为传统,许多家族举合族之力经营药业,如董家、陈家、缪家、叶家、王家等这些千年诗书相传的大族,都是这样。宁波城里还有一家享誉至今的药店寿全斋,即为慈城黄山王氏族人王立鳌所建,史载王立鳌与宁波的孙将赣同科中举而成莫逆之交,又因酷爱医学,故合伙开设药店。这些较大的药店往往要到全国各地采购,在宁波的药史上,有众多的巨商均与采购四川的红花相关。鸣鹤的叶天霖是错将红花认作黄豆,因收购黄豆而发财;慈城的冯映斋也因四川红花而致富。祖辈的采购经验,使这些药商铺得以很好地延续与发展。冯映斋四世孙冯云濠成为浙东最大的药材批发商,时任宁波知府的段光清,在《镜湖自撰年谱》的书中记录"慈溪冯氏巨富也,朝野闻名,有家财二千万","全国各地都有商铺",光绪《慈溪县志》则记其"好行善事,凡邑之浚河济荒等事不惜千金"。此时的宁波也成为全国药材营销中心。

药行街是一条古老的街巷,在建城时就存在了。明代称砌街,相传由李姓大家族出资砌筑。在乾隆年间的《鄞县志》中,街名变为三法卿坊街。在这条街的北面,有一条街名为迎凤街,相传是北宋徽宗帝为表彰治愈皇后痼疾的医士臧中立,下诏为他置地建宅,接诏处建了一座"迎凤坊"牌坊,街以坊得名。药行街正式命名是1929年,当时这里集聚了五六十家药行,著名的如寿全斋、香山堂、聚兴、懋昌、源长、慎德堂等;相关药业从业人员500余人。而外地的如北京同仁堂,天津达仁堂、上海童涵春等老字号都长驻此地坐庄办货;本地药源的开发,元代时31种,清代初年68种,晚清时期112种,最盛时有250多种,辐射全国,所谓"宁波药业十八省",生意遍及东南亚各地。现在最能表现药行街辉煌故事的可能就是药皇殿了,这座纪念中华民族始祖炎帝(即神农氏)的殿堂,由宁波府太守陈一夔和药商曹天锡、屠考澄等倡建于康熙四十七年(1708);乾隆九年(1744)由20位药商发起重建,成立了"药皇殿崇庆会",过去每年四月二十八药皇圣诞前一日演戏祭神;药商行会组织连山会馆即与神殿相连。

明中叶之后，宁波会兴起药业，既让人感到惊奇，实际上也是一种必然。如果盐业不是国家垄断的话，它有可能是宁波最兴盛的产业。作为一个外向型城市，丝绸、瓷器、茶叶都是宁波的外贸易主要产品；但转向内贸之时，宁波在这一方面不占强项，势必要寻找新的适合内贸的产业。对比明中叶后兴起的其他商帮，山西商人的活动舞台在明代中叶从北方边境市场转向全国市场，形成地域性商帮，徽商形成于稍晚的明成化、弘治年间，两个商帮的中坚力量都为盐商，与政府合作得以垄断。商人联络政府的常用手段包括捐纳、联姻、报效、结交、科举等，以寻求政府专卖品（如食盐）的特许销售权、规避关税以及降低政治风险。两者的主营商业，晋商为盐、茶、典当及清道光年间产生的票号，票号垄断政府汇兑，还垄断着湖北、湖南茶叶贩运至草原区域的特权，以及随军贩运军粮、军马等军需品的特权；徽商为盐、茶、典、木等。茶叶与木材不为宁波区域所长。宁波商人参与的是日常民用产品与服务产品的竞争，诸如米、谷、棉布、丝绸、纸、墨、瓷器、药材以及典当、成衣等，相对来说，在药业上背倚浙药产区，中国十大道地药材产区之一，产常用药材400余种，有"浙八味"即浙贝母、浙玄

药王殿（海曙）

冯存仁堂（海曙）

参、浙白术、温郁金、台乌药、延胡索、杭菊花、山茱萸等道地药材，基本上分布在宁波绍兴平原和北部太湖流域，尤以鄞县、磐安、嵊县、杭州等地为主，像浙贝母原产于浙江象山，后主产于浙江鄞县，天台山、四明山产元胡、白术、麦冬、覆盆子等。最终，宁波帮成为具有竞争力的药业十三帮之一（"十三帮"指关东帮、陕西帮、山东帮、山西帮、古北口帮、京通卫帮、西北口帮、广帮、宁波帮、江西帮、亳州帮、怀帮、彰武帮等），活跃在河北安国等全国药市之中。

在江南市镇与城市中,多有宁波人开设的药铺。浙北地区最大国药号湖州慕韩斋,原为叶氏产业,清光绪四年鸣鹤人韩梅轩用12万元银元接手,以精于饮片和专制丸散而驰名,还在上海南市开设裕和源药材行。绍兴震元堂是绍兴规模最大的国药店,创始人为慈溪人杜景湘,以元大补药、大补酒闻名。台州方万盛是台州地区最大国药号,慈溪人方庆彩、方庆禄兄弟在清嘉庆年间所创,先后开设大小药栈(店)14家,分布于临海城关、黄岩、路桥等地,经营饮片655种,自制丸、散、膏、丹、胶、药酒等达396种,远销苏、杭、沪等地。在明清时富甲一时,为江南十大名镇之首的塘栖,康熙三十八年(1700),慈溪人翁恒芬、翁友生兄弟俩创办翁长春药店,至民国三十五年(1946)时,有资金7000万元。清朝乾隆五十一年(1786),著过《中西骨骼辨证》及《中西骨骼图说》的慈溪商人钱树田创办广州敬修堂。这一药号日后成为两广最大,驰名岭南及东南亚。著名的宁波药业店号还有上海童涵春、蔡同德等等。他们海纳各地良药、秘方,追求实效,博采众长,然后融合、煎熬,创造出独特的理论或药品。如鹤年堂的养生理论,千芝堂的活络丹、舒络丹等价廉物美的大众药品。这些药铺同时兼备药行、药号功能,并以核心产品为导向,不仅赢得了市场,而且至今恩泽百姓。可能我们对宁波中医药蕴含的价值还未有足够的发现。钱学森院士一再指出:我们一旦真正理解了中医的理论和实践,将推动人体科学的突破,形成一场科学革命,引起一次东方式的文艺复兴。

"五口通商"之后,宁波成为我国东南各省主要的药材散集地,远至甘肃、陕西、四川、河南、山东、河北、广东、广西等地的药材商帮,纷纷集中到宁波贩卖药材,形成了川西、洋广、津北、禹亳等药材帮。尤其在太平天国期间,因为战事影响,武汉至镇江长江沿线,连年战争,交通阻绝,原走长江正路的川西商帮,都改走常德,出湘潭,走江西,沿衢江顺流东下,抵宁波;闽粤和津北各帮,也改走海道;航运业发达的宁波成为散集中心。

到了光绪二十年(1894),上海中药业兴起,药材集散中心自甬移沪。但浙地所产重要药材,如浙贝、白术、麦冬等,仍以药行街为贸易枢纽。到了抗战前夕,药行街尚有药行、药店31家,其中著名的有懋昌、万瑞、荣昌、德昌、宝盛等。

## 苏州、杭州与江南市镇

> 明清两代的低赋税，相当程度上促进了民间经济的繁荣，尤其是市镇经济的发展，在内贸时代，转辗江南与京城这两大经济中心，是许多宁波人的经营之路。

明清两代府均实施低税政策，明廷征收商税"俱三十税一，不得多收"，商人法定负担较轻，促使更多人参与经商。清代康熙帝也给子孙后代定下了"永不加赋"的祖训。明朝的一条鞭法与清代的摊丁入亩都是有利于商品经济发展的赋税改革。《明史·食货志》："一条鞭法者，总括一州之赋役，量地计丁，丁粮毕输于官，一岁之役，官为佥募，……凡额办、派办、京库岁需与存留供亿诸费，以及土贡方物，悉并一条。皆计亩征银折办于官，故谓之一条鞭法。"一条鞭法的实质就是赋税合一，把徭役改为征收银两，农民获得了较大的人身自由，比较容易离开土地，这就给城市手工业提供了更多的劳动力来源。没有土地的工商业者可以不纳丁银，这对工商业的发展有着积极作用。而摊丁入亩更是简便的税法，"丁口之输赋也，其来旧矣。至我朝雍正间，因各疆吏奏请，以次摊入地亩。于是，输纳征解，通谓之地丁，或曰丁随地起。……惟均之于田，可以无额外之多取，而催科易集。其派丁多者，必其田多者也；其派丁少者，亦必有田者也。保甲无减匿，里户不逃亡，贫穷免敲扑，一举而数善备焉。所不使者，独家止数丁而亩连阡陌者耳"。（王庆云《熙朝纪政》）其最核心的改革是取消人头税，对无地的农民和工商业者非常有利，也大大促进了人口的增长，社会的进步。

我们现在很难想象，这样低的赋税，政府是怎样实现社会管理的。明清两代几万名公务人员根本无力对社会实施严密控制，反而成为一个把国家和政府的职能压缩到最低限度的社会。正如黄仁宇所说，明朝倒是很符合一些市场原教旨主义、自由主义信徒的理想。经济的发展运行基本上不受政府的干涉控制，对私人经济力量的发展，政府无心也无力管制约束。由此，这一时期的江南，包括湖广、淮扬等在内的广阔区域，人口增多，农业、手工业得到较为深度的开发，棉、丝、染料等大量农产品和手工业品投放市场；沿着长江、运河，一个个商贸城镇如花绽放，并出现了地区间经济贸易增加的趋势,"燕、赵、秦、晋、齐、梁、江淮之货,日夜贩运而南;蛮海、闽、广、豫章、楚、瓯越、新安之货,日夜贩运而北"(明代李鼎《李长卿集》)。像晋商以山西富有的盐、铁、麦、棉、皮、毛、木材、旱烟等特产,进行长途贩运,设号销售,换取江南的丝、绸、茶、米,又转销中国西北、蒙、俄等地,其贩运销售活动遍及全国范围。

在商品经济的冲击下,农村出现了分化。一部分地主改变经营方式,用雇工进行经济作物种植,以谋取更大利益;一部分移居城镇生活的地主,开始实行货币地租,并用货币地租投资工商业;而农民也发生了分化,出现了与传统富农和贫农有着很大区别的上农与雇农。上农拥有一定的土地,从事专业化的经济作物种植和粮食生产;而雇农是遭到破产、被迫成为自由劳动力,并以出卖劳动力为生的农民。雇农是农村的主体,而且随着人口的增多,队伍越来越大。因为农业生产无法容纳,这些相对自由的劳动力进入州县城市政府又有严格限制,于是自然走向了市镇,谋求生计;市镇的工商业因为廉价劳动力的补充,发展的空间日益扩展。尤其是桑蚕业发达的杭嘉湖地区,以丝织业为代表的手工行业空前兴盛,各种大大小小的丝织作坊和工场遍布各地,专业分工极为精细,商业和市场活动异常活跃,相应的服务行业也蓬勃兴起,吸引着外地的农民以及其他人群,沿着运河进入这一国际奢侈品的生产区域。

而民用最广的棉布生产在明清两代存在全国棉花和棉布生产的脱节,或者说分工。生产区域分布在河南、山东、湖广和江南的松江、太仓、嘉定、常熟等地,但生产主要集中在江南。棉纺织一时成为中国产值最大的手工业。江南每年要向全国各地输出几千万匹棉布,覆盖华北、西北、东北、华中和华南的广大地域。这样的花、布对流格局,以及明朝全国统一、水陆畅达的社会环境,为徽州商人、洞庭商人、山陕商人、福建商人和广东商人、宁波商人等民间商人大规模涌起,从事远距离的棉花棉布贸易提供了可能。其中松江布最广,所谓:"至于布匹,真正松江,天下去得。"也就是这一时代,中国的贸易、运输的主体,从官方向民间转化。

当然,我们必须要提到,番薯、玉米、花生、辣椒在 16 世纪从美洲传入中国,尤其是番薯、玉米,既能解决百姓的粮食问题,又能省下种粮食的良田,改种经济作物,发展商品经济,这对于明清时期江南各省的民生有极其深远的影响。在 17 世纪中国人口为 1.5 亿左右;18 世纪出现人口爆炸,1800 年为 3.2 亿,到 1900 年达到 4.5 亿。人口增多也是市场变大的重要原因。可以想象,如果没有美洲作物改变中国人的"五谷"食物构成,人口有这样迅速的增长是不可能的。当然也可以想象,对占人口绝大多数的劳动者来说,他们在很大程度上已依靠玉米和番薯为生了。

明宣德、正统以后,宁波人前往长江三角洲经济发达地区的经商者日多。著名的如鄞县徐氏家族,徐昂(1459—1511),"年逾壮时,始挟资游姑苏、南郡间,量度出入,意表几若端木氏之意中焉,往返十余年,俯拾咸给"(张传保等纂修《鄞县光溪桂林徐氏宗谱》);徐佩(1485—1558),"弃儒业,服贾于苏(州)";徐桂(1492—1554),"为姑苏大贾"。钱泳(1759—1844)《履园丛话》卷二四《杂记下》中记录,苏州皋桥西边有一家南货铺,店名"孙春阳"。店主孙春阳是宁波人,明朝万历年考童子试没通过,就放弃了读书一路,转而到苏州经商。他把自己的店铺设计成如同苏州府衙门机构的模式,有南北货房、海货房、腌腊房、酱货房、蜜饯房、蜡烛房六个部门,经营方式类似现代百货业,铺中所售之物质量上乘,可以进贡京城。钱泳感叹:"自明至今已二百三四十年……其店规之严,选制之精,合郡无有也。"在明代行商中已有"客商规略"等行规、店规,孙春阳南货铺的经营管理制度,体现了宁波儒商人士在商业文化中所具有的创造力。

或者说,这一时期苏州、杭州成为明清时期江南经济的中心,围绕这两大中心城市形成了省城、府县城、巨镇、村市多级市镇体系,呈环状网状的构架。苏、松、杭、嘉、湖五府,在不长的时间内生长出 210 来个市镇,其中规模大功能齐全之镇约有 160 个。如吴江县弘治年间修志时县志仅载 2 市 4 镇,嘉靖年间增为 10 市 4 镇,明末清初又增为 10 市 7 镇;嘉定县市镇由正德年间的 15 个,增加到万历时的 3 市 17 镇。松江府正德嘉靖间市镇有 44 个,崇祯时达 65 个,新增了 21 个。元以前无千家之聚,明成弘间居民乃至二千余家,坊巷井络,栋宇鳞次,百货聚集。江湖水路是这个区域内部在帆船时代特有的交通网络,比如围绕苏州,有经嘉兴至上海、经周庄至松江、经常熟至通州、经杭州至宁波通南海水路、经湖州至孝丰县、经东坝至芜湖、经广德州至徽州府等 10 多条水路;围绕杭州,有经官塘(运河)至镇江,经苏州至扬州,至上海,经严州至徽州等 10 余条水路,还有众多陆路,如著名的徽杭古道等。在水乡商路中,平均 10~20 华里左右就有一个市镇,尤其是利用率最高的运河两岸。如苏州经嘉兴至上海的商路,一路经过嘉善、平湖、海盐、枫泾、朱泾、七宝、松江等江南地区主要的棉纺中心。因为饲蚕之叶需要当天采当天喂，在苏州以南地区还出现了夜航船。

江南地区丝棉纺织业的发展，导致了桑稻争田，粮食供应紧张，商业居民增多，以及酿酒、酿酱等大量消费，需要从湖广、四川、江西一带贩粮入苏州、杭州，使长江一路而来形成了汉口、安庆、芜湖、苏州枫桥等粮食转运中心。运河因为安全，为中小船户与商人所青睐，从芜湖运粮入苏州的商人常常走的是高淳、胥溪运河至溧阳、宜兴一线，而不走长江。

市场的大小、商品流通量和商品交换率的坐标升降决定着江南市场的规模与在市场网络中的地位。乌青、双林、南当、盛泽、南翔等是丝绸棉花的加工、印染技术传播中心，平望、长安、枫桥是米粮销售的专业市镇，王江泾、乍浦、澉浦等是交通市镇，湖州的织里刻印的书籍贩销于大江南北。明朝隆庆与万历，清朝乾隆与嘉庆为两个发展高峰期。

宁波商人与全国各地商帮一样，在江南的这些水陆交通线上日夜奔忙。在很多江南城市化研究中，认为明清江南为八府一州，即今南京、镇江、常州、无锡、苏州、上海、嘉兴、湖州和杭州九个城市，不包括宁波。当然也有十府之说，即苏、松、嘉、湖、杭、常、镇、宁、绍、甬，但无论怎样宁波确实不是这经济圈中核心的城市。宁波是这些商人经常说起的城市，苏州经杭州至宁波是到南海的必经水路，而普陀山是民间求神问财的朝拜圣地，商人们到达宁波后，大多由宁波的旅店安排去普陀山进香。宁波商人要将本地商品化的农业产品运出来，比如黄古林的蔺草、樟村的贝母、象山的明礬，尤其是三北地区的棉花，要贩运到棉纺中心松江。除前述宁波孙氏家族、徐氏家族在苏州开拓以外，慈溪董氏家族、秦氏家族、陈氏家族、鄞县李氏家族等也相继投身商业经营。清代童槐《今白华堂诗文集》记录的康乾时慈溪童氏产业，可以窥见宁波商人经营行业之多、地域之广，"陈旧有典当外，增金珠、参药、米谷、木植、靛青、桐油、柏油及估衣、作酒等。本城（宁波）设行铺数处……余若兰溪、苏州、山东之登州、莱阳，贸迁所至，不惮涉历江海"。在19世纪，宁波估计有五分之一的劳动人口从事着渔业与水上运输业。但总体上，我们对这一段的民间贸易掌握的材料并不是很多。

而江南的繁荣，既是国内市场的开拓，东西南北前所未有的因民间贸易融为一体，也是因为江南已经转入了经济全球化的国内外大市场。当然中国发展起统一的国内市场,是在 18 世纪之后;这之前,区域之间市场化的程度差异很大,特别是边陲少数族群聚居地方,许多人的日常生活基本上与市场没有联系。隆庆元年(1567),中国的币制有了巨大改变,明政府颁布的"银钱兼使"的法令,首次以法权形式肯定了白银是合法货币,随之进入白银为主币、铜钱为辅币的时期。而万历九年(1581)张居正的"一条鞭法",标志着明朝的田赋制度由实物税转入货币税,确立了白银主导货币的地位,扩大了白银货币的使用范围。这使得政府与民间对白银有了巨大需求,尽管政府禁海,美洲白银最终还是源源不断输入中国。明史研究专家万明先生认为,1570—1644 年美洲通过欧洲转手运到东方的白银大约有 8000吨,除流入印度和奥斯曼外,其中大部分流入了中国,估计约有 5000 吨。而江南的丝织、棉织等在白银的刺激下,迅速发展。商人开始武装船只与政府对抗,不顾生命危险驶往澳门、马尼拉等地。明末清初,郑芝龙、郑成功父子缔造的海商集团,从初起时的几百人,发展壮大到二三十万人的武装集团,在与世界上第一个跨国公司——荷兰联合东印度公司的角逐中,最终打败荷兰人,掌握了台湾制海权,垄断了东西洋的海上贸易。

另一方面,我们也看到了民间的骄奢淫逸之风愈演愈烈,明代画家文徵明的曾孙文震亨写了一本著名的文化消费手册《长物志》(长物的意思就是那些美丽而无用的东西),目标读者就是那些渴望得到上流社会接纳的新贵暴发户。还有松江人曹昭写过一本《格古要论》,教人们怎么鉴赏青铜器、古字画、瓷器、漆器等,特别提醒买家要注意赝品和次品。嘉靖以前,官员告老回家,清廉则受人敬仰,贪贿则为世鄙薄;而嘉靖后,乡人只问财铢,不问节操,甚至两袖清风者被人耻笑为"痴牧"。明太祖朱元璋理想中的男耕女织、自给自足、老死不相往来的村落社会,湮没在滚滚银流之中;传统儒家知识分子为礼崩乐坏的末世景象担心不已。

近年来有经济学家指出,17 世纪马尼拉的商品需求量的减少,白银供应几次出现短期紧缩,导致了 17 世纪 30 年代末 40 年代初明朝的物价上涨,成为明朝崩溃的原因之一。艾维斯(William S. Atwell)认为,明末白银流入减少,使业已依赖国外白银的经济解体,导致了明王朝的灭亡。

# 地理与人文

（明中叶迄今）

# Geography and Humanity
## (From the Mid-Ming Dynasty to Now)

　　随着历史的前行,文化的占有,尤其是精神文化的创造,从贵族不可阻遏地走向平民。三国两晋开始士族文化达到巅峰,唐代开始瓦解,宋代开始进入平民社会,即近世之开始。而在中国完成这一思想变迁过程中,四明山与东海占据重要位置。明代中叶,王阳明完成心学的总结,观世音、弥勒信仰扎根民间,这是宁波人与历史对话、宁波地理与中华文明发展对话的结果。这一思想启蒙,使宁波帮在明清经历了从潜龙勿用到或跃在渊的阶段,直至飞龙在天。宁波帮的崛起是中国大陆文明迈步与海洋文明对话的历史写照,占据地理优势的宁波人在开埠以后200年来,长袖善舞,成为中国近代化、现代化的重要推动者。

# 近世宁波的儒学发展

## 浙东学术与中国儒学的发展

在中国儒学千年的发展过程中,浙东的哲学思辨起到了一个对立场的作用。浙东阳明心学是对近世中国影响最大的儒学思想之一。

我们先对中华儒学做一个简单的梳理:儒学发端于春秋战国,以孔子、孟子、荀子等为代表,先秦原始儒学是"士"的文化。他们从具体的、为人处世的实践出发,提出各种道德规范和治国原则,旨向是以理想主义精神为国家、社会培养官吏,而不是抽象的形上学原理。这种学说对于当时的士人形成了极大的激励,他们追求理想人格修养,蔑视王侯,轻视为官敛财,这种信仰与秦人奉行法术差之千里,故而遭到焚书坑儒。汉初,国家在文化思想上则主要是推崇和提倡黄老之术。汉武帝独尊儒术之后,儒学占据统治地位,但已经是政治制度化和宗教化的儒学,融入了大量荀子礼法并重、刑德兼用的理论,墨家"兼爱""尚同"的理论,以及阴阳家的阴阳五行学说,以董仲舒春秋公羊学与班固《白虎通义》为代表。因为儒家政治制度化,成为束缚和压制人自然感情的礼教(名教),成了伪君子沽名钓誉的工具,而经学繁琐,又掺杂大量空疏的谶纬神学,这些流弊引起人们的强烈不满。汉末两晋玄学盛行,他们援道入儒,兼重思辨和感悟;他们以亲切而灵动的语言,品藻人物,谈玄说理,学者们称之为"人的自觉"时代,著名的人物与作品如王弼注解的《周易》

《论语》，何晏作的《论语集解》，以及孔融的《周武王汉高祖论》，曹植的《汉二祖优劣论》，钟会的《夏少康汉高祖论》，张辅的《管仲鲍叔论》，班固的《司马迁论》等，成为汉儒的反叛。南北朝以至于隋唐时期，佛教思想的影响又超过了玄学，在士大夫的思想修养方面起着重要的作用。可以说，在从魏晋南北朝至隋唐五代末的约七百年间，儒学主要是那些体现为政治制度化方面的东西，在政府的维护下起着作用。所以在宋明时期，有了融会政治与心性两个层面的儒家学说，即以程、朱、陆、王等为代表的宋、明、清时期的性理之学。他们借鉴佛道心性形上学理论，到儒学内部尤其是《易》和《中庸》两部，发掘可与佛道相抗衡的理论与经典根据，这两派在本体论与方法论上有着重大区别，但是都紧紧围绕伦理道德、身心修养层面，构筑起了一套"天理""良知"的体系，希望重新充分发挥儒学道德修养方面的社会功能，夺回被佛、道占据了七百年优势的身心修养、思想理论领域，它与先秦原始儒学已经有了很大的不同。

从这一简要的叙述可知，一是原始儒学本身存在本体论的不足，二是政治与修身在作为治国之道时的对立矛盾，推动各代精英探索儒学内在的充实与对社会实际的效用。而在这几个变化的关键过程中，我们都能看到浙东区域所发挥的作用。或者说，浙东儒学在历史发展过程，常有惊人的反拨力量，使人惊讶不已。或者说，儒学之所以一次次绝处逢生、凤凰涅槃，是因为有浙东等这样一些互相对立斗争又相互滋生依存、最具新生力量的抗衡的对抗场存在。汉代儒学走向神化，谶纬盛行时，姚江源头现在的上虞章镇，王充写作《论衡》，以无神论弘扬理性精神。两晋时，虞喜这位终身隐居慈溪杜湖畔的学者以实际的观察来发展天文研究；四明山则敞开胸怀，迎接饱受中原祸乱的一大批学者，如王羲之、葛洪、谢安等名士。当明清理学禁锢人心，钳制变革，假道学遍行之时，姚江岸边，王阳明以心学高扬人的尊严；化安山麓，黄宗羲以平民的视角重新评定中国人物的历史价值。从汉代王充到明代王阳明，从清初黄宗羲到清中期全祖望，宁波地域儒学才俊代出。这一脉流，即浙东学术，远绍先秦中原文献之学，近启近现代经世致用和维新变革思潮，上达于国家中枢，下及于民间百业，绵延流泽至今；从它与中原学术的绵长对话，可以洞见中华儒学发展的脉络。

浙东学术衔接儒学主要肇始于东汉，浙东接受儒学与汉化同步进行。两汉之后，宁波人的思维方式与价值观念已基本实现了儒学的地域化。宁波区域的文化开化与温州不同,先秦时代,温州交通取道海上,故而汉化较慢,在思想上是先佛后儒,直到隋唐两宋时期还保留着相当浓厚的古越风俗,《隋书·地理志》说温州"其俗信鬼神,好淫祀"。在宁波,以汉代董孝子汲水奉母的故事来看,孝悌伦理这孔子儒学大厦的基石此时已经

四明山雪霁

根植于百姓心魂,成为生活的法则。政府一而再,再而三地弘扬光大这一事件的意义,如东汉永元八年有《征孝子董黯擢议郎诏》,东汉延光三年有《为孝子董黯立祠诏》,唐大历十二年,在宁波的祖关山建董孝子庙,北宋大中祥符元年,宋真宗颁敕书,赐汉孝子董黯号纯德征君以做纪念,明代洪武四年朱元璋又敕封董黯为"孝子之神",使"孝"成为最深入民间的儒家纲常伦理。儒学作为学问,在汉代主要存在于贵族阶层,以东汉迁入的虞氏为代表的世家大族,世传儒家经典,在学术水平上不低于中原地区,如虞氏对《易经》的研究。江东儒学大族从民族文化的延续与江南地域社会的发展而言,有着重要功绩。

两晋是儒学变革的重要时期。中原衣冠家族大量迁居浙东,充实了四明山的学术分量,可能成为一座新意义上的学术名山,——当然,儒学作为政治显学,无须占据名山作为传播圣地。所谓新的意义,指的是以王羲之为代表的儒道并济,在行为方式上可能更偏于"道"的风神人物,将儒道相融的玄学带入了四明山。四明山记录了历史上对儒学的一次大反叛。从晋人对四明山"明"的命名来看,这些名士似乎不止于表达高远隐逸的情怀,而是意图新立人生气派,重建文化时代,为发展受困的中原文明打开一个价值重构的窗口。四明最终也成为一个城市的名字来源。

这一段历史中,走入地域的杰出人物,使宁波人看到了新儒士的人生样式,他们与法家化、经学化的儒士不同,在他们身上有东汉严子陵那样的隐士风格,甚至还有辩士、方士的行为习惯,比如喜欢炼丹,以及侠士的风范。如史称"江左第一风

流宰相"的谢安,既能谈笑山水,又能建功魏阙;四明山流传有谢安"东山再起"的故事,故事表现了放浪形骸、追求个性的精神自由与对家族、国家的强烈责任感的完美结合。他们品德高尚,性格真率,事功超凡,将儒学从"帝制化的儒家"解放出来,还原为对个体生命根源的追溯与崇敬。南迁家族以个人的人生实践,展示着儒家治世、道家治身,及至禅治心的人生互补样式的可能性。

近世,两宋是"士"生存状态最好的时代,他们以自己的努力完成了儒学体用学理的构建。心学家、理学家如张、程、朱、陆等,在佛学的启示下,都力图由内圣开出外王,"与士大夫共治天下",在儒学史上称为"新儒学",是儒家又一次新的现代性言说。这一学说,对儒家经典有了新的整合,最核心的有《四书》,即《大学》《中庸》《论语》和《孟子》;对于《大学》,宋儒有突破性的解释,其中开篇一段尤其得到彰显:"大学之道,在明明德,在亲民,在止于至善。知止而后有定,定而后能静,静而后能安,安而后能虑,虑而后能得。物有本末,事有终始。知所先后,则近道矣。古之欲明明德于天下者,先治其国;欲治其国者,先齐其家;欲齐其家者,先修其身;欲修其身者,先正其心;欲正其心者,先诚其意;欲诚其意者,先致其知;致知在格物。物格而后知至,知至而后意诚,意诚而后心正,心正而后身修,身修而后家齐,家齐而后国治,国治而后天下平。自天子以至于庶人,一是皆以修身为本。其本乱而末治者,否矣;其所厚者薄,而其所薄者厚,未之有也。此谓知本,此谓知之至也。"宋儒的诠释,与世袭门第的整体消亡有关,它促进了士阶层对现世的高度使命感与责任感,将重建社会当作自己的责任。同时,新解释也成为人生必须面对的"天人、物我、人己"三者关系问题的理论基础,即使儒学从"治国平天下"(外王)的问题,向强调心性修养方面(内圣)问题转化,——儒学从关心政治,走向了关注人生。但是面对专制的帝制下,新儒学处处碰壁,即使在学术氛围宽容的宋代也有被打压成"伪学"的时候,如南宋韩侂胄当政时的庆元党禁。程朱理学后来经明清政治意识形态收编,成为新的统治之学。最终,"理学"异化为专制制度的迫害工具,即以理杀人。而"向内转"的儒学理学往往向近于庄禅的心性之学发展。

心学肇端于孟子,发端于南宋抚州市的陆九渊。陆九渊很早发现了理学内化道路潜在的支离倾向和教条隐患,主张学以致用,开拓一条自吾心上达宇宙的外化道路,培养具有强烈社会责任感的人才。因为心学在体用之说的理论建树上,借鉴了禅宗的大量理论,故而在朱陆鹅湖之会后,宗朱者诋陆为狂禅,而宗陆者则以朱为俗学。实际上,心学与禅宗存在根本区别,禅宗意在劝人出世,心学意在导人入世;禅宗讲心性,引导人们通过心性的修炼,守护本体,放弃欲念,最终放弃现实的追求,即止心、空心;而心学讲心理,引导人们通过心性的传授与教化,去心之蔽,保心之良,激励人们堂堂正正做人,即修心、强心。心学秉承的是儒学真精神:讲人生、人道、人世,旨在经世。

理学、心学两派儒学在传播中,形成了一个奇怪的现象,史有"朱文公之学行于天下而不行于四明,陆象山之学行于四明而不行于天下"之说。陆象山的学生,最著名的是杨简、袁燮、舒璘,均为四明学子;因南宋"中兴宰相"史浩的竭力推崇,四明之学有较大影响。朱学、陆学两种学术有一致性,两者都认为"理"是世界万物的终极本原,主要的概念均为"理""气""心"等;但对这几个概念的解释各不相同。陆学强调万事万物皆由心而生发,"心即理","吾心便是宇宙"。但朱学强调理在外,需要格物致知,由道问学,最终达到"存天理,灭人欲"的理性境界。朱熹理学有其完整的理论体系,问题是这一学问经过明清两代政府的整编,很大程度上成为获取名利的职业化话语,所谓"登利禄之场,处运筹之界者,窃尧舜之词,背孔孟之道",研习"天理"的读书人,最终在社会的染缸中丢失了良知,成为伪君子,这在权臣与宦官当政、吏治腐败的明代中后期尤为突出。这就是王阳明提出重建心体,让"我"心中良知觉醒的时代背景。天理不在圣人"名言",也不在掌握话语权的人身上,而在每一个人心中;最为重要的是破除心中功利之贼,达到知行合一。

阳明心学的核心观点是"致良知""知行合一"。王阳明着力构建以良知本体为核心的意义世界,并主张"知行合一"。王阳明认为,良知在人心中,"至善是心之本体","心即理也,此心无私欲之蔽,即是天理,不须外面添一分"。"知行合一"的关键点就在于把握住道德实践的真切面,即将终极关怀与生活世界中的事情相结合,通过去省察"活生生的实存而有"的"生活世界"而获得对人生价值的确认。如果对比西方哲学的发展,即西方哲学从康德的批判哲学转向到生存论哲学之后,或者说海德格尔将哲学作为生存论的本体论安顿下来之后,发现哲学的关注点与王阳明有着同样的旨向:转向自我,或对"心"的深入反省。生存论哲学的研究主题是人性与人的生存的最完美状态,认为人并无先定的理性本质。人是在自己的实践生存活动中,通过创造活动,广泛运用自然的能量充实生命,充实人的本质内容,并把生存变成"自我规定"的自由的存在,让美好的人性自然发展,从而让物我不断得以展开和澄明。即生存论哲学把人锁定在周围世界、生活世界之中,强调人的生活世界是日常的、可感的世界,生存是每个个人生命的体验、生命的表现。

林安梧认为,朱学的异化体现了传统政治社会从"血缘性纵贯轴"的结构异化为"宰制性纵贯轴",儒家学问从"根源性的慎独伦理"异化扭曲为"宰制性的顺服伦理";王阳明要使之回归生活、回归人本身,在现世的此岸实现理想的人生,即"在一具有根源动力所浇灌而成的一个生活世界的涵化下,进而迈向一个人的生命历程的完成"。王阳明认为,人作为主体不仅在世界中存在,而且是世界的一部分;人在世界中的存在,不是"过客",不是"附生者",而是参与到世界的变化运动之中,即所谓"赞天地之化育"。任何事物,如果不能被人这一主体所知觉、体验,都将是一种毫无意义的死寂之物。世界不仅因人而有了精神和生气,而且因人而获得了价值和意义,构成为一个属于人的意义世界。"人者,天地万物之心也;心者,天地万物之主也。心即天,言心则天地万物皆举之矣。"人存在于天地万物之间,不仅要为自己做"主",而且还要为天地万物做"主"。这种本体论是史无前例地高扬人的主体性地位,肯定人的存在价值、个体生命的意义,强调人体对"此在"的主动把握,激励自作主宰、勇于担当的主体性精神,这对在专制等级社会和纲常名教束缚下的人们来说,不啻为惊雷。号召人人成为圣人的阳明心学,既是心学之集大成,也标志着封建社会后期中国人对"自由"的觉醒。余英时评论,王学之意义在于使儒学完成社会化历程,使民间信仰不再全归释、道,"良知教之所以能风靡天下正因为一方面它满足了士阶层'谈本体'、'说功夫'的学问上的要求,另一方面又适合了社会大众精神上的需求。大体言之,王阳明死后,浙中和江右发展了前一方面,泰州学派则发展了后一方面"(余英时《士与中国文化》)。

由此追问,儒学存在的两个问题,为什么最终能够在江南尤其是在以浙东为核心的区域中完成?一方面,是因为游牧民族的不断入侵,中原儒学难以维持自身的持续发展。北宋末年,孔府也从曲阜搬到了衢州。与中原地区反复遭受铁骑践踏不同,"舟行水处"的浙东因为长江、钱塘江、曹娥江等大江水系与众多湖泊的阻隔,成为游牧民族大规模入侵时离中原最近、水利最便,而又平静安定的文化避风港。而在中国西部,固然在宋代有蜀学等,毕竟处于偏远,文化交流、经济发展等方面活跃不足;岭南地区真正儒化在明代以后;故而浙东成为江南文化保存最好、发展最好的区域之一。另一方面,当基于春耕秋收、顺天而行的中原农耕文明,强调外在规约、以"忍"为精髓的儒家文化,移植到以自由冒险、平等交易的工商文明为基础的海洋文化的土地上,自然充实了海边百姓的豪爽、旷达、灵活、容易接受新事物与新观念的心理素质,变得大气、强悍、机智、热情、浪漫,充满想象力与创造性。从而,文化一改随遇而安、保守顽固的旧容,具有了主动出击的强硬与生气。与海洋文化、佛道文明融合的浙东儒学,与游牧文化、法家学术相融合的中原儒学,在哲学的本体论、方法论与价值论上是截然对立的。杨太辛教授将浙东的人文精神归结为血气偾张,遒劲动进,狂狷中和;知虑深远,实学求是,经世致用;志意高阔,胸怀天下,爱国利民。他们求真性情,真知见,真践履,主动"赞天地之变化",与虚假与空洞截然对抗,故而浙学可以起到反拨与救偏的作用。

再者,浙东山多平原少,唐宋以来涌入大量人口,必然要从事农业以外的产业来养活生民,改善自己的生活和命运,促成学者对传统儒家经济学说、社会阶层结构解说重新进行解读与构建。在经世致用的哲学范式下,宋代有以陈亮为代表的永康学派,以叶适为代表的永嘉学派,他们批判空谈性命、坐而论道的朱程理学,讲求实事事功,关心百姓日用和国家社稷。地域狭小而民风剽悍的温州,尤其以重视实用、重视事功为特色,主张发展商业,务实创新,被称为"事功学派""功利学派",与传统儒学义利观形成鲜明对比。

从更深层次来看,浙学精神不能仅仅停留在"讲究功利,注重工商"的层面上来理解,其背后反映的是浙学传统中十分突出的自主开拓精神和基于实干的实践取向,杨简、王阳明、黄宗羲等都没有教条式地接受外在天理,而是从自心出发,批判式地继承优秀文化,从中提炼出能指导实践生活"知行合一"式的学问。浙东这片地域往往能出这些特立独行、坚持创新的学人乃至普通人,宁波钱庄、绍兴师爷、义乌"鸡毛换糖"、东阳木雕等大多以自己的独特之处闻名于世。

或者说,玄学在四明山的阐发,心学在浙东的传播与发展,是与地域地理、文化气质与历史变迁交融的结果。相对独立的地理位置,使浙东保持了思想的独立。浙东学术几百年的酝酿、辨析与选择,最终蔚成阳明心学。

阳明心学的兴起引起了浙东史学的变化。浙东史学不只是中国古代一个重要的史学学术派别,也是儒家学术派别之一。浙东史学兴于南宋,分为永嘉、金华两派,分别由永嘉的周行己、郑百熊和金华的吕祖谦、陈亮开创。金华一派又由吕祖谦传入宁波,有大史学家王应麟、胡三省等。元明两代,浙东史学其统不绝,至清初,即阳明心学发轫百年之后,黄宗羲出,浙东史学又蓬勃振兴,朱舜水、万斯同、全祖望与绍兴章学诚、余姚邵晋涵的史学等学者代出。宗羲史学就是阳明心学和浙东史学密切融合的产物,是主体伦理学和人事历史学的结合物。简而言之,阳明心学主要存在于"心"的层面上,是义理之结构;而浙东史学主要存在于"物"的层面上,是义理心行之展开。宗羲史学是阳明学精神在历史上的精神展开,即"知行合一"的历史具体化表现。黄宗羲还在《明夷待访录》中全面而深刻地批判君主专制制度的基础上,提出了一整套带有民主色彩的治国之策。他认为,君臣均需依照平等的"天下之法",履行"为天下"的职责,知识分子可以通过学校来监督政府的各种行为。他否定士农工商的传统等级序列,主张"工商皆本",断然反对"重农抑商",从理论上为人生事业、为社会结构立法。有不少学者这样评价,心学发现了独立自尊的"人",相当于西欧文艺复兴时期的思想启蒙;而黄宗羲的《明夷待访录》可以称为"十七世纪的中国《人权宣言》"。这正是明末清初历史巨变过程中,明儒表现出一系列空前绝后的"历史赴义"行为的原因。它们对于宁波帮的艰难崛起,相当于文艺复兴对于大航海的开拓。强调主体自我的阳明心学,虽遭封建政府的种种限制,终究跨过四百多年,作用于戊戌变法、辛亥革命等中国现代化事件,解放了民族的创造力。

隔东海相望的日本成为阳明心学的最大受益者。1513年,日本高僧桂悟了庵访华,与王阳明对悟,阳明学派传入东瀛;明末,余姚人朱舜水远走日本,发展出具有当地特色的阳明学。有许多学者认为,日本文明是儒家文明与西方科技的合金,而这一儒家文明指的就是阳明心学。如梁启超便说:"日本维新之治,心学之为用也。"

在阳明心学的影响下,明代后期福建莆田出现了由儒学家变成宗教家、由三教合一论者变为"三一教主"的林兆恩。林兆恩的祖父为林富,林富同样因得罪太监刘瑾而入狱,在狱中与王阳明共患难,一起谈学论道。刘瑾被诛后,两人昭冤。王阳明病重后,推荐林富接任兵部右侍郎兼都察院右佥都御史,总制两广。林兆恩以心学为体系核心,建立了三教合一的理论框架,最终将心学民间化、宗教化,成为在东南沿海、及至东南亚,至今仍有影响的三一教。三一教后来传播到海外,尤其是东南亚一带,至今已有4个世纪。

## 四明儒学的俗世存在

　　儒家伦理通过世俗仪礼等渗入民间，也激励着普通百姓以俗世的方式实现人生的意义，体现了"士"文化对于社会的引领作用。

　　浙东学术通过家学十几代传继，通过遍布山涧湖畔的书院千年不绝。我们回溯学术脉流，由慈湖心学到王应麟、赵楷的心学传承，由阳明心学引出宗羲史学，四明、姚江文风存在着一条承继的脉络。明代，王阳明重兴书院教育，在月湖边王安石开拓的古书院遗址上重砌的小楼中，在余姚龙泉山的中天阁，师生以兼容并包的姿态平等问难，借助丰富的地域思想资源，依据市民社会的生活规则，来批判与解构常人以为不必置疑的朱熹理论框架，重塑人的伦理信仰，追求人生的超越境界，是不是人世间极具张力的一道风景？宁波学者入世可以为名相、大将，如王阳明；出世可以以一介平民笑谈千年风云，如黄宗羲、万斯同，实现作为一个顶天立地的"人"的独立价值。

　　或许，应当从"锐兵任死，越之常性也"的尚武习俗揣想这种刚强叛逆的姿态。儒士脱离精神实践，没有高尚的精神和人生境界的追求，其精神必然逐步充满私心杂念而腐朽；但实践这样的政治伦理，即可能越具有良知，越有可能因为单枪匹马面对大权在握的统治者，独自应对帝国官僚体系的复杂、僵化，或派系内讧，而成为烈士。这就是在明清两代宁波多烈士的原因。方孝孺宁为朱棣株十族，也不肯屈膝；王阳明正是因为弹劾对权监刘瑾说"不"，才会被流放到贵州。清兵入关遭遇的最剧烈的舆论发纵与武力抗争也在这片土地之上，钱肃乐、张苍水等志士风起云涌。宁波人追求心中的大光明，用王阳明遗言说，就是"此心光明，夫复何言"。

　　黑格尔说过，"一个有文化的民族"，如果没有哲学，"就像一座庙，其他方面都装饰得富丽堂皇，却没有至圣的神"。意义之于人，正如哲学之于文化，是普照大地的阳光，照亮人的生活世界；因为寻求和获得意义，生活世界才会变得五彩缤纷。人有感觉和知觉、欲望和目的、情感和意志、思想和理想，在这些自我意识中，人要觉其所觉，知其所知，想其所想，行其所行，从而超越自己的狭隘、有限的存在，在自己的意识世界中为自己创造无限广阔、无限丰富、无限发展的世界。阳明心学是强化心志的"力学""能量学"，于无声处让人们听到了春雷的炸响；这就是宁波儒生勇于抗争,狂狷孤介,而决无悲怜自艾之时的原因所在,因为有对人生的超越意识,他们给自己构建了一个理想性的、真善美相统一的世界。

月湖马衙街秦氏宗祠

月湖盛园李氏宗祠

而在民间,对儒学的礼拜常常是通过世俗的仪礼来实现的。南宋朱熹著《家礼》,立祠堂之制;在理学家"敬宗收族"的号召下,祭祀五世祖甚至始祖的习俗,逐渐流行起来;但当时还有等级之限,民间不得立祠。明代中后叶,嘉靖皇帝推恩允许庶民祀祖,要求官员建立家庙,"许民间皆联宗立庙",这推动了地方宗祠的普及,一时之间,"宗祠遍天下"。或者说,以伦理为核心的礼,借助新的宗祠、义塾、乡规、族约、家礼等,使"宗教、伦理、政治"三合一的人间秩序更为巩固。明清之时,宁波人显现出对于修族谱、建祠堂、置族田的极大的热衷与认真。在宁波,几乎所有的村庄在最重要的公共空间,人们用上等的材料、精致的雕饰修建祠堂高大的厅堂,作为他们的精神中心。不仅有同一宗族全体族人祭祀始迁祖的宗祠,还有祭祀支族人先祖的支祠,以及祭祀本家族先祖的家祠。村庄在乡贤、族长的主持下,在春秋时节礼祭自己的祖先,世俗的人们要以这种方式纪念先祖,接受来自祖先的力量。而宋代开始,"三十年一小修,五十年一大修"的家谱续修,是对百姓生动的精神动员。在宁波有着丰富的家谱珍藏,天一阁就汇集了大量族谱。著名的如鄞州《史氏宗谱》,镇海、鄞州《包氏宗谱》,奉化《蒋氏宗谱》等。众多家族的每一个子孙可以依据家谱的"房派图""支派分布图""迁徙图""先世考""世系图",找到自己在宁波的始祖,由此上推宁波始祖与中华始祖的代系,并可以清晰地知道自己在整个姓氏体系中的位置。在家谱中,对于家族名人又有十分详细的传记、行状、墓志、年谱等,并保存着特殊的家规、家训,治学治世的要求,规范家族成员的行为,塑造子孙进取的价值观。宁波历史上的2000多名进士,往往就出生于这些祠堂礼敬规整,家谱传承清晰的家族。家族祠堂里挂着先祖的"进士""文魁"等匾额,族谱里记载的先祖的官场履历,其实都是宁波人对生命意义的理解。

科举成功是一件极为艰难的事情,以明朝为例,成化至嘉靖间,全国生员大致在25万~35万之间,全国各科乡试录取举人总数在1160~1190之间,三年一次科考,对于绝大多数生员来说,一辈子皓首穷经,却很难中举。在宗族中无论以怎样的荣耀给予中更高一级考试优胜者即进士,都不为过。家族是源于古代宗法组织的社会组织形式。在宋代,底层社会开始接受来自上层社会的这种宗法观念;从汉唐庄园中解放出来的部曲,复制着这种组织形式。而在移民社会组成的宁波地区,在宋元明清几代,形成了一个个极其有向心力、激励人心的底层制度化"大我"组织。不论是城市,如月湖众多的名门家族,还是平原,如明代鄞县家族镜川杨氏、槎湖张氏、鉴桥屠氏等几大家族,余姚王氏、孙氏、谢氏,宁海童氏、吕氏等。即使边远的海边小村,也有这样的人文风景。宁海三门湾畔的东岙村,不过弹丸之地,在北宋时周氏一门即有八进士。科举就是一种去体验、去认识、去获得人生价值与意义的方式,是做天地万物之主的方式。在这种信仰的激励下,"孤灯苦读五更书",不是一种忍受,而是一种崇高的审美。宁波出现了一个个科举望族,不能仅仅理解为对"书中自有黄金屋,书中自有颜如玉"优越生活的向往,而是一个人对人生圆满的追求。参与科举是孝悌等伦理的具体行为体现,也是对价值主体的确立,宁波人由此呈现并超越自身。这也就是科举成功之后,宁波儒生往往能够坚持刚正不阿的书生意气,遭遇坎坷,终究"拣尽寒枝不肯栖,寂寞沙洲冷",却无怨无悔。在这条路上,家庭、宗族、社会、国家联结在一起,成为一个纵贯的特殊结构。在这个结构中,天、地、人、物之为天、地、人、物,获得了其自身的规定性。宁波人实现人生价值的幸福感即在这一个结构之中。

在近世,阶层上下开放与流动的机制,为社会出现这种集中的科举现象提供了可能,南迁家族集聚的州府,通常将科举作为改变人生的重要途径,有时这也是唯一的一条路径。吴地的苏州府、常州府、嘉兴府;越地的杭州府、绍兴府、宁波府;皖南的徽州府;江右的吉安府、抚州府;福建的福州府、莆田府等,均为著名的科举大府。中国人文渊薮,全面偏向东南半壁,以科举大府为中心,大致形成吴、越、江右、闽四大人文群落。从学术来讲,北宋学术首推中原伊洛之学;南宋之后,浙东事功之学、江右陆九渊心学、闽中朱熹理学、湖湘胡安国之洛学传承、兼收并蓄理学各家蜀中之学五分天下。诗文最盛者首推中原、蜀中、江右;南渡后则为浙东。元蒙入侵之后,湖湘、蜀中文化衰落,浙东人文仅剩甬绍。明以后,三吴后来居上,为天下之首。明清的江右、福建、皖南远不及江南诸郡繁华富庶,但科举同样蔚然成风。所不同者,江南还有发达的市民文学,而赣、闽、徽诸郡罕有。由宋至清几代,宁波还出现了林逋、吴文英、高明、吕天成、张可久等文学大家,他们的诗、词、曲、散文以及小说,是宁波人另一种体验人生意义的方式。

毕竟成为进士极为艰难,宁波位列科举名府,但近千年里也无非2000多人。进士名额的分区限定,使人数不可能无限上升。宁波人要实现"圣人"的境界,必然要走一条不同寻常的路。四明心学,尤其是阳明心学,促成了宁波人的主体性转向,宁波人要以更广泛的事功去"发明本心"。四明心学并不停留于对士人的激励,而是渗入浙东百姓的日常生活,确定他们的人生样式。宁波商帮在这个时代的出现,正是为宁波人通过自我创造、自我生成,寻找意义,创造价值,把持自我,为实现终极关怀开辟了一条新的道路。这种卷裹在许多村镇可能达到了十之七八。

从精神维度来解读宁波商帮,我们能够更充分地理解其独特性。在社会经济的发展,商品经济的繁荣、民间商贸不受政府限制的背景下,产生商帮是历史所趋。社会人际关系变化,强化个人意志的思潮兴起,抛弃程朱理学已成必然。前前后后产生的十大商帮,几百年后尘埃落定,他们的行动轨迹之下的精神脉流就清晰地呈现出来了。宁波商帮在明末清初发展总体并不起眼,与叱咤大江南北的粤商、晋商、徽商有着巨大的距离。粤商有外贸易垄断权,徽商有盐业的垄断权,晋商在明代有官商结合的盐业,清代有承办官银汇兑的票号。作为一个科举强府,宁波人在政治上也有着一定的背景,但却与政府保持着一定的距离。在封建帝制社会,政府控制着资源,经济是有权而兴,无权而衰的权力经济,宁波商帮为什么更愿意做一个草根商帮?如果把陆象山之学行于四明而不行于天下,以及心学几百年一脉贯穿的学术现象,与以药业为代表的宁波帮商业,以及宁波商人重实效不尚空谈、以平实手法一点一滴做起,不走歪门邪道,不寄予暴富,踏踏实实从无到有,由小及大这样的价值取向联在一起,其中的原委便豁然了。

宁波商人可能没有丰厚的学术修养,甚至很多人连书都没有读过,当然众多宁波商人在成功之后,对于学术文化有着强烈的追求。但心学伦理并不一定要成为学习的知识,而是可以成为人生的教养。人人都可以致良知,发现心中的天理,成为圣人。"君子有所为,有所不为","工商皆本","功自诚在,利从义来"等"天理"可以成为一个人终生执守的信条。故而，宁波商帮低调内敛，即使发了财也是闷声发大财，他们不追求财富的炫示，但是他们会造桥、修路、办学，竭力做善事，放眼于最终效益之大。也许是草根商帮赚钱不容易，他们不愿意像徽商、晋商营建豪宅，数百年的商帮财富积累，也没有使甬帮菜像淮扬菜、徽菜这样走向极致。我们很少听说宁波商帮如何奢侈地生活，但常常听到宁波商帮的大爱奉献，这在宁波商帮取得长足发展的清末民国更为得以彰显。或者说，宁波商帮作为一个民营经济团体，却是实践儒家核心价值即"仁、义、礼、智、信"的典型商帮，他们在自由的新经济环境下，在维护家族的生存与发展的目标激励之下，从事商业，在人生意义上却实现了"发明本心""致良知"。

由此来看，萌发于明清的宁波商帮，实际上也开辟了中国人在一个崭新空间的生存法则。在传统中华文化中，人生面对的只是两个"庭"，即对上的朝廷，对下的家庭；对朝廷的忠与对家庭的孝，这是中国古代优秀人物的重要标准：忠孝两全。徽商、晋商并没有突破这一伦理框架，他们并不着意于在朝廷和家庭之间的辽阔的公共地带，徽商赚钱之后，不仅要分给兄弟，也要分给宗族。而崇尚个人意识、独立思考的宁波商人，以"吾心"为判断是非的标准，不卑不亢、从容优雅地面对一切的资本，成功之后，修桥造路，办义学做慈善，以大爱对天下。王阳明语"天地万物本自一体"，天地万物、一切存有在根源处是连接在一起的，是一体化的。充盈于天地之间的"生意"使整个宇宙成为融合天地间的有机系统，宁波人以自己的生命创造活动，实现自己的尊严与价值，展现着宇宙这一具有普遍价值的"大我"，内在于生命个体的价值。

所以宁波人从商一旦认准目标之后，就决然而然。比如孙春阳，科举失败后，就决然进入商场。《明清史散论》这样记录他的信誉："他的商业信誉极好，明亡以后，'有持万历间所发之券，往易货物，肆中人立付之，不迟疑'。"当然弃儒经商的宁波商人，改善了草根商帮的知识结构，也使这种价值践行有了实践的样本。而当这种价值成为宁波商帮数百年奉行的普世价值之后，为其最终得风气之先，积极转型，成为中国历史上唯一一个实现了集团性或群体性近现代化转型的商帮，最终成为中国近代最大、最有代表性的商帮有了可能。而改革开放以后，宁波人不等不靠、自力更生、自强不息，依靠自己实实在在的努力、千方百计的多种途径，使自己较快地走上了发展之路，表现了较强的独立自主意识。可以说，自谋生路、自我"救赎"的结果就是自我的强劲，独立自主精神的张扬，就是用根植于时代和地域特征的人生价值，以一种冲破俗牢的勇气，践行人生之路、发展之路。

# 儒道佛的区域融合

## 道教的传入与三教的融合

中国儒道起源于史前，本为一体，分于春秋战国，在两晋重新走向融合。浙东天台、四明深受道学、道教影响，最终成为阳明心学的一部分。

儒学在宁波与佛教、道教是同时发展的。儒释道三者因各自取向的不同，既为各自的生存与发展赢得了空间，也为三者之间的融合创造了可能。儒教主五伦五常，居仁行义，正心诚意，修己及人；佛教以慈悲平等为宗旨，舍身救世，明心见性；道教无欲清净以持身，养气炼神。但三教也各自存在不足，"儒教拘限于名份，未能进入玄妙的境化，佛教进入寂灭后断了伦常。道教悠于自然，缺乏治平（治国平天下——引者注）之术"（《韩国宗教史》）。故而，虽然三教之间存在巨大矛盾，尤其是儒佛之间在意识形态存在重大冲突，儒学是处世治国之学，主张入世，实践忠孝伦理，而佛教是出世离俗之教，佛教主张弃世出家，但三者最终还是走向了和谐共融。

儒释道三教并存、融合的现象在中世与近世，长期存在；在明清时期，走向本体论的合一，是整个东海文化圈思想流变的特点。中国儒学在公元前 1 世纪前后，传入朝鲜半岛百济、高句丽、新罗三国。之后，佛教的各个派别也相继进入。道教稍晚，大约在 4 世纪时传入百济，在韩国民间还有自身的原始信仰，即神教或萨满教。在魏晋儒道融合的时候，朝鲜新罗也出现了花郎道，类似中国的玄学。14 世纪李朝建立后,独尊儒术,在以后的 500 年间,朱子学占统治地位。及至 19 世纪,在西学的冲击下,出现了东学运动,出现众多宗教团体,但这些团体总体都表现出将朝鲜本身的"神教"与儒释道相结合的特点。儒学大约在 5 世纪初传入日本,6 世纪中叶佛教传入,中国六朝时道教期陆续传入,在中国道教的影响下,日本的神道教趋向成熟;在大化革新以后,三教合一趋向鲜明。越南在中国五代时独立后,也表现出三教合一的趋向,尤其是李朝(1010—1225)和陈朝(1225—1440),还实行儒释道三教分别考试的制度,选拔这些宗教中的优秀人才为国家服务。

这三家思想中,道家思想传入宁波的时间更早一些,大约在秦末时期。秦统一后,迷恋长生术的始皇帝在慈溪达蓬山张望东海,并责令方士徐福率五百童男童女和三千工匠寻访蓬莱仙岛,这在《史记》中有着记录。宋乾道《四明图经·卷七·昌国县》则记载徐福求仙涉足岱山:"蓬莱山,在县东北四百五十里,四面大洋,耆旧相传秦始皇遣方士徐福入海求神仙灵药,尝至此。"徐福,相传为徐偃王东海支系的后裔,徐偃王是西周徐国国君,建都泗水,东夷少昊族后代。因行仁政而遭到诸侯讨伐,为使百姓免于战争,与徐人入海,舟山流传有徐偃王筑城的故事。清徐时栋认为:"定海翁山是偃王所居地,遗城在焉,有庙。"秦末的战乱,两汉间的动荡,汉末的胡人乱华,是中原道家思想传入的重要原因。如商山四皓之一的夏黄公、梅福、丹丘子、虞洪,等等,卓然独立,垂钓林溪,他们与世无争、超然物外的生活样式,使二千年前的四明山间、甬江流域显示着平静而闲适的慢生活光景。

因避王莽之害而流寓江南的江西九江人梅福,是最早在宁波留下文化活动的学者之一,宁波历史上第一位用文字记录下来的地域知识分子、两汉之交的余姚人严子陵,即为其女婿。袁桷在《延祐四明志》提到梅福隐居大梅山的传说,范钦在《重修梅墟塘记》中云:"环鄞东三十里而遥有墟焉,汉南昌尉梅福所栖迟也,因名梅墟。"余姚梁弄东明山,即狮子山,山上有岩洞,人称龙穴,梅福曾隐居于此,相传在此写下与四明山相关的文章,由之引来各方文人骚客、方士仙客云集梁弄。相传,东明山也为谢安"东山再起"之东山。观音大士说法场(道场)普陀山原名"梅岑山",也因梅福于此隐修而得名。之后又有葛洪,据传也曾寄隐普陀山。茅山道人葛洪,是一位融合道教神仙方术和儒家纲常名教的学者,以构建长生成仙体系而著称,为上层士族丹鼎道教奠定了理论基础。最终,普陀山与佛教结缘,形成中国佛教四大名山之一的观音信仰道场。

余姚梁弄镇四明山山门

崇拜山可能与史前中国的山居传统有关。在《山海经》的《山经》中记载,当时祭祀的有二十六大山系,总计四百五十一座山,在不同的历史时期中,诸山的地位随之升降。在先秦时期昆仑山曾扮演天柱的角色,之后四岳、五岳也相继崛起。《太平御览》引《尚书大传》借孔子之口赞叹山之性德:"夫山嵬嵬然,草木生焉,鸟兽蕃焉,财用殖焉,四方皆无私与焉;出云雨以通乎天地之间,阴阳和合,雨露之泽,万物以成,百姓以飨。此仁者之乐于山也。"当然从现在看来,山在现实生活中的经济、政治价值远不如平原。道教对山的偏爱与世俗社会不同,可能与其对天堂、福岛的理解有关。初期的修道之士普遍栖处于山中石室、洞窟。作为天台山系中重要支脉,四明山声名隆于两晋。晋孙绰有《游天台山赋》云:"涉海则有方丈、蓬莱,登陆则有四明、天台。皆玄圣之所游化,灵仙之所宅窟。夫其峻极之状,嘉祥之美,穷山海之瑰富,尽人神之壮丽矣!"在两晋时代,四明山有刘阮遇仙、刘纲夫妇升仙、虞洪遇仙人丹丘子等传说故事。盛唐道士司马承祯遍游天下名山后,撰《洞天福地·天地宫府图》,排列出"十大洞天、三十六小洞天、七十二福地",四明山为三十六小洞天之一,"第九四明山洞,周围一百八十里,名曰丹山赤水之天,在越州上虞县,真人刁道林治之"。又有"第六十三福地,菱湖渔澄洞,在古姚州西。始皇先生(皇初平)曾隐此处。"唐末五代缙云人杜光庭撰《洞天福地岳渎名山记》,四明山仍列为小洞天第九,"四明山,丹山赤水洞天,在越州余姚县,刘、樊得道"。唐天宝三年(744),唐玄宗遣使移祠于刘纲、樊云翘学道处(今余姚梁弄镇白水冲),故杜光庭在著作中易刁道林而为刘、樊。北宋政和年间(1111—1118),崇尚道教的徽宗御书"丹山赤水洞天"赐四明,并扩大了宫祠规模。

南北朝陶弘景是道教茅山派代表人物之一,相传他到鄞县育王山时,得知徐福在象山留下的道观、水井,便慕名到象山蓬莱道观修道炼丹。宋《宝庆四明志》记载:"炼丹山又名蓬莱山,县西一里,众山隐映圆秀,半山腰有平地,陶弘景在此隐居、炼丹。"陶弘景对于洞天与日月有这样的阐述,他认为每一洞天中都有各自的日月。洞天日月又名日精、阴晖，日精顾名思义乃在日间照明，阴晖则在夜晚出现，它们的形状亦如世间日月一样为圆形。洞天日月的能量来自大天世界，是大天日月"分精照之"。四明山的命名是不是与洞天理论中这种对洞天日月构造的解释有关？这种神秘感，在到过四明山的 300 多位诗人绚丽的想象性描写中得到了充分发挥。李白说："四明三千里，朝起赤城霞。日出红光散，分辉照雪崖。一餐咽琼液，五内发金沙。举手何所待，青龙白虎车。"（《早望海霞边》）会稽永兴贺知章自称"四明狂客"，八十多岁致仕，唐玄宗作《送贺知章归四明》送别，"遗荣期入道，辞老竟抽簪。岂不惜贤达，其如高尚心。寰中得秘要，方外散幽襟。独有青门饯，群僚怅别深"。这些语言不由让人想象，四明山到底有着怎样的吸引力，让狂客归隐？

南梁名士孔祐居于四明山鹿亭乡的中村，晓鹿溪中贯村庄。《余姚光绪志》记载："孔祐隐居是山，有鹿中矢来投，祐养其创，愈而去，因建鹿亭于刘樊祠宇之侧，名曰鹿亭，乡名盖由于此。"之后，唐代高士谢遗尘曾隐居于四明山，陆龟蒙、皮日休二人以谢遗尘"九题"为因，唱和《四明山诗》及《和四明山诗》各九篇，吟咏鹿亭、白鹿等，成为唐诗之路上的一段传奇。崇祯后期，年轻的黄宗羲在南京驻留时，偶尔发现《道藏》中有许多四明山山水的文学作品，以及众多逸闻轶事。欣喜之余，夜以继日地录抄。回余姚后，他又带领几个弟弟，"扪萝越险，寻览匝月"，实地勘验，考求古迹，订正讹传，辑成了《四明山志》。《四明山志》中刊载着大量关于四明山的诗歌，无一不是极富热情、最具张扬气度的抒写，这些抒写使葱绿的花岗岩山体至今回望，仍然让人感受到山体与众不同的风雅洒脱。在中国文学史上，它以绚丽的"唐诗之路"形式绽放了山水的哲学内涵。为什么在南方诸山中并不算高，山顶是一个罕见的平台（据考证是寒武纪地质构造运动留下的地貌），极易登临的四明山，在诗人的心里充满超越俗世之感？是极自由、极解放、极逍遥的"隋唐精神，魏晋风骨"雕琢了这片山海相拥的竞秀峰峦，还是海霞拂照的天然气场，让中原南迁的名士有了新的希冀？

儒道本不分家，天人、鬼神等宗教哲学思想萌芽的时期，中国上古文化一统于"道"。唐尧、虞舜时期为儒道学术思想的胚胎阶段，自商汤至西周为充实阶段，春秋诸子百家学说门庭分立，儒道才渐次分家。此时神仙方士思想兴起，经过秦、汉、魏晋与道家思想融合，在南北朝时期，因为佛教输入，促成了道教的成长。而在这样的文化背景下，宁波人所理解的儒道思想，本身就可以统一在一个人身上，葛洪、许绰、王羲之、谢安等人，本身就是亦道亦佛。长年隐居奉化剡源的王羲之，一直都笃信天师道，说他们家族是天师道世家，亦不为过。而在三教合流的第二阶段，即宋元明清，便出现了王阳明这样融三教于一体的哲学家。王阳明先祖即为东晋王氏家族，自有明以来数代祖先均儒道杂糅，富有道风。其祖父王伦即为一位爱竹的隐士，兼济儒道。王阳明在少年时期就有种种"道缘"，在人生几个重要转折点上都有僧人、道士、方外异人出现；在成长过程中，王阳明经常有意识地去寻访"道"，如九华山访道、筑室阳明洞修炼养生术等。王阳明一生始终是有出世归隐之愿的，求"道"是其一生重要的生命实践与价值追求。在"龙场悟道"、宸濠之变乃至晚年讲学中，王阳明仍在各方面对道家道教思想多有摄取，在他留下的文字著述中，有关道教的术语，如真、精、气、婴儿、结胎、金丹、三关、七返、九还等俯拾皆是，道家道教的思想影响构成了王阳明的良知和致良知学说的一个重要维度。在《传习录》里还

慈城清道观

记载了很多王阳明与弟子等讨论静坐功夫与觉悟本体的关系和方法等的记录，使王阳明在精神上和气质上均具有浓厚的神秘主义色彩。清华陈来教授认为，以孟学标榜的宋明心学，确实容纳了一个神秘主义传统，神秘体验来自儒学系统之外，这一派不但将直觉体验作为超凡入圣的基本进路或工夫之一，而且也为这一派的哲学提供了一个心理经验的基础。早期的王阳明对道家道教是抱着仰慕态度的，中后期则树立起了一种批判的审视态度，但批判主要针对道教的成仙、长生、个人解脱及道家的无为等。阳明中晚期"隐居讲学""隐居以求其志"等行为，正是融合儒道精神的表现，王阳明在后期明确主张"养生"与"养德"统一，通过对作为德性自我的"真己"的养护达到养生，即王阳明所说"吾儒自有的神仙之道"提出了道德与生命的统一问题。

至元朝时期，道教分为全真、正一两个重大派别，盛极一时。这些派别也从自己教派的立场出发，高举"三教合一"旗帜。明代崇尚道教，但相对于摄取了佛、道

的大量哲学思想、思维形式和修持方法的理学,影响缩小;明朝中后期,道教走向世俗化和民间化。清朝崇尚理学,于佛道两者,选择接受佛教,而对道教采取了严格的防范和抑制政策,造成了道教的衰落。慈城东门外塔山之上,始建于唐代的清道观,四明山余姚大岚、梁弄一带现在所存的道教音乐,都是越过清代、民国的历史余音。

## 佛教的兴起与儒佛的对话

浙东是儒学深度拥抱佛学的区域之一。阳明心学的兴起,与儒佛融合密切相关。

在两汉,因为儒学的法家化与神化,造成了学术发展的衰败。一方面,魏晋的九品中正制,即取士依据门阀,失去政治意义的经术迅速走向萧条;另一方面,儒学神学化,如郑玄学术杂糅今古文,并常常以谶纬之怪异附会经说,一定程度上引着儒学走向道学,并在两晋时期表现玄学化,最终导致经学的沉沦。玄学的兴起,即是借助庄子追求个体精神自由的思想来反对名教、礼制,批判两汉经学的繁琐学风、谶纬神学的怪诞浅薄,揭开诸如汉魏禅让、魏晋禅让等一幕幕打着儒家名教旗号的政治闹剧的遮羞布,代之以思想与审美,逃避现实政治,寻找新的安身立命之地。虽然玄学被称为新道家,主要的注释著作宗《老子》与《庄子》,但是对儒学经典同样相当关注,尤其是《周易》。儒家经典现存的注疏相当一部分还是玄学家所完成,如今存《十三经注疏》中,七部为汉、唐、宋所作,五部为魏晋学者所作,即王弼的《周易正义》、何晏的《论语注疏》、杜预的《春秋左氏正义》、范宁的《春秋榖梁传注疏》、郭璞的《尔雅注疏》,王弼、何晏等即为著名的玄学家。或者说,道教以鬼神崇拜、方仙信仰和黄老道家为基本思想源头,而儒家思想、易学理论及至墨家思想、和阴阳学说也是其重要的思想源头,道教的产生与儒息息相关。

时代呼唤着新的精神气象,正是新思想、新宗教兴起与引入的社会契机。玄学是精致的形而上的哲理玄思,而道教是通俗的信仰和实践中的操作,二者互为表里。牟宗三先生说:"道家工夫自心上作,而在性上收获。无论是'不离于宗'之天人,或不离于精不离于真之至人、神人,皆是从心上作致虚守静之工夫。从此作虚静浑化之玄冥工夫,始至天人、至人、神人之境,而养生之义亦摄于其中矣。""通过修炼之工夫而至长生,成仙,则是顺道家而来之道教,已发于第二义。当然第二义亦必通于第一义。"原始道家并不自此第二义上着眼,这正是哲学与宗教的差别。

而此时,佛教开始流行,最初佛教就是依附道教宏传,故有老子化胡之说。佛教到东晋时得到兴盛,到西域取经、西域大师到华传播一时热闹,如鸠摩罗什大师自凉州入关,在长安弘阐大乘般若学;399年,中国僧人法显西行天竺寻求佛门律法等。中国寺僧,开始有了规模。其中影响往往致力于佛道的结合,如融通玄学与佛学的佛教领袖道安,以及鸠摩罗什门下出现的十哲四圣,都是当时精研老庄的第一流学者。一定程度上被玄学化的佛学,其坚实细密的宇宙本原、性灵之奥分析,感觉、知觉、心理、生理甚至社会的环环相续的推理,远远胜过中国传统,迅速地进入上层统治阶级和士人阶层,并很快超越了玄学对上层社会的影响,作为两晋的时代思潮的玄学反而消寂了。南北朝佛教"北造像,南造寺",上至帝王宗室,下至世家大族、平民百姓都崇信佛事,佛教乃成为国教,江南一时有寺庙数千;唐代,奉道教为国教,武则天时为压制李姓,崇尚佛教。可以说,两晋至唐西天取经热潮不断掀起,佛寺、石窟占尽名山大川。这之间,三教也出现互相竞争、诋毁,但儒家地位已经极为衰微,如韩愈在《原道》所说:"周道衰,孔子殁,火于秦,黄老于汉,佛于魏、晋、梁、隋之间。其言道德仁义者,不入于扬,则归于墨;不入于老,则归于佛。"儒家知识分子一直强烈排斥佛教,最著名的斗争事件是唐代会昌五年的"武宗灭佛"。笃信道教的唐武宗在北方大规模毁坏寺院,没收寺产良田数千万顷,奴婢十五万人。僧尼被迫令还俗者共二十六万零五百人,释放供寺院役使的良人五十万以上。政府从废佛运动中得到大量财物、土地和纳税户,但也造成了佛教中心南移。从现在的研究来看,这场变革其实导致思想与文化中心也随经济中心一起南移。江南由此主导了佛教中国化,而兼收并蓄的宁波成为文化的避风港之一。

宁波是佛教传入最早的区域之一。据记载,鸣鹤五磊寺为印度僧人那罗延创始于三国赤乌年间;赤乌二年(239),三国时代孙权的谋士、太子太傅阚泽舍宅为普济寺,普济寺石经幢现立于保国寺大雄宝殿前。众多两晋名刹传承至今,如鄞县天童寺、育王寺,奉化雪窦寺、岳林寺,慈溪金仙寺,宁海寿宁寺,余姚龙泉寺,北仑灵峰禅寺,江北保国寺等,它们大多跨越一千六七百年,至今尚存。这些寺庙的起源,似乎天然地将佛与道结合在一起。创建于西晋永康元年(300)的天童寺,为僧人义兴所建,相传义兴在结茅修持时,有童子日奉薪水,临辞时称是"太白金星"化身,受玉帝派遣前来护持,由此山名"太白",寺名"天童"。四明山为道教名山,唐代有四明三大名寺杖锡、梨洲、雪窦;至宋代,雪窦寺成为佛教"五山十刹"之一,宋理宗赵昀曾御书为"应梦名山",明代为"天下禅宗十大名刹"。普陀山为观世音道场,最初也是道教传播的重要场所,道教著名人物安期生、梅福、葛洪等都留下了足迹。

隋朝统一全国后,南北两地思想文化沟通增强,佛教南北各家师说出现了综合调和、融会贯通的趋势,促成了融摄各家之长的佛教宗派产生。中国第一个佛教宗派便是天台宗,因创始人智顗(538—597)驻天台山而得名,教派以《法华经》为依据,以其弟子笔录的《法华经玄义》《法华经文句》《摩诃止观》为"天台三大部",其中"一念三千""圆融三谛"的思想影响极为广泛。现今的名刹国清寺就是佛教天台宗的根本道场,建于隋开皇十八年(598),南宋列为"江南十刹"之一。唐代贞元二十三年(804),日本僧人最澄入华学天台教法,回国后创立了日本教法天台宗;11世纪,朝鲜僧人仪天入宋学天台教理,把天台宗传回朝鲜;天台宗的流播成为东海佛教圈形成的重要文化根源。天台宗在唐代毁佛时遭到重大打击,典籍损失严重;五代时,十五祖羲寂请求吴越王钱俶向日本、高丽购求典籍,才使天台宗有所复兴,但隋唐时期的盛况再也不复。禅宗是中国佛教中影响最大的一个宗派,因主张用禅定概括佛教的全部修行而得名。又因以觉悟众生本有的佛性为目的,故又名"佛心宗",奉南北朝时来中国的印度高僧菩提达摩为初祖。五祖弘忍时,弟子神秀和慧能分别创立北宗和南宗。北宗缺少创新,渐趋衰落。南宗主张只要明心见性就可顿悟成佛,中唐以后,成为中国佛教的主流。因各地禅师的教学和实践风格不同,陆续出现了五个禅宗支派:沩仰宗、临济宗、曹洞宗、云门宗、法眼宗。净土宗的创始人是唐代高僧善导,以《观无量寿经疏》《往生礼赞偈》等为立宗理论根据,认为修行者的念佛行业是内因,阿弥陀佛普度众生的愿力是外缘,内外相应,便可往生西方净土。修行法门简便易行,特别适合文化程度较低的广大下层百姓的接受水平。会昌毁佛后,佛教其他宗派趋向衰落,只有净土宗与禅宗流传至今。晚唐以来,很多僧人都提倡"禅净双修",这已成为中国佛教发展的基本特点之一。

唐代,因为日本、朝鲜佛教徒上天台必从宁波登陆,这在一定程度上催使了宁波佛教的进一步繁荣。天台宗十六祖为高丽人义通,创立四明宝云寺,天台宗的中心从天台山转移到四明。知礼(960—1028)师承义通为十七祖,初主持延庆寺,后在四明乾符寺、保恩院开席讲法,学徒云集,世称"四明尊者"。时天台宗有山家、山外派之争,知礼撰《四明十义书》,破斥外派之过失,天台宗得以中兴。袁桷谓"天台之学,独盛于四明。其教以体用为宗,悟儒言理,深有取焉"。《四明十义书》收在《大正藏》第四十六册。后因禅宗在天台山崛起发展,连祖庭国清寺也"易教为禅",天台宗沉寂下去。直至明末,百松真觉及其弟子传灯才重兴天台教观。禅宗与净土宗是宁波佛教的主流,在宋代时,已经在全国、东海诸国有较大影响。宋代有"禅院五山",宁波占天童、育王两山。像天童寺,常住僧人达千人,而且名僧辈出。宋淳熙十六年(1189),日僧明庵荣西来寺拜临济宗(禅宗流派之一)黄龙派第八世传人怀敞法师学法,回国后创立日本临济宗。1225年,日僧道元来寺从曹洞宗(禅宗流派之一)第23代祖如净禅师,后回国创立了日本曹洞宗,其大本山永平寺尊天童寺为其祖庭,以天童寺为蓝本而建;后有多位天童寺高僧到永平寺担任主持。也有日僧入主天童寺,明代日本画家雪舟曾为"天童第一座"。天童寺的开放气度正如寺前照壁内侧所题写的"万法朝宗"四字。

从宁波佛教发展来看,首先,表现出较为浓厚的三教融合的取向。天台宗即以圆融哲学为核心理论,将印度佛学按照中国社会实际需要进行改造。天台宗宗经《法华经》最根本的特点是圆融思想。智顗把佛教的佛性思想与儒家的人性理论结合运用,以修习善恶来解释人的各种社会表现,唐代湛然、北宋知礼等也都阐述性恶思想。智顗进一步把道教的丹田说、炼气法等作为止观安心的一种方法。唐代佛教,宗派分立,各标特色。宋代佛教,却是各宗融和,当时有育王寺方丈怀琏和尚,即以提倡三教合一著名,苏东坡写《宸奎阁碑铭》,极力赞美:"是时北方之为佛者,皆留于名相,囿于因果,以故士之聪明超轶者皆鄙其言,诋为蛮夷下俚之说。琏独指与妙与孔、老合者,其言文而真,其行峻而通,故一时士大夫喜从之游。"

同时,道教、儒学也与佛教义理深度融合。道教与佛教融合在南北朝时已经很多,《华阳隐居先生本起录》《华阳陶隐居内传》等中记载,道士陶弘景晚年曾梦佛授其菩提记,自称"胜力菩萨"转世,亲自到宁波阿育王塔受五大戒。归茅山后,建佛道两坛,隔日朝礼。而四明心学学者一直与佛教高僧往来密切。王阳明在巡历浙江、江西、贵州等十数省期间,曾访问过禅门五宗五十余处寺刹,特别是与日本高僧了庵桂悟有过十分密切的交往。了庵桂悟在日本称"临济门下第一人",于正德六年(1511)以八十八岁高龄任第八次遣明大使,完成使命后,受明武宗招请,任育王山广利寺第一百一世住持。王阳明心本体建构的思路实受慧能本心论的影响。慧能强调世俗之心与超越之心合一，认为人人皆有佛性，众生即佛，佛即众生，可以由观心来转凡成圣；王阳明按同样的理路，把成圣之道安置在人的内心，人人可以通过"发明本心"而成圣。许多学者认为王阳明主张心物同一，"心外无物"，是援引天台宗智𫖮的"一念三千"；王阳明的"知行合一"的原型是《坛经·定慧第四》中的"定慧一体，不是二"；阳明的"心即理"的原型是大照和尚《大乘开心显性顿悟真宗论》中的"心是道，心是理。则是心外无理，理外无心"。只是王阳明对禅学外人伦而遗事物，只"治一人一身"，虚无而不可用世保持着清醒。儒学不是自私的养生哲学，不仅要讲修身明性，作为为公的哲学，而且要不避世事，要齐家、治国、平天下。

天童寺塔林（鄞州）

其次，自由灵活和不拘一格。禅师常常以日常生活小插曲传达禅心，启示人生。在天童寺、育王寺等处就留传着诸多禅门公案，如日本道元和尚在天童寺时看到八十多岁的老禅师晒海苔，请老人家让别人为他代劳，老禅师说："别人不是我。"道元又劝他不要在大太阳时工作，老禅师说："大太阳天不晒海苔，难道要等阴天或雨天再来晒吗？"禅者生活，无论什么，都不假手他人，也不等到明天的哲理明示得极有情味。一些禅宗僧人强调自尊、自信、

唐代天宁寺咸通塔（海曙）

自立，尤其是临济宗，甚至敢于棒喝交施、呵祖骂佛，敢于离经叛道，将大乘经典的"破除人我执、法我执，与真如相应"演绎成活生生的身心实践。这种激烈峻拔、新鲜活泼的禅风，给佛教的生命注入了新鲜的血液，其精神内核与浙东儒学极为

契合。

再次，宁波是佛教交流的重要平台。吴越国时，天台宗教典从朝鲜、日本回归，被人解释为智者授法归戒的鱼游回海东，感应海东诸国天子的结果。日本临济宗与天童寺有着密切关系，在天童寺习禅的庵荣西将黄龙派引入日本，1246年中国僧人兰溪道隆（1213—1278），曾游驻天童寺的浙江无准师范之徒，东渡日本弘扬临济杨岐派禅法。日本禅学大师认为："禅，于世界宗教里是特殊的，真是全无其类莫可比拟地存在着。它的风格，是超脱的，神秘的，是诗的；可说之为把东方性格的精粹，完全发挥出来，把宗教的真髓具象化出来，也决不是过言。所以体悟了禅，就是体得了宗教的真髓；认识了禅，就是认识了东方文化的精髓。"（日种让山著《禅学讲话》）明代天童寺又一次复兴临济宗，并成为诸多小寺院住持的培养机构。

最后，宁波佛教贴近普通百姓，既潇洒风流，又简单易行。他们主张人人自心本有佛性，可以顿悟成佛。这种强调个体直觉体验的思维方式，契合中国传统思维，既是促成历代的文人士大夫喜欢参禅的重要原因，同时对于需要摆脱现实痛苦生活的穷苦百姓来说，能给予精神上的安慰和满足。尤其是后期的净土宗，以念佛为修持之法，以菩萨思想（大乘佛教的根本思想）为依据，立宏愿誓愿，救度众生，并以实现这些誓愿为实践的目标，由此往生净土。这种慈悲利他的精神，对宁波民间影响巨大。也正是在这样的背景下，住持雪窦寺的近代太虚大师提出人生佛教，推动中国佛教改革。

儒道佛的融合，形成了宁波人复合的人格，这里有源自史前的天人合一的自然法度，有外来佛教文化的机理，也有历史流变的种种信息。而所有的一切，化育成一个个生动活泼的宁波人，以蓬勃的生命精神，面对充满苦难的现实生活。这里面有着无尽的东方神秘与秘密，解说这一切，让我们感到文化脉流跃动的魅力。

# 民间多元化信仰与东海信仰的兴起

## 多元和谐的宁波民间信仰

　　宋代开始,信仰走向民间,儒家与道家思想,通过与多元化信仰的整合,实现对普通百姓的影响。

　　分析地域文化发展的脉络,思想内涵的发展始终是纵贯的,儒道佛思想在地域融合发展于两晋,变更于两宋,集大成于明代。之所以将三教融合的思想放在明代中叶来讲,一方面,能讲出这三家思想在以宁波为中心的浙东区域发展,其实不是独立的,因为特殊的中国历史变迁,决定着这三者以你中有我,我中有你的形式出现,融合的特征尤其明显,最终形成了阳明心学这一影响深远的哲学思想。另一方面,在唐宋以后,思想从贵族走向平民,民间社会崛起。尤其是两宋元朝,在宁波以海洋贸易为中心的商业经济兴起后,多元思想与儒道精英思想互相激荡,蔚起繁盛的文化气象。思想在这个时代,越来越贴近世俗百姓需要。而从明代中叶后期起,我们发现,历史中心的人物逐渐从传统的士大夫阶层转向普通百姓,尤其是被封建统治者边缘化的普通商人,成为历史的弄潮儿。在这个时代切入宁波思想发展历程,我们能够更为清晰地看到社会转型背后精神脉流的变迁。

　　这之前,我们涉及的儒家圣人、道家真人、佛家高僧等,多位于社会的上层,是以文字为载体的文化传统。按照美国芝加哥大学人类学家雷德斐尔德的划分，这属于"大传统"。它有意识形态的强制性，被统治阶级不断地"经典化"，担负着社会控制和自我控制的功能，由此，历代统治者实现了对"人的生命"解释的垄断。阳明心学、禅宗等实际上已经将"人的生命"解释引向普通百姓，在一个特定的时代，做了理论走向民间的努力。文化还有一个位于社会下层，内容庞杂、生气勃勃、影响巨大的亚文化体系，即民间信仰和活动。这被称为"小传统"，它展现的是一种与精英阶层理想图景完全不同的思想文化世界。虽然它的基本信众可能目不识丁，他们的信仰内容也较少通过思想家、宗教家深入思考并加以阐释，但它却解释着人生意义，满足着心灵需求与人生意义，贯穿于普通民众的日常生活之中。宋明以来，与东海、与大江南北紧紧联系起来的宁波人，他们的文化水平不一定很高，但有着广阔的视野，他们独特的地理、文化背景与心理需求，催生着多样化的民间信仰。我们现在主要能接触到、感受到的民间信仰及相关民俗活动等，大都就是明清两代各种思想交融的产物，它们构成了宁波普通百姓的精神家园和"同根"的文化身份标识。

宁波民间信仰的根，我们同样要追溯到河姆渡时期的鸟日图腾崇拜。在中华最初的统一过程，即黄帝统一各个部落的时代中，因为小部落对鸟图腾部落的依附，鸟日图腾影响力进一步彰显。这个原始巫风盛行、族派纷争的时代，在传说中的尧舜时代结束。为实现思想的统一，尧命羲和世掌天地四时之官，使人神不扰，各得其序，是谓"绝地天通"。中国转向政教合一的礼制阶段，由此，或集团或集体或国家或阶级，或者说贵族的利益诉求，来赋予个人生命的意义，这就是儒道思想治世的萌生阶段；儒道成熟的春秋战国轴心时代，人文精神崛起，但贵族利益解释人生意义的社会格局没有改变。在这一历史的裂变过程中，越地较独立地延续与发展着自己的文化信仰。但从战国时代始，即在汉化与近世化过程中，越文化的痕迹开始变得模糊。尽管如此，鸟日信仰依然以强大的生命力存在于民间信仰之中，它被不断发展的民间信仰所保留，并与儒道佛相交融，使这些主流的思想与宗教，本土化、民俗化与通俗化，并在宋元明清文化走向民间的时候，最终促成了地域面貌绚丽的乡土文化。

我们必须先来讲析中国人的信仰特征，可能会对渗入民间日常散乱无章但切实起着效用的民间信仰有更深入的把握。一方面，中国的信仰与西方的信仰有着较大的区别,西方的信仰是一种纯精神性的信仰,是超验的、彼岸的信仰;而中国的信仰是世俗的,不是超验的,它是对此岸世界现实生活的追求,不是对彼岸世界精神对象的向往。宋代理学家张载所说的"天地""生民""往圣""万世太平"等都属于世俗世界。中国的民间信仰,同样表现为强烈的功利性和实用性,中国人求神拜佛,是希望神灵能够做到"有求必应",满足自己的愿望,很少在精神上真正信奉和仰慕神灵。另一方面,中国人对于神灵的崇祀,往往由信奉神灵出发,实现对德行、权力的诉求,延伸到与此相关的伦理规范、人际交往、权力认从;即神伦关系是基础,最终必然扩展到人伦关系,信仰于是表现为神人与人伦关系的彼此互动。或者说,中国信仰最终形成了这样一种结构:以天、祖、圣信仰为主,以多神崇拜为辅,以身份伦理为中心,以人伦实践为基础。它并不确信或深究神圣意志的结构,而是重在以制度形式来表现人与神圣意志的交通,倾向于通过神人交往、日常实践、权力认同等形式,来反复加强对某些神圣意志的确认和信仰。中国人的信仰中有一个超越的世界本原,如天、道、理、太极,但不以人可确证交通的方式深究其结构,而是满足于敬拜(古代天帝崇拜及民间信仰)、冥想(道家)、敬而远之(先儒)、敬而用之(墨家及董仲舒派)、思而修身(理学及心学)。在儒道佛三教中,儒家有六经,有完整的性理、心性之学,但是对民众影响最大的则是其提倡忠孝节义等伦理纲常。中国佛教义理学非常发达,但普通百姓对佛教的理解仍然偏重在福祸报应、积德从善。道教则兼取儒佛,通过其庞大的"官僚型"鬼神体系为百姓趋福避祸提供工具化的指导,监督民众走道德化生活的道路。

黑格尔将宗教分为自然宗教、实用宗教和自由宗教,中国信仰可能更接近于黑格尔所说的自然宗教,即崇拜自然界、大地山川、树木、石头,包括崇拜某个人,崇拜祖先等,以及实用宗教,即"惟灵是信",而与自由宗教不同。自由宗教能够跨越时代、朝代、地域乃至种族、阶级、地位等诸多障碍,而中国的信仰往往因时、因地、因人而变。中国之所以有两大信仰系统,即国家信仰与民间信仰,存在民间信仰与国家信仰分开的现象,很重要的原因在于中国的神圣结构是出自国家权力、家族权力的建构和努力,而非宗教崇拜本身的要求。也就是说,在王权宇宙观之中,信仰不是宗教本身的需求,而是天赋王权的结果。这种权力与信仰之间的关联结构,促使各种信仰关系在权力信仰面前只能表现为一种策略性实践逻辑。弗里德曼在《神祇标准化》中说,"国家给出的是一个架构,而不是内容","国家提供的是符号,而非信仰"。国家信仰是王权在国家祀典之中建构起来的,如天子代表国家祭天,诸侯祭山川,士祭其庙。一种神灵,只能是一种身份、地位、权力的人才能进行信仰;永恒的天命信仰,是作为国家王权的运作机制、合法性证明方法。而民间庶人的信仰与建构形成,即以祭祖为主体了。

民间信仰同样有两大内容:一是神人交往,承载着"天道和谐"的思想,"阴阳五行"等自然主义的宇宙观;二是礼乐文明,一种"人情和谐"的人文主义的人生观。由此孕育百姓的文化心理、道德价值观、生活方式和行为准则。它虽然与西方宗教、儒道佛三家相比,没有组织化与制度化,但有着现实的力量,卷裹着世俗生活中的人们。由此,我们来看宁波的民间信仰,表现了多元化的信仰,这个复杂的混合体,包括古代的巫教信仰、农业社会的祭祀仪式、儒家的道德教训、佛道教的教义与仪式,以及其他神祇。前世帝王、贤人异才、山神水精,一切都可以纳入信仰的范畴。一位普通农民或者市民,可以上午听人讲儒家教训,中午祭拜道教神灵,晚上祈福佛教观世音菩萨,因为实用主义的取向,虽然没有一个完整的教义体系,也不会感到悖谬。在宁波庙宇龛窟之中,供奉对象主要有释迦牟尼佛、观世音菩萨、地藏王菩萨、文殊菩萨、普贤菩萨、罗汉、四海大小龙王、天后娘娘、财神、三姑、溜头神、床公床婆、船关老爷、土地菩萨等,以及太平菩萨、灶神菩萨、猪栏菩萨等,甚至包括有为的政府官员,如鄞州下水村供奉治理东钱湖有功的王安石,鄞江镇祭祀建造它山堰的王元暐,高桥镇祭祀治理水患的梁山伯,奉化萧王庙镇祭祀萧世显等。如果加以细细统计的话,可能有数百个之多,而且半数以上是地方创造的,有许多只在他们被崇拜的村子里为人所知。明代中期以后,在一批理学家的推动下,各个家族为抬升自身地位,还出现了家族的造神活动,乡贤与土神不断被制造出来,在城市与乡村出现了大量的名宦乡贤祠和忠义孝悌祠。这种过度泛滥的祭祀,有时引起了政府的整顿。如明初宁波知府王琏就进行过严格清理,包括三皇祠亦在其中,很多祠庙被改为学校。王琏曰:"不当祠而祠曰'淫',不得祠而祠曰'渎'。惟天子得祭三皇,于士庶人无预,毁之何疑。"

建构信仰的方式纷繁复杂,可以是群体式的法会、庙会、唱戏、聚餐、游神等,也可以是个体性的烧香、祈祷、抽签、占卜、算卦等。群众性活动多在神灵的诞辰日、成道日或升天日于寺庙内开展,而游神活动多集中在春节期间在庙外开展。这方面道教走向民间的活动表现得尤其活跃。道教可能是与民间信仰最为贴近的宗教,正统道教有正规的教义和教规,但它能够将民间信仰整合进自己的信仰体系,与百姓建立起亲和性关系,为草根民众提供精神食粮和解决生活中的具体问题。民间化的道教即为充满神秘而具体可感的符水道教,与上层士族丹鼎道教不同。无论受哪一家思想影响,最主要方式都为祭祀。因为知识的缺乏,仪式往往模仿正统朝廷仪式形式,尤其是在儒家祭祖的仪式中,可以清楚地看到模仿朝廷典礼和传统仪式的痕迹。在宁波,家庭的祖先祭祀又称作羹饭,即以美食供祭义,有新年羹饭、清明羹饭、七月半羹饭、冬至节羹饭、除夕羹饭等;祭祀对象一般都在几代之内,民间传说超过一百岁的人都已重新投胎,故不必再供祭。但在乡村的仪式活动中,往往不断增加的文化和仪式,使其成为一个复杂的操作体系,将整个区域的村庄、城镇动员起来,祭祀也就不再是一个和日常世俗秩序相分离的神圣超越的时间,可能庙里是庄重和神圣的祭祀,然而庙外是百姓的狂欢和庆典。民间的"社祭"习俗,在北宋发展出迎神赛会,在明嘉靖以后赛会之风日趋兴盛。庙会巡游时,以标志庙会名号的大令旗开道,有沙船(旱船)、抬阁,各种响器如锣鼓、丝竹、吹打,以及纸制、锡制、绸制的会器等,队伍可长达数里。在宁波,大型的庙会都有迎神与赛会,如城区四月半庙会、鄞西高桥会、姜山礼拜会、鄞江桥庙会、天童太白庙会等,数百处庙会都有固定的报赛期。虽然有地方官员以"耗业费财""招盗兴赌"为由,试图严加控制,但民间赛会之风仍屡禁而不止,成为个人集体情绪宣泄的重要方式,也成为一种地域向心力与凝聚力的表现。任何人都可以参与仪式的多个领域,从而文化统一、个人认同、社会和谐得以实现;比如在庙会出游中,"庙脚人家"的集体荣誉感可以想象。而不同的村庄庙会,通过细微的模仿、对立和适应的过程,常常有创造新的混合仪式形式的可能。这就是远离政治中心的海边城市普通百姓的日常生活。

宁波与江南其他城市如徽州、苏州相比,民间信仰表现出自身的特点。徽州因为理学占据主导地位,民间信仰相对缺乏应有的活力。嘉庆《绩溪县志》曾在卷7《祀典志》中将当地祠祀分为三类,即官祀、乡祀与族祀,其中官祀的祠庙祭坛有15处,乡祀除里社外有20处,而所列各族姓祠堂却达192处之多。据民国《歙县志》记载,当时除去各乡贤名宦祠宇外,其他坛庙之和也不过31处。而从神灵名目来看,从明代一直到民初,徽州的变化也不多。而苏州,因为商品经济的发展,使苏州传统的宗族血缘观念日渐淡薄,而一地神灵所代表的地缘意识却有强化的趋势。

如昆山周庄"宗祠为近地所鲜"(《周庄镇志》卷4《风俗》,见《中国地方志集成·乡镇志专辑》),常熟"宗祠尸饩,敬宗收族之义莫能讲求"(邓琳:《虞乡志略》卷8《风俗》,苏州大学图书馆1986年抄本),吴县东山宗祠于"寒门单族鲜有及之,以故祭礼愈形简略,奉神主者唯有家堂而已"(《乡志类稿·风俗类六》,见《中国地方志集成·乡镇志专辑》)。但对民间神祇的信仰十分盛行。以苏州为例,据明中叶正德《姑苏志》记载,当时有各类坛庙60处,到明末崇祯《吴县志》,有113处坛庙,到清末同治《重修苏州府志》统计,长元吴三邑总计达199座,如果加上广布于乡间村落的未列入府志的小庙,数量可能更为惊人,仅相城一地便有小庙62座。不少庙会比如农历四月十四轧神仙、八月十八游石湖、虎丘庙会等,规模庞大,名声广传。这种信仰活动,是市民社会在封建帝制与中国信仰结构中,所开辟的比较广阔的缓冲带,也是官方与民间相妥协的结果。因为没有形成一个真正的利益共同体,没有自己的戒律、经典以及制度,一般不会直接对帝制构成威胁,所以官府既禁止泛滥也有扶植参与。而苏州很少有像徽州程、汪那样长盛不衰的家族,而往往盛衰起伏,变幻无常,"今之宗祠遍吴中矣,美其仑焕,崇其堂阶,往往不数年而转易他姓"(顾兆熙《金阊陈乡贤顾将军祠堂志》(清道光抄本)卷6)。如太仓浏河有"郁家庙在镇东里许,浏河镇自明季兵火以后,阒无居人,而郁氏率先居之,故镇中基地半为郁氏家产,于镇之东偏建家庙,后郁氏势衰,乡人塑土地神像于其中"。商品经济的发展及宗族本身的兴衰无常,使得家族神在苏州民众信仰中所扮演的角色远没有徽州那么重要,宗族观念日渐淡薄,这是在苏州没有像徽州出现汪华那样极具影响的地域神的原因。因为徽商的影响,汪华不仅是徽州汪氏的祖宗神,而且还成为江南六州的地域神。

宁波民间信仰的发展处于这两个城市的中间。土地庙宇、神灵庙会等存在,使人们对位于"国"与"家"之间的"社"与"会"有着直接的感受;明清市镇经济兴起之后,结社、结会现象已遍布社会生活各个方面。城市中,大量按照行业组成的"会",通过民间信仰的仪式系统做诞,来增进经济社会各阶层和各群体的凝聚力。如清代宁波药皇殿,药业同行组织的"药皇崇庆会"会员轮值主持祭祀庆典,在每年农历四月廿八药皇神农诞辰日前后,要做戏谢神。天封塔近处的鲁班殿,是木作、泥作、石作等行业的公所驻地,每年正月初一至初五,凡参加行业公会的工匠都要来鲁班殿拜年;五月初七鲁班的生日,行会还要请戏班子来殿内演戏庆贺。这些民间私祀因于市场经济的需要产生，但是宁波的市场繁育程度不如苏州，外地来宁波经商的群体也没有占据很大的比例，外来的南北号商人对于宁波的日常活动参与不多。故而众多有影响力的庙会，如鄞江庙会、高桥会等，是与农业经济密切连在一起，它们并没有跨出农村，这些庙会没有类似卷裹不同地区信仰民众的苏州虎丘庙会一样，成为城市景观。

但宁波帮与徽帮一样，一方面，深受理学影响，祠堂体系建构完整；许多人经商成功之后，往往还有着通过科举提升社会地位、光宗耀祖的俗世梦想。尽管明清科举录取比例极小，像明代乡试录取率在4％左右，会试录取率在10％左右；以光绪九年应会试考生16000多人来看，只"赐陈冕等三百八人进士及第出身有差"，其录取率约为1.9％；但中举带有较大偶然性，尤其是科举内容缩小，经书解释确定，文章体裁八股化以后，只要中等智商水平就可以参加科举；尽管代价巨大，但祠堂

月湖镇明岭庙

月湖清真寺

位于月湖盛园供奉海神鲍盖的灵应庙

中的"魁元""忠烈"等来自朝廷的赐匾，对他们还是有着强大的征召力。另一方面，宁波人十之七八同样需要闯荡大江南北谋生。在外地经商，在封建帝制的背景下，宁波人需要抱团取暖，作为草根商帮的宁波帮尤其如此。早期的宁波商帮，如十七房郑氏家族，即以代代相传的家族财团为其核心，以宗亲同乡为其纽带。商帮之间还通过经济联姻，抵御风险，维护其商界的地位与商业利益，如郑氏家族先后与镇海柏墅方介堂方氏家族，小港李也亭李氏家族，骆驼盛氏家族，庄市叶氏家族、李康年家族，宁海前童童氏家族，宁波徐时栋家族等互为姻亲。如鄞州潘火桥的蔡氏，1921年在上海成立了"蔡氏旅沪同宗会"。这一定程度上也使宁波保持了繁盛的

祠堂祭祀。在遥远的外乡、城市里,宁波人以同乡会等血缘性组成的会馆祭拜代替了去寺院的参拜,正是地域信仰对外的播化。

如果梳理宁波月湖、鼓楼这一两宋时地域儒学精英所集聚的街区,可以直观地看到多种信仰的汇合。唐宋兴起的白衣讲寺、天宁寺、湖心寺、崇圣院、居士林等佛教寺院,占据了月湖形胜,这些寺院与儒家学者的藏书楼,如两宋时的楼钥"东楼"、史守之的"碧沚",元代袁桷的"清容居",明代丰坊的"万卷楼"、范钦的"天一阁"、陆宝的"南轩"等,读书人所敬重的柳汀文昌阁、瀛洲接武坊,祭祀诗人贺知章、李白的贺秘监祠,以及各个家族的祠堂,诸如马衙街的闻氏家祠、陈氏家祠(现改为麻将起源陈列馆)、秦氏支祠,月湖盛园的李氏祠堂、三支街的吴氏祠堂等,构成了一佛一儒两大精神中心;其余还有关帝庙、清真寺、镇明岭庙、灵应庙等,满足世俗百姓不同的心灵需求。相比较,这些庙宇与商业文化、俗世文化结合得更为紧密些,比如湖心寺,明初寓居四明的瞿佑写了一本"上承唐宋传奇之余绪,下开《聊斋志异》之先河"的《剪灯新话》,其中有一篇《牡丹灯记》即以此为背景,这种奇特的人鬼恋故事在日本、朝鲜与越南得到令人惊异的接受。比如清真寺,这一座浙东地区唯一的清真寺,始建于宋咸平年间(998—1003),是来甬经商的波斯商人所建,现存月湖西岸后营巷的清真寺已有300余年的历史。位于镇明路的镇明岭庙,祀宁波府属六邑城隍之神,据说当年不少朝鲜半岛上的新罗人就集居在此一带,小庙在当时的日本和韩国有着不小的影响,它也是海上丝绸之路重要标志。位于月湖盛园的灵应庙,始建于唐朝圣历二年(699),祭祀的是海神鲍盖,鲍盖是汉代末年鄞县东钱湖人,生前虽只是县衙里的一名小吏,死后因能显神灵,被乡里百姓尊称为神,在地方官员的奏请下,历史上多次被朝廷敕封,使灵应庙在宁波乃至浙东地区名闻遐迩。诸多的精神性建筑,是精神中心走向平民、精神需求走向多元的历史写照。

## 妈祖、观世音、弥勒与东海信仰

妈祖、观世音、弥勒信仰在宁波沿海处处可见,这三大信仰是具有区域性影响的精神力量。

如果以西方宗教信仰来看,将妈祖、观世音、弥勒等不同宗教信仰偶像放在一起讲述,是一件荒诞的事情。但在多神化的中国民间信仰中,这几者是可以并列崇拜的。这三大信仰神灵的出典不同,妈祖是地方神灵,观世音与弥勒是佛教神灵,但在宋元到明清时代,与宁波民间的海洋信仰相互融合,最终因为宁波在中国经济带上的特殊地位,走向了全国,成为全国性的民间信仰神灵。

宁波海洋信仰源远流长,七千年前,河姆渡人撑着独木舟,追逐海岛,探寻生存的边际线,不仅需要技术与智力,也需要坚定的信仰。可能类同羲和、旸谷的传说,鼓舞着崇拜太阳神的部落,使他们不惧船筏的简陋,在卷转虫海侵之时,毅然选择漂越风浪迭起的广阔海洋。或许正因为有这群身上画着飞鸟图案、头戴高高羽冠、颈挂晶莹玉石的人,才幻化出庄子鲲化鹏、鹏"怒而飞"、"海运则将徙于南冥"无羁的想象。太阳与鸟复合的鸟信仰文化曾经覆盖过东亚大陆,在商周以后,渐渐沉没于较后起的天神、地灵、人鬼的多神系统信仰中。一些零星的典籍记载,如"汤谷上有扶木,一日方至,一日方出,皆载于乌"(《山海经·大荒东经》),"日中有竣鸟"(《淮南子·精神训》),等等,还可以让人揣想当时的浪漫与豪迈;并由此解释浙东诸如每年的三月十九日、十一月十九日祭拜太阳等民俗(此类民俗多数已近消亡)。太阳至今仍是营造中日韩诸国共同精神家园的重要符号。

从海进、海退的时间计算,候守的河姆渡人在会稽、四明山区滞留了 3000 多年。在漫长的搏海过程中,他们逐渐了解了海域、气候、洋流,熟悉了海道航线,发展了观日月星宿知天文、辨岸丘岛礁识地理的船运本领,并建造起形体较大、航行性能较好的海船。他们的造船技术、数量一直保持着领先水平。他们割断长发,以便潜水;描身画体,模仿蛇鳄的形态动作,同时把独木舟也制作成龙形,刻饰上龙纹,希望产生同类不相食的保护效应。于是蛇鳄鱼蛟的抽象综合体"龙"渐渐演变成了神,古老的祭龙神、赛龙舟的习俗便盛行了。

散居各地的越人信仰的图腾是多元的,诸如人面鸟身的禺虢、禺强等,但最终由龙蛇承担起管理海洋的职能。在佛教传入中国后,龙蛇海神与佛教中统领水域的龙王融合,到隋唐形成了新的龙神:有龙蛇的神容特征,似人间帝王的体貌;威武勇猛,又诡谲专横;能呼风唤雨,降泽人间,也常常雷霆万钧,祸及万家。传说中有无穷宝藏的四海龙王之首东海龙王,在宁波人的理解中,应该就居住在舟山群岛这片海中。海神信仰中与龙王信仰并行的还有福建演屿神,奉化祖域,鄞州鲍盖、黄晟、清宗、姜毛二神、鱼师、如意娘娘等人神信仰。这些信仰尤其在靠海为生的渔民中流行,渔民们祈求海面风平浪静,鱼虾成群,平安出海,满舱而归。清康熙《定海志》记载,定海各地有龙王宫24个。

在诸多的信仰中,在唐宋之际,逐渐为女性海上保护神所替代。妈祖即在这一时代由地方神上升为海神。妈祖原名林默,宋建隆元年(960)出生于福建省莆田市湄洲湾畔的一个渔村。林姓是福建望族之一,祖父林孚,官福建总管,父亲林愿,官都巡检。在世时,曾以巫祝为事,宋廖鹏飞《圣墩祖庙重建顺济庙记》云:"独为女神人壮者尤灵,世传通天神女也。姓林,湄洲屿人。初,以巫祝为事,能预知人祸福,既殁,众为立庙于本屿。"人行善事,死后为神。林默二十八岁时因搭救海上遇险船只而死,死后经常显灵,救人急难,所以湄洲立庙祭祀。这一闽越地区的巫觋信仰因为北宋时代活跃的福建商人而传入宁波,而北宋宣和五年(1123),政府派路允迪出使高丽的一次海难,使妈祖信仰得到了政府的认可。南宋进士廖鹏飞的《圣墩祖庙重建顺济庙记》言:"宣和壬寅岁也,越明年癸卯,给事中路允迪使高丽,道东海,值风浪震荡,舳舻相冲者也七;独公所乘舟,有女神登樯杆为施舞状,俄获安济。"路允迪回国后将妈祖显灵护佑一事上奏朝廷,宋徽宗赐匾"顺济"于莆田圣墩庙。宋绍熙二年(1191),有福建船商沈法询,因"经南海遇风,神降于舟以济,遂指兴化分炉香以归,见红光异香满室,乃舍宅为庙址。"这是宁波第一座天妃宫,位于现东渡路与江厦街交叉处,此庙已于20世纪40年代毁于战火。

中国道教的发展有不断吸收民间俗信神灵的特点,同时也利用官方的扶持而发展自己;而国家通过赐额、敕建的方式控制道教,自宋代以来,政府将某些比较流行的民间信仰纳入国家信仰即正祀的系统。海神妈祖为朝廷认可,说明国家与民间社会在文化资源上的互动和共享,民间信仰弥补了国家信仰的不足。其后,元代海运漕运、明代郑和下西洋、清代复台定台等重大国家活动,都与妈祖信仰有关,使妈祖从一个渔商信仰演变为"海神""护航女神",折射着中国海洋社会的嬗变。在明代《太上老君说天妃救苦灵验经》中,妈祖已经是"北斗降身,三界显迹,巨海通灵,神通变化",纳入了庞杂多端的神仙谱系。

在元代,宁波为漕粮海运航线上的重要港口。天历二年(1329),元帝遣使祭庆元天妃庙。此时宁波已建有妈祖庙数座,镇海于元至正十六年(1357)在招宝山建造天妃宫。清代"开禁"后,与港口贸易的发展一致,妈祖信仰传播也达到鼎盛时期。这一时期建造的妈祖庙达四十余座。如甬东天后宫(庆安会馆)、慈溪观城天

世界文化遗产保护点庆安会馆(江东)

妃宫、慈溪胜山娘娘庙、象山东门岛天后宫等。庆安会馆是现存中国八大天后宫之一,建于南北号海运鼎盛的清代晚期。过去农历三月二十三妈祖诞辰日,都要举行祭祀大典。1854 年冬,慈溪人费纶鋕、盛植琯和镇海小港人李也亭就在这里提出购置我国历史上第一艘机动船——"宝顺轮"以抗击海盗。

　　菩萨信仰是佛教信仰最重要的组成部分。《楞严经》云:"自未得度,先度人者,菩萨发心。"菩萨是自己尚未成佛,而发愿广度众生。因众生得度因缘不同,菩萨随顺这种因缘发心也有不同。文殊菩萨以大智而著称,普贤菩萨、地藏菩萨及观音菩萨则分别以大行、大愿、大悲而闻名。弥勒菩萨则以大慈应世,所以又称为慈氏菩萨。《大智度论》中说:"大慈予一切众生乐,大悲拔一切众生苦。"弥勒菩萨归趣是构建人间净土,带给众生的是欢喜与快乐。从弥勒净土信仰两部主要的经典《佛说观弥勒菩萨上生兜率天经》(略称《佛说弥勒上生经》)以及《佛说弥勒下生经》可以知道,弥勒净土有兜率净土与人间净土,兜率净土是弥勒菩萨在降生人间成佛前所居之处,菩萨在此为众生讲说佛法;往生兜率净土者,将来还会随弥勒菩萨重新降临人间,成就清净圆满的人间净土。

　　弥勒信仰在中国始自南北朝时期,4—8 世纪的四百年间是弥勒信仰的鼎盛时代。自唐代译出《阿弥陀经》后,阿弥陀佛信仰逐渐超越了弥勒信仰。加之弥勒地位、身份的变化性,为某些人塑造自己的形象、装扮自己提供了契机,如南北朝傅大

象山东门渔村妈祖像

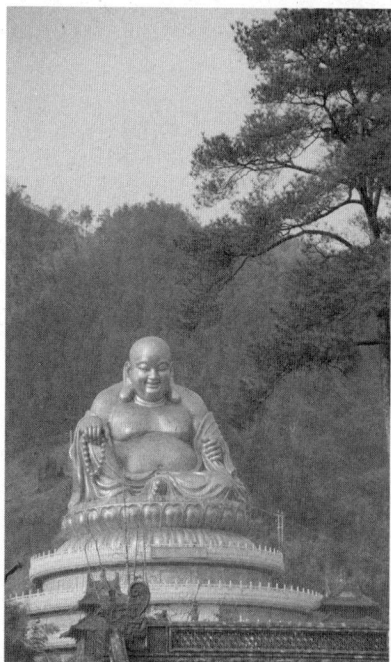

奉化雪窦布袋弥勒像

士白衣长发弥勒,高攀权贵,北魏的文成帝和唐武则天都以弥勒转世自居,以此说明自己的统治地位的合法性和神圣性,隋唐两代又有打着弥勒旗号的农民起义,政府由此压制弥勒信仰,弥勒信仰逐渐式微。到安史之乱,特别是受到武宗灭佛事件的打击后,流于民间,发展为中国民间信仰的一部分。

弥勒信仰流入民间最明显的标志就是五代时期奉化契此的出现,以及弥勒经变的流行。因为宁波从晋代开始,佛教信仰就深入民间,天童寺、阿育王寺、雪窦寺等林立,仅唐朝大中、咸通年间(859—873)奉化就新建禅院 38 座;景福元年(892),明州刺史黄晟给雪窦寺施田 1300 余亩;景福年间(892—893),南岳第五代常通禅师任雪窦寺住持。这样的背景,为宁波出现高僧提供了可能。契此在奉化岳林寺出家,常在雪窦寺讲经弘法,奉化至今留有众多传说,记录他的聪明智慧、幽默风趣、与人为善、乐观包容。如《插秧偈》:"手捏青苗种福田,低头便见水中天;六根清净方成稻,退后原来是向前。"圆寂时,遗留一偈:"弥勒真弥勒,分身千百亿,时时示时人,时人自不识。"世人以为弥勒菩萨的化现。契此布袋和尚大肚的形象,受到了广大群众的喜爱。一方面,心宽体胖、和蔼可亲的整体形象对衣食不继的下层百姓意味着丰衣足食,健康幸福,是他们对笑口常开、自由自在生活的想象;另一方面,大肚象征着佛教的宽容精神和佛的博大胸怀,宽容、欢喜、慈悲、自在的精神和理念,为群众所需要。所谓"眼前都是有缘人,相见相亲,怎不满腔欢喜;世上尽多难耐事,自作自受,何妨大肚包容"。由此,在官方领域内无法弘传的弥勒信仰,改换形式,通过经变、歌谣等的通俗形式,转化为通俗而有形的象征信仰。而契此为民间认可不久,也逐渐受到官方的青睐。契此在圆寂后不久,就屡次受到皇帝的封号。宋仁宗封他为"定应大师",宋哲宗封其塔墓为"定应大师塔",宋徽宗以自己的年号命名岳林寺供奉布袋弥勒的殿堂为"崇宁阁"。在官方的助推下,布袋和尚形象影响日益扩大,一个异域菩萨,在世俗化的影响下变成中国化的菩萨。

佛教走向民间,在宁波还有一个影响更为深远的信仰,即观世音信仰。观世音菩萨从字面解释就是"观察世间民众的声音"的菩萨,经常手持净瓶杨柳,以无量的智慧和神通,大慈大悲,普救人间疾苦。相传观世音菩萨耳根圆通,众生遭遇困难,只要诵念其名号,世音菩萨即时观其音声,前往拯救。在佛教中,他与大势至菩萨、阿弥陀佛身边的胁侍菩萨,并称"西方三圣"。有关观世音信仰之译经,在三国时即有出现,西晋竺法护亦于太康七年(286)译《正法华经光世音普门品》;鸠摩罗什于姚秦弘始八年(406)译出《妙法莲华经观世音菩萨普门品》,之后又有《阿俐多罗陀罗尼阿噜力经》《大悲咒经》等大量经书译出,使观音信仰有着完备的理论体系。在众多经中,有一部伪经影响巨大,即无印度相应真经的《高王观世音经》,最早见于《大唐内典录》卷10,以灵验著名,是观音信仰的重要媒介。有许多传说,讲观音亲自把这个经教给人念诵,如王玄谟、孙敬德、龙学梅妻子,他们在念到一千次时,最害怕的苦难就迎刃而解。《高王观世音经》由此也被人称为"庶民信仰的经典",不必参禅或精通义理,只要诚心念经(或念咒)即能解决很现实很具体的人生困难,如"七难"(火、水、风或罗刹、刀杖、鬼、枷锁、怨贼)、"三毒"(贪、嗔、痴)之苦,得到"二求"(求男求女)的愿望,可以说修持方法最为平等、民主,人人都能实行。

唐末五代时,日僧慧萼自五台山得观音像,到宁波后,准备搭乘唐人张支信的便船航海回日本,船到明州昌国梅岑山(今普陀山)附近时,涛怒风吼,洋面出现很多铁莲花,船触礁漂到普陀山潮音洞侧。观音菩萨夜梦告慧锷大师:"汝但安吾此山。"山上居民张氏腾出住宅供奉,被称为"不肯去观音",称之为补陀落山,普陀山由此成为观世音菩萨之圣地。唐宋元明清近20位帝王为了祈求国泰民安,特遣内侍携重礼专程来普陀山朝拜观音。宋代赐予庙田并豁免全部粮税;元代普陀山高僧为元朝特使出使日本等;明太祖朱元璋、清圣祖康熙还多次召见普陀山高僧,赐金、紫衣、佛经等,礼遇有加;这使普陀山从一尊"不肯去观音"逐渐发展为鼎盛时期拥有3大寺、88庵、128茅蓬、4000余僧的"震旦第一佛国"。观音信仰朝拜中心由印度的"补陀洛迦"最终转移到宁波的普陀山。

由此我们看到,中国的三大世俗化佛教信仰,即弥勒信仰、观世音信仰、阿弥陀佛信仰,宁波为其中两大信仰发展的重要区域。当然现在说,观世音道场不在宁波,普陀山属于舟山,但舟山从宁波下属县独立为一个海洋城市只是1953年的事情。宁波也有大量的观音道场,称补陀禅寺。这些寺庙与明朝时倭寇战争有关,普陀的寺庙内迁到宁波,以满足世人对朝拜观世音菩萨需要。东钱湖还有"小普陀",这是南宋时代的作品。相传是南宋丞相史浩,因为母亲叶氏对佛异常虔诚,一心想去南海普陀山朝香晋佛。可年事过高,加上双目失明,不适宜舟船劳顿,史浩利用东钱湖的形胜,召集地方名匠开凿石窟,塑观音像、护法神,以了却老母心头大事。而我们所困惑的是,为什么弥勒信仰、观世音信仰这两大俗世信仰会同时出现在宁波而不是出现在江南其他地方,比如苏州或者徽州呢?

宁波在佛教中国化过程的地位不言而喻。宁波之所以在佛教中国化中举足轻重,最根本的是宁波本身佛教兴盛。在唐代灭佛运动中,宁波保存与发展了天台宗、禅宗、净土宗等融合儒道的佛教宗派,吴越国及两宋时,佛教一直得到弘扬,理论基础深厚;加之高僧辈出,而出现了东海诸国来朝的局面,使佛教创新与繁荣成为可能。另外,宁波处于东海渔场与东海航线上,是活跃民间力量、多国文化的平台。多元化的文化需求,目标的实用化,使宗教色彩减少,世俗成分增多,促成佛教走向民间,为进一步发展民间信仰提供了条件。舟山是世界人口密度最高的岛屿之一,宋元明清以来,浙江温、台、宁、绍地区和闽南、苏沪一带迁来的移民集居海岛,必然带来各地不同的文化,造成这一带海洋信仰的繁复,比如有源于新石器时期的越夷民的蛇信仰,孤悬大海的东福山岛,仍保存了这种最原始的信仰,岛民们信奉的白云娘娘的原身就是一条白蛇;有鸟信仰,他们把"双鸟异日"文化理念融入舟船创造,于是有了最典型浙船,即鸟船"绿眉毛";有网神信仰,原始神为华夏三皇之一的伏羲;有船关菩萨信仰、渔民菩萨信仰等。其中区域最广、共同认同的即为观音信仰、海龙王信仰和妈祖信仰,此三大信仰又称为东海渔民三大海神信仰。渔篮观音即为观音化度渔民的形象,手持净瓶、脚站鳌头之上的鳌头观音,是观音在海中救生的形象。东海渔民因为渔业生产的流动性和作业方式的特殊性,以及海

普陀山凝望东海的观音像

洋生活的冒险性,有着强烈的寻求神灵护佑的心理需要,实用主义的信仰取向下,形成了海洋信仰的多元化。其后,从事海上贸易的客商,因为海洋风险的存在,因寻求心灵寄托,自然会借用渔民的民间信仰。渔商结合之后,这些海洋信仰随着以贸易交流为使命的海商而推广,使之有了产生广泛影响力的可能。

我们将妈祖、弥勒、观世音这三个民间信仰联系起来,能发现宋元之后中国信仰发展的一些特点。一是民间信仰走向前台,在这个过程中,商人起到了重要作用。中国古代社会是农本经济的社会,"重农轻商"始终是政府政策和社会价值的取向。唐时,尤其在宋时,经济进程的主体开始由士大夫阶层转向市民阶层,尽管普通民众在众多政治文化领域尚未掌握话语权,但与其自身息息相关的民间信仰层面,在这一时期已经展现出了深刻的改变。贸易日繁,民间财富日增,产生了发展保障财物的神灵体系的需要,相关的神灵由此被重新梳理与定义。在宋代之前,高级别的如天神、地灵是被垄断的,平民不得祭祀,宋代这种禁锢开始打破,元代更是如此,中国信仰走向民主化,财神、行业神、祖先神、地方英雄神灵等纷纷诞生。起初这些神灵兼有多种职责,然后逐渐专职化。比如赵公明,最早见于汉代,为日之精,道教经典《典籍实录》中有明确记载。魏晋六朝时期,赵公明发展为督鬼之神,即瘟神,晋干宝《搜神记》、梁朝陶弘景《真诰·协昌期》中均有记载。元明时期,赵公明演变为财神。传说赵公明施财于公、忠勇爱国,姜子牙在灭商后以其忠勇义气、疏财施善,封其为"金龙如意正一龙虎玄坛真君"之神,主管迎祥纳福,统管人间一切金银财宝。下辖招宝天尊萧升、纳珍天尊曹宝、招财使者陈九公、利市仙官姚少司四神,并称五路财神。素有"浙东门户"之称的招宝山,相传东路财神招宝天尊萧升在此。

宋元之间东海文化圈中,各国频繁的往来,虽然航海技术有了较大提高,但风浪却时时影响着商船的安全,北朝鸠摩罗什翻译的《莲花经》之《观世音菩萨普门品》有"若有百千万亿众生,为求金、银……真珠等宝,入于大海,假使黑风吹其船舫,飘堕罗刹鬼国,其中若有乃至一人,称观世音菩萨名者,是诸人等,皆得解脱罗刹之难"之句,观音由此而成为海商的信仰选择。这种民间信仰代代相传,影响越来越大时,政府为巩固自身的统治,必然会利用这些发自民间的信仰,把它纳入官方轨道,给予封谥,以及大规模的兴修庙宇与朝拜祭祀活动,无论是弥勒、观音还是妈祖,都经历过民间自发神到官方钦赐神的演变过程。在这里,我们看到了国家信仰与民间信仰之间的话语争夺,既表现了精英文化与大众文化相互趋离,也蕴含着两者相互妥协的新特性。

这里有一个问题需要解释:佛教文化不是经济的绊脚石,反而是商贸发展的催化剂。在古老的陆上丝绸之路上,商人们创造了以莫高窟为代表的辉煌的佛教艺术;与陆上丝绸之路衰落相同时,莫高窟走向了衰落;而与海上丝绸之路兴起相同时,东南佛教兴起,观世音道场兴起于浙江普陀山。佛教本身包含积极的商业伦理,如佛教要求商业经营要具有善始善终的敬业精神,《大宝积经》卷第八十二中说"有所为作而不中舍";在商业上要追求共同利益,《长阿含经》卷第十一中说"同利等彼己,所有与人共";发展商业在于造福社会大众,《优婆塞戒经》卷第二中说"为众生故,求以弘利";佛教商业思想的人生社会价值取向标准就是"利他"。佛教讲"心为主使","一切唯心造","万法唯识所现",激励人发挥主体性,而绝不仅仅是去适应环境。中国宗教新禅宗完成了这一教义的入世转向。而佛教就僧团的经济发展来看,最终走向了普度众生的"利他"。魏晋时期,主要依靠国家、官僚、富商及百姓的布施;而在南北朝时期,在帝王支持下,寺院经济迅速发展起来,由此最终引发唐代灭佛事件。自唐朝百丈怀海以后,僧团形成了"农禅并重"和"一日不作,一日不食"的优良传统,禅宗因此而风行天下。所以在社会生活中,寺院经济发挥了积极的社会功能,它们常做赈灾济贫、修桥补路、施衣施饭、治病收孤等慈善事业,补救了人民的生活。

二是海洋信仰成为这一时期影响逐渐增强的民间信仰。就商人来说，企求财富的心理需要，催生了财神信仰。在民间财神信仰中，赵公明为"正财神"，比干、范蠡为"文财神"，关羽为"武财神"，五路神、利市仙官为"偏财神"，刘海蟾为"准财神"，等等。这些财神在明清商帮发展的过程中，趋于成熟。其中厚重质直的陕西人崇拜赵公明，遵循避亲举乡原则选择同乡出任经理和伙计的晋商崇拜关羽来宣扬"信义"观念，而主要在宗族子弟中选拔经理和伙计的徽商信奉五通神。五通神本来是汉族民间传说中横行乡野、淫人妻女的妖鬼，因专事奸恶，又称五猖神，因有财神的神通以后，得到徽商的敬奉；在徽商的影响下，江南民间广泛地崇信五通神。徽商宗族家长为加强对子弟的权威与控制，故而全国的徽商会馆都修有"文公祠"专祀朱熹，通过宣扬朱熹的纲常伦理思想强化宗族凝聚力。范蠡善于经营，善于理财，又能广散钱财，在山东与宁波有许多传说，由此在山东商人与宁波商人中得到普遍信仰。在这些信仰中，海洋信仰发端最早，在宋元时期便在海商间广泛流行，并得到政府的钦赐。在明清两代因为海洋贸易的停滞，发展缓慢；在清末开禁以后，又重新繁荣。宁波的天后宫就建于清末。

而海洋信仰中最鲜明的特点是对女性崇拜，妈祖、观音均为女性。海神之所以以女性为主，与中国传统文化的特征离不开。中国传统文化主要是大陆文化，海洋文化在中国历来是下层百姓的民间文化。在中国的阴阳思维中，大陆是阳，海洋为阴，故而主宰大地的多为男性神，如赵公明、关公等，而海洋神作为配角，便是温和的女性。而她们所体现出来的神性，最主要的就是母爱，一种慈祥、亲切、无私、利人，只讲奉献，不求回报的平民情怀。这就是东方海洋文化的特征。观世音本为男身，佛教经典记载观世音为方便度化众生，有三十二应变化，女性形象可能由此而来，在唐宋时，其女性形象已被广泛接受。海岛神奇怪异的自然条件，与虚无缥缈的神仙佛地的辐辏，《西游记》等民间小说的广泛传播，以致在明清时期，中国民间信仰形成"户户观世音"，万民朝奉普陀的盛象。

三是从宁波来看，这些信仰在宁波完成了自身发展的重要阶段。妈祖得到了政府的认可，成为全国性信仰；弥勒与观世音完成了中国化、本土化、民间化的过程。然后，又经历了一个走向东海文化圈、走向世界的过程。妈祖作为海洋职业保护神，在江户时代之前已经传入日本，茨城县、长崎县、青森县、横滨等地均有妈祖庙,一些历史较悠久的妈祖庙与日本传统神道结合,成为"天妃神社",发展出以日本神道仪式举行的"天妃祭"。在韩国,妈祖信仰不限于渔业领域,也是沟通渔村、农村和山村民众的感情纽带,从海上守护神逐渐发展为万能神。总体上,没有神灵系统、教徒组织的妈祖信仰是区域性的,因华人遍及世界而走向世界;而观音信仰则是世界的,被学者称为"半个世界的信仰",其根已经深深扎在了浙江普陀山。

　　或许,我们可以这样描述:开放的文化让信仰走向民主,走向人间,走向纯粹的爱与慈悲。而根植人间的信仰与哲学理论、抽象思维、科学技术无关,可能连常见的典籍、神灵系统、教徒组织也不需要。宁波人没有像其他商帮一样选择赵公明、关羽等财神,也没有把在东钱湖留下诸多传说的范蠡作为护佑神,而是选择妈祖与观音,这种朴素是值得研探的东海人文奥秘。为什么最终东海成为观世音的道场? 或者说唯一具备母性品质的菩萨落户东海? 为什么观世音信仰被赋予"送子"的文化符号意义? 在文化上我们当作如何解读? 大陆性深厚的中国人为什么内心深藏着一种向东海走,到东海求自己的"子孙"、求自己未来的情结? 在春节里,到宁波来拜佛,是不是隐喻着民族文化对新的企求? 新的一年,新的轮回又开始了,需要放下烦恼与执着,需要和解,无论与神、与自然、与他人,还是自己,有一个真正新的开始。放下多好,人世间有什么可以放不下? 有什么可以太执着? 中国文化是一种"乐感文化",奉化提供的中华弥勒形象为人接受,是不是这一文化特质相合的缘故,感染了中国人对未来的乐观情绪?

# 从北京到上海

## 宁波人在北京

　　三教合一的入世思想，为平民商业的崛起做了理论引导。宁波人的商业
经营遍布以江南为重心的全国。在北京，宁波商人不仅兴起了诸多产业，而且
建立了最早的宁波商帮。

　　商业活动在中国很早就已出现，王孝通所著《中国商业史》把商业兴起追溯到
传说中的舜。商人的称呼始于周朝，政府为了管束商朝遗民，只准许其继续经商，
这些被集中管束经商的商朝遗民被通称为"商人"，以便与周朝人区别开来，这使商
人名称一开始便带有轻蔑和歧视的意思。但是商业一直是社会发展的主要推动
力，在春秋战国时，便涌现了临淄、曲阜、邯郸、姑苏、宛、咸阳、安邑等大城市，以及
范蠡、子贡、白圭的商业思想与成功的商业实践。从唐宋到秦汉，对外贸易繁荣，汉
代长安城有 50 万人口；汉武帝时，长安面积 36 平方公里，为世界第一大都市。唐
代长安城更是达到 100 多万人口，80 多平方公里。唐代时中国城市化水平即达
10%，而直到 1800 年，世界城市化水平仅 3%。但是封建政府始终压抑和控制着
商业，自商周以来，往返长途贩运的商人毕竟少数；往来迁徙更多的是游侠、旅行
家、方士、郎中、戏班等，还有兵荒马乱时的绿林、响马、胡子、匪盗、秘密结社等，这
些流动人口带有强烈的江湖色彩。而国家垄断着重要的商业资源；从中国商业史

角度看,有商鞅变法、桑弘羊变法、王安石变法等,但目的都是通过国营化运动增加中央财政收入,对民间工商业进行不同程度的限制。但是商业仍然在不断发展,到了晚唐时期,因为商业的发展,江浙一带的商业城市率先突破了里坊制度的束缚,出现了坊市结合,甚至不设坊墙的开放城市,即从内聚型城市转为街巷制城市。从城市化来看,宋元两代还出现了城乡并举的局面。社会文化氛围开放,宋代城市在这一氛围中酝酿出全新的市民文化。而明代则出现了市镇主导型的城市化,因为商品经济的发展,出现了众多长距离运输货物的商人,比起以前因为政治军事原因引起的人口流动,他们显得更为主动积极,富有蓬勃的闯荡精神。

余英时在《中国近世宗教伦理与商人精神》中在对 16—18 世纪的商人精神和社会价值进行重新估价,三教合一的局面再加上商业快速发展的社会现实,传统的四民观逐渐被颠覆。一方面,士人意识到独立的经济生活对于独立人格的重要性,同时将商人作为除士之外的最佳身份选择;另一方面,商人也意识到自身的价值与地位的变化,并有着"良贾何负闳儒""商何负于农"的自信心理,并主动通过学习包含着通俗化的儒家道德思想的商业书和社会小说吸收儒家伦理。弃儒就贾、贾学三教,三教所提倡的"勤俭""诚信"等信条鲜明地体现在明清时代的商人身上,并发展出了高度的敬业精神和自重意识,士和商的界限已经开始变得模糊。社会的力量资源已经发生变化,一批有商人背景的太学生在明中、晚期已形成了一股"不容忽视的社会势力"。

宁波商人的主体确乎围绕在以苏州、杭州这两个中心城市为核心的运河江南城镇中,但是我们关注的目光却要离开这两个城市。一方面,作为草根商帮,宁波商人在江南的经营中,总体比较艰难;即使宁波人擅长的药材生意,占据主导的也并非宁波帮,四川药材帮、河南怀庆帮、陕西汉中帮、江西帮等都是强劲的竞争对手。尽管江南的城市的数量、空间分布、职能和类型、人口数量和结构、人口流动、人口文化结构、城市网络体系各项指标都是最好的,但必须要看到在国有资本和权贵资本的双重高压下,民间商人有一种强烈的恐惧心理和财富幻灭感,产业资本从生产型向消费型转移,经济增长的创新动力并不强大。大约从明中叶开始,江南社会风气趋向奢靡,其间虽一度经历过顺治朝的经济低谷,大致到康熙前期,又恢复旧貌,批评的议论在许多志书里都能见到。如明末顾炎武在《天下郡国利病书》中借抄录万历《歙县志·风土论》,概述了有明一代社会风气演变;松江府人徐献忠在其《吴兴掌故集》议论"今天下风俗,惟江之南靡而尚华侈,人情乖薄,视本实者竞嗤鄙之"。王士性在其写于万历二十五年的《广志绎》中称"杭俗儇繁华,恶拘俭而乐游旷"。二、三等城市如松江府、县城亦然如此。华亭人范濂所著《云间据目抄》说:"吾松素称奢侈,今黠傲之俗,已无还淳挽朴之机。"第四等级的市镇,也受到了某种"高消费"风气的侵染,如乌程县南浔镇,乾隆董志宁《镇志》载:"迩来风会日趋,稍不如昔,奢靡渐启。冠婚丧祭,并尚繁文,颇有僭逾之风。"明清江南市镇将农业商品经济发展到极致,但存在于农村经济上面,是农村经济专业化发展的结果,并不意味着在这种经济体制中将萌生新的生产方式。

另一方面,北京毕竟是国都所在,是政治经济文化的中心,也是众多官僚及其家属,数不清的其他政府、军队及宫廷人员的居住地。参加科举的举人,帝国各地区吸纳的税收,以及国外的贡品,尤其吸纳了近百万的居民等,构成了一座充满机会而令人羡慕的城市。据明时宛平县知县沈榜,在万历十六年对铺户编审,顺天府的主要属县宛平、大兴两县行业多达 132 行,上中二则铺户分别有 3787 户和 6383户,理发、餐饮、修理等服务行业和一些流动摊贩类下三则铺行,约有 34377 户之多。万历《顺天府志》记载,两县所管的农村户口,宛平为 14441 户,大兴是 15163户,以农户数与铺户数相比,铺户比例之大可以见之。

作为大运河的最南端,宁波一直有着一种遥望京城的情结。宁波的西门,门对四明山,在唐代即称为望京门(朝京门),门内外建驿站、接官亭,宁波人去京城赶考,京城委派官员到任,即从门旁的水门,船贯而入。在城西,南宋以来居住袁氏一族,世称"西门袁家"。在元末明初时西门袁氏出了个奇人,第 8 代孙袁珙,号柳庄居士,为著名相士,相传曾为燕王朱棣相面,预言其将登帝位。朱棣登基后,曾屡次嘉奖袁氏,袁氏在西门造"圣旨亭"用来接旨,因"圣旨"与"新芝"在宁波方言中谐音,新芝路由此得名。永乐皇帝朱棣迁都北京,宁波人因移民、科举、经商大量涌入北京。永乐迁南直隶苏州等十郡和浙江九郡富民赴北京时,宁波有个年仅 13 岁的小孩叫黄润玉,主动要求代父移民,他的孝行记录进了《明史》之中。北移富民中就包括著名的郎中乐良才;宁波的传统行业中医中药业与成衣业也于此时进入北京。但在明代中期以前,到北京的可能还是以科举居多,明代宁波共有进士 977 名,其中之鼎甲及会元 23 名。《明史·人物志》中检出迁都北京后在朝为官的有 41 人,其中宰相级 3 名、尚书级 9 名,其他多为翰林院编修、侍讲学士或御史。当然,清代从顺治开科取士到光绪三十一年(1905)废除科举止,宁波也共有进士298名。

宁波与北京的联系还有漕运。元代宁波是漕粮海运的重要转输港,海道运粮便利了漕粮的北运,同时,北方的豆、谷也随返回漕船载运到南方,促进了南北物资的交流,给宁波人带来了巨大的商机。不过,受当时技术的制约,海道运输风险很大,每年都有运粮船只沉没,大量漕丁葬身海底,故而明清两代以运河漕粮为主。道光六年(1826)和道光二十七年(1847),清政府实行了最初的两次漕粮海运;咸丰朝以后,海运成为漕粮运输的主要形式。宁波商人立即抓住了这个难得机会,迅速修造沙船、宁船、昼船等船只投入营运。在首次海运漕米入津中,宁波300多艘沙船、180艘卫船被雇佣运送漕粮,仅在宁波码头的卸载脚夫就有3000多人,仰食于海船的人更是超过万人。为确保漕粮海运时南北航路的畅通,免受海盗袭击,1854年,宁波舶商费纶铦、盛植琯、李容等集资7万两白银,购入广东外商轮船,命名为"宝顺号",自行为漕粮海运武装护航。"宝顺号"的购入,标志着宁波港从帆船时代进入到轮船时代。

这个时代,全国各地陆续兴起一支支地域商帮,成为中国商业史上特有的现象,是中国近世社会转型的具体标志之一。明代之前,商人的活动多是单个的、分散的,没有出现具有特色的商人群体,也即是有"商"而无"帮"。严格意义上来说,清代消亡之后,原来意义上带有浓厚封建性的商帮也就不存在了。而且在明清两代,也有许多地方的商人并没有结成帮,如四川、河南、北京、天津、杭州、苏州等地。商帮也不同于同业商人的封建性行帮组织,作为业缘性组织"行"古已有之,早在《周礼》中就有划分市场地盘,使之成"行列"的记载,即同类商品陈列在同一行列内称为一肆。商帮是以地为名,自然是以地域为中心,以乡谊为纽带的,商帮中的商行与店号常常以血缘为纽带;但联系各个家族企业的商帮的纽带不是血缘,而是同乡之谊。这个地缘可以是省,如晋商;可以是州,如徽州人的徽商;也可以是县,如浙江龙游县的龙游商;甚至可以小到镇,如江苏吴县东山镇与西山镇的洞庭商。这些商帮经营活动的中心往往不在本地,像徽商的活动中心在扬州,经营则在全国。

宁波海洋贸易发展极早,但有商团而无商帮,如唐代张支信商团、宋代的陈亮商团等。但在商帮兴起的明代中叶,可能更迟一些,在北京的宁波人组成了自己的帮会。可能最早最多的应该是公益性的地方会馆——试馆的建设,既为宁波举子进京考试提供帮助,也是宁波文人敦叙乡谊与学术交流的场所。但是明确为历史所记的会馆是商人所建会馆,在明嘉靖、隆庆至万历年间,鄞县药商在北京东城的"小甜水井"建"鄞县会馆"。立于清道光十五年(1835)《鄞县会馆碑》,内称:"吾鄞县会馆创自前明,久经颓废。国初时,吾乡大理寺卿心斋陈公始力整理,阖邑赖之。"另一块在民国十三年(1924)由旅京宁波同乡会立的《四明会馆碑记》中有:"有旧名鄞县会馆者,相传为明时吾郡同乡之操药材业者集资建造。"清初,慈溪成衣商人又在北京建立"浙慈会馆",该馆原址位于现今北京的金色池小区,馆里立有乾隆三十七年《财神庙成衣行题名碑》、光绪三十一年《财神庙成衣行碑》等。其中以光绪碑的记述最为详尽,称:"在南大市路南创造浙慈馆,建造殿宇、戏楼、配房,供奉三皇祖师神像。当时成衣行皆余浙江慈溪人氏,来京贸易,教导各省徒弟,故名浙慈馆,专旧成衣行祀神会馆。"三皇祖师即行业保护神,除了保护神财神、祖师神三皇外,宁波的会馆还附祭老爷殿、先贤祠、先哲祠等"乡神"。这表明与政治科举的成功一样,宁波药商、成衣商随着商贾资本积累日趋雄厚,也成为社会新兴崛起的力量,在兴办社会事务中起了导向和示范作用;这些因商业目的而结成的集团,在本地可能会称为行会,如宁波钱业的大同行、小同行,如粤商的十三行行会;在外地即为会馆或公所,他们通过这样的组织形式,互帮互助,制止相互之间的恶性竞争,实现共存共荣。到了清代康熙、雍正两代以至乾隆、嘉庆年间,宁波会馆更是大量出现。在清代,宁波会馆最多时曾达13处。到清末光绪年间出版的《详细帝京舆图》上还列出9个宁波会馆,即宁波会馆(府馆)、薛家湾鄞县会馆、盆儿胡同鄞县会馆、余姚会馆、镇海会馆、小甜水井慈溪会馆、中兵马街慈溪会馆、东小市浙慈会馆和郭家井四明会馆。在接下来的几百年中,这种会馆形式随宁波人的足迹在全国扩散,如嘉庆二年(1797)的上海四明公所、光绪二十三年(1897)的南京四明公所等。因为雍正四年(1726年)置宁绍台道,辖宁波、绍兴、台州三府,所以宁波人同这些区域的商人也共同建立会馆,如乾隆四十五年(1780)汉口的浙宁公所、光绪年间天津的浙江会馆等。

成衣业之所以发展得好,与广泛的市场有关。衣、食、住、行,衣在首位,尤其是康乾盛世和乾嘉盛世,北京市肆繁荣,人民安居乐业,生活水平不断提高,人的需求也越来越高涨,这必然给宁波人的优势行业成衣业带来良好的发展机遇,据载到了清初就垄断了北京的成衣。清人笔记中还有段描写北京名裁缝的传奇故事,说他们量体裁衣,无不得体。不论官肚凸显的达官贵人,还是跛腿偻背的残疾人,慈溪裁缝都做到前后摆长短合体。药业同样不错,明代鄞县会馆是行业性垄断会馆,清代宁波的中医中药业更是名震京师,并成为御药房的供奉。除乐梧冈在大栅栏创办了"同仁堂"药铺外,还有以"清宁丸"而闻名的育宁堂,以活络丹、舒络丹等价廉物美大众药品而闻名的"千芝堂"。千芝堂、鹤年堂、庆仁堂和同仁堂,并称为"北京中药四大家",均为宁波人所创;著名的医生如刘永泉,道光年间受聘于育宁堂药铺,其儿子刘辅庭因才高业精成为清太医院的御医。

而在这些行业之外,还有一个应该注意的行业:钱庄业。康熙六年(1667),慈溪、余姚人在北京创建银号与钱庄业的行会组织"正乙祠";稍晚有恒利、恒兴、恒和、恒源四大恒钱铺等,多数为慈溪人创建。清代陈夔龙《梦蕉亭杂记》记载:"四恒者,恒兴、恒利、恒和和恒源,均系甬商经纪,开设京都已有二百余年,信用最著,流通亦广。"四大恒是包括银号、银楼、绸庄、典当在内的商业集团;每一恒有四家,如恒利为慈溪罗江人所开,恒利银号由罗江惟善堂投资,恒利银楼由罗江世彩堂投资,恒利典当由罗江浪墅钱氏桂堂设立。主要的创办人为瀚浦郑氏家族。郑氏经商时间之早、参与人数之众、绵延时间之长,在宁波帮中极为罕见。钱铺经营直至1900年庚子事变,八国联军抢掠京城,"四恒"因发生火灾而歇业。据说当时,因"四恒"歇业关系京城数十万人财产生计,慈禧太后下令拨库银100万两接济"四恒"。

## 宁波钱庄与清末民国的金融业革命

宁波钱庄业创造了钱庄业发展最为关键的过账制度,在清末太平天国时期趋于成熟,在对外贸易中发挥了重要作用,最终有力帮助了宁波帮的转型。

在清代,宁波对全国的影响力逐渐超过绍兴,最为典型的是雍正四年(1726)置宁绍台道,治所设在宁波,辖宁波、绍兴、台州三府。民国三年(1914)6月,置会稽道,辖原宁绍台道,治所不变。这与宁波钱业等行业在全国经济中产生一定的影响,提升宁波在浙东的地位有着密切关系。

钱业的兴起,与明中叶以后全国性的商帮兴起有关。因为商品贸易规模扩大,商路拓展,需要解决远距离货币支付的方式、成本、时间等困难,以及贸易发展使得货币需求量增加，金属货币总量不足，导致了信用和信用工具的产生。而明清两代，货币制度复杂，钱、钞、银并用，明代后期西方银元进入后，又有称量银元与标准银元两类；银、洋和制钱之间需人兑换。这必然引发金融工具、金融机构、金融业务与金融制度等一系列创新，推动金融业的发展。中国最早的金融机构是典当，在南北朝时期已经出现。在宋代出现了专营银、铁钱和钞引交易的钱馆、钱铺。明朝出现了钱铺、钱庄；明朝中期，当铺、钱庄已经遍及大江南北，虽然还没有专门从事异地款项汇兑的机构，但已经出现了兼作异地款项汇兑的商号，并且开始使用会票。清康熙开始，不仅当铺、钱庄遍布全国城市集镇以及农村，而且还出现了印局（印票庄）、账局（账庄）、票号（汇兑庄）等金融机构，金融机构还设到了日本、朝鲜、俄罗斯等国家。

当铺是从事消费抵押信用的金融机构，提供高利贷资本。据载，清康熙二十四年（1685）全国有当铺 7695 家，清雍正二年（1724）全国有 9904 家，清乾隆十八年（1753）达到 18075 家。印局是办理短期小额信用放款的金融机构；票号主要是办理异地银两汇兑，因为各地来权衡银两轻重的平砝不统一，就官衡有库平、关平、漕平等，票号商人创置了自己的天平砝码，简称"本平"，与各地平砝折合成固定比率。钱铺是钱庄的早期形式，以货币兑换为基本业务。比钱铺小的就是钱桌、钱摊，无固定营业场所，或在特定时期营业。钱铺经营规模增加、经营范围扩大，成为钱庄；钱庄的主要业务是兑换铜钱和纹银，承办顾客签发票帖取钱的业务，并承揽放款生意。在清初，存户可以签发银票向钱庄取款、汇兑等，故钱庄与商业资本关系密切，是商业资本的一种转化形式。

商品经济下，占有货币对于发展财富极为重要，经营银钱业成为生利最快的行业。各商帮无不以经营银钱业为行业首选，在明末至清末，可以说陕晋徽三帮各霸一方，纵横捭阖。李燧《晋游日记》称清代开设当铺的商人"江以南皆徽人，江北皆晋人"。徽商操纵着中国经济最富饶地区的货币流通，一时为徽商"四大产业"之首，经营典当数量之多，规模之大，资本之雄厚，其他商帮无法比及，明清的银钱业中有"无典不徽"的说法。近人陈去病在《五石脂》中说："徽郡商业，盐、茶、木、质四者为大宗……质铺几遍郡国。"明末休宁人孙从理，在浙江吴兴一带经营典业，"慎择掌计若干曹，分部而治"，前后增置典铺上百所。清代歙商许某，累世经营典业，资本多达数百万，布列于江浙各地的典肆"管事"以及"厮役庀养"共计不下 2000人。陕商主要在西北办典当，他们基本上垄断了西北和四川的银钱业。如是渭南西塬上贺家洼贺家,在西北各州府县办典当 300 余家,还有 72 家钱庄。按照清政府《典当条例》,办一家典当的原始投资不能低于 5 万两白银,贺家仅典当资本就不少于 1500 万两。他们在全国各地赚了银子后运回陕西,转化为窖藏银两,明清时期陕西渭北的富商大户家家都有银窖。1867 年陕甘回民起义期间,清军多隆多部一次从大荔八女井李家挖走 1000 万两银两。晋商主要在黄河以北的华北地区和北京做典当、账局、票号生意,他们几乎垄断了北京的银钱业。据统计,康熙三年(1664)全国有典当 20000 余家,仅山西商人开办的就有 4695 家,在北中国遥遥领先,时有"山西票庄执中国金融界之牛耳"的说法。平遥商人雷履泰以"当票"开辟异地汇兑,在道光八年(1828),创立中国第一家票号"日升昌",在北京和各地开设14 个分号,仅光绪三十二年(1906)一个账期就获利银 583762 两。山西商人纷纷投资票号,到光绪年间就发展到了 30 家,使山西平遥、太谷成为继陕西泾阳、三原在陕甘回民起义打击下毁灭后,北中国新的金融中心。尤其是太平天国起义后,切断了江南财政转输道路,清政府只得依靠山西票号传送财税收入,一些地方的财政藩库收入亦存票号取息,山西票号几乎成为清帝国的"半个财政部"。

宁波钱庄业的兴起大约在 16 世纪中期的明朝。因为海外贸易兴起,外币纷纷流入宁波;张居正改革后,农民、工商业者缴纳赋税需要兑换成白银,官兵得到俸饷的白银须兑换成铜钱才能在日常生活中使用,众多兑换庄、兑换摊贩在宁波应时而出。当时许多南北货号、杂货店、土烟店等一些行业,也兼营货币兑换业务。在乾隆年间,宁波钱庄业有了进一步发展。1925 年忻江明《宁波钱业会馆碑记》称:"今宁波钱肆通行之法,殆庶几矣……吾闻之故老,距今百年前,俗纤俭,工废著,拥巨资才率起于商人。习踔远,营运遍诸路,钱重不可赍,有钱肆以为周转,钱肆必富厚者主之,气力达于诸路。"宁波钱庄还因为能够吸引数目不大的存款,及时提供数目不大的贷款,而且手续简便,深受社会欢迎。

太平天国起义是宁波钱庄业发展的转折点。在太平天国侵占宁波前,宁波钱庄有组织撤退到江北岸或上海,江北岸有法军驻守;太平天国军队本以为宁波是财富之源,没想到中人以上均已避居,出于报复,焚毁了江厦钱业市场。但延续十几年的太平天国起义,也促成了宁波过账制度的成熟。过账制度即各行各业的资金收支,从现金改为借助钱庄进行汇转,实行统一清算,也不用票据,而用簿折。宁波在 19 世纪 20 年代已经出现这种制度,是中国钱业史上的一个重大创新。开埠以后,一方面由于鸦片大量输入,宁波为鸦片主要输入地,银钱大量外流,另一方面太平天国起义,阻断了通往云南的交通,使制钱的主要原料供应不足,钱荒非常严重。而此时的宁波,因为外贸发展,经济高速增长,对货币供应量需求极大,钱荒更为严重,迫使寻求增加货币效用的办法。过账制度,不同于传统钱庄业所发钱庄票,也没有银洋过手,只需在钱庄登记、过账即可,只是纯粹的信用工具。俗称钱贴,而过账是金融结算制度,实际达到了同城范围的全面性的转账结算和票据交

宁波帮博物馆福康钱庄模型

钱业会馆(海曙)

换,使实体货币交换变为信用货币交换,用一种虚洋本位与现金货币进行制度对接,不仅货币交换得以实现,而且货币效率也得以提高。

1864 年,在钱业同业公会努力下,滨江庙恢复钱业市场,钱业规则重新制定。1864 年至 1923 年主要就在滨江庙钱业公所展开同城交换。现在位于宁波市区东门口不远处的战船街 10 号的宁波钱业会馆,建于民国十二年(1923),这一会馆是因为原有公所过于局促,无法适应新的钱业规模而建。只有规模较大的大同行钱庄才有资格成为交换所的成员,小同行只能依靠大同行的一家来代理。各乡镇与宁波之间的往来采用盖印过账,其办法是存户与外地有往来账款需要清算时,由所在地相关钱庄办理,相关钱庄过出后以信札通知,免除了存户在异地间的奔波。过账一般以大

宗贸易为主,零星的交易仍然以现金支付为主,否则业务过大,反而降低效率。因为有大量宁波人要到上海办货,在民国币制两改元以前,宁波在嘉庆年间已经流行银元,即宁波的本位货币是标准货币银元,而不是称量货币银两,但上海仍以"两"为本位。商家到上海办货,携带现金不方便,因此就委托钱庄为他们购办"规元"。"规元"即指规定当天"甬洋"与上海"银两"的比值。各钱庄每天上午派出自己的代表,到钱业公所填写需要"规元"的数量和限定价格,到钱业公所去评议,确定买卖。因为市价随时不同,有时差距很大。但一经成交,都要恪守信用。这种复杂的经营模式,培养了宁波商人极为优秀的信用与计算素养,说宁波人精明也由此而来。

在 1864 年,宁波钱庄有和源、恒丰、养和等 36 家;到宣统末年,有大小同行六七十家。36 家大同行大部分集中于江厦街,因此江厦街有钱行街之称。宁波钱行的股东,常是一些声望卓著的商业世家,如镇海柏墅方氏,除上海的钱庄外,在宁波有六和(同和、咸和、祥和、谦和、恒和、人和)、二元(元亨、元通)及敦裕、瑞康、益康、义生、成裕等。镇海小港李氏投资的有天益、元益等;腰带河头秦氏是鼎恒、晋恒、复恒等大同行的股东,其他如慈溪董氏、半浦郑氏、镇海郑氏都是钱庄大股东。以每家大同行资产 30 万元计算,500 米的街道集中有 1000 万元资本,宁波钱庄业进入了全盛期,民间有"走遍天下,不如宁波江厦"之说。钱庄过账这一信用清算业务将宁波主要的钱庄连在了一起,便利了交易,流通环节的现金大大节省,扩大了货币的供应量,被节省出来的现金用来向外埠提供贷款或投资,从现代货币银行学角度看,是为创造信用货币。近代上海商务繁多,需款量大,放款利息高,宁波钱庄争相向上海放款,宁波钱庄最多时在上海的放款有四五千万元。由此,宁波被人称为多单码头,意思即为资金充裕、拆放外埠。

钱庄过账的便利交易,极大地吸引了外商。宁波开埠后,外商洋行纷纷设立,最早的为英商太古洋行,继之而来的有英商英美烟草公司、美孚火油公司、花旗公司、德商谦信洋行、美益洋行等。外国商品诸如洋纱、洋布、煤油及家用杂器开始在市场倾销。在近代银行产生之前,宁波商人与外商之间的债务清算和资本调拨主要是靠钱庄。宁波钱庄用庄票为进口洋货的商人和买办融通资金,使洋商出货后即可拿到庄票,资金周转速度加快,有利于生意的积极推进。买办最初即是为加强洋行与钱庄联系而产生的新职业。买办既是外国银行与钱庄之间的中间人,也是投资者,它将巨额资金投资于钱庄业谋利。买办资本和钱庄资本的融合,使宁波钱庄的资本结构发生了变化，带上了买办色彩。中国第一个买办就是宁波人穆炳元，虽然他主要在上海活动，但在此之前已经在舟山等地从事买办活动。

或者说，过账制度产生后，钱庄业已经开始将服务对象从传统社会经济转向对外贸易为主的新型经济体。新的经济体必须要有新的金融机关配合与服务，宁波钱庄过账制度的革新，联结了中国近代社会的这一蜕变。制度创新的结果，使新的金融工具得以产生，像空盘投资交易市场，不可能在传统金融框架下产生。日本学者有本邦造指出："宁波商人比诸中国其他各地之商人，常居于优越地位者，实与过账制度不无相当关系也。"

为什么过账制度产生于宁波，而不是上海、北京，或者广州呢？主要是宁波与外商紧密的外贸联系与货币的短缺辐辏在一起。广州人与西方接触最早，最先接触到银行制度，但广东实行特许贸易制度，西方人只能与公行往来，公行已经包含了简单的支付功能，也就不需要其他金融服务，广州城内的金融业与外商是隔断的。宁波创造过账制度可能是因为在与英国人的接触过程中，模仿英国商人对银行开户转账、结算的描述，从庄内划转演变出联庄结算。上海与北京没有发生钱荒，虽然上海也经历了太平天国起义，但上海却因战争而繁荣起来，租界人口由 20 万增加到 50 万，新增人口中很大一部分就是宁波地主富商。上海集中了满携财产的江浙两省富人，货币短缺得到缓和。

由此我们总结宁波钱庄业的发展，在康熙中后期，宁波人在北京经营的钱庄业已经颇有规模，直到光绪末年，仍有相当大的金融实力。虽然在清代，整体金融格局是北方晋商、南方徽商为主，加上西北陕商，晋商的国内票号经营中心即在天津，但宁波人在北京这一经济政治之都占据了重要位置。我们无法理清北京宁波钱庄商人的具体经营，但毕竟是历史事实。乾隆以后，适应商品经济的发展，宁波钱庄在各地次开；同治年间，宁波商人在杭州开设慎裕、豫和、赓和、阜源、阜生、和庆、元大、惟康、介康等近 20 家钱庄。汉口是近代有名的大商埠，汉口钱庄主要有本帮（汉口帮）、西帮（江西帮）、宁绍帮、徽帮，宁绍帮后来居上，如余姚丁菊生、宋汉章、杨文卿等，都是清末民初汉口历届商会会董。

而最为重要的是宁波人在咸丰光绪年间，占据了上海。这一时代，以上海为中心的外贸体系已经成为近代中国经济发动机，宁波人恰恰成了这一过程的主角。宁波钱庄业进入上海最早在 1830 年前后，镇海人方润斋在上海南市开设履稣钱庄，后改组为安康钱庄。上海开埠后,方家又在北市开设北履龢,后改组为寿康钱庄。此外还有镇海李家在上海北市开慎余、崇余、立余钱庄。19世纪60年代,因为太平天国起义影响,宁波商人的商业重心渐渐移往上海,宁波人发现了上海租界的安全性和商业规则的进步性远远超过传统社会,而对外贸易的大规模发展又提供了前所未有的贸易机会,故而钱庄业重心同样迅速移向资金活跃度更高、投资更为安全的上海,过账制度也由此进入上海。19世纪末,上海有名的9个钱业家族中,宁波人就占了5家,即镇海方家、镇海李家、慈溪董家、镇海叶家、宁波秦家。在19世纪60年代,在上海的宁波帮已经不是一般性的同乡集团,而是包括了钱庄业等行业,其领袖有赵朴斋、屠云峰、王冥生、谢伦辉等;至民国,除方家、李家等五大钱业集团外,还有江东严家严懋康家族、洋墅徐懋堂、徐霭堂家族,及徐庆云、徐承勖、王伯元等投资的钱庄,领袖人物有方季扬、秦润卿等。至1921年,上海共有汇划钱庄(钱业公会的会员庄)69家,其中宁波商人创立的达到16家,占全部汇划钱庄的22%以上。上海也集中了大量票号,但以汇兑为主的票号,很少直接投资工商业,而是借助于钱庄通道间接服务于工商业;外资银行只服务于洋行,与中国工商企业即使在20世纪早期也很少往来。上海的金融市场几乎以钱庄为主导。或者说,宁波帮在上海金融界的优势地位,在相当长的时期主要依靠的是其传统金融业钱庄业的优势地位达到的。

反过来看晋商与徽商金融业在这一时代的变迁。在太平天国年代,徽州遭遇冲击最为激烈,太平天国在经济上实行圣库制度,官兵都没有薪俸,衣食用度均由圣库等机构提供,而圣库物资钱财来源主要便是战胜清军和攻克城镇的缴获。太平军攻克江南大营后,在苏、常与松江等府,焚掠各大户和大典当。汤氏所辑《鳅闻日记》详细记载了当时常熟城内典当铺遭到抢掠的情况,这些典当铺多为徽商所开。安徽为清军与太平军交锋战场,太平军驻徽期间,为了筹饷,自然波及徽商。徽商典当行经营状况从此一落千丈。北京开当铺的晋商在庚子八国联军侵略战争中,为洋人抢劫,倍受摧残;光绪三十一年(1905),清户部银行成立,山西票号一致拒绝入股,结果使户部银行由江浙商人掌握,山西票号失去了收存和承汇的官款业务;加之辛亥革命中,山西票号所在商业都市如汉口、成都、西安、太原、北京、天津等,都发生了战争,工商业和银号钱庄遭受冲击,吸收存款最多的北京辛亥壬子年出现挤兑风潮,日升昌等十多家山西票号无力应付挤兑风潮,从北京开始倒闭。大德通、大德恒、三晋源、大盛川四家票号又延续了二三十年,最终还是逃不掉倒闭的命运。

太平天国起义、辛亥革命,以及各次金融风波对于宁波钱庄业也造成了巨大的冲击。但宁波钱庄业一次次挺过了风险,其中宁波商人较早与西方商人的洋行、银行建立了人员和业务关系也有关系,使宁波钱庄在很长时间中,遇到紧急情况,可以从西方银行借得款项,保证业务正常进行。比如汇丰第一任买办余姚人王槐山,"自余姚王某(即王槐山)为汇丰通事,导银行放息(款)于钱庄,岁以数百万计";镇海方润斋在 19 世纪 50 年代任上海李百利洋行买办;曾任日商平和洋行买办,后任上海总商会会长的定海人朱葆三(1848—1926),凡属宁波人无论识与不识,请求朱担保,朱无不答应。但钱庄业毕竟属于传统金融业,存在一个不可克服的缺点,即植根于熟人社会,信用半径较短,业务能力、业务规模有限,无法适应大工业时代,如张謇的大生纱厂贷款在 60 万两以上,鸿章针织厂贷款在 200 万两以上;而且钱庄放贷属于信用放贷,缺少抵押保证,一旦遇到经济风潮,就会恐慌迭起。1934年,协丰木行倒闭,亏欠瑞余等钱庄 60 余万元。1935 年,药业发生危机,原有 64家药行大多倒闭,欠钱庄的放款 300 余万元,以三至五折收回;德和糖行倒亏,各庄被欠资金 70 余万元。1935 年 7 月,钱业风潮影响宁波,因外地倒闭钱庄与宁波钱庄股东有连带关系,引起存款向银行转移。新式银行兴起以后,金融业的主导地位必在银行手里。宁波帮金融家最早认识到这一点,并付诸实践,完成经济转型。1897 年设立的中国通商银行,是中国现代商业银行的起源,虽有清政府铁路总办盛怀宣向清廷奏请成立,但真正起作用的是宁波人,总董之一为严信厚。1908 年,宁波人周金箴、朱葆三、虞洽卿等 12 人发起成立四明银行,因为宁波人在上海为数众多,四明银行发行四明券,大受宁波人欢迎。1926 年,俞佐庭、童今吾等人在天津成立中国垦业银行;1929 年,银行由秦润卿、王伯元等人接手,迁往上海。1934年,俞佐宸、徐懋堂等人发起成立设在宁波的浙东商业银行,等等。其他宁波人参与银行如中华银行、上海商业银行等,不胜枚举。至 20 世纪 30 年代中期,著名的华资银行在上海设立总行 58 家,占全国银行总数的 81%。其中 28 家在各地开设了 629 个分支机构,组成一个以上海为中心的全国性金融网络,宁波人几乎参与了所有银行的投资、创办与管理。

除银行外,宁波商人广泛参与了证券、保险、交易所、信托公司等当时新兴的金融行业。1920 年,虞洽卿、盛丕华等创办上海第一家华人自办的交易所——上海证券物品交易所;1921 年中国第一家信托公司中易信托公司成立,朱葆三担任董

四明银行壹圆券

事长，俞佐庭等人任要职；1936年慈溪人孔颂馨创立东南信托公司。保险业中，宋汉章出任中国保险公司董事长近20年；由宁波商人创办或经营的华兴保险公司、宁绍人寿保险公司、四明保险公司、中国天一保险公司等，都是中国保险史上重要的保险企业。据有关资料统计，从上海开埠至1937年，宁波商人在沪地先后开设或出任经理的重要的钱庄、银行、保险公司、交易所就有105家。即使在抗战时期上海沦陷后的1941年，宁波人在上海经营的钱庄仍有11家，银行17家，证券14家，保险5家。第一次世界大战以后，以上海、天津、港穗为中心，有江浙、华北、华南三大银行家、企业家财团，无疑江浙财团实力最为雄厚，宁波帮则是凝聚与领导这一集团的核心。据史料，在民国时期，民族资本基本上集中于商业资本和金融资本。抗日战争前，占到80%，工业资本所占的比重很小，这种不相称的比例，也成为中国民族资本主义的一个弱点。

国民政府成立后，为立稳脚跟，1927年至1931年连续几次发行"江海关二五附税库券"，前后向江浙财团摊派总额达10.85亿元公债，过度攫取财团财富。1934年，美国为应对经济危机，提高白银价格，增加白银储备，造成中国白银外流，给中国这样的银本位国家带来了灾难性的财政危机。国民政府利用危机引发的金融恐慌，从1亿元金融公债中抽出1500万元强行注入中国银行，使官股达到总资产的50%，抽出1000万元注入交通银行，官股达55%，从而控制了两家最大的民营银行。不久后，以同样的方法控制了中国通商银行、四明银行和中国实业银行等。至1935年时，全国2566家银行有1971家被国民政府控制，江浙财团走向瓦解。

内战爆发后，因为军费开支增多，国民政府大量发行纸币弥补财政赤字。物价飞涨，利率上升，使钱庄、银行营业资金力量不断销蚀。1949年，国民党军队飞机在江厦和灵桥轰炸，江厦街成为火海。1952年，最后5家钱庄召开股东大会，决定停业清理。至此，宁波钱庄业成为历史。

# 从外滩到太平洋东岸

## 老外滩与上海滩

鸦片战争改变了清政府，也改变了中国的对外格局。中西文化的撞击产生了新的城市样式"town"，音译为"滩"，这一新的城市样式成为改变中国的实验地。

处于大陆海岸线中点，作为东方航路节点城市，以盛产丝绸、茶叶的富庶江南为经济腹地的宁波，对于西欧殖民者的吸引力强烈而持续。1511年，葡萄牙到东方寻求贸易机会，最终演变成一场灾难性的政府海禁。葡萄牙最终在澳门得到了停驻之地。他们与稍后兴起的西班牙共同经营起了最早的环球航线，但始终未能与中国直接展开广泛的贸易。接下去的两百多年间，荷兰、英国、法国、德国、俄国、日本、美国等世界级大国相继崛起，无不觊觎中国的货物与市场，几次试图打开中国东海岸大门。清代初期，海禁一度开放，康熙二十四年（1685），设立四大海关即粤海关、江海关（江苏）、闽海关（福建）、浙海关（浙江），但不久又限制对外贸易。如乾隆二十年（1755），英国商人洪仁辉违制停船于定海，请求贸易，乾隆以外商在中国北方贸易有害于中国"民风国防"为由，乾隆年间（1757）下令中外贸易只限于广州一口。洪仁辉不服，于1759年前往天津上书乾隆，揭发广东海关的勒索情形，再次请求在低税收、少盘剥的浙江通商，乾隆命人将洪仁辉押送澳门圈禁三年。乾隆五十七年(1792),英国女皇派遣马戛尔尼率领使团前来中国,要求宁波开埠,仍遭拒绝。

广州成为清代唯一的开放城市,经营着扭曲的商贸形式。建立于康熙年间的广州十三行是清政府指定的专营对外贸易的垄断机构,是各路江湖英雄显身手之地,也是朝廷贪腐攫取财富之所。广东地方官员和具有官方背景的人常常通过贿赂获得特许,户部官员则获得贿赂,由此绝大部分税收都进入了官员和行商的私囊,上交朝廷的正税却仅为每年一百万两,占清王朝财政收入的百分之二至百分之三左右。十三行的潘、伍、卢、叶四大行商,其家产总和比当时的国库收入还要多,是货真价实的"富可敌国"。不少福建移居来的商人,常常在广州大显身手,但这些创业英雄积累财富后,因为怕朝廷追究,也怕累及后人,连自己的名字都不愿为人知道,包括被《亚洲华尔街日报》列为世界级千年首富的十三行之一——怡和行之行主伍秉鉴,在史书上就有好几个名字。粤常海关管理散漫、颟顸腐败,与1863年赫德担任海关总税务司,将英国海关的管理方式全面引入中国海关后,建立的高效廉洁的风尚形成鲜明对比。有趣的是,赫德,这一被称为清朝唯一高效廉洁衙门的领导,为人所识是29岁到宁波任英国宁波领事馆的翻译开始。

另一方面,在这种贿赂公行的贸易制度中,外商经营也倍受困扰。牙行拖欠货款成为常事,中英《南京条约》即包括商欠300万银元;当然也包括许多牙行经营不善,为英国东印度公司"复利滚进的放款"所控制。外商甚至连生活也受制于牙行,要随时向牙行汇报。加之中国长期是自给自足的社会,外国货物缺乏市场,造成较大的贸易逆差。1781—1790年间,作为中国最大的贸易出口国英国流入中国的白银达1640万两,1800—1810年则达2600万两。巨大贸易逆差造成英国国内通货紧缩,金属货币大幅升值,从而导致19世纪初英国的经济危机。故而,在众多的外商中,英国人改变商贸现状的愿望最为强烈,由此想出了罪恶的鸦片贸易。1757年,英国占领了印度鸦片产地孟加拉;1773年,英国东印度公司取得了鸦片专卖权,开始对华鸦片贸易;1797年垄断鸦片制造权。据史料,1817年,一箱成本仅二三百卢比的印度鸦片"公班土",在印度拍卖价格为1785卢比,在中国的卖价达2618卢比,怡和洋行、沙逊洋行等外国企业迅速以私贩鸦片起家;1829年,英属印度政府鸦片税收超过100万英镑,占英印政府岁入的1/10。1826—1827年,中国白银外流估计为350万两,19世纪30年代平均每年流出白银达五六百万两。清朝每年财政收入平均约为4500万～5000万两白银（不包括地方和省级政府留用的额外附加税收），其中，1000万两用于维持中央政府开支（3/4为军费），约2500万两用于省级和地方政府开支（3/5用于军费），中央政府积累的剩余额正常为每年700万～800万两，到乾隆一代积余八千余万两白银；但到乾隆之后，政府理财不善，灾荒相继，白银外流，道光年间已尽吃"老本"。而且白银外流造成银贵钱贱，中国农民以铜钱卖农产品，以银交纳赋税，负担加重。

鸦片贸易损害国民身体与意志，损害国家经济，贸易矛盾上升为国家矛盾，有识的朝臣为维护国家利益，主张严禁鸦片贸易。1839年，钦差大臣林则徐在虎门焚毁了英美烟贩的二万多箱鸦片。在工业革命中国家力量大增、又有着血腥殖民倾向的大英帝国立即发动鸦片战争。这一次鸦片战争，让中国政府为失败所震慑，不仅割让香港，赔款2100万两白银，而且同意开放广州、福州、厦门、宁波、上海为通商口岸；并使鸦片成为合法的进口商品。清朝财政从此入不敷出，走向覆亡已成必然趋势。1842—1849年平均每年进口33000余箱，1850—1854年增加到每年50400余箱，仅在第一次鸦片战争后10年中，白银外流量竟达1.5亿两以上。第二次鸦片战争（1856—1860）后，鸦片输入剧烈增加，1863—1864年为69800担，到1879年增至104900多担，其货值等于当年外货进口总值的半数，清帝国堕落深渊。甲午战争以后，英国对华商品输出大增，鸦片已不再是平衡贸易逆差的手段，鸦片贸易才得到遏制。之后，加上国内民众反对与国际舆论强烈谴责，鸦片贸易逐渐减少。1899年为59000担，1909年为50000担，到1921年减至333担。

宁波招宝山留下了中英战争的历史遗迹，四川嘉绒的哈克里和阿木穰率藏族远征军参加了这次战斗，全部壮烈殉国；也因为浙东的惨败，使清政府无意再战。其实，当时中英在船只装备上区别并不大，英国的战舰仍全部依靠帆力。当时英国装有蒸汽机的明轮舰一般只用于巡航、侦察、通信和短途运输，因为蒸汽机体积过于庞大，限制装载火炮的数量，不能用于作战。鸦片战争的失败，更多的与清政府的腐败无能有直接关系。残酷的挨打事实结束了清政府的盲目自大，也结束了汉民族自我陶醉的状态，促使从上层延及民间的反思，寻求新的发展。这就是宁波开埠的背景。1844年1月1日，宁波正式开埠；1861年正式设立税务司制的浙海关，由总税务司委任英国人费士兼任管理，原江东的旧浙海关改称常关，征收国内贸易税。这是宁波跨过近300年再次与世界相见。在五口通商口岸中，广州、福州等地抗拒洋人入城经商,宁波却在江北岸的外马路一带建立起"外国人居留地"。这一区域紧联宁波最繁华的三江口,又无城墙限制,商船和军舰能自由进出甬江,对外贸易极为便利。这片江滩之所以称为外滩,是因为此处姚江、奉化江、甬江三江汇合,形状如同英文字母"Y",故被英国人称为"Y-town",音译为外滩,翻译音义兼顾,在中文中可以理解为"外国人居住的江滩之地"。从此,这一新词汇成为中西方文化交汇之地的代名词,是西风东渐时代的中国城市新符号。

位于江北老外滩的浙海关博物馆内景

1862 年,美商旗昌轮船公司开辟沪甬航线,其后有 13 家轮船公司先后建立船码头。此后,这一段 1 公里左右的港岸,取代了宁波从唐宋开始的三江口南岸和义路、江厦街一带石码头。1874年,招商局建造了靠泊能力约为 1000 吨级的栈桥式铁木结构趸船码头,后又扩建为停靠 3000 吨级的码头,近代宁波港海运码头的规模发展到顶峰。

现在,宁波外滩保护区范围东临甬江,南至新江桥,西界人民路,北到轮船码头,实际所涉及的区域面积远远超过保护区。目前保存下来较完整的近代建筑约有 180 多幢,主要为银行、金融、里宅等。有英国领事馆旧址(建于 1842 年),巡捕房旧址(建于 1864 年),浙海关旧址(建于 1865 年),天主教堂(建于 1872 年),江北耶稣圣教堂(建于 1898 年),侵华日军水上司令部(建于 1903 至 1908 年),宁波邮政局(建于 1927 年),通商银行旧址(建于 1930 年),等等。民宅如严氏山庄、朱宅,老商铺"宏昌源号"(20 世纪 30 年代)等共 15 处。这些建筑呈现中西合璧的风格,与中国传统民居迥然有异,标示着宁波文化在近代历史上的重大变迁。这些建筑在历史上形成了三块功能区域,大致上,第一块是靠甬江的外马路生产作业区,集中了报关行、洋行、仓库、银行等服务港口运输的各种机构;第二块是中马路消费区,集中了旅馆、酒楼、娱乐场所、百货、照相馆、诊所、牙科等生活配套设施,为船商和从事海运的流动人员服务;第三块是后马路居住区,有领事馆、天主教堂、西式学校、里宅,以及小菜场、咸货店等。

　西方工业化时代的科技、政治、生活等文明不断接驳上滩。西式糕饼、西洋电影、夜总会、舞厅等新式生活进入宁波百姓视野,形成了住洋楼、吃洋菜、点洋灯的时尚,吃穿住行玩乐等都渗入西洋色彩。基督教、天主教也进入宁波,他们盖教堂、办医院、办学校、办印刷厂,扩大影响,发展教民。如1845年,美国北长老会传教医师嘉缔博士等创办男生寄宿学校崇信义塾;1847年,美国北长老会传教士柯夫人设立女校;英国基督教派在白沙路办了一所"体生医院"。外滩还成为教育中心,如斐迪中学(现在的宁波四中)、斐德中学、正始中学、毓才中学等都是当时最好的学校,桑兵所著《晚清学堂》记录,1866年10个通商口岸城市教会义学、学堂及学生数,宁波都是最多的。外滩成为新旧观念碰撞,新观念、新事物萌生的实验场。被称为"西学"和"新学"的新观念、新知识等新鲜的东西,剧烈冲击着传统的大陆思维,成为他们学习西方政治、经济、科技、文化等的桥头堡。1854年5月11日,近代报刊《中外新报》创刊,其后如《宁波日报》《甬报》等陆续出刊。而外滩的天主教堂,也许不仅仅只是浙江教区一个主教住所,以及介绍上帝进入宁波的意义,作为一个典型的西方符号,哥特式建筑,在无形宣告强势力的西方文明,正如它面向四方的四个巨大的钟面,所显示的精确到秒的时间计量,宣布着丈量时间与空间的法则已经改变,宁波人亘古形成的一昼夜十二时辰

老外滩天主教堂

老外滩英国人建立的太古洋行

的传统计时观念,望日度天、焚香计时和鼓楼上滴漏报更的历史,将在精密的科学前宣告结束。

宁波人通过种种途径,发觉到发展机遇,开始利用身处对外开放前沿地带与对外贸易的历史优势,尝试新的产业。1887 年 3 月,由著名实业家严信厚集银 5 万两在湾头创办的通久源轧花厂,是中国最早的民族资本机器轧花企业。1894 年,严信厚又与周晋镳等沪甬巨商富贾创办通久源纺纱织布局。其他如通利源榨油厂、正大火柴厂、和丰纱厂等,到 1911 年,大约有 37 家工厂。还在外滩修建码头,创办轮船公司,从事宁波至上海等地的运输。对外的经济活动,促进了宁波商帮的近代化进程;同时,沿着甬江宁波早期的工业带开始形成。

据《宁波近代史纲》载,宁波港开埠第一年贸易额就达到了 50 万元。进出口船只、吨位每年增长,到 20 世纪 80 年代,进出口船只每年保持在千只左右,港口吞吐能力当在 30 万～40 万吨左右。旗昌、太古、三井等许多著名的洋行都在外滩设有分支机构。据统计,1890 年,在江北外滩的外国公司和洋行达到 28 家。在江北外滩,没有设立租界,但殖民者获得了治外法权,建立了自己的政府、军警、法律,成为实际的国中之国,控制宁波港,实施经济侵略。第二次鸦片战争后,宁波海关被洋人控制,港口一切管理事务均由浙海关下理船厅洋人港务长控制。宁波港的进出口贸易值基本上进口大于出口。以 1900 年至 1933 年这 34 年为例,洋货进口年年居于入超地位,而且与土货出口总值相差悬殊。最多的年份,入超达到 2000 万两以上。宁波港实际上成为倾销西方工业产品的市场,宁波的民族工业、农业和手工业遭受沉重打击。但从总体上来说,开埠以后 100 多年间,宁波城区经济发展迅速,人口大量增加,经济规模达到新的高度,宁波成为浙东商业中心,形成了较为完整的商业网络;灵桥、外滩大厦、天主教堂、甬江巨轮等成为宁波新的标志,宁波不可阻挡地走向了世界。

从区域结构来说,宁波已经很难恢复宋元时代的辉煌。轮船时代以运货量更大、更低价、更安全的轮船来承载贸易,帆船时代的换港优势、浙东运河表现出来的高安全性,意义已经不大,反而逐渐突显出时间拖沓的劣势。浙海关提供的 1901 年《贸易报告集成》说,"在大清帝国之这一地区的内地贸易主要依靠水路运输,并且经常受阻于运河,不是水位太高、桥洞太低、船只不能通过,就是水位太浅不能载舟",从杭州乘船到宁波至少需要 3 天半,而杭州到上海则只要 24 小时。宁波港的经济腹地迅速缩小,随着铁路运输和长江航运的发展,内地省份的货物转由上海转运,不再绕道宁波。1860 年以后,上海超过广州、宁波等其他口岸,成为中外贸易的中心。在最初的时候,除湖州、嘉兴为上海的腹地外,浙江其他府和安徽的徽州府、江西的广信府都为宁波腹地,出口的丝绸与茶叶汇集宁波,相当一部分茶叶在宁波就近烤制和包装;输入的鸦片、布匹、五金、食糖、煤油水陆运发送各地。但是,1877 年温州、芜湖开放后,尤其是 1896 年杭州开埠,徽州、严州、金华、衢州成为杭州腹地,杭州是以上海为出海港口的;1909 年沪杭铁路开通,优势更为明显。宁波港的腹地只剩下旧宁波府、台州府和绍兴府的南部。而且绝大多数货物进出口是通过其他口岸,主要是上海港转运的。以 1890 年为例,宁波直接对外贸易中,洋货进口货值仅有 372951 关平两,土货出口货值仅有 3651 关平两;而当年宁波洋货进口总值为 6141537 关平两,土货出口总值为 4874590 关平两。直接进口的洋货与出口的土货仅占进出口总值的 6.07% 和 0.074%。宁波港逐渐下降为转运国内各港口之间货物的贸易港,进出口贸易总值在 1901 年占全国各埠贸易额的 2.5%,1921 年又降为 1.46%。浙海关 1899 年进口洋货约 255 万海关两,1917 年降为 72 万两。作为西方国家想象中的一个通商口岸在事实上并未形成起来。外滩在更多意义上为宁波商帮的培训基地,为中国近代化源源不断提供现代商业人才。开埠之初,宁波府因太平天国运动及出外经商、务工影响,据曹树基推算,人口从咸丰八年(1858)的 274 万减少为 1865 年的 174 万;鄞县人口从 1859 年的 86 万,减到 1870 年的 35.5 万人。至清末时,宁波人口才逐步接近嘉庆二十五年 235 万的人口数。

在清乾嘉年间,宁波商人已经在大到北京、汉口、苏州、上海,小到江南市镇乡村的商品交换中,占有一定地位。嘉庆初年,宁波帮商人在上海建立了四明公所。嘉庆二十四年(1819),宁波商人在上海创立浙宁会馆。上海开埠后,上海的优势逐渐显现,宁波地区商人逐渐从宁波移向上海;尤其是太平天国前后,与浙江、苏南一带其他城市一样,大量占据社会中上层移民流入上海以寻求庇护,同时一些中下层阶级也随之进入上海工作,寻求安稳生活。在清末,宁波形成了到上海的移民潮,前后大约有 40 万人涌入上海滩,几乎所有宁波家庭都与上海滩有关。到上世纪初,第一批移民的后代产生了众多的教师、账房先生、医生、律师、建筑师、工头、银行职员、记者、城市小资产业主、商人等,成为上海最早开始发展的黄浦、静安、卢湾、徐汇等几个区的中间力量。不少资料显示,宁波人及宁波人后裔占到当时上海人口的四分之一至三分之一,为上海人口第一大来源,其次才为湖州、嘉兴、苏州等城市。

位于三江口东岸的三江送别雕塑

上海其实是一个非常年轻的城市。在宋元时代,这里都属于浙西,属嘉兴府。松江经济兴起之后,元至元十四年(1277)置府;至元二十九年(1292),上海置县,辖于松江府,东去松江约50公里,位于黄浦江下游。松江府在明代是全国棉纺织业的中心,经济富裕,赋税额为全国最高,松江的面积是苏州的十分之三,而赋税额却是苏州的一半,苏州、松江两府上缴中央的钱粮总额超过了浙江全省,故有"苏松财赋半天下"之说,黄浦江上密密匝匝泊满了贩运布匹从事沿海运输的沙船。清康熙时,棉布加工集散中心逐渐向苏州转移;而鸦片战争后,国外大量机制棉纱棉布进入中国市场,松江府棉纺织业受到致命打击。"洋布盛行,价当梭布而宽则三倍","吾村专以纺织为业,近闻无纱可纺。松太布市,消减大半"(包世臣《齐民四术》)。从此,松江棉纺织业趋向衰落。而这个时候,下属的上海县却获得了历史的发展机遇。上海在宋代已经成为对外贸易口岸,宋景定末年至咸淳初年(1264—1265),上海建镇并设置市舶提举分司;清朝康熙年间开海禁时设立江海关,还为当时中国四大口岸之一。海禁后,外贸中断,但仍然发展为全国最主要的江海中转枢纽港。至鸦片战争前夕,上海港的内贸吞吐量已经居中国首位;1861年,上海的出口份额占据了全国出口贸易总额的半壁江山;1870年,达到了63%,广州等城市已不敢望上海之项背。

上海与宁波两个城市相比较,在地形上有诸多相似之处。城市都位于通海的潮汐江西面,是"江海之通津,东南之都会",黄浦江比甬江更为宽阔,大约为300～500米,因此通航能力更强,万吨轮可上溯至吴淞。城市道路依河而建,弯弯曲曲,错综复杂,都可以清晰地看出传统江南商贸城市的格局。到19世纪80年代,两个城市的发展还带有极大的相似性,标志着封建性的老城墙依然矗立,但是沿着江岸滩涂,兴起了新的城区,这是殖民者的居住地。道光二十五年(1845),上海县洋泾浜以北一带划为洋人居留地,后形成英租界。英国人在李家庄(今外滩33号,中国旅行社上海分社所在地)建领事馆。不久,英国领事馆的南边沿黄浦江陆续出现沙逊洋行、仁记洋行、宝成洋行、旗昌洋行、天长洋行等;1848年,黄浦江纤道改造成宽18米的马路;其后,面对黄浦江十余家外资银行和中资银行纷纷建立,或英国古典式,或英国新古典式,或哥特式,或巴洛克式,或近代西方式,或东印度式等,构成一道与传统中国城市完全不同的风景线。道光二十八年,虹口一带划为美租界。道光二十九年,上海县城以北、英租界以南一带为法租界。其后,租界多次扩大。这些租界直至1945年11月,国民政府外交部宣布接收,才正式结束。

宁波与上海不同的地方是,上海的新

1883年宁波老地图

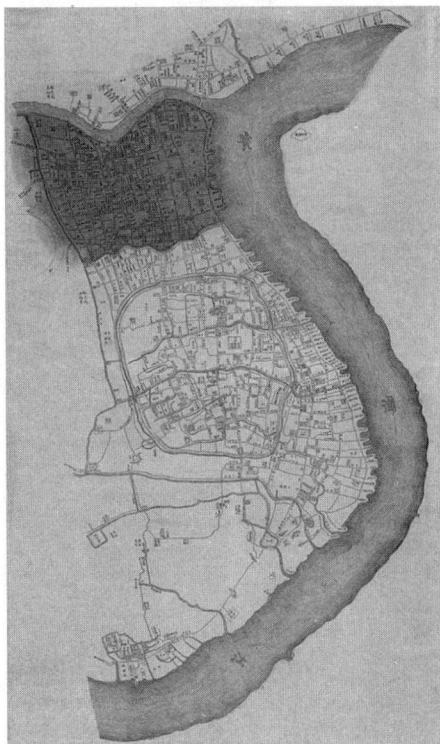

1884年上海老地图

区面积要远远大于宁波,而且一直呈扩张趋势;而宁波江北岸一直没有扩展它的区域。1843年起,上海成为中国对外开放的五个港口之一,10年之后,上海取代广州成为中国第一大港口,成为中国对外贸易的中心。根据统计,在1925年至1933年,中国外贸进出口货值的55%经由上海港完成,上海成为远东的航运中心。

**上海滩的崛起与宁波商帮的转型**

宁波人在近代以上海滩为中心,两次实现了自身的转型。尤其1870年后,抓住了第二次工业革命的机会,走向了辉煌。

作为不依附于封建政府权力的草根性商帮,在与民众日常生活密切相关的商业、手工行业中辗转的宁波商帮,在市镇经济时代,无法像徽商、晋商等受到政府庇护的商帮一样创造辉煌。但是,宁波商帮在清代还是抓住了二次发展机遇,使自己跃升为国内著名商帮。第一个历史机遇,是康乾嘉时期,南北洋航运业发展,使擅长海上航运的宁波海商重获发展。其中也获得了两个政府项目:一是代清廷南粮北运,数百艘宁波船往来南北洋,南北号商家都"自置海舶,大商一家十余号,中商一家七八号,小商一家二三满天飞";如慈溪船商费三墀(1785—1833),有30艘帆船。二是对日铜料贸易,如鄞县商人王世荣等,他们还可以因办铜的名义,到东南亚一带活动。但宁波人只是竞争性地参与这两个行业,民间沙船运输业的中心也不在宁波,而是在上海。慈溪商人董杏芳在上海开办有董萃记宁波船号,其子董秉忠(1776—1831)、董秉愚(1793—1869)都是著名的沙船运营商;镇海人李也亭还购进了沿江浦滩,建成久大码头,成为上海有名的沙船商之一;据说,大型船一次载货货值15000两,往来营运一回可获利1900两,小型船一次载货货值6000两,获利500两,以一年四次计,获利可观。沙船运输量大,能适应河岸浅滩靠岸。但也有缺点,比如速度较慢,在远洋海航方面极弱,当年元军对日战争中毁于台风的即为这类船只。这就是重回海洋贸易的宁波人所倚据的船舶,优势不大,但毕竟使宁波人被压制两百多年的强项得到了解放,意义极为重要。由于南北贸易进出款项浩大、金融调度增多,也繁荣了宁波钱庄业。

第二个时期即为鸦片战争结束后的几十年。这一时期,海禁解除,带有垄断性的广州十三行这一公行制度废除,通商口岸开辟,自由贸易政策实行,宁波商帮获得了新式身份,即买办商人和进出口商人。买办原指欧洲人在印度雇用的当地管家,后来广指殖民地半殖民地国家中,替外国资本家在本国市场上服务的中间人和经理人。在中国,买办即指为外国行号同中国人交易的职业中介,外国资本家在旧中国设立的商行、公司、银行等所雇用的中国经理等。买办集代理人、翻译、掮客和顾问于一身,早期买办的业务可能以"买"为主,即帮外国人收购中国的大宗出口产品,如茶叶、生丝等;后来,洋货在中国逐渐打开市场,也有许多买办靠给外国人推销洋货发财。自由贸易为宁波商帮发展创造了机会,宁波商人,尤其是从教会学校毕业的宁波学生,凭借早期宁波帮建立的商业网,以及在资金调度、运输方面的经验和诚信的品质,甚至语言、习俗等方面的优势,到 19 世纪 80 年代,在上海的宁波帮买办已经超过广东帮,占据首位。在 80 年代特别是 90 年代以后,商帮经营已经非常成熟。新式宁波商人以上海为基地,转型投资于航运业、金融业、工业等新兴领域,不久便涌现出一批产业"大王",积累了实力雄厚的金融资本和工业资本。或者说,在 19 世纪末 20 世纪初,宁波人主导了一场广泛而深刻的商业革命,并由此确立了自身在近代最重要的经济中心上海的霸主地位。宁波帮成为中国第一大商帮。

中国第一个买办、最大的买办都是宁波人。第一个买办即穆炳成,其他买办如汇丰银行的第一任买办王槐山,第二次鸦片战争期间的怡和洋行大买办杨坊,美国法利洋行买办王筱亭与王崇山父子,王崇山同时任美国利邦洋行买办。最有名的买办是定海人朱葆三,曾任英平和洋行的买办,从进出口贸易起家,先后涉足保险、电子、交通、自来水、面粉、丝织等行业,直至成为中国通商银行总董、上海总商会会长。据史料,1854 年中国只有 250 个买办,1870 年增至 700 人,到 1900 年则达 2000 人。买办的薪水远远高于清政府官员收入。1878 年,一个普通买办月薪为 40 两,20 年后一个银行买办的月薪涨到 120 两。而《大清会典》卷二一"文职官之俸"条,记基本工资:"一品岁支银 180 两,二品 150 两,三品 130 两,四品 105 两,五品 80 两,六品 60 两,七品 45 两,八品 40 两,正九品 33 两有奇,从九品、未入流 31 两有奇。"对买办来说,薪水还只是收入的一小部分,他能从买卖中提取 2%～3% 的佣金。据统计,仅这一项每年就可得 5000～6000 两。宁波买办迅速积累了财富,他们没有像传统土财主一样买房置地,而是常常选择以此为本,离开洋行另起炉灶,并逐渐成为外商的竞争对手。

在历史教科书中,买办一直被看作旧中国的三座大山之一,即官僚买办资产阶级。在商贸过程中,买办确实在客观上起着殖民主义和帝国主义经济侵略急先锋的作用,但他们也向外国人出售土产,致力于中国产品的外销,他们还引进国外技术与产品,由此也推动了中国的近代化。在对外贸易中,宁波人并不卑躬屈膝,而是长袖善舞。比如美国的洛克菲勒,1870年创立"美孚"石油公司,1880年进入上海,但却难以在中国立稳脚跟,最后找到了叶澄衷。当时煤油灯刚推广使用,除租界外,用户不多,英国的亚细亚石油公司、美国的德士古石油公司等都急于把市场伸向中国农村,扩大销售范围,可是面对中国复杂的地方势力,混乱的货币制度、度量衡制度,洋行很难靠自身力量把煤油销往内地。叶澄衷向"美孚"表示,亚细亚石油公司、德士古石油公司也在找他做代理,"美孚"生怕他被其他石油公司聘去做代理,只好答应叶提出的所有条件:代理人佣金由常规的20%提高到25%;由叶澄衷独家长期经销,并且在货到后90天结账。叶澄衷与内地商户结算的时间为一个月左右,这样便有了几十天的结交货款的时间差。他利用这段时间周转资金,发展业务,做地产和钱庄放贷生意。10年间,叶澄衷单在经营煤油方面,赢利就达10万元之巨。

叶澄衷发家致富是宁波帮迅速兴起的缩影。宁波帮的兴起,其背后还有更大的社会背景,这就是1870年开始的世界第二次工业革命。第一次工业革命以英国人为主导,以1765年英国人哈格里夫发明珍妮纺纱机为开始标志,到19世纪50年代,英国基本完成以机器生产代替手工劳动,英国人凭借蒸汽机的棉纱纺织改进,成为日不落帝国。但在第二次以电力技术为中心的工业革命中,英国人落后了,欧洲大陆国家崛起。1831年,法拉第发现了磁电感应现象;1865年,德国人西门子发明了发电机;1870年,比利时工程师格拉姆发明了电动机,电力在工业领域开始代替蒸汽成为主要的能源和动力的来源。之后,一系列与电有关的发明开始应用于生产和生活,如电话、电灯、电报、电影等,动力机器、铁路、轮船等在西方被日益广泛运用。日本也就是利用这一时代机会脱亚入欧,赶上了与欧美国家的同步发展。

工业革命使生产费用急剧降低,工业产量迅速增加,这为西方国家进一步发展和在国外竞争提供了极大的优势。而对这些殖民贸易国家更为重要的还有航运业的根本性变革。1870 年前后,汽船诞生,标志着航运史上新的纪元。汽船能运送大宗商品,而且速度大大加快,长期以来中西交往交通落后的困难被克服了,旧式帆船迅速淘汰。1869 年,苏伊士运河开通,欧洲到中国的航程缩短一半以上,耗时从原先绕道好望角的 120 天,变为 55～60 天,快的只需 6 个星期。紧接着伦敦与上海间电报架设成功,东西间信息联络的障碍从此消失。这些支撑贸易的技术的变革,直接导致中欧之间的贸易格局完全变化。中国保持数千年优势的产品,如茶叶、丝绸等重要大宗货物的价格,从此在中国以外决定;中国商人所做的努力,在世界贸易中不能产生任何重要的影响。如生丝贸易,生丝价格"转由伦敦市场的行情支配了,这就是说,受伦敦的存货量、英国和欧洲的销路以及人们对将来的需求的估计所支配",造成了整个 19 世纪 70 年代中国生丝出口价格大幅度下降。1171 年到 1881 年,生丝价格下降了 27％。生丝是中国最重要的出口物资之一,生丝价格的大幅下降直接影响了中国的对外贸易平衡。1882 年,徽商胡雪岩耗银 2000 万两,高价尽收国内新丝数百万担,企图垄断丝业贸易,结果惹怒外商,联合拒购华丝。第二年被迫贱卖,亏耗 1000 万两,加之当年钱行倒闭风潮,胡雪岩的商业帝国轰然崩塌。从时代变革的角度来看,胡雪岩的失败可能不仅仅是徽商终结的象征,而是传统中国旧式商帮,在第二次工业革命冲击下从悲剧挣扎到谢幕的开始。

我们回顾一下中国传统三大宗对外贸易货物的历史变迁。首先是丝绸业,从西汉汉武帝时张骞首次沟通丝路开始,近两千年来,丝绸产品一直是中国商路的代名词。但这一大宗产品的优势地位,在 18 世纪 20 年代已经结束,茶叶取代丝绸成为中国出口的第一大商品。1722 年,在垄断英国对华贸易的东印度公司从中国进口的总货值中,茶叶已占有 56％的比例,1761 年达到 92％。丝绸贸易的衰落与棉花棉布的兴起有关,棉布兴起替代了丝绸需求。18 世纪下半叶,印度引进中长纤维的陆地棉,成为世界棉花的最大出口国之一。而英国机器布兴起后,世界棉纺织主要营销地转移到英国曼彻斯特,中国土布出口也由此迅速下降。整个中国丝绸业,只有苏、杭等地,因其所产品质出众,市场竞争力较强,所以在很长一段时期内还没有遭遇强烈的危机。陶瓷业,在 18 世纪下半叶,英国斯坦福德郡的斯托克出现了约西亚·斯波德(1755—1827)这位欧洲瓷器史上划时代的人物,研制出如骨瓷这一类更为优秀的陶瓷。19 世纪上半叶,欧洲各地的制瓷产业随着西方社会工业化的发展而日趋成熟,欧洲瓷器品牌开始引领世界瓷器发展的潮流,导致中国制瓷业近300年的"黄金时代"结束。中国茶叶,出口量在1886年达到历史最高峰,之后急剧下滑。原因是英美这两个茶叶消费大国的市场份额被强劲的印度、锡兰与日本的生产商瓜分。这几个国家的茶叶,一方面品种新、品质优,另一方面实现了大农场集中经营、科学管理;小农分散耕种、各自为政的中国传统式茶叶生产方式无法与之相抗衡。

可以说,在世界新的经济格局中,1870年是标志性的年份,建立于小农生产思维的清帝国彻底注定了覆灭的命运。同时,1870年也是外国人将新兴的产业引入中国的开始,中国由此开出从来未有之业,有饮食、酿酒、制药、制冰、印刷、家具、砖瓦木材等项目,以及生产轻工产品如火柴、肥皂、玻璃、造纸、卷烟、铁器等的工厂,西方已从数百年来的进出口贸易方式,转到由独立工业投资的方式经营贸易。尽管他们创办的企业经历了极大的波折,但最终还是获得了极为可观的利润,雇佣的中国工人也日渐增多。甲午战争后,西方资本在华投资大规模扩大。

在这样的大潮流下,如何面对外国商品的倾销?是拒绝,还是学习?识时务者已经不难回答。但盲目拒绝的声音此起彼伏,比如做惯了垄断生意的广东人就极其排外,广东三元里抗英事件就与这种复杂的历史背景和文化心理因素有关。1831年,英国输入的棉纱增加,广州附近的人们认为输入的棉纱剥夺了他们家里妇女儿童的生计,于是在各乡镇遍贴告白,声称如有人从广州买洋纱入境,一经擒获,立即处死。这使得英国商人开展生意极为艰难。1848年,英国驻上海领事阿礼国上香港总督报告说:"过去三年对华贸易是亏本的,有许多情形简直是破产性的买卖……运来的货物是这样的和中国市场上的实际欲望和需求情况不相称,以至于紧接着就是滞销……这庞大的超量供应的货物是必须要带回头货的,于是运回更多的茶叶,超出英国市场适当需要以上,所以在链子的那一头也便遭到了同样的跌价与破产。"众多对华贸易商真正获得回报其实是在1870年以后。

与广东人的过激不同,宁波人以稳健的风格去顺应潮流。在这一时代迎来了第二个发展时期的高涨阶段,确切说,始于19世纪80年代,特别是90年代以后。其主要特征是,宁波帮商人将商业利润投资于新式银行、轮船航运、现代工业等新兴实业领域,如金融业,有银行、信托投资、保险、证券等近代金融业;轮船航运业,有戴生昌轮船公司、宁绍轮船公司、三北轮埠公司等中国近代著名的轮船公司;工业企业,有刘鸿生企业集团、三友实业社、中国化学工业社、五洲药房、信谊化学制药厂、民丰华丰造纸厂、大中华橡胶厂等著名大中型民族资本企业;并产生了一大批影响广泛的近代金融家、企业家,著名的实业家,如严信厚、叶澄衷、李也亭、朱葆三、宋炜臣、虞洽卿、刘鸿生、周宗良、胡西园、张继光等,他们创造了第一家银行、第一家证券交易所、第一件西装等50多个中国第一。至19世纪末20世纪初,宁波帮在经营形态和商帮性质上已由一个传统意义上的商帮,转变成一个近代资本主义工商业集团。中国的商帮变为以上海为中心、江浙金融资本家为核心的格局,江苏帮、安徽帮、江西帮、山东帮等团聚其下,宁波帮独领风骚。

客观评价,宁波帮是最早睁眼看世界,并跃然而起的民间群体,是中国架起中西方交流桥梁的主要力量。因为政府的腐败昏庸,其作为显得尤其珍贵。一批十四五岁的青少年,大多因为家庭贫困,离开家乡到上海码头学做生意,在以上海滩为中心的中国新商业平台上,担当起民族存亡的责任。因为年轻,故较少受到旧思维、旧观念的束缚,善于学习,勇于接受。因为这群年轻人,外国人找到了充满生气的生意伙伴,中国人学习到了先进的知识与生产方式,既在某种程度上阻止了外国肆无忌惮的经济入侵,也使中国社会经济摆脱了较为单一的形式,而向多元方向发展。

从晚清到1937年,是中国民间商业发展的黄金时期。至1930年间,中国共开放77个城市,逐步被纳入到资本主义世界体系。晚清时期,中国表面上仍然是中央集权,但对社会的控制与管理已经发生了巨大变化。重农抑商政策退出,转而颁行一系列经济法规,振兴商业、奖励实业;尤其是南京临时政府在存在的3个月内,颁布了30多项鼓励发展工商业的法令和措施,北洋政府在国民党人刘揆一和著名实业家张謇的主持下,又陆续颁布了40多项"振兴实业"的经济法规,如通过和实行民法、土地法、公司法,财产权逐渐现代化,清末政府可任意侵犯财产的行为成为非法。动荡中的背景变迁,尤其是第一次世界大战前后,国外进口货物显著下降,使宁波帮有了更大的发展空间;从国家层面来看,经济也得到了迅速发展。1912—1920年间,工业增长速度高达13.4%,1921—1922年有一短暂萧条,1923—1936年第二次世界大战前,尽管战争连绵,年平均工业增长率仍为8.7%。1914—1919年的6年间,中国民族工业新设厂矿共379个,上海1911年共有工厂98家,1919年猛增到385家。到1919年,全国工厂数为22000户,商店数为200000户。城市人口增长率是总人口增长率的两倍,1938年中国5万以上人口的城市总人口是

2730万,占5亿人口的5%～6%;19世纪末,中国近代产业工人约有10万人;1913年,30多万;20年代末,达300万;到1949年为800万。城市化成为经济发展的主要推动力之一,上海等城市表现出现代城市的优秀品质:市场的自由交换、开放的国际竞争环境、企业家市场自治秩序和知识分子的思想自治秩序、企业家的竞争与创新等(孙健《中国经济史——近代部分》)。对外贸易也不断增长,1911年进出口总值为5.5亿美元,其中进口值3.06亿美元,出口值2.45亿美元;1919年进出口总值为17.76亿美元,其中进口值8.99亿美元,出口值8.76亿美元(杜恂诚《民族资本主义与旧中国政府》);而1927年,国民政府宣布江苏、安徽、浙江等省实行关税自主后,进出口有所变化。1928年进出口总值为218.7万海关两,其中进口值119.6万海关两,出口值99.1万海关两;1936年进出口总值为105.7万海关两,其中进口值60.4万海洋两,出口值45.3万海关两。中央财政收入也不断增加,据赵尔巽撰《清史稿·食货六·会计》,1899年,清廷财政收入为8820万两,1911年收入29696万两;1928年为3.34亿元,1936年为8.7亿元。

但是,中国的现代工业生产总值与先进国家的差距极大。以1933年为例,这年中国现代工业生产相当于英国的1/50、德国的1/64、美国的1/162。国家的重工业如钢铁业、石油业、电业等完全为外资所控制。工业发展主要集中在沿海、沿江的一些大中城市及邻近地区。而以宁波帮为代表的民族工业在整个国民经济中所占比重很少,始终未能成为中国社会经济的主要形式。1936年,资本主义现代工业产值只占工农业总产值的10.8%,加上工场手工业产值是20.5%。1949年,现代工业产值也只占工农业产值的17%,加上工场手工业是23%。封建经济在整个社会经济中占主导地位,而农业生产基本上仍处于小生产状态,农村经济长期处于停滞状态,民国时期大量军阀、官僚利用手中的政治特权和军事暴力侵占土地,土地加速集中,在高出生率与高死亡率的农村,一片凋敝景象。就中国总体经济在世界所占比例,大约由清末的10%跌到二战前的2.6%左右。大部分生产力用于维持自身消耗,中国总体以一个老态龙钟、灾难深重的农业国家形象延展于大洋西岸。

在1927年以后,宁波帮的发展遭遇了官僚资本的巨大挑战。在天下为公的经济学思想,以及苏联计划经济体制的导引下,国民党南京政府向计划经济转型,民国经济转入一种官僚主导的市场经济状态。1937年以后,官僚资本主义迅速膨胀,到抗战结束达到顶峰。如毛泽东在《目前形势和我们的任务》一文中指出:蒋宋孔陈四大家族在他们当权的二十年中垄断了全国的经济命脉。不仅官僚资本压制民族资本,政府还滥发纸币,导致通货膨胀,造成原料昂贵而产品滞销,最终导致国统区经济崩溃。宁波帮一方面投入反蒋运动,另一方面向海外扩散,进入了第三个发展时期。

## 宁波帮与近现代中国新格局

上海的崛起标志着近代中国新格局的形成。这种十里洋场的繁荣与明清时代苏州运河畔的郁勃有些相似,但文明的内质已经迥然不同:士商结合的新市民文化引领着时代的发展。

以苏杭为中心格局天下贸易的时代,其实在清初已经有所改变,主要由运河部分河段运输功能的丧失引起。大运河镇江段,地势较高,不易蓄水,经常出现断航现象;由此太湖入海的重要干道浏河,成为苏州与长江沟通的另一条水上交通要道,明代后期,浏河港仍被称为"天下第一码头"。但入清以后,因水利不兴,淤塞现象严重,浏河港屡兴屡废;乾隆末年,浏河河口陡涨横沙,从此废弃。苏州失去通江入海出口以后,与外界的联系只能更加依赖于上海。其后海运取代河运,上海港兴起,苏、杭等运河城市的贸易地位进一步下降。但在上海开埠前,顺长江而下的沿江各省商船,还是多将苏州作为其购销货物的终端港,上海港是作为从属于苏州的转运港发挥作用。但在近代对外贸易开放后,这一局势改变,到 19 世纪末 20 世纪初,国内的棉布、棉纱、茶丝及米的贸易都不再流经苏州;无锡、常州素以从属于苏州的米、布转运码头著称,上海开埠以后,进口商品及南北货,大多数经由上海采购。1900 年,苏州进出口总值为 117.9 万关平两,上海则为 38948.4 万关平两,上海为苏州的 330 倍;苏州沦落为上海经济圈中的一个内河商港城市。到了民国,"苏州商业区域狭隘,宏壮经营形成不便。其势力范围不过为当地附近四乡八镇及常熟、无锡、常州、丹阳等而已",衰退为区域性中等城市。

太平天国起义加快了这一此起彼伏的过程。1860 年 5 月,太平军东征苏州、杭州,兵锋所至,官绅、商人和地主纷纷携款逃跑,多数涌入上海租界。太平军不仅摧毁了城市里的行会组织,也破坏了手工业工场和作坊,绝大部分商业行业陷入停顿状态。经济繁荣的市镇变成遍地焦土,苏州府的人丁数 1830 年为 341 万,1865 年减至 129 万;杭州府 1820 年有 319.7 万人,但到 1865 年仅有 72 万人。19 世纪中叶上海城区的人口为 27 万,在江南远排在苏、杭等城市之后,到 1865 年,公共租界有 92884 人,法租界有 55925 人,华界约 543000 人;到 1949 年,上海城市人口则已达到 542 万,是百年前的 20 余倍。杭州、苏州的区域经济中心地位,被上海所取代,已不见全国性大城市的气象。以上海为中心的长江三角洲经济区域格局从此形成。

上海位于长江三角洲和整个长江流域的焦点,中国南北海岸线的中心,具有天然的地理优势,其经济腹地之广阔,是中国其他任何一个港口都无法匹敌的,注定了它在新时代新格局的中心。开埠解放了上海在明清两代被遮蔽的价值,太平天国十余年的内战,使它丛集了江浙各府的人才、资金和劳动力,推动了上海城市化和社会经济转型。有人保守估计从 1860 年到 1862 年短短的两年时间里,至少有 650 万银元的华人资本流入租界,租界人口最高时曾达到 70 余万。1933 年上海工业总产值达 11 亿元以上,超过全国工业总产值的一半。这是一个完全新型的城市模式,完全以经济因素兴起,而其召唤力超过了中国历史上任何一个城市。而上海这种模式,在极为漫长的中国的城市发展史中几乎是不可能发生的事件,因为传统中国的城市始终与政治性因素相关联。在唐宋以前,即市镇兴起以前的农业时代,政治因素甚至是城市发展的决定性因素。在市镇经济繁荣的明清两代,我们也不难看到城市繁荣与政治的关联,即使商业气息较为纯粹的苏州与杭州,也可以看到政治对城市的种种渗透。但在上海,传统的政治角逐退出了对城市的主宰,人们在"滩"上构造新的城市生态。1927 年 7 月,上海因其"缩毂南北""屏蔽首都"的特殊地位而被定为"特别市",成为完全意义上的城市社区。与北京从政治中心退隐为文化本位城市相反,上海成为世界瞩目的国际大都会和新兴市民的文化大本营。一切具有现代意义、与传统文化截然不同的新东西,差不多都最先发初于上海,然后推行于全国。上海甚至堪称东亚的特别市,工业、商贸、金融、航运等诸多方面位居亚洲首列。"人物之至者,中国则十有八省,外洋则廿有四国",大上海气象远远不是明清鼎盛时期的苏州、杭州能够比及。

说到底,苏、杭为代表的传统手工业和商业中心城市的衰落,根本原因在于自身城市经济结构僵化与传统经济解体,这两个建立在农业经济基础之上的城市,从乾隆末年开始,发展空间已经越来越小;嘉庆、道光年间,因连续遭受旱涝灾害,江南地区经济开始出现大幅度滑坡。而开埠后,潮水般涌进的外国工业品破坏了家庭手工业和小农业相结合的自然经济,而新经济却一直未能发展起来。苏州直到1887年才建成第一家民族资本的近代棉纺企业苏纶纱厂,1896年才有第一家使用机器的缫丝工厂苏经丝厂;但是官绅经营不善,苏经丝厂只是略有盈余,苏纶纱厂则亏损严重。至清末,城居地主所设的租栈、传统丝织业等,仍是城市商业的主态。在这个资源重组的朝代,地域价值重估的发展变局中,这些城市的精英仍然因循守旧。1908年,苏州钱庄的总额在1000万两上下,但很少有人愿意投入现代实业,苏州钱庄往往要到外埠寻求出路;社会仍然奉行"一读书、二学医、三开典当、四织机"的价值追求,盐商们的后代则迷恋着捐官捐衔,或者尽情挥霍。

由此,我们看到曾经赫名大江南北的晋商与徽商在麻木中走上了衰败之途。因为与官府结合,靠权力致富,高额的利润使他们的注意力一直集中在与政府官员维持好关系,而无意创新。据美籍华人历史学家何炳棣估算,1750—1800年,徽商每年的利润高达500万两白银,50年就是2.5亿两。这些钱财都化于官场的周旋与奢靡的生活之中。当政府政策的变迁、末世频仍的战争来临,倍受冲击完全难免。道光年间的盐法改革,盐业垄断资格丧失,徽州盐商便急剧衰落;政府为应付战争等紧急事件,又无止境搜刮,晋商、徽商疲于应命;开埠以后,印度、锡兰茶叶占据国际市场,给予徽州茶商在内华商以致命的打击;而沙俄与清政府签订《天津条约》等不平等条约后,取代晋商对中俄恰克图贸易长达200年之久的垄断。再之,因为晋商在封建时代本业是商品交易,对加工制造业缺乏必要的兴趣。当然也有个别晋商与徽商进入了新的领域,但大多因为本身缺乏创新能力,而无法走远。

相反,苏州、杭州以外的诸如常州、南通等长三角区域,涌现了不少近代实业家,而以宁波商人从传统封建商人转化为现代的企业家最为典型。宁波商帮开放、开明,对新兴事物采取了积极吸收的态度。宁波商帮进口金属材料、机械、运输设备、燃料、染料等,生产出大量名牌国货产品,如中国化学工业社生产的三星牌牙膏、蚊香,三友实业社生产的三角牌毛巾、被单,大中华橡胶厂生产的双钱牌套鞋等。他们勇于竞争,宁波船商面对西方火轮夹板船的竞争,处于劣势,但不久便在夹板船与轮船航运业中崛起,特别是虞洽卿创办的三北轮埠航运集团,是抗战前中

161

国规模最大的民族资本航运集团。他们不是盲目搬照西方,而是驾驭西化,因地制宜,这一点在宁波营造商建造的大量中西合璧的建筑上体现得尤其明显。在宁波外滩、上海租界里,那些用中国传统的"穿斗式"木结构加上砖墙承重方式建造起来的早期石库门住宅,至今仍然干净漂亮。在管理上,他们常常"两条腿走路",多措并举,新旧业兼营,表现出开明的健康心态。如叶澄衷,一方面经营如进口五金的老顺记号、火柴厂等新兴事业,另一方面又是上海九家大钱庄的开创者。

宁波帮善于创新。以服装制作为例,既有以做传统长袍、马褂、对襟衣等衣服为主的本帮裁缝,又有红帮裁缝。红帮师傅在中国服装史上创造了五个第一:中国第一件西装、中国第一套中山装、中国第一家西服店、中国第一本西服理论著作、中国第一家西服工艺学校。如果说红帮所创作的中山装是"西服东渐"的结晶,那么旗袍则是"古为今用""东服西渐"的代表作。辛亥革命以后,上海、天津、汉口、厦门、香港等地的红帮裁缝,与许多民间中青年女性共同努力,从春秋战国时期的"深衣"、唐代的"水田衣"以及蒙古族女子穿着的长袍等民族服装中汲取灵感,大胆吸取西方女装的造型艺术、剪裁和制作方法,别出心裁地创制出新式旗袍,其流动的旋律、潇洒的画意与浓郁的诗情,将东方女性的贤淑、典雅、温柔、清丽展现得淋漓尽致,旧日上海一张张着旗袍的新仕女画报,与《夜上海》《夜来香》《天涯歌女》等舞曲的柔软歌调一起,构成了对张爱玲的《金锁记》、苏青的《结婚十年》、王安忆的《长恨歌》等小说里描写中国新女性情与爱的想象。

宁波商帮赋予儒商新的时代特点。表现在经商上,恪守诚信,讲究商业道德,施行各种善举。宁波帮对于钱财,向来以"义"为重,这一儒家传统与19世纪90年代传入我国的西方慈善思想相结合,兴起了规模较大的慈善公益事业。他们不仅仅对鳏寡孤独、贫病残疾之人进行救济,更侧重于面向社会大众;并由相对消极被动的养老、育婴、义学、义冢、施衣、施医、施粥、栖流,走向积极主动地办贫民学校、贫民工厂、习艺所等,表现出怜同类、扶羸弱的人本主义情愫,与普济苍生的济世胸怀。1898年的《德商甬报》有一篇文章称,"宁人既多以商富,又乐相率为义举,若公所、医局等项,岁糜巨费无所斋"。如1905年上海"五金大王"叶澄衷捐资3万银元在庄市办中兴学堂,沪上钱业巨子秦润卿等人发起创办慈城普迪学校、慈溪县立初级中学,糖业巨子黄声远创办镇海声远小学,煤炭大王谢蘅窗在鄞县、镇海创办多所求精国民学校,虞洽卿创办龙山公学,等等。营建商沈祝三为承建武汉大学而散尽家财。可以说,是因为宁波帮在家乡创建规模庞大的义庄,形成了与科举取士不同的比较正规的国民教育体系,使宁波本土始终是一个卓越的商业人才培训基地,源源不断输送人才。1919年秦润卿等人发起创办保黎医院,为全省私立医院之始。此后镇海同义医院、宁波仁济医院、鄞县县立中心医院、普仁医院、甲村医院也先后由宁波帮发起创办。宁波人朱葆三、宋汉章、虞洽卿、周金箴等人于1919年发起成立了中华慈善团全国联合会。宁波人的积财,除了投入新的产业,基本上指向了社会慈善。

宁波人的同乡组织也有了新的发展,共同面对封建势力、官僚资本主义、外国资本主义对民族资本主义的压迫与剥削。他们在经商所在地,创办同乡公益事业,建立乡帮色彩浓厚的行帮协会,如上海四明公所、渔业的同善会、海味业的崇德会、酒业的济安会、南货业的永兴堂、猪业的敦仁堂、药业的喻业堂、肉业的诚仁堂、洋货业的永济堂、石作业的长寿会、木业的年庆会、银匠的同义会、劳工团体四明长石会、水手的均安会等。宣统二年(1910),宁波商人建立宁波旅沪同乡会。1920至1935年间,还分别创建了镇海、宝海、奉化、象山等地的旅沪同乡会。面对时代复杂的变幻,同乡组织为赢得集体性的发展发挥了积极作用。1908年,为打破英国人对沪甬航线的垄断,虞洽卿购进“宁绍轮”降低船票,遭到英国太古公司低价竞争,在宁波同乡会组织的“航运维持会”支持下,最终站稳脚跟,太古公司退出航线经营。他们甚至与洋人激烈抗争,比如上海法租界发生的二次“四明公所事件”,让宁波帮的民族气节天下闻名。抗战爆发后,张石川冒着生命危险深入前线拍摄抗日纪录片;宁波帮企业家和经营的企业内迁到后方地区,在艰苦的战时环境和缺乏工业基础的经济环境中奋斗发展,为中国的抗战事业、后方地区的经济发展做出了历史贡献。著名宁波帮企业家中国新药业先驱项松茂等面对强敌威武不屈,成为名垂千古的民族英雄。

在实业救国的理想精神驱动下,他们主动向汉口、天津、苏州等大城市开拓,扩大业务。在汉口,宁波商人早在乾隆、嘉庆年间就建立了“浙宁会馆”。1858年汉口开埠后,汉口成为上海以外宁波商帮较集中的地区,主要经营水产、银楼、航运、建筑、洋油、银行等行业,其中石油行业、长江夹板船航运业几乎皆为宁波商人经营。汉口在宁波商帮的推动下,城市形态以至城市文化处处显现出上海滩文化的影响,建筑是最直观的,武汉江滩最有代表性的建筑几乎都出自宁波帮营造商。如

位于海曙马衙街的麻将起源地陈列馆三缺一铜像

武汉大学即由宁波营造商沈祝三承建,据说武汉近代史上最漂亮的建筑,八成左右都是沈祝三的"汉协盛"营造厂所建。叶澄衷、宋炜臣创办的燮昌火柴第二厂,是湖北第一家由民族资本经营的现代工业企业,宋炜臣兴办的既济水电公司是近代武汉城市化的重要标志。在天津,从清中叶起,宁波著名商业家族如鄞县秦氏、慈溪孙氏、镇海小港李氏等,就开始经营航运业。1861年天津开埠后,宁波商帮除航运业外,还开展进出口贸易、银行保险业、金银业、眼镜业、颜料进口业等,并把经营区域扩展到东北、河北、山东等地。在川渝地区,宁波商帮经营活跃,尤其是抗战爆发后,一批著名宁波商帮企业家内迁,如余名钰的大鑫钢铁厂、胡西园的电器厂、虞洽卿的三北公司等。长三角城市如杭州、南京、苏州,沿海城市如温州、营口、青岛、广州、厦门、福州,以及沿江城市如芜湖、沙市、宜昌,甚至太原、西安、桂林等,都分布着宁波商帮足迹;有一些远涉重洋,至日本、南洋、欧美国家,著名如旅日侨商张尊三、吴锦堂等。宁波商帮所至,商业繁荣,故有"无宁不成市"之说。孙中山先生曾如此评价:"宁波人对工商业之经营,经验丰富,凡吾国各埠,莫不有甬人事业,即欧洲各国,亦多甬商足迹,其能力与影响之大,固可首屈一指者也。"

这是一个在新经济结构、新城市形态中崛起的商帮。他们突破了传统的"城",成功参与了"滩"的创建,然后积极把"滩"的气象铺向全国,从而推动了整个中国的近代化。这仿佛是压制两三百年的海洋性生民爱冒险、能创新、喜探索天性的爆发,在复杂的时代下,实现了对传统的超越。

在宁波,人们都喜欢玩一种叫麻将的游戏。清末宁波人陈鱼门改进了玩法,新玩法一经问世便盛行大江南北。杜亚泉《博史》中说:五口通商后,船舶多聚集在宁波港口,各省商贾云集在此,学会打麻将者越来越多,麻将通过他们流传到津沪商埠并波及全国。有人说,就是这种完全不同于中国象棋尊卑格局、四家平等摸取各路花牌竞争的游戏规则塑造了宁波人,使宁波人有成熟的游戏精神,与外国商人进行平等的商贸,在天一阁的麻将起源地陈列馆三缺一的格局中,坐中的是中国人,而两边一个是东洋人,一个是西洋人,这是一个极好的商业隐喻:崇洋但并不媚外。这种游戏精神,加上儒家的入世情怀,所以在清政府无能、军阀混战、外寇入侵的背景下,他们出洋留学,传播新知;创建实业,宏济民生;支持革命,参与爱国运动。

　　这里必须说到商业组织的发展,即由清末民初经济伦理变化所引发的经济政策变迁和利益群体的形成,导致传统的商人组织如行会、善堂等形式,向有近代意义的商会组织转变。1902年,上海通商银行的总董严信厚组织成立的上海商业会议公所,是近代商会的开始;1904年改为上海商务总会,宁波人朱葆三、周晋镳、虞洽卿、秦润卿、宋汉章、盛丕华等先后任职商会。因为工商立国成为举国上下的共识,居于四民之末的商人一跃而成为知识界、军政界组建社团的联合对象,导致过去的商为官用变为官为商用,官商角色易位。商会打破了行会时代封闭的生态环境,消除了行会体制下商人的软弱自卑、不思进取的落后心理,组织的现代化促进了商人心理的现代化,他们由传统公共领域中的"惩倒骗取""保行商"旧功能转变为"兴商号""开商智"等有近代色彩的新功能。部分城市行政权力如不完全的市政建设权、商事裁判权、工商、文教、卫生及其他公益事业管理权,由官方下移到民间,形成国家权力之外的社会权力体系,发展出类似于哈贝马斯所说的欧洲近代资本主义初期所特有的公共领域。在上海,由宁波帮为主体的上海总商会主导的新的城市模式,促进了城市建设、管理、治安、教育等事业全面发展;它被称为中国最初的市民社会。在晚清,政府还给予商会以虚挂官名,如上海商业会议公所总理严信厚拥有花翎二品顶戴直隶待用道头衔,官职为上海商务局总董,又担任通商银行总董,表现出绅商特点。辛亥革命后,上海商务总会于1912年2月改称上海总商会,5月正式改组成立上海总商会,各省重要商会也改称总商会。因为紧接着北洋军阀混战,政府无法提供必要的商业保护,商会力量迅速增长。上海总商会谴斥军阀混战,呼吁裁兵制宪,抵制曹锟贿选,反对专制,要求实行地方自治,反对政府干预商会事务和地方经济,主张审理税法、监理财政,倡言收回租界利权,大力提倡国货等,一时为全国商界的领袖。但在国民党主政后,推行一党专政与蒋介石独裁,大力发展国家资本,采取手段对商会等民间社会团体进行整顿与改组,1930年南京政府新商会改革,这种模式为强力推行的官僚资本主义所破坏。

往事如风云卷逝，回头看旧日的外滩，我们似乎更怀念在十里洋场、寻常里弄曾有的别样风情。很多人喜欢看发黄的民国老照片中的人物、景观、事件，在诸多镜头里，有宁波人的身影。很多人怀念《难夫难妻》《风云儿女》这样一些大多出自宁波人的老电影，中国电影史上的诸多第一也是由宁波人创造。许多人珍爱蒋梦麟、应修人、苏青、萧珊、王鲁彦等浙东乡土作家的文章，这些从宁波走出的知识分子，最终在上海、北京、天津、武汉等地成为一个时代的文学风潮的引领者。还有人追怀殷夫、柔石、沙文汉等慨当以慷、向死而生的年轻人的精神、气节、面貌、礼仪。当我们的主体叙事从商业转向更广阔的领域，便发现宁波人在这个西学东渐的过程中，构建了一个既博大精深又锐意革新，既贴近传统又跃动时尚的百花齐放的"滩"世界，以中国人的智慧与能力对话时代变革、世界潮流，孕育着中国新的希望，成为衰落国运中一道明快而鲜亮的风景线。

比如黄楚九，他似乎只是一个会赚钱的生意人，但他不满足于给他带来成就、名声、地位与财富的药业，而是不断涉足新的领域。娱乐业上，他风生水起，创办了中国第一家屋顶花园"楼外楼"，中国第一家综合娱乐场"新世界"，远东第一大游乐场"大世界"，中国第一家发行量最大的企业报《大世界报》，他构造了新市民的大众化娱乐，使中国人对上海滩繁华的新生活有了可以感知的镜像。电影界，张石川经营中国第一个电影制片公司新民公司，第一部故事片《难夫难妻》，第一部武侠片《火烧红莲寺》等；邵醉翁创办天一影片公司，在 20 世纪二三十年代，引领"古装片"与"稗史片"潮流；被称为戏剧舞台上"千面人"的袁牧之，主演《风云儿女》《生死同心》，编导《马路天使》和我国第一部音乐喜剧故事片《都市风光》等。出版界，鄞县人鲍咸昌与其胞兄鲍咸恩、妹夫夏瑞芳在 1897 年组建商务印书馆，正值维新启蒙，西学、教科书为社会急需，印书馆译出英国人所编的印度课本《华英初阶》《华英进阶》；又编辑出版《最新国文教科书》、历史、地理等教科书，接着又出版了不少有影响的西方学术著作和各种工具书，其中如严复翻译的《天演论》《社会通诠》等和林纾翻译的小说《巴黎茶花女遗事》《黑奴吁天录》等，都产生了巨大的社会影响。商务印书馆还致力于整理国故，民国时期，最具影响力的三部古籍丛书其中两部即由商务印书馆出品，一为《四部丛刊》，所用底本以涵芬楼所藏为主体，三编共收各种善本近 500 种；二为《丛书集成》，原计划收书 6000 种，因抗战影响，最终出版 4000余种。镇海人张静庐一生致力于出版事业，1934 年创建上海杂志公司，任内经营出版大量进步期刊,如郭沫若主编的《洪水》、蒋光慈主编的《拓荒者》、田汉主编的《南国》、郁达夫主编的《大众文艺》、丁玲主编的《战地》、胡风主编的《七月》等,1936年重心转移到武汉后,出版了《高尔基选集》《中国文学珍本丛书》《青年丛书》等100多种。余姚人邵洵美,都市现代派代表作家,也是出版家,主编出版刊物如《狮吼》、《金屋》、《新月》、《论语》、《时代》画报、《万象》等,为办《时代》画报还从德国引进了我国印刷界第一套影写版印刷设备。文博界,马衡为金石考古的权威;马承源主持建造上海博物馆。体育界,王正廷是首位中国奥委会委员,舒鸿是首位奥运会篮球决赛裁判。娱乐界,戏曲名角如周信芳的"麒派"艺术,戚雅仙的"戚派"艺术,姚慕双、周柏春的滑稽戏,筱姣娣、孙翠娥、金翠玉、金翠香等人的宁波滩簧艺术,斯义桂的中低音歌唱等。尤其是现代科技界,举凡地理学、生物学、医学、土木工程、电子、机械、农林、化工等,宁波人都占据重要地位,如戴运轨、何育杰、郑衍芬等在中国现代物理学上的开拓,虞和钦、纪育祥、陈裕光、徐名材等在化学化工领域的建树,翁文灏、张其昀等在地质地理领域的拓展,以及钟观光的近代植物学、周尧的昆虫学、朱元鼎的鱼类学、童第周的克隆技术、冯子珮的机械设计、吴耕民的园艺学、董承琅的心脏病学、李祖贤的土木工程,等等(具体见清末民初宁波科技人才代表人物一览表)。他们有些是宁波帮移民的后代,有些是从宁波走出来的,正是这群人奠基了中国的近代科技体系,形成了中国最大的地域外院士群体。

### 清末民初宁波科技人才代表人物一览表

| 姓名 | 生卒年 | 籍贯 | 专业领域 | 备注 |
|---|---|---|---|---|
| 虞和钦 | 1879—1944 | 宁波镇海 | 化学 | 中国第一家科学仪器馆 |
| 沈祝三 | 1877—1941 | 宁波鄞县 | 建筑业 | |
| 陆泉根 | 1898—? | 宁波镇海 | 建筑业 | |
| 王才宏 | 1898—1987 | 宁波鄞县 | 建筑业 | |
| 倪绍生 | 1872—1938 | 宁波鄞县 | 建筑业 | 承建上海大世界 |
| 余积臣 | 1862—1930 | 宁波余姚 | 建筑业 | 承建金陵女子大学 |
| 魏清涛 | 1855—1932 | 宁波余姚 | 建筑业 | 承建上海永安公司 |
| 王皋荪 | ?—1944 | 宁波镇海 | 建筑业 | 承建上海华懋公寓 |
| 戚燮林 | 1880—1944 | 宁波鄞县 | 建筑业 | |
| 何绍庭 | 1875—1953 | 宁波奉化 | 建筑业 | 承建沙逊大厦 |

续表

| 姓名 | 生卒年 | 籍贯 | 专业领域 | 备注 |
|------|--------|------|----------|------|
| 陈士范 | 1886—1957 | 宁波鄞县 | 建筑业 | |
| 陈松龄 | 1881—1958 | 宁波鄞县 | 建筑业 | |
| 楼道魁 | 1876—1960 | 宁波鄞县 | 建筑业 | |
| 张继光 | 1882—1965 | 宁波鄞县 | 建筑业 | |
| 邬谟昌 | 1891—1965 | 宁波鄞县 | 建筑业 | 承建浙江大戏院 |
| 应兴华 | 1894—1965 | 宁波鄞县 | 建筑业 | 承建南京中央大学 |
| 桂兰荪 | 1881—1967 | 宁波鄞县 | 建筑业 | 承建上海新亚大酒店 |
| 竺泉通 | 1896—1972 | 宁波奉化 | 建筑业 | 承建上海百老汇大厦 |
| 孙德水 | 1890—1975 | 宁波余姚 | 建筑业 | 主持建筑上海跑马总会大楼 |
| 陈成能 | 1900—1978 | 宁波市 | 建筑业 | 承建上海体育场工程 |
| 张同孚 | 1884—1939 | 宁波鄞县 | 制造业 | 最早制造保险箱 |
| 王生岳 | 1872—1945 | 宁波鄞县 | 制造业 | 第一台国产铣床 |
| 章锦林 | 1883—1962 | 宁波鄞县 | 制造加工 | 国内印刷机出口 |
| 陈万运 | 1885—1950 | 宁波慈溪 | 制造业 | 三角牌毛巾 |
| 林涤庵 | 1878—1953 | 宁波镇海 | 化工业 | |
| 虞辉祖 | 1864—1921 | 宁波镇海 | 化学、教育 | |
| 余芝卿 | 1874—1941 | 宁波鄞县 | 橡胶业 | 创办大中华橡胶厂 |
| 孙梅堂 | 1884—1959 | 宁波鄞县 | 制钟业 | 被称为"钟表大王" |
| 项松茂 | 1880—1932 | 宁波鄞县 | 制药业 | 制成五洲固本药皂 |
| 王才运 | 1879—1931 | 宁波奉化 | 制衣业 | 制成中国第一件西服 |
| 黄楚九 | 1872—1931 | 宁波余姚 | 药业 | 制成"龙虎"人丹 |
| 张逸云 | 1871—1933 | 宁波镇海 | 食品业 | 创办天厨味精厂 |
| 乐振葆 | 1869—1941 | 宁波鄞县 | 家具制造 | 自制自销西式沙发 |
| 宋炜臣 | 1866—1927 | 宁波镇海 | 制造业 | 创办火柴厂 |
| 鲍咸昌 | 1864—1929 | 宁波鄞县 | 印刷业 | 组建商务印书馆 |
| 邵晋卿 | 1878—1932 | 宁波鄞县 | 油漆业 | 创立"飞虎"油漆 |
| 余华龙 | 1894—? | 宁波奉化 | 制鞋业 | 创办中国第一家皮鞋店 |
| 金雅妹 | 1864—1934 | 宁波鄞县 | 医学 | 中国第一个女留学生 |

资料来源:金普森主编:《宁波帮大辞典》,宁波出版社2001年版。

在宁波,无论乡村,无论城市,处处是宁波帮的遗迹。宁波普通的中学、小学,都可以上溯百年,并从中走出一个个影响中国近代的人物。包玉刚、邵逸夫、赵安中、包从兴等人曾就读于叶澄衷创办的中兴学堂；沙孟海、卓兰芳、陈之佛等毕业于吴锦堂创办的锦堂学校，童第周、翁文波、陈中伟等曾就读于效实中学；何育杰、陈布雷等曾就读于宁波中学，宁波中学前身即为严信厚创办的储才学堂，在国民党元老经亨颐先生担任校长期间，孙中山先生曾到校发表演说，朱自清、夏丏尊、朱光潜、丰子恺等白马湖派作家曾为学校教师。普通的宁波村庄，成为20世纪一个个怀着梦想的人出行的起点。这些村庄大约以甬江水系为带，从奉化江、姚江的源头开始，越到下游，人物越多。各个区域又有自己的特点，像鄞县东钱湖周围一带以文化人才居多，奉化江剡溪与县江交汇一带以奉帮裁缝等商业人才居多，镇海以科技、商业人才居多。而对所有人来说，印象最深的可能还是奉化江沿剡溪而上的村镇，这里在民国年代走出了众多的军政要人，如白杜税务场村，有曾出席巴黎和会、拒绝在和约上签字的中国代表王正廷；青云村，有追随孙中山先生，致力于辛亥革命的孙鹤皋；岩头村，因有毛邦初、毛瀛初等8名国民党高级将领，被称为"民国将军第一村"；而溪口则因为蒋介石、蒋经国父子的故里，保留了玉泰盐铺、丰镐房、武岭门、张学良囚禁处等历史遗迹，被称为"民国文化第一镇"。

今天的外滩，无论宁波、上海，还是天津、武汉、重庆，还留有多少风雅的民国"滩"味儿？又有多少人会感怀这种珍贵的倾迷天下的海派情味，大多是宁波人的风华？

## 面向大海的宁波时代

二战以后，众多宁波帮向境外发展。这一部分人中有宁波帮移民的第二代、第三代，也有从宁波新走出去的一代，被称为现代境外宁波帮。

甬江口一带是新一代宁波帮的出发地之一。招宝山与金鸡山间，看上去是一个平静的构造。江口外金塘诸岛环立，万顷海面上浮漾着众多翡翠般的峰峦，宛若蓬莱仙境。然而日夜变换的天体引力，却制造着澎湃的喧闹：混浊而充溢的甬江水，每日以百万立方的数字泻入大海；大海则倒溯起两次潮涌，浪墙仿佛集聚所有东海的力量，高高叠起，汹涌地推向大陆深处。

浪涛召唤着山下砥荡平原的百姓。甬江口一带虽然处处河荡、炊烟，处处横跨着陈逸飞的故乡石板桥,是中国最诗意的农村与城镇图景,却因咸碱较重,不适合五谷杂粮生长。日出而作、日落而息的农耕梦想没有生长的土壤,脚踏的土地,已注定他们生活的姿态:向着大海,去创写"要想富,走险路""要甯头,海三湾"的传奇。此即史书所载"民半藉鱼盐为生"。读过《"世界船王"包玉刚传》的人,会记得一个细节,当时还只六七岁的、一个普通农村小商人家庭的孩子包玉刚,可能刚刚在叶氏义庄读书,包玉刚是叶氏中兴学堂第19届学生。有一天,包玉刚跟着父亲来到"利涉道头",第一次见到大海、大船。他天真地想:当一个船长多好,可以环游世界。这样启蒙式的梦想,应该生长于多少这片土地孩子的心中?只是包玉刚幼年的梦,发芽、成长,最后远远超出了一个当船长的梦。1948年,包玉刚到达香港,最终走上了航运之路。

包玉刚的家,离这里并不远,叫钟包村,包氏相传是宋代名臣包拯的后代。河网间,散落着无数如钟包村一样充满故事的村庄。这些乡村,几乎都走出了包玉刚一样著名的人物,比如影视巨子邵逸夫,航运巨擘顾国华,工商巨头赵安中、张和祥、周祥赓,院士倪光南、汤德全,文学名家倪匡、於梨华,等等。这些村庄中,有一个稍大的集镇叫庄市。集镇中有一条长约300米的老街,漫步其中,会发现这里居然也是万国建筑博物馆:这条老街由60多幢或中西合璧或西洋式的建筑组成。街巷的老墙门里,走出了香港特别行政区立法会前主席范徐丽泰、台湾针织业首领楼志章、香港建筑业巨商叶庚年等。这些人物分布在64个国家和地区,包括其后代,有数十万之众,至今一直显现着弄潮的气魄。他们就是我们所称的现代宁波帮。

让我们重新回到企业家的市场叙事。这一代宁波帮的舞台前所未有的宽广。如果说开埠以来的宁波帮更多的是以上海为基点,以长江、运河为带,辗转于大陆;那么二战以后的现代宁波帮则实现了从江到海的跨越:以港台为基点,从日本到新加坡、印尼东南亚诸国,从美国到墨西哥,到秘鲁、巴西等南美国家,东海及至整个太平洋、五大洲都是他们挥洒长袖的舞台。这次源于20世纪四五十年代走向大海的迁徙,对所属时代的影响其深度与广度超过19世纪末凭借"三把刀"到境外闯世界的宁波人,也远远超越了同样诞生于此地的横亘清代的郑氏十七房家族,甚至超过了鸦片战争前后镇海方介堂及李也亭家族,民国的方椒伯、李征五、虞洽卿等对于他们的时代的影响。

他们以同乡会为力量团体,竭力拓展,征战成就为同在海外闯荡的闽商、粤商远不能及。境外宁波人同乡会组织的数量可能并不多,但影响深远;并常常融入更大范围的地缘、业缘或综合性社团之中,发挥核心作用。如曾任美国华商总会董事长的应行久、美东三江公所主席胡运熹、新加坡三江会馆馆长水铭漳、旅日浙江同乡会会长张珑堂等都是宁波人。目前宁波帮已拓展到工商、科教、文化等各个领域,活跃在世界 103 个国家和地区,其中境外宁波帮达 42.7 万人。贝时璋、王宽诚、邵逸夫、谈家桢、卢绪章、董浩云、包玉刚、曹光彪、李达三等德高望重的先生,被称为宁波帮的九大长老。

宁波帮第三次兴起的背景,即为二战以后世界格局的新变化。二战后,在胜利国家主导之下,形成了一个以美国为主的西方国家和以苏联为主的东方国家之间的势力均衡结构,因为这种结构源于美、英、苏三国 1945 年在雅尔塔召开的会议,故被称为雅尔塔体系。这个体系是人类经过巨大浩劫之后的经验总结,对之后世界的和平起到了极其重要的作用,尽管这一体系所构筑的两大阵营有着深刻的对抗,但"冷战"毕竟远远好于"热战",一战与二战才相隔 20 年,而现在世界因此走过了超过半个世纪的和平。

新体系的影响下,世界已经不能再用旧的意志与方式来经营,面目有了根本性的变革。首先是亚、非、拉的诸多殖民地纷纷觉醒,通过民族解放斗争,赢得独立。据统计,截至 1990 年,全世界 180 多个国家中,有近 100 个国家是在战后宣布独立的,其中亚洲 27 个,非洲 48 个,拉丁美洲 10 个,大洋洲 11 个,欧洲 1 个。其中亚洲的独立风潮集中在 20 世纪 40 年代中期至 50 年代中期,如印度尼西亚、越南、菲律宾、巴基斯坦、印度、韩国、朝鲜等;非洲主要集中在 50 年代后期至 80 年代初期。有些国家如菲律宾等,可能在历史上从来也没有出现过独立国家,现在都力图自立。而西方殖民主义政策也由武力镇压趋向改良主义,几百年来血腥扩张下的殖民体系彻底瓦解。在殖民时期成长起来的资产阶级、工人阶级、知识分子,成为各个国家新兴的力量,这种血缘形态呈现的、包含强烈民族主义的国家,在新的全球化面前,结合各自的历史特点,谋求增进民族的力量、自由和财富。

然后是毁于二战的西欧与日本,凭借美国的扶助,积极的经济政策,以自身素质相对较高的公民,实现了复兴。在 20 世纪 50 年代初,西欧各国已经达到甚至超过了战前水平;1965 年,为实现区域资源共享、优势互补,欧共体成立;至 1993 年,演变为欧盟;至 2007 年,欧盟已有 27 个成员,经济总量可与美国抗衡。日本在

1955—1964 年间,国民生产总值年增长率始终保持在 9％以上。1965—1970 年间,增长率超过 10％。1968 年,总量超过西德;到 20 世纪 80 年代中期,成为仅次于美国的世界第二大经济体,人均国民生产总值也跃居世界第一。这些二次世界大战的策源国,在凯恩斯理论和社会民主主义的社会公正价值观的影响下,调整了对国家功能的认识,积极发展社会福利、第三产业,加之布雷顿森林体系和关贸总协定确立的资本主义国际金融体系和贸易体系,使世界经济向着体系化、制度化的方向发展,改变了起始于新航路开辟的经济全球化以来的混乱局面。而第三次科技革命,即以原子能技术、航天技术、电子计算机技术的应用为代表,还包括人工合成材料、分子生物学和遗传工程等高新技术的变革,使各国和地区的发展变化之迅速前所未有。

这些国家和地区经济持续高速的发展,以及科学技术革命使这些国家生产转向技术和资本密集工业,使东亚在 20 世纪 60 年代得到了发展良机。韩国、新加坡、中国台湾地区和中国香港地区几乎同时推行出口导向型战略,重点发展劳动密集型的加工产业,在短时间内实现了经济腾飞,生产总值年平均增长速度都接近或超过 10％,成为东亚和东南亚地区的经济火车头,被称为"亚洲四小龙"。中国台湾地区 1970 年出口总值是 1960 年的 9 倍,1980 年为 1970 年的 13 倍;韩国 1980 年出口总值是 1960 年的 534 倍;新加坡 1980 年出口总值是 1965 年的 20 多倍,中国台湾地区、韩国农业比重迅速下降,中国香港地区与新加坡也从转口港变为工业城市。相形之下,亚洲其他国家,有越战、阿富汗战争、阿拉伯世界的战争、东南亚动荡的政局,中国的"文化大革命",南亚印度和巴基斯坦的争斗,朝鲜闭关锁国,显现出和平与开放对于国家发展的重要性。

有不少研究东亚战后七十年奇迹的专家,常常关注宁波帮的再度成功转型。满目疮痍、浸渍历史悲情的战后东亚,资源贫乏,发展水平只相当于拉美中下水平的国家和一般非洲国家。但到 20 世纪 80 年代末,东亚许多国家与地区远超拉美,进入世界中等发达水平国家之列。有人认为,众多宁波帮人白手起家的经典范例,可以揭示东亚奇迹的精神内核。宁波帮实业家,学习西方现代化,但不单纯模仿。他们的企业强调团体协作、应世实用;他们的员工勤奋敬业、乐群敬上;他们重道德操守而轻实利,重视精神报酬而利他。这种淬合传统精英儒家与世俗利己平民、圆融传统文化与近代资本主义精神的价值系统,与根植于个人主义的西方价值系统有巨大区别。有人命名为新质东亚个人主义。

因为西方世界对中国的贸易封锁,依赖中国贸易的香港地区经济发生重要变化,从工业首先从纺织业开始兴起,王统元、陈廷骅、曹光彪、安子介、王启宇、厉树雄、包从兴、赵安中等从上海转到港澳的企业家,纷纷投资纺织业,其中王统元创办的香港纺织有限公司在 20 世纪 50 年代末已经拥有纱锭 45440 枚,是香港当时规模最大、设备先进的纺织厂。其后,陈廷骅、曹光彪等成为香港著名的棉纱大王、毛纺大王,尤其是安子介,先后创办中南纺织厂、永南纺织厂等,1969 年创办的利落南联实业有限公司下有 70 多家公司,产品远销世界各国,成为令香港起飞的龙头企业之一。20 世纪 70 年代,世界纺织中心韩国、印度等国家和中国香港、台湾地区,香港地区至今仍是世界重要纺织品产地,宁波帮作用巨大。

到 20 世纪 70 年代末,旅港宁波人已达 10 余万,其中不乏工商巨子、社会名流和社团首领,如香港中华总商会会长王宽诚、香港贸发局主席安子介、影视大王邵逸夫、娱乐业巨子邱德根、电子大王邵炎忠、大新银行董事长王守业、中信泰富董事总经理范鸿龄等。1990 年香港十大富豪排行榜上,宁波商人占了三席,分别是包玉刚、邵逸夫、陈廷骅。航运业是宁波帮所从事的引人注目的一个行业,涌现了像董浩云、包玉刚等这样世界级的船王。包玉刚 13 岁离家到进吴淞商船专科学校(今大连海事大学,上海海事大学前身)学习船舶。1937 年,日军侵华后,转辗内陆,做银行职员。1945 年抗战胜利后,回到上海参加接收上海日本帝国银行资产。1949 年 3 月,已在上海市银行任副总经理的包玉刚,向时任上海市市长的吴国桢请辞,携家属来到香港。1955 年,37 岁的包玉刚开始了他的"船王"之梦。银行家的素养使其能够巧妙运用船租信用证获得银行贷款,买船扩张事业,投身航运仅 2 年,便已拥有 7 艘船只。至 1981 年底,包玉刚的环球航运集团已拥有船只 210 艘,总吨位 2100 万吨,还在纽约、伦敦、东京等地设立十几家子公司、代理公司,跃居世界航运业之冠。

在台湾地区,有华隆集团创办人翁明昌及其继承人翁大铭、水泥大王王传麟、台北今日饭店创办人徐之丰等。最为著名的如金融界、实业界著名人士应昌期,他到台湾后一直在台湾银行工作。1963 年离开银行,投身实业,接手与创办的公司如国华海洋企业公司、利华羊毛工业公司、国泰化工公司、国际票券公司等,其中国际票券公司为稳定台湾金融秩序,推动台湾经济发展起到重要作用,利华羊毛为台湾贸易发展过程中主要的大公司之一,也是台商早期介入澳大利亚贸易的主要桥梁。还有台积电董事长、"芯片大王"、台湾"半导体教父"——张忠谋,他于1987年在台湾新竹科学园区创建了全球第一家专业代工公司——台湾积体电路制造公司(台积电),并迅速发展为台湾半导体业的领头羊,标志着台湾经济从劳动密集型产业转到资本技术密集型,被人称为定义了一个产业,救了整个台湾岛。台湾现在最受世界瞩目的不是PC这个行业,而是IC这个行业。当然,可能对当代台湾最为重要的还是蒋经国,其主政十五年(1972—1987),使台湾从一个农业社会转型为工业社会,而且在1979年美丽岛事件之后,顺应民主化潮流,解放党禁,台湾进入更民主、自由、进步的时代。

宁波帮还创造了繁荣的世俗文化作用于东亚的现代化。当下几乎每一个中国人,甚至是太平洋西岸所有国家的人都为之深深卷裹。周星驰、张卫健、柯受良、洪金宝的电影,倪匡、亦舒、三毛的文学,邵氏集团出品的流行歌曲——邵逸夫的娱乐帝国是香港俗文化的主流部分。他们所经营的文化,可以说是上海滩文化的延续。邵逸夫,早年就读于家乡庄市叶氏中兴学校,后赴上海,就学于美国人开办的英文学校"青年会中学"。在美国人开办的上海青年会英文中学读书时,就加入了兄长创立的天一影片公司。天一公司崛起后,被上海滩电影业的霸主明星公司等排挤,史称"六合围剿",邵氏兄弟将电影事业从上海转到南洋。1928年起邵氏在南洋开设了110间电影院、9间游乐场和剧场。其后经过风风雨雨,1961年建成邵氏影城后,事业飞速发展,在日本、泰国、新加坡、澳大利亚等几十个国家建立了200多家发行网点。从天一公司成立到1987年邵氏兄弟公司停产,共推出1000多部电影,至少获得30个本地和国际电影奖项。1967年,邵逸夫与利孝和、祁德尊等创办电视广播有限公司(TVB),是香港首个商业无线电视台,也是世界第一大华语商营电视台。开台以来,培养出台前幕后的华语影视制作团队和演艺明星数以百计,其中最著名的如周润发、沈殿霞、周星驰、梁朝伟、刘德华、汪明荃等,他们都是邵逸夫所经营的影像世界的文化符号。

我们一面批判它是文化的沙漠,一面热衷追随港台影视带来的新时尚。20世纪80年代初在内地经济落后时代,面对港台文化蓬勃生气,内地表现出种种纠结与不自信的状态。我们批判他们对儒家文化和西方文化碎片化的认识,但我们也应该去关注宁波帮所经营的世俗文化,为什么能够几十年如一日在新事物、新潮流辈出的领域中,始终立于中坚地位?也应当去关注宁波人作品中一以贯之的诸如对底层的关注、对现实的批判、对个人自由的追求等元素。

1979年,宁波港对外开放。1980年,宁波工商联主席也是老一代的宁波帮代表人物之一俞佐宸,与其当年的学生、现在的香港中华总商会会长王宽诚联合倡议,在香港设立甬港联谊会,包玉刚、安子介等220多名旅港企业家成为创始会员。其后,在时任国家旅游局局长卢绪章即包玉刚的表姐夫的牵头下,邓小平几次会见包玉刚,以包玉刚为首的宁波帮人成为沟通北京与香港的重要桥梁。1984年8月1日,邓小平同志在北戴河听取国务院副总理谷牧同志的汇报,发出"要把全世界的宁波帮都动员起来建设宁波"的号召。在包玉刚、王宽诚、应昌期、顾国华、赵安中、李惠利、邵逸夫、李达三、曹光彪等为首的宁波帮人动员下,海内外宁波帮著名人士通过各种途径、方式为家乡,也为祖国发展建设献计献策、出资出力。1986年,世界船王包玉刚先生捐资创立宁波大学,邓小平同志题写校名。据不完全统计,三十年多间,香港宁波帮在内地捐资兴办教育、文化、卫生等各类公益事业4700多个,总金额达60亿人民币。至2013年底,宁波批准外商投资企业1.4万家,其中与宁波帮有关的7000家,投资额超过460亿美元。包玉刚等宁波帮人士还竭力为宁波争取更好的政策奔波,1985年11月,国务院专门成立了以国务委员谷牧为组长,各有关部委领导参加的宁波经济开发协调小组,聘请包玉刚和卢绪章为顾问。1987年2月24日,批准宁波实行计划单列,赋予省一级的经济管理权限。宁波帮乐善好施、造福社会的品质在新的时代,得到新的诠释,他们的力量,帮助了故乡的发展,甚至影响了中国改革开放的现代化进程。宁波帮人所演绎的"宁波帮,帮宁波",成为感动中国、感召世界的极具温情的世纪故事。

宁波帮人士在中英关于香港问题谈判、香港回归等重大事件上发挥了重要作用。1985年6月,安子介、包玉刚被全国人大任命为香港基本法起草委员会副主任,马临、邬维庸等宁波帮人士为起草委员会委员;董建华、范徐丽泰等一批宁波籍著名人士都为香港特区政府的筹备立下了功绩。1997年香港回归,航业巨头董浩云(董兆荣)的长子董建华成为香港特别行政区首任行政长官。

# 从三江口到北仑港

## 民营经济的兴起与宁波模式

新中国成立后,宁波发展较为缓慢。改革开放后,由乡镇经济到民营经济的发展,使宁波成为中国长三角经济最为活跃的区域之一。

我们的叙述再一次回到宁波人的生长地、出发地:宁波。宁波人因为历史的召唤,持续百年以上大规模外迁的同时,也在艰难演绎着自身的近现代变革。1862年,太平天国的入侵,对宁波城市发展造成了较大影响,城市街道破坏,人口大量流入他乡。清末洋务运动与新政立宪活动中,宁波也编制新军,创办警政,建立近代司法制度,改革府县行政机构。1906年以后,由鄞县开始,整个区域内建立了自治会和乡约会,完成了近代型地方政府机关的建设,推动了城乡民主化的进程。宁波人还参与了浙江咨议局的选举,鄞县人陈时夏被选为副议长。宁波城区人口在20世纪达到30万人左右。1911年7月,以范贤方、赵家艺、魏柏祯为代表的进步人士,成立同盟会宁波支部。在武昌起义后,他们组织力量进攻宁波道台衙门,光复宁波。因为长期以来的新学说、新知识启蒙,以及民族生存危机的刺激,改天换地的革命几乎不费枪弹,迅速结束,"兵不血刃,民不驿骚",满城百姓树白旗、缠白布以响应。1916年,孙中山到宁波中学(当时的浙江省第四中学)发表以《地方自治》的演讲,鼓励宁波人兴办实业,实现地方自治,激励市民"应该希望自己而不应希望政府官吏"。1919年的五四运动中,宁波效实、四中等举行集会,声援北京爱国学生运动,并开展抵制日货活动。新文化运动对宁波的城市发展起到了一定推动作用,如厚丰布厂、如生罐头厂在此时开办,而和丰纱厂、永耀电厂、正大火柴厂等也得到了快速发展。到20世纪20年代初,宁波城区共有近代工业企业39家,工人5000余人,银元资本达到230万元。

1927年,宁波建为省直辖市,罗惠侨为宁波市长,致力于拆城墙、填河道、建公厕、修马路,收回江河沿岸码头管理权,鄞县县长陈宝麟等有为的政府官员,推进了城市的发展。到了1932年,宁波城区工厂达到158家,年产值1082.5万元。1937年,抗日战争爆发后,沦陷区与大后方

孙中山与省立四中师生合影

的联系主要通过宁波港输入,三江口一时畸形繁荣。1941年,日军侵占宁波,城市又陷入萧条。中共先在余姚、慈溪、镇海三县之北,继而在四明山建立敌后抗日根据地,到1945年根据地发展为拥有400万人口、4个地区的民主政权。1945年8月日本投降后,国民党接管宁波;1946年经济有短暂的恢复,之后,物价飞涨,民不聊生。到新中国成立前夕,宁波工业有一定规模的只剩下永耀电力公司、和丰纱厂、丰丰面粉厂和通利源榨油厂,因为通利源榨油厂开工不足,故称"三支半烟囱"。

新中国成立后,民族工商业已经几近消亡,新政府积极调整,恢复生产。到1951年7月,登记工商企业有7829户,总资本额1790.84万元。1953年,我国进入第一个五年计划时期,在"一化三改造"的社会主义改造路线下,资本主义工商企业实行公私合营。1954年,纺织、面粉、染织、冷藏、电力等五个行业首先公私合营,和丰纱厂、永耀电力公司、冷藏公司、恒丰印染厂、太丰面粉厂等8个大型工厂进行单独公私合营。其后各个行业推开,1956年1月,全部实行公私合营,宁波进入计划经济时代。

在接下去的20多年中,因为政治运动与国家总体布局的影响,宁波发展缓慢,

20 世纪中叶的三江口

和丰纱厂小洋楼（江东）

地域国民生产总值 1949 年为 8.80 亿元，工业总产值 1.30 亿元。1978 年生产总值为 20.17 亿元，财政收入为 4.97 亿元；对比后 30 年，即到 2008 年，宁波的生产总值为 3964.1 亿元，2013 年为 7128.9 亿元，我们可以想见 30 年前发展的悠缓。这从宁波铁路的发展可以窥见一些大概。建造通往上海的铁路一直是 18 世纪末宁波人的梦想，1908 年沪杭铁路开通后，这件事提上了日程。1912 年 12 月 22 日，在旅沪宁波帮人的努力下，江北槐树路傅家衢头到慈城的铁路建成。1 年后，宁波至曹娥江东岸 77.9 公里铁路线筑成。

1937 年，桥梁专家茅以升主持设计的钱塘江大桥建成，沪杭甬铁路萧绍段修成通车，杭甬铁路有了联通的机会。但是这一年日本人大举入侵，工程被迫中断。1938 年，槐树路火车站被日军飞机炸毁。宁波人圆铁路梦在 1959 年国庆十周年之际，铁路宁波站正式开门迎宾。因地处南门，称为火车南站。建成之初，车站面积为五六百平方米，候车厅百来平方米，铁轨为 3 股道，设施简陋，只能满足一趟列车停放，一天仅有 2 个班次的客车。直到 20 世纪 70 年代初，日到发旅客也就 3000 余人次；蒸汽机车从宁波到上海要开 12 个小时。每当最后一班列车进站，旅客下完，车站便一片阒寂无声。乘客主要是短途小贩，而且集中在慈城、余姚段。对铁轨延伸的远方，大多数人是陌生的。

如果对比此时东亚国家的发展，这样的发展就显得落后，特别是在"文革"期间。李先念同志曾经说过，从 20 世纪 70 年代起，国际局势趋向缓和，是许多国家经济起飞或持续发展的时期。由于"文化大革命"的影响，中国拉大了与发达国家的差距，从而失去了一次极其宝贵的发展机遇。而在这 30 年，出于备战需要，国家把工业投资分散在全国各地,浙江没有发展重工业;国家在浙江的人均投资只有420元,属于全国投入最少的省份。宁波基本上没有得到国家的重大投资与建设项目,如同铁路发展一样,大学、工业等各方面基础性建设缺少突破性的成就。1974年才开始有"四项工程"的开建,即浙江炼油厂、宁波港、宁波电厂(后改称镇海发电厂)、镇海清水浦渔业基地。这导致宁波中心区块的辐射功能降至极其弱小,基本被上海、杭州两大城市所分割,这种影响直至当下还存在,比如宁波学生考上211大学后,想得更多的是在杭州、上海工作。

但是在宁波民间一直孕育着一种变革的冲动。因为地少人多的矛盾一直存在,人均耕地极少,远远不及国家人均水平(据宁波国土资源局2011年公布的统计结果,耕地面积为355.15万亩)。在限制人员流动的时代,农村需要另一种方式养活生民。这就是在20世纪50年代,"社队企业"这种农村工业就开始在宁波探索和尝试的背景。社队企业以农用和加工业为主。1966年后,"文化大革命"导致国营工厂停工,日用工业品奇缺,为宁波乡镇企业提供了发展机遇。到1978年,宁波已拥有社队企业5398家,工业总产值为6.54亿元。1978年十一届三中全会以后,农村大规模推行家庭联产承包责任制,农村生产力得到解放,使更多的人从土地上走出来,乡镇企业工业产值年均增长达到29%以上;到1983年,乡镇企业工业总产值已经达到24.23亿元,占全市工业产值的55%。1984年,自下而上的乡镇企业蓬勃发展,改变了农村穷困的面貌,勃勃的生机获得了中央的高度肯定,政府开始自上而下从宏观上建立机制支持乡镇企业成长。而这一年,也被宁波人称为宁波民企的元年:3月,陈志清以2000元在宁海县黄坛乡创办黄坛五金塑胶模具厂,这就是后来的志清公司;5月,盛军海以2万元创办罗蒙西服厂,即罗蒙集团前身;李如成担任鄞州青春服装厂厂长,雅戈尔有了雏形……之后,方太、奥克斯、广博、大红鹰、波导等民营企业纷纷起步,宁波民营企业的春天来临。

而个体私营经济发展成为影响宁波人最为广泛、深刻的事件。因为慈溪人多地少的矛盾是区域之中最为突出的,而且土地咸碱,资源贫乏,所以个体私营经济最先突破的是慈溪。在新浦、观城、白沙等这些走出过早期宁波药商的土地,先后出现了一批以有色金属浇铸、塑料制品、针织、小五金等行业为主,为大中型企业制造小配件小加工的小工厂、小作坊。到1984年,慈溪各个乡镇已有小工厂、小作坊2700多家。1987年、1988年国务院先后颁布了《城乡个体工商户管理暂行条例》

和《私营企业暂行条例》,同时,在 1987 年,国务院决定宁波实行计划单列,赋予其省一级的经济管理权限,系列政策变革引发了宁波个体私营经济的迅猛发展。1987 年,全宁波市个体工商户从 1978 年的 186 户增加到 10.5 万户。到 1992 年底,全市个体工商户发展到 14.7 万户,私营企业 222 户。

宁波的乡镇集体企业经历了 20 世纪 80 年代大发展以后,在 90 年代,机制优势开始消退。乡镇企业产权不明、政企不分的弊端凸现出来。手持裁制权的乡村领导可以随意干预企业,甚至还出现"老子办公厂,儿子办私厂""穷庙富和尚"等现象。而这时市场已经开始饱和,出现买方市场,竞争要求效率,乡镇企业因为操作随意,出现了大量的沉淀资本和高额负债现象,企业经营效率每况愈下。在 80 年代末 90 年代初,奉化市桐照乡、余姚市临山镇、北仑区小港镇、鄞县等一些乡镇的企业就开始自发地试行股份合作制,探索企业新生之路。1992 年,甬港服装厂率先完成股份制改革,组建杉杉集团。邓小平南方谈话后,姓公姓私的观念障碍解除,被列入全国新一轮综合配套改革试点城市的宁波启动乡镇企业与国有企业改革。改革的核心就是产权制度的分化:"抓大放小",通过拍卖、租赁、股份制改制等多种形式,转国有企业、乡镇企业为民营企业;转让所得全部用于职工下岗的补偿,多余的钱留给企业。1993 年,是宁波经济深度转型的一年,全市各地在政府的主导下,推进私有化的进程。到 1993 年底,3502 家镇、村集体企业初步实现机制转换,占总数的 22%。到 2000 年,乡镇企业改革全部完成,其中很大一部分转为个体私营企业,宁波人从改革前的"为公",到八十年代的"为集体",走向了新世纪的"为私"。这一年,全市规模以上工业产值中,国有经济仅占 4.0%,集体经济占 13.2%,股份制经济占 34.5%,私营经济占 17.4%,外资经济占 30.9%;规模以下工业企业绝大部分为个体私营企业。绝大多数宁波人投入了生产变革之中,其深度与广度前所未有,几乎全民皆商。到 2006 年,个体工商户、私营企业和其他混合经济体近 30 万户,占全市企业总数的 91.3%,所创产值 1468.75 亿元,占宁波 GDP 的 83%。2007 年,宁波市私营企业中注册资金 100 万至 500 万元的有 15080 家,500 万至 1000 万元的有 3054 家,1000 万至 1 亿元的有 2711 家,亿元以上的有 78 家。2013 年,宁波有 21 家企业入围中国民营企业 500 强名单;其中,雅戈尔集团股份有限公司以 444.4227 亿元的营业收入居第 37 位,奥克斯集团有限公司居第 44 位,远大物产集团有限公司居第 58 位,银亿集团有限公司居第 67 位,宁波金田投资控股有限公司居第 72 位,浙江前程投资股份有限公司居第 90 位,分布于制造业、外贸业、房地产业、服装业等行业。10 年之间,宁波成为引领中国民营企业风骚的高地。

在走向强大的过程中,宁波民营企业展现着一个从依赖到独立到走向世界的变化过程。改革开放初期,众多的上海亲戚成为宁波人获得技术、原料、资金和市场的重要来源;之后,宁波人走南闯北寻觅商机,"白天当老板,晚上睡地板",积累发展资本;到 20 世纪 90 年代中期,宁波人开始走向对外贸易之路。与企业改制同步,1994 年秋季,广交会组团形式出现重大变化,由全国副省级以上城市组团,宁波市首次以宁波交易团名义在广交会上亮相。宁波民营企业开始以广交会为首的各类交易会上登台亮相,走向了发展外贸的道路,以"走出去"的方式融入经济全球化大潮;或者说,这是继 18 世纪开埠以后,又一次开放;而这一次开放明显带有主动出征的意味,宁波人不是去发现世界,而是已经准备了技术与组织,开拓国际的市场;这一次开放背后强有力的政府支持让我们想见南宋时期政府对于贸易的鼓励,南宋的贸易还以官方贸易为主,元代是政府垄断海洋,而现代是国家把大海真正交给民间,交给了踌躇满志的宁波人。1997 年 10 月,首届宁波国际服装节举行,宁波人拉开了自己举办外贸展会的帷幕,主动邀请国内外客商关注宁波服装;之后,中国(宁波)国际电子家电展、中国塑料博览会等一大批涉外展会建立了国内具有较大的影响力。个体私营企业经过几年努力,到 2000 年出口额占到31.69%。1999 年自营出口权开放,与 2001 年中国加入了世界贸易组织(WTO),国家对宁波民营企业融入国际平台注入了强大推力。2013 年,宁波外贸进出口总额破千亿,达到 1003.3 亿美元;城市经济外贸依存度超过 100%。可以说,宁波是国内内源性的民间力量发挥得最淋漓尽致的地方之一,显现出外贸大市、强市的开阔气象。

由宁波,我们回看改革开放以来全国 30 年的纷繁巨变。这 30 年以公平、效率为核心,在"抓大放小"的原则下,将中小国有企业、乡镇集体企业通过各种形式的改制推向市场,实行民营化、市场化。因为区域特点的差异,企业治理结构的变化产生了区域性的模式,主要的如外资依赖性很大的"珠江模式",强调个体私营经济、政府无为而治的"温州模式",政府超强干预模式、地方政府公司主义的"苏南模式",等等。对比这些模式,我们可以看到宁波的发展有着自身鲜明的特点。宁波的发展模式是介于"苏南模式""温州模式"之间的混合模式。在长三角洲民营企业的发展中,"苏南模式""温州模式"一北一南,苏南地区毗邻上海、苏州、无锡和常州等大中城市,水陆交通便利,接受经济、技术的辐射能力较强,发展出大量主要为大工业配套服务的集体企业,以江阴华西村为代表,旗下有华西集团这样全国大型的乡镇企业。温州地区地处偏僻,山路险阻,土地贫瘠,经济基础差,发展出"小商品、大市场"的小狗经济,以打火机、纽扣等为代表,抢占全国、世界的市场。宁波有大量乡镇企业转过来的大型民营企业,如雅戈尔、三星奥克斯等,也有"一乡一品""几乡一品"的小狗经济板块,"小政府大社会"的温州模式在慈溪、镇海、余姚体现得较为明显。截至2008年,宁波有块状经济近150块,在中国社会科学院工业经济研究所公布的"2008中国百佳产业集群"名单中,宁波市共有5大产业集群,分别是塑料机械产业集群(北仑)、中国西服衬衣产业集群(宁波)、中国模具产业集群(宁波)、中国家用小电器产业集群(慈溪)、中国文具产业集群(宁海)。像在鄞州石碶镇到奉化桥头镇一带的五六个乡镇间的中国西服衬衣产业集群,有1800多家企业,培育了雅戈尔、罗蒙、布利杰、培罗成等知名服装品牌;慈溪胜山镇有1万多家从事服装加工的农户,象山爵溪街道有400多家针织服装生产企业,余姚泗门镇上新屋村生产的电动剃须刀占领了全国县以上城市70%的市场,临山浦中村的电话机按键占有全国高达97%的市场。宁海西店镇的小五金、慈溪周巷镇的食品等,也都是以镇为单位的块状经济。2013年,宁波有135个产品成为全国产销量单打冠军。产业的集聚直接促成了宁波各类专业市场的形成,全市建制镇共有综合市场和专业市场300多个,平均每个镇有近3个,像慈溪周巷仪器批发市场、鄞州宁波轻纺城、余姚中国塑料城等,都是块状经济的产物。宁波混合式的发展结构,被2006年由中科院发布的《中国城市竞争力报告》列为结构竞争力全国第一。

乡镇企业的发展,也打破了过去农村搞农业、城市搞工业的二元经济格局,一个统一的发达的城市一体化经济结构和市场体系迅速建立起来,大批小型、新型的乡镇在大地上如花盛放,数千年以来农民身份突然变得模糊,变成城乡结合、农工结合,神奇而迅速完成向第二、第三产业的工人、职员的自我转化,在宁波,农民基本实现就地的转换,所谓"务工不进城,离土不离乡";在全域都市化视角下推进宁波城乡一体化发展,即把9000多平方公里区域中的工业与农业、城市与乡村、城镇居民与农村居民作为一个整体,实行统一规划,推进全域都市化,在这个世纪成为触手可及的目标。从历次的考核来看,宁波的城乡统筹发展一直保持全省、全国第一。数千年来散点式的宁波区域格局,以民营经济为点,板块经济为面,区域经济一体发展融入长三角、及至东亚经济圈、全球化为旨向,在这个时代彻底改变。

## 北仑港的崛起与城市框架的改变

20 世纪 90 年代以后,宁波城市迎来新的高潮。交通面貌根本变革,北仑港地位日益彰显,宁波成为长三角区域南翼的核心城市。

姚江建闸后,外滩港通航能力下降。1972 年我国恢复联合国合法席位后,对外交往增加,外贸物资运输旺盛。1973 年,国家为分流上海港的运输,启动宁波港的建设计划。开发曾经制造万斛神舟、"海上丝绸之路"最重要启碇港之一的镇海港,重新回归国家建设格局。1978 年 10 月,镇海港区建成万吨级和 3 千吨级煤炭泊位各一个,有力地支撑了镇海区的石化、电力等产业发展。宁波港结束无深水泊位的历史,从此由内河港走向河口港。1979 年,宁波港对外开放。同年,北仑港区开发建设,1982 年北仑港区 10 万吨级进口铁矿中转码头建成投产,标志着宁波港从河口港到海港的跨越。北仑深水港区可满足 20 万吨至 30 万吨巨型船舶进港的需要,弥补了全国缺乏大型深水泊位、航道等级较低的缺陷。宁波港 20 万吨级矿石中转码头和舟山港 10 万吨级岙山原油基地的建成投产,在全国的大宗外贸物资中转运输中起到了至关重要的作用,并成为港口腹地产业布局的重要依托。宁波港的发展与我国改革开放、产业布局重心由内陆向沿海转移、国家能源安全等战略密切相关。宁波港为国家利用长江黄金水道,完成以电力、石化、冶金等基础行业为重点的产业布局,逐步确立长江经济带的国际竞争优势,起到了至关重要的作用。根据统计,长江沿线及浙江沿海地区每年所需要的外贸进口的原油和铁矿石约有 95% 和 60%、浙江沿海电厂所需煤炭的 75% 都是由宁波港和舟山港进行接卸和中转,有力地支撑了长江三角洲地区加工型贸易、石化、电力、钢铁等基础产业的发展,促进了国家经济社会全面发展。

时过三十年,北仑港早已不是诞生之时作为上海港的补充而建,它已经成为太平洋西海岸上最重要的口岸之一。2006 年,宁波港和舟山港正式合并,新港命名为"宁波—舟山港"。海域岸线总长 4750 公里,用于规划港口深水岸线 384.9 公里。全港划分为甬江、镇海、北仑、穿山、大榭、梅山、象山港、石浦、定海、老塘山、马岙、金塘、沈家门等共十九个港区。至 2013 年底,拥有生产用码头泊位 601 个,其中万吨级以上泊位 137 个;拥有集装箱航线 235 条,其中远洋干线 120 条,连通世界上 100 多个国家和地区的 600 多个港口,宁波—舟山港货物吞吐量在 2012 年赶超上海港,超出上海港 800 余万吨,货物吞吐量分别排名中国及全球第一。2013 年,单宁波港年货物吞吐量完成 4.96 亿吨,位居中国大陆港口第三、世界第四;集装箱吞吐量完成 1677.4 万标准箱,箱量排名保持大陆港口第三位、世界港口前六强。因为在国际贸易的货物运输体系中,海洋运输将长期占绝大部分,而在力求运费降低的总趋势下,拥有深水岸线、作业时间远远超过上海洋山港的宁波港,发展前景极为开阔。

北仑港码头

依靠内源力量、民间力量,大力鼓励民间投资,放手发展民营经济,使千家万户成为市场经济的主体,以市场和社会的力量这一"看不见的手"组织着城镇的发展,这是宁波社会经济发展的鲜明特点。但临港工业也迅速发展,这是宁波与温州、苏州发展极大不同的一面。重吨位的停靠,带来了资本、技术、生产、贸易的输入与出口,经过 20 多年的发展,宁波已基本形成了一条绵延 20 多公里的沿海临港工业带,集聚了石化、能源、钢铁、纸业、汽车、船舶等六大临港产业,形成了北仑、大榭、镇海、市区沿江工业群四大板块,催生了宁波经济技术开发区、宁波保税区、梅山港保税港区等新的经济区,主要企业有韵升集团、波导公司、中华纸业、庆丰热电、长丰热电等。到 2015 年,宁波临港产业产值将达到 8000亿元,占全市规模以上工业总产值的 40%。

而依托港口与民营经济的发展,大宗商品交易所开市试运行,宁波(镇海)大宗生产资料交易中心、物产钢材商城、宁波保税区进口葡萄酒市场等新建市场顺利运行，宁波航运交易所、中国镍金属交易市场、华东物资城钢材交易中心等大宗商品交易市场加快组建。中国塑料城、中国轻工模具城、中国裘皮城、中国有色金属材料城等已成为全国性的专业交易市场，并通过发达的交通向海外延伸。应该说，宁波土地新的海洋属性被深度开掘，港口成为城市的支点，宁波有一半以上的人从事与海洋有关的行业。外贸依存度，或者说是海洋依存度，超越了任何一段历史。宁波人正全新演绎着人与海洋和谐共生的海洋文化。2014年宁波百强企业排行可以看作宁波经济的窗口，这张榜单的入围门槛高达18.96亿元，高居榜首的中石化镇海炼化分公司2013年营业收入1364.53亿元，其下为中国塑料城、雅戈尔集团股份有限公司、奥克斯集团有限公司、远大物产集团有限公司、银亿集团有限公司、宁波金田投资控股有限公司等，上榜企业的主导为临海型国有大企业，主体是民营经济，占据75家。这百强中，有海外收入、海外资产的企业达到37家，海外收入、海外资产分别为338.10亿元和127.66亿元。而我们可以对比，境外宁波帮经过五十年的发展，所积累的财富，除列入香港十大富豪外，多数可能还比不上当下宁波民营新商帮30年的创造。

太平洋西岸可能是二战后最热闹的区域之一，而20世纪末转到了中国大陆的海岸线上。在对外的贸易与交流中，人对世界的认知不断跃进，然后积极推动着区域经济、政治、文化、科技等文明同步高歌猛进。宁波的港口经济与民营经济，在21世纪初合成巨大的力量，更新着丈量大地价值的尺度，从而不断改变地域的容颜。比如，宁波最北面的世界三大强潮海湾之一杭州湾，沿岸漫延的盐碱湿地，本是地图上不起眼的边隅。但在一座全长36公里、双向六车道的跨海大桥的拉动下，成为浙东连接上海的桥头堡、贯联长江三角洲地区的节点。在大桥南部海天一洲的造型，也是这种沧桑巨变的奋力推进的形象定格：它以大鹏展翅腾飞的姿态，张扬着时代的自信与魄力。大桥东首，沿着海岸线，咸碱的土地上，一座中等城市杭州湾新区已初露形状。

杭州湾这片泥涂可能正是宁波这个世纪以非凡的想象力与创造力演绎与海对话的写照。这片土地是宁波人千年围垦的结果，历史最早可以追溯到1047年，余姚县令谢景初率民修筑大古塘，早于始于13世纪的世界闻名的荷兰围海造田。这里曾经生产中国最好的盐，在20世纪中期，庵东盐场是中国最大的盐场之一。谁也想不到贫瘠的盐碱地,历史上却曾是宁波最富裕的区域。在农业经济为主的时代里,盐是流淌脂膏的财富。有"浙江盐都"之称的庵东,产盐量居全省之冠,直至20世纪70年代,仍占全省总产量的一半;新中国成立前后很长一段时间,盐税占到整个宁波税收的50%以上,这里俨然是宁波经济命脉所在。

但因晒盐成本过高、海盐生产方式改变等缘故,庵东盐业在20世纪80年代萎缩,盐田在20年间消失得干干净净。让人难以想到的是,陷入困境的盐农,几乎没有停顿,没有哀叹裂变的痛苦,而是立时掀起新生的激流。万千人走遍千山万水,吃遍千辛万苦,想尽千方百计,说尽千言万语,从没有知识、没有资金、没有技术、没有经验,迅速成长为影响中国现代化进程的草根企业家、商人。这片咸碱的故土,现在是中国甚至是世界的小家电基地、微小型轴承出口基地、轻纺基地等,饮水机、电熨斗、欧式插座等10余个产品为世界单项冠军。是什么激励着盐农洗脚上田,并凤凰涅槃?不只是政府支持,更需看到宁波人,千年一贯的意志与态度:身份改变,但弄潮儿的拼劲没有改变,海洋之心依然澎湃。在"重返海洋"成为全球经济发展的大趋势的时代,他们有能力在同一片土地缔造不同的文明。

我们想象这一座沧海新城将怎样呈现地域的印记,怎样来抒写浓郁的田园风光。这里以30多年的时间,走完了西方工业时代300年的路程。植根民间的生命力,在这个时代厚积薄发。其实这样的创造只是宁波的一个缩影,这片地域在这个时代处处被热烈而宏伟地改写。如果能在空中回身南望,近万平方公里的土地上,傍于巍峨起伏的山麓,沿着婀娜多姿的运河,多少城市在迅速拔起。像余姚、慈溪、奉化、宁海等千年古城镇,30年间大都发展成几十万人口的新兴城市;在世界大多数区域,这样的人口规模已然是大城市。唐宋的州城,已经将三江拥入怀中,大厦林立的鄞州新区、东部新城等塑造着高端大都市的形象。东部新城内,诸如会展中心、市行政中心、航运服务中心、国际金融服务中心一期、宁波文化广场等一大批功能性项目建成投用,宁波新的政治、经济、文化中心初步成型,正在成为宁波除三江口之外新的一个城市中心。而明清的草市、乡镇,也都蓬蓬勃勃,世所罕见地呈现出与城市一体化的繁荣。几乎每一个宁波人在30年间都告别了纯粹的农耕生活,都可以便捷地围绕着城市核心商圈、县市区域商圈,或者乡镇商贸中心,工作、消费,拥有适意的现代生活。宁波区域所辖县(市)全部跨入全国百强行列,人均收入居全国前列。宁波人的生活文明与历史面容,已全然更新。

应当如何解读这块地域新的文化生态？毫无疑问,北仑大港是地域经济发展的核心动力所在。追求低成本的全球化经济运作,使海洋航行越来越被倚重。这一四明山与大海共同缔造的罕见深水良港,随着改革开放的深入,越来越把宁波处于中国大陆海岸线中部、南北航线和长江黄金水道 T 字形结构交汇点的地理优势,发挥得淋漓尽致。在唐宋时代,人们用帆船与轮船来丈量世界,宁波以用古老的运河,将到埠的货物点点滴滴分散到各个城市,促成了中国东南经济带的形成。用集装箱深度推进全球交流的当下,宁波用杭甬高速、甬台温高速、甬金高速,用杭甬铁路复线、甬台温铁路,迅速扩散集结的货箱,甬金铁路与沿海高速还在紧张兴建。众多城市也因之拥有了无水港。宁波借助人类突飞猛进的科技力量,以大气魄、大智慧谱写了大地新的空间结构,尤其是 1994 年宁波被确定为副省级城市之后,长三角区域的核心城市与发展动力所在日益彰显,并形成了新的大宁波气象。

我们仍然从铁路建设来看宁波在全国的区域格局变迁。20 世纪 80 年代开始,越来越多的宁波人沿着铁路线寻找发展的空间,也有更多的人到宁波经营;在寒暑假,车厢里挤满了南下北上求学的大中专院校学生。老南站显出了狭促。1986 年,上海铁路局投资扩建宁波火车南站,建筑面积 5060 平方米,能同时接纳 4000 多名旅客。这一规模当时在全国还是算比较大的,初步显示出城市的铁路格局。1993 年 7 月,宁波至包头直通旅客列车开行,迈出了宁波铁路客运冲出上海、问鼎中国铁路格局地位的一步。这一年,作为铁路末梢的宁波,铁路客流量一跃位居全省第二。此后,宁波至北京、广州、吉林、合肥、成都、贵阳等地的长途旅游客车相继开通。与路网打开相同时,铁路复线、电气化改造等工程不断推进,铁路运行速度迅速提升。2002 年复线改造完成;2005 年 4 月,"庞巴迪"车型的城际特快列车,将沪杭甬之间的运行时间缩短到 3 个半小时左右。2007 年,宁波境内铁路旅客发送量达 2351 万人次;每日开行货物列车 33 对,年到发货物量 2384 万吨。2008 年,电化改造完成;宁波铁、公、水运齐头并进的复合型现代交通体系初步构成。2009 年 9 月 28 日,萧甬线第一列和谐号动车组开通,宁波进入高铁时代。这也是宁波结束铁路终端的历史性一天:甬台温铁路开通。这条电气化、全封闭的高标准铁路的开通,也结束了奉化、宁海没有铁路的历史。更为重要的是,甬台温铁路与温福、福厦、厦深等铁路连接,构成国家《中长期铁路规划》"四纵四横"快速铁路通道的"一纵",是贯穿我国东南沿海经济带最便捷的大通道,它凸显了宁波在以

宁波国际会展中心

鄞州新区南部商务区

宁波地铁1号线

上海为龙头的长江三角洲地区和以深圳香港为轴线的珠江三角洲地区之间节点城市的地位。2012年,宁波的人均高铁占有量,一举跃居中国第一行列。

2013年7月1日,甬杭宁高速铁路开通运营,宁波到杭州最快只需53分钟;这一速度,改变了长期以来以上海为中心的相对碎片化的长三角区域概念,使之成为具有紧密内部联系的有世界意义的大城市群。高铁以速度改变了城市间格局。2013年12月28日,宁波新南站华丽现身,建筑总面积近12万平方米,同时可容纳9000余名旅客候车,站场总规模为14站台16线。2014年5月,宁波地铁1号线开通,地铁2号线进入铺轨阶段;在规划之中,中心城区内将有7条主干线,覆盖全宁波市区和余慈地区以及奉化组团。宁波从一个车轮上的城市转向轨道上的城市。

巨大的物流创造了丰厚的财富,开阔的交通格局创造了多元化的文化格局,朝向海洋的步伐昭示着宏大的未来,宁波吸引着越来越多人的停驻。从第五、第六两次人口普查看,10年间有

200多万人从市外流入宁波,占总常住人口的30.09％,日常居住人口则已超过1000万。这是唐宋之后未有过的现象,也是历史从未达到的规模;宁波已结束了500多年来的人口外迁史。整个宁波区域又重现唐宋时代大量移民迁入的那种多元文化互相冲击、融汇的热闹气象。本土的跨国公司不断出现,国家级的科研院所也陆续进驻,在大专院校、企事业单位里,进行着大量新的探索和试验,城市文化表现出新的开拓性和开放性。

**走向未来的城市**

宁波的发展需要清晰的梳理与预见,积极主动参与时代的变革,城市的缔造在现代需要每一个人的自觉。

未来的宁波是怎样的容颜与气度?这是一个让人无尽遐想的题目。

也许亚欧大陆东海岸所有城市都在做这样的遐想,都在谨慎地把握随时变迁的历史发展机遇。这条岸线上,城市的功能有着诸多的类似性,全球货物吞吐量最大的十个港口,八个就在这里。每个城市都依据自己独特的地理位置、良好的服务功能、较强的经济实力等,朝着国际化的高端文化城市发展,但是谁都有被替代的可能。宁波如何从这些相互依存又相互竞争的城市中独领风骚?

2014年新修改后颁布的《宁波市城市总体规划(2004—2020)》,提出了构建"一核两翼、两带三湾网络化"的大都市格局。这个新的城市形态战略布局已经较为清晰地显现,都市化的中心城区"一城双心"的格局,整个地域以海曙、江东、江北、鄞州、镇海、北仑6区为主核,以余慈组团和宁波杭州湾新区为北翼,以奉化、宁海、象山组团为南翼,带动以泗门、周巷、观海卫、慈城、集士港、溪口、西店、石浦等8个卫星城为龙头中心的新型小城市的发展,形成连绵城市群的格局。现在区域里已经形成了沿海城镇产业带和沿四明山城镇产业带,杭州湾区域、象山港区域的海洋产业带已较为完善,三门湾区域的产业带初见形态,沿海十区十岛的建设已经摆上日程。以甬江水系为核心,面朝大海的区域统筹规划,绽开了它的世纪气象;政府的投资与民间的呼应正使蓝图一步步变为现实。

然后,我们将视线再次投向铁路干线。铁路比公路运输节省20％～30％物流成本优势,必将在区域的未来发展中发挥更为重要的作用。作为全国 18 个铁路集装箱中心站城市之一的宁波铁路集装箱中心站,已经在北仑区邬隘启动;2015 年,宁波铁路枢纽北环线开通,将形成客货分线、南客北货格局,能大幅度提高宁波铁路的运行效能,经过宁波的列车数量有望大幅增加。未来,向西南,甬金铁路规划 2020 年建成,并与拟建的衢(州)景(德镇)九(江)铁路沟通,形成宁波港进入内陆地区的便捷新通道。向西北,杭州湾跨海铁路规划 2050 年建成,增强和上海、苏州地区的联系。向东,甬舟铁路规划 2050 年建成,使舟山群岛与大陆联成一体。6 条五个方向向外辐射的铁路,将使宁波成为名副其实的铁路枢纽城市。

但是面对当下的繁荣,我们是不是也应常怀地域哲思的习惯?

集装箱时代的经济形态与帆船时代截然不同,北仑港代替了三江口,海洋运输、公铁运输取代了从春秋以来对甬江水系的交通、贸易支撑的依赖,产生了经济技术开发区、保税区等一些新的经济开发形式,地域内四分之一以上的人与外贸直接相关。以制造业、石油业为中心的现代海洋文化,与传统以渔为业,以手工制造业、农副生产业为依托的海洋贸易文化具有明显区别。2013 年,农业在宁波经济总量中的份额已经下降到 3.9%,绝大多数农村劳动力已经完成向非农产业转移。由此,创造了辉煌宁波乡土文化的耕读传统,与传统渔业、商业密切相关并曾经影响世界的观世音信仰、妈祖信仰,如何走向现代已面临困境。如观世音信仰正在转化为财神信仰、求子信仰,而失去了其作为追求未来、普度众生的文化本义。妈祖信仰已离开航运业,只存在于渔民之中,与现代制造业的鸿沟未能弥合。宁波传统文化曾有的大气象正急剧萎缩,走向现代化也就意味着走向同质化。在经济基础的根本性变化的背景下,宁波传统文化的特色如何走向复兴?宁波的七千年海洋文化怎样才能化为巨大的文化创造力,使宁波成为一座人与海洋和谐共生的海洋文化艺术之城,使宁波的气派像杭州湾潮水对中国甚至对世界来讲,永远不可思议地炽烈绽放?

宁波全市有常住人口 766.3 万人,常住人口城市化率为 69.8%。参考国际著名经济学家钱纳里的六阶段标准,宁波已经进入第五阶段(后工业化社会),即迈入了都市区发达经济的初级阶段。现代化与城市化使生活也不可避免地发生同质化趋向,大量优秀的乡土文化建筑、传统民居、历史景观、传统民俗民艺的物质载体等迅速消失,曾经的开放院落日渐被集中的公寓式楼房取代,日常的娱乐与饮食的独特性淹没在多元的文化之中。乡土文化的生存空间越来越狭窄,造成地域文化独特感、生活方式独特性的消失。2013年,按常住人口计算,人均生产总值为93176元。物质生活的极大丰富,消费能力的增强,改变了人们的生活习惯,居民的生活由以前单一的低消费生活方式转变为现在多元的高消费的生活。电视、网络、手机等多媒体社交方式,成为主宰人们世俗生活的文化平台,技术化开始过度支配人们生活。在电脑游戏、动漫,以及电影电视,以虚拟技术重建的自然世界、文化景观、未来图景,成为这一时代人们的主要想象天地,文化背景越来越趋模糊。自然在数码艺术中被美化与变形,美与现实大地、自然生命分离,世界的真实性被技术的虚在性所替代。惯常的熟人社会被打破,人际交往变得复杂。市外流入人口大幅增加,流动人口遍布宁波乡村城镇;宁波市外来人口总量居浙江省首位,与户籍人口之比已达75∶100;据宁波市就业管理服务局发布的2014年人力资源调查报告,结果显示总人力资源为640.4万人,其中本地城市户籍劳动力为97.7万人,本地农村户籍劳动力为188.2万人,外来劳动力为354.4万人;人口构成发生剧变,不同民族、种族、信仰群体的人出现在社交网络中。在经济全球化、生活同质化,日常生活结构严重解构的背景下,宁波如何传扬千年的历史文化底蕴,开创全新的城市文明形式,创造适合人居住的幸福家园,远离现代城市钢筋水泥里常常滋生的浮夸轻躁与紧张苛刻?

在历史上,高素质移民与地域文化的融合形成了"书藏古今、港通天下"的地域文化特色。对普通百姓而言,通过丰富多彩的民间文化活动能获得人文知识,建立起地域一整套关于人生的有效理解。而精英知识分子基于春耕秋收、顺天而行的农耕文明,以建树"三不朽"的事业为人生的核心追求,走出了2483名进士,产生了众多辉煌的文化家族;同时儒学因为充实了务实重商的海洋文化,在明清两代形成了具有开创性的浙东学术,王阳明的心学、黄宗羲的史学一时振聋发聩。在当下,庙宇、藏书楼等精神性场所经营的功利化,知识分子的社会地位上升渠道变迁,导致原有价值信仰对于人们的整合、调节作用削弱,甚至消失。传统文化如何适应都市文化的发展,提供文化的归属,安顿心灵,满足人的发展需要,成为现实需要解决的问题。在价值结构发生重大变迁的时代,宁波文化如何安顿心灵?或者说,宁波人如何承继浙东学术精神,真正成为明清儒学大师所向往的文化学层面上的独立、自尊、自由的价值主体?

与所有当代城市一样,面对信息社会、城市社会、媒体社会、汽车社会、网络社会、消费社会等同时发生的转型,宁波文化正面临生存与发展的巨大挑战。在经济发展过程中,我们也失去了很多宝贵的资源,比如东海渔场,这个曾经世界上最富有的渔场,现已几近荒漠。有没有一条路,能使港口的发展与传统渔业的发展和谐同步,现代渔业的发展能与海洋保护协调一致?如果再不能很好地调整,宁波南部区域有可能面临边缘化威胁。比如河流、空气的污染,食品的安全等,都让人倍感压力的沉重,甚至让人怀疑发展是否是一种必要。打开宁波地图,四明山与平原已经形成鲜明的对比,森林葱郁的四明山下的土地几乎都已经被卷入了现代化的规划,变作了水泥的丛林;土地资源的紧缺问题日益突显。比如港岸线的开发,终究有一个极致,临海区域环境破坏严重,世界港口已经发展到第三代,即"国际物流中心",在强大集散功能及集散效率之外,还具有集有形商品、技术、资本、信息为一体的物流功能,宁波港还处于"运输中心+服务中心"的第二代港口功能上,中国内地出口到欧美等地的货物中,70%要通过韩国釜山港中转。如何使港口能如上海港,甚至是鹿特丹港、安特卫普港、香港、新加坡港等一样有一个高质量区域带动,并成为国际物流中心?近五百年的外迁,是宁波的历史困境,也是融冶宁波帮开拓精神、海洋文明涅槃新生的阶段;近三十年来,小狗经济繁荣的慈溪、余姚等地,人们将小商品卖到了全国、全世界,重现明清的开拓;富裕起来的宁波,是否能够在新的变迁中,继续保持气吞万里的出征气度?

我们可以从东亚地区,甚至是环太平洋地区的城市发展来设计区域的未来。现在,对宁波的发展研究,还较多地集中在副省级城市之间的对比,尤其是与大连、青岛、厦门的比较中,思考城市发展的种种细节问题、方向问题。如在海洋文化建设方面,宁波对海洋文化内涵的开掘多停留在展览、介绍、考证阶段,未进行深入系统地挖掘,对传统制度性海洋文化、思想文明缺少现代化解读,没有转化为现实的文化影响力。而像大连已经有相当力度的举措,如改建"15库"等,使之成为有"海文化"创意的街区;像青岛,致力于打造"帆船之都""音乐之岛""影视之城",这些已经成为广为人知的城市文化品牌。

我们还可以对比杭州与上海这两个距离宁波最近、对宁波影响最大的城市。宁波缺少中国著名的文化机构、有中国影响力的媒体、办大型国际赛事的经验、世界知名大学和研究机构、举办国际性文化活动的场所等;宁波现有的活动如中国开渔节、宁波国际港口文化节、甬港经济合作论坛、中国海洋经济投资洽谈会等,知名度亟须提高,存在内容和形式较为单一。以这些指标衡量,宁波跻身世界文化强市行列存在距离,如果在这些方面没有突破,宁波将一直是他们的人才资源库,优秀的宁波人将为他们所吸引,从"人"的角度而言,宁波要巩固长江三角洲南翼中心城市的地位可能受到极大挑战。

我们可以比较苏州,西门子、三星等众多跨国公司在苏州工业园区设立研发中心。有报道称园区外资研发机构累计达 117 家,集居大专以上人才 19.5 万,居中国开发区第一;其中入选国家"千人计划"68 人,2011 年新兴产业产值突破 2000 亿元。宁波开发区自 1984 年成立宁波经济技术开发区,已有重点开发区域 20 个,对照苏州的园区,我们有哪些可以借鉴?

我们可以对比绍兴。五千年的越文化中心绍兴,为何在两宋之后,在区域里相对落后? 是运河的衰落? 是人才的流失? 绍兴的区域面积为 8273.3 平方公里,与宁波大约相差 1400 平方公里,但人口至 2013 年 11 月,为 216.1 万,与杭州、宁波相距极大。虽然,绍兴依然是著名的水乡、桥乡、酒乡,民营经济发达,在清末民国,鲁迅、蔡元培、马寅初等大师辈出绍兴,绍兴为何有大师之大,而无大学之大? 绍兴要恢复千年前的光荣何其艰难。

我们同样可以对比亚洲四小龙。在 21 世纪,四小龙已经发生了分化,为什么韩国的发展更为强健? 在起飞之时,都是以劳动密集型产业为主,政府实行减免税赋和提供低利率贷款,从而实现快速的原始积累。但在后期,韩国利用财阀投入大规模的研发经费,实现技术创新,而中国台湾地区的中小企业通过代工和模仿国外技术进行技术创新,因企业规模过小,只能在公共研究机构支持下为跨国公司提供局部设计、制造等服务,这就是韩国与中国台湾地区在全球化竞争中分化的开始。现在,韩国的资讯科技产业执业界之牛耳,内存、液晶显示器及等离子显示屏等平面显示装置和移动电话都在世界市场中占主导地位,其他如造船业全球第二、轮胎业全球第三、合成纤维生产及纺织业全球第四、汽车生产全球第五、钢铁生产全球第六。尤为精彩的是 1997 年的亚洲金融风暴之后,韩国将文化产业确定为国家经济的支柱产业,以动员社会资金为主,官民共同融投资的运作方式,推动产业发展。不到十年,韩国成为世界公认的文化出口大国,在亚洲市场特别是中国大陆、台湾地区和日本、新加坡等地刮起韩流。宁波的民营经济经过近 20 年的外向型发展,遭遇的问题何其类似十几年前的韩国与中国台湾地区分化时的选择,一方面是向规模化、国际化和高科技化加快发展的企求,一方面是相对滞后的经营管理、专业技术人才缺乏的现状,宁波民营企业必须有正确的抉择与开拓的雄心。从整个中国来看,纺织品、服装、箱包、鞋类、玩具、家具、塑料制品等这一类劳动密集型产业,至今还是繁荣中国沿海城市的主要产业,现在正面临着出口下降的趋势。宁波焦急地呼唤着实现集体的成功转型。这一次转型我们是不是可以考虑得更深入些,甚至可以把眼光放得更远一些,从城市以独特的创造增强长三角城市群的活力着手,使宁波的活力让长三角这一世界级的城市群以更高的姿态面对城市化主导的世界,在多极多层次的世界城市网络体系成为一极。

创新是这个时代的主题,创新的速度将愈来愈快。中国有许多核心的层面急待突破,比如中国关键技术大部分来自进口:工程机械高技术产品80%以上,数控机床70%,石油化工装备76%,集成电路芯片制造设备80%,光纤制造装备100%,通信、半导体、生物、医药和计算机行业60%~90%,彩电、手机和微机的CPU都掌握在发达国家手里。中国需要制造积累财富,但更需要智造走向未来,已经到来的大数据时代已经把这个趋向表达得极为清晰。据资料统计,近20年的科技发展,比2000年历史的成果还要多。截止到2005年,新成果又增加一倍;预计到2020年,新成果将增加4~5倍;到2050年,可能有99%的新成果是现在所没有的。宁波的未来可以承担怎样的国家责任?

新陈代谢的过程永远在持续,居安思危已经成为健康城市经营者的必有心态。据美国《财富》杂志刊登的有关数据显示:世界500强企业平均寿命为40~42年;美国大约有62%的企业寿命不超过5年,只有2%的企业能成活50年,大企业平均寿命不足40年;科技型中小企业的死亡率更高,其3年成活率仅为30%。《日本百强企业》一书中说,日本优秀企业的平均寿命不足30年,一般的跨国公司平均寿命为10~20年。中国的集团公司平均寿命只有7至8年;中小企业的平均寿命更短,只有2.9年,每年有近100万家企业倒闭(不包括个体工商户);民营企业的死亡率高达70%~80%,每分钟就有9家民营企业倒闭,能够生存3年以上的不足10%。宁波显然不能满足于当下的繁荣,每天都是崭新的。没有更新,便是消亡,创造将是城市长久发展的永恒使命。宁波缺少大学之大,但不能缺少催化创新的土壤。是不是在有一天,宁波这块土地便是产生网易总裁丁磊、赛伯乐投资公司董事长朱敏、美国 BEA 系统有限公司创始人庄思浩等新宁波帮的土壤？宁波如何进一步开放，使多元、冒险、包容的文化特征彰显出来，吸引大批创造、创新精英，融进地域的创造性发展中。

而我们的城市已从以"市场"为核心的"经济型城市化"，转向以"做人"为核心的"文化型城市化"。我们的内心更不会停止于经济发展之上。人内心最大的需要不是生存需要、安全需要，而是这些需要得到满足之后的尊重需要、发展需要。2009 年，按户籍人口计算，宁波人均国民生产总值已经超过 10000 美元，宁波已经步入全面小康阶段，在这一个阶段，人们对内心的幸福感追求将超过以往任何时候。回首是 7000 年，前望如果也是 7000 年，无论风雨、阳光，这块土地是不是依然充满幸福的家园感？宁波应当怎样继续营建这个区域幸福感？我们不能过多地迷恋现代的高楼。水泥的寿命是 70 年，台北曾经漂亮的现代化建筑经过几十年的风雨已经显现苍老甚至破旧的容颜，这些高能耗的建筑让我们怀疑，它们在 1000 年后将以何种形式存在？但可以肯定宁波的天封塔一定会存在，因为这个低能耗的精神建筑已经在这里站立 1500 多年了。因为这个塔里有抗争大海的故事。只要在这个塔下停驻过，听过这个塔的故事，即使这个人若干年后离开这块土地，漂泊天涯，当他想起宁波的时候，也会记得有一座充满暖意的塔，有故事的塔，充满先祖精神的塔。它告诉我们的城市从哪里来，我们的故土曾经经历了哪些事，我们的先民曾经怎样面对大海，而他们又是怎样获得世界。这些故事真实地存在于地域百姓心灵的空间，让我们从此有根的维系，它让心灵获得的归属感远远超过旁边占据极大空间的建筑。

而在接下去的千年中，我们需要更多这样的故事，使我们的家园温暖满溢，就像我们现在叙说的河姆渡人的故事，月湖家族的故事，三教在宁波大地交融的故事，宁波帮闯荡天下的故事，新的宁波帮与宁波港在大地重新崛起的故事，杭州湾跨海大桥、杭甬高铁、东部新城、南部商务区等新的宁波符号的故事。这些故事是我们的记忆与思维，也是思想、情绪与意志。我们立身于世，是寻求在地域精神的脉流，能纵贯其间，激荡起时代发展的浪花，证明我"心"的曾经存在。或者作更伟大的设想，在现代城市生活中，人类面对精神文化领域出现的科学文化与人文文化的不平衡，理性因素与非理性因素的不平衡，面对情感扁平化、道德情感冷漠化、宗教情感消逝、政治激情冷却，宁波能不能出现大师，无论政治，无论经济，无论哲学，无论文化，去回答维护精神生态、文化生态的平衡这一世纪的社会问题？在宁波的历史上，从杨简到王应麟，从王阳明到黄宗羲，从宋元商人到绵延三四百年的宁波帮等，对于人类的精神发展一直有着独到的探求。宁波的商业传统为世人熟知，但宁波同样也是主张"实功实用""经世致用""工商皆本"的"浙东学派"的发源地，未来的宁波也应当是浙东学派的延续之地，是人类如何走向幸福思考的人文高地。

人类到底渴望着怎样开阔的平台展现自己的力量与美丽？到底渴望着用怎样的方式定义世界？想起河姆渡人在简易的木筏上，在惊涛骇浪中像凤鸟一样飞向远方，想起满载青瓷的唐宋神舟，想起明清的海战，想起荡气回肠的民国海运。海洋新时代正大踏步走来，大自然如此厚爱的宁波，还将怎样张扬地域个性，开创出全新的城市文明形式？我们相信，因海而生、山海相拥的宁波，将会成为最美丽的最适合人诗意栖居的城市。

日常与传统

# Daily life and Traditions

　　人是文化符号的动物,人的生活世界是构造的、生成的,人从最切身的衣食住行开始创造生活,同时也因自己的创造而塑造人自身。宁波人的日常生活呈现为一种连续型的文化,7000年来文化根植于与农耕与海洋文明的交融。这种文化的边缘性与开放性的特点,使其在历史发展过程中不断充盈新的内容。这种独具味道的小传统,是宁波人生活理想、审美意识、伦理道德、价值取向等精神内容的生发点,简洁而不乏富丽,务实而不乏情趣,俭朴而不失气度,表现出勃勃生机。

# 山海之间：宁波文化的物态肌理

## 山海对话与文化生态的构建

　　山是宁波陆地的主要构架，海是宁波人生活的另一半。山海对话是营建宁波人日常生活最主要的地理因素。

　　宁波陆域总面积9816平方公里，西南方是天台山与天台山的支脉四明山，山脉朝北延伸，便是慈溪与余姚交界的翠屏山，朝东便是横贯穿山半岛的太白山脉，东面的山脊大多贴着海岸线，收不住脚步的就直接跃入大海，宁波的海域总面积有8232.9平方公里，海上矗立着大大小小属于宁波的岛屿614个，面积也有262.9平方公里；其实千岛之城舟山本身就是这些山脉的延续，与宁波是结为一体的。因为山海牙错相倚，海岸线曲折而多情，有杭州湾、象山港、三门湾三大海湾，岸线总长达1594.4公里。

　　陆域西南高，东北低，众多山溪顺着深涧淙淙而下，除少部分独流入海外，大多数汇入山体东面的奉化江与北面的余姚江。奉化江发源于奉化溪口镇四明山大湾岗董家彦村，干流全长93.1公里，流域面积2223平方公里；余姚江发源于余姚大岚镇夏家岭村东的米岗头东坡，干流全长106公里，流域面积2440平方公里。宽广的两江在东北部狭小的宁波平原相汇，融成26公里甬江，奔入东海。

　　这种地理构造，是一种较为柔性的山海依偎。浩瀚的太平洋，是世界上最大也是最能集聚风暴能量的大洋,但是当它把澎湃的波涛推上大陆架,撞击海岸之时,因为群岛的隔断,脚步骤然变得温柔多情,这使得群岛与陆岸间的海面看上去更像平静的湖泊。高山伸出河流之手,以泥土与砂石馈赠大海,于是曲折的海岸线上又形成了一片片平坦而绚丽的泥涂、沙滩,以及冲积平原。宁波的海岸线上有浙江最为宽广的湿地,其中杭州湾泥涂的滋长成为千年以来浙江地形改观最壮美的景观;绚美的湿地上面,每日演奏着潮退潮进的天然乐章,无数的蟹类、贝壳等享受着大自然赐予的肥沃土壤,又有无数的鸟儿飞翔逍遥,构成东海岸飘逸而优雅的生态情致。而山与海又是深度相拥的,山川欢跃地向海而奔,直入大海深处;甬江水系仿佛一棵根植海洋的大树,海洋是生长根的大地,四明山是葱茏的扇形树冠,城市与村庄都是树上的节点,——余姚在历史上曾长期隶属绍兴,最终脱越入甬,其根本原因也与山川形貌的向心力有关;海水则每日倒溯两次潮水,在未建大闸之时,高高的浪墙可以一直推伸到陆地深处。

因为置放于北纬 28°51′ 至 30°33′ 的地理区间,所以山与海激荡起的气候话语非常丰富。这一纬度,夏季由副热带高压统治,冬季却是形成于中高纬度的极地大陆气团的势力范围,有着温差分明但均温适宜的四季。因为大海总是在无穷地蒸腾水汽,所以春秋两季冷热气团交替时有了丰沛的雨水。每年 3—7 月,春雨、梅雨连绵相接;秋天里,一星期多见不到太阳也是常有的事情。因为山脉向海陡耸,雨水下降更为充分,雨量分布山区大于平原,南部多于北部,沿海向内陆递增,宁海双峰、余姚大岚这两个山区乡镇成为多雨中心,年降水量在 1700mm 以上——这是一个非常湿润的数字。雨水与热量是拉起大地苍翠的主要力量,区域里森林覆盖率达到 50% 以上,夸张地说,四明山上没有一寸土壤是裸对长空的。绿树涵养了水源,四明山因此又成为一个天然的庞大水库,终年流泻的清泉,欢腾了山溪,溢满了江河,充盈了湖泊。宁波区域内,包括北部滨海相对少雨的区域,都是一片片绮丽的水郭山村风景。市树是樟树,这种树木往往能生长上千年,树冠博展、枝叶茂密;宁波南迁家族聚族而居时,在村庄水口处往往罗植几棵,俗称风水树,树下往往便是族人群聚的文化空间。市花是冬天开花的茶花,花期可以长达几个月,花的品种繁多到几百种。这两种喜温暖湿润气候的常绿植物在宁波的乡村、城市处处可见。

优越的自然条件,赋予文明生长的丰厚基础。在四明山北麓的姚江岸边,发掘出辉煌的新石器文明河姆渡文化,自然不足为奇。7000 年前的河姆渡人生产方式简陋,但过着有质量的惬意生活。粮仓里囤积着大量水稻,温度与湿度的适宜,冲积平原的肥沃,不用付出太多艰辛,就能收获粮食。煮食用的陶釜里装满了龟、鳖、蚌、鱼等,还有菱角、芡实、酸枣等零食;他们刳木为舟,披荆为路,尽情向大海、湖泊与山林索取。海洋蛋白与各种珍奇的山货,使河姆渡人有着发展文明的稳定、周全的营养供给。从发掘遗存来看,诸如石斧、石锛、石凿、骨凿、骨镞、陶纺轮、石纺轮、木卷布棍等工具种类繁多、分工细致,不仅能让人真切还原上山采集、下地耕种、出海打鱼、在家纺织等多样劳动所组成的繁复而有序的生活,更让人感受到创造者的缜密心思,与他们的快乐心态。

因为在河姆渡文化繁荣的前后几千年中,海相、陆相在宁波不断交替,每一次海侵把海相地层青紫泥留在宁波的地底下。最后一次海侵留下的青紫泥大约离现在地面 1~1.5 米,像一层橡胶铺在宁波平原的地下,有一公尺多厚,不透水,非常细腻。河姆渡黑陶就是用青紫泥烧的,河姆渡人把烧火的芦苇的灰烬与青紫泥揉搓在一起,制成了黑陶的原胚。因为青紫泥不渗水,所以非常适合发展水稻的种植。也因为青紫泥不渗水,大地非常潮湿,所以河姆渡人要把房子架起来,于是就有了干栏式建筑;所谓构木为巢,既避野兽,又保持良好的通风与防潮。一场场海侵确定了宁波稻作文化与居住文化的特征。

河姆渡人的富足生活,自然让我们联想到几千年来江南水乡如诗如画的生活画面:流脂的土地,千缠百绕的泽国流水,柔丽缠绵的越剧,弥漫芬芳的醇厚黄酒,性情平和而知足的人们,划着小船,穿过开满荷花的湖荡。北宋诗人王观有一首《卜算子·送鲍浩然之浙东》的词,记录大约现在鄞州高桥一带的风景,“水是眼波横,山是眉峰聚。欲问行人去那边?眉眼盈盈处。才始送春归,又送君归去。若到江南赶上春,千万和春住”。这就是王观对宁波山水相映风光的美丽印象。过去鄞西平原有广德湖,湖面开阔,湖水清盈,湖西便是含烟沐霭的四明群峰,而在青山与绿水间,一丛丛茂盛的树林下,还有高高的石拱桥,开满荷花的池塘,弥漫黄酒醇厚芬芳的巷陌,以及冉冉升起的炊烟,与万千充满温情的人家等。故而王观用新鲜不俗的俏皮话告诉鲍浩然,他去的地方山水如美人“眉眼盈盈”,到那里必须和“春天”同住。

但雅致安逸并没有成为宁波人日常生活的历史主调,甚至从根底里来说,宁波人并不喜欢过于平静,他们自由活泼,天然地渴望出征世界。河姆渡时期的外迁,春秋时句章、鄮、鄞等原始的外贸,秦时徐福从慈溪到蓬山的东渡,唐宋的青瓷、丝绸、茶叶等贸易,从明朝到当下的宁波帮开拓。从文化生态上讲,宁波文化不是纯粹的传统农耕文明;在人文风格上,也区别于浙西江南的温婉柔软,它具有开放性、开拓性与征战性,而其价值取向具有鲜明的商业性和牟利性。

面朝大海的地理背景,影响着这一风尚的形成。广阔的海洋给人延展梦想的空间,召唤着人扬帆远航、走向彼岸。同时,海又是变幻无常的,渔民出海或许是满舱而归,也可能空手无获;海洋还会酝酿肆虐的狂风暴雨,在台风骤起的季节里,出没风波无疑是一件极为危险的事情。然而逐浪的历险,培养了人们宏大的气魄与尚武的性格,建立了深刻的"同舟共济"的价值信仰。

海洋甚至是一种暴力,破坏文明的安逸。地域中流传着大量搏战大海的故事,一些人物形象成为文化符号,积淀在民俗之中。比如有两个海水倒灌淹没宁波城的故事,即唐朝州刺史黄晟与蛟龙作战的故事,与天封塔老石匠从四明山采宝石杀蛟龙的故事。这两个故事都表现了宁波人刚勇善战、血脉偾张的一面。而天封塔的故事可能更是一个有意义的隐喻:面对大海的狂暴,地域百姓表现出了对四明山的依恋——老石匠在四明山上找到了战胜蛟龙的宝石。在地域的无意识里有海的影子,也有山的塑造,对话山与海,是宁波人对话自然的主体话语。从明州(源于四明山)到宁波(源于大海)的城市命名中,我们可以看到山与海这两个主体地理元素,在他们心中的分量。

宁波人以山的坚毅与厚重自期,民性里有山岳之气。当然,四明山并不是一座高雄伟峻的山,海拔在千米以下,但有碧绿的大海相衬,你就不得不赞美它的高峻挺拔。也许在人心里,高度还另有尺度,它不以数字来标志,而是一种意义上的理解。在中国的道教史、文学史上,四明山是一座绕不过去的高峰。而在历史上,它又灌注了英雄气概,人们依据大山,抗击金兵入侵、清兵南下、日本侵略等,由此成为一座革命名山。在梁弄、四明山、樟村等村镇,有着诸多的历史传奇故事,像浙东抗日司令部、浙东行政公署旧址、浙东抗日军政干校旧址等之于梁弄,黄宗羲结寨抗清时的讲学处之于四明山,李敏烈士就义处之于樟村等,当年浴血奋战的地方都有故迹可循。这座极其美丽而坚硬的花岗岩体,无疑成为宁波人心目中最为刚劲的文化符号。

而值得一说的是，这一山海结构与长江以南诸多的沿海城市不同，比如台州、温州、福州等都是高山险阻，温州在南宋时，犹如在海上一般，而甬江水系却是开放而又相对独立。一方面宁波对海是开放的，宁波先民由江入海，可以顺着沿岸的洋流，便捷地走向远方；远方多彩的文明，顺潮而入宁波的城市与乡村。另一方面它对大陆也是开放的。四明山向北奔往大海之时，在大隐一带突然断裂，余姚江从其间贯流而过。姚江从春秋到两晋，被改造成中国最古老的一条运河——浙东运河。秦汉以后，尤其是唐宋两朝，中原百姓、士族由运河而入，使宁波民风深深浸染内陆儒家文化：敦朴淳善、嗜古笃行。于是，一种典型的边缘混合文化在山海之际形成。或许可以做这样的文化判断，陶染于这样文化里的人，更具可塑性：进入大陆，他有可能成为大陆文化新的样态，比如阳明心学；进入海洋，他有可能成为海洋文化新的类型，比如带有儒文化色彩的宁波帮。

我们总是觉察山海设计激荡着文明发展的波浪，而奥妙在于它居然为每一种类型的文明发展提供了空间。在河姆渡时代，山溪成为河姆渡人沿岸独木舟的自然停泊点；在春秋至唐宋元明时代，三江口发育出繁华的帆船内河港，因为南北洋流交汇的原因以及改走运河的需要，人们在这里换船而行；在现代，宁波是轮船的河口港、集装箱巨轮的深水海港。无论时代变迁，宁波依然是东方最适合停靠的港湾之一。我们不能不深怀

象山东门渔岛渔船

四明山古村落

感恩，这一座大山，这一片大海，在文明视角的变换中它无穷的内蕴越发显现。它的温厚，它的适宜，它的狂野，甚至它的动荡，都有它的理由。它的性格以人格的形式，沉淀在每一个宁波人的意识里，只是人们没有注意到自己的一举一动，都是山与海的影子。每一个人都是山海之子。

## 水利治理与江南生活

两晋以后，宁波平原逐渐为陆续到来的移民开发，最终形成了悠闲而淳美的江南生活形态。尤其是如网的水路，曾经是人们日常生活最主要的衍发者。

宁波平原开掘成为春意常驻、风光旖旎的江南水乡，完全是因为人类开掘的智慧与辛勤的劳动。汉晋以前，宁波平原中心地带还是一片草甸茂密的海涂湿地，通海的甬江、奉化江、姚江，每天咸潮二次倒溯，浸渍土地。因为人口繁殖与三江口商贸开发的需要，水利修治陆续开展，唐代中后期王元暐建造的它山堰与开通的南塘河，成为奠基性的水利工程。其后，宁波有为的政府官员往往与水利治理连在一起，如北宋的鄞县县令王安石、南宋的明州沿海制置使吴潜等，他们所营建的水利设施形制不大，工程量较少，但作用巨大，可阻挡江潮、护卫河流，控制涝旱，改善地下水环境，并由此发展出融进百姓日常生活的河网体系。农耕的灌溉蓄泄、商行的通航水运，都与水路紧密相连。碶与隘等都是宁波水利的特殊名称。如"隘"字，在宁波念"gà"，有人考证为"溢"的宁波方言音，即指古代一种低矮的水坝。宁波"东乡十八隘"，说明古代宁波城的东边水利设施相当密，沿用至今比较有名的有"姚隘""张隘""王隘"等。这些水利设施解决了宁波的生活、生产用水问题，直到新中国成立以后，随着农业的双季稻和三熟制的推行，才突显缺水的问题。之后，以建筑山塘水库为中心的水利建设兴起，直至20世纪80年代，工业化和城市化迅速发展后，水利建设又进一步发展，现在区域之中大约80%的可用水资源得到了控制。

宁波人对江与河有着自己的理解，他们把能连接海洋的河叫外江，而只能通到江的河才叫内河。这在20世纪80年代濠河头的两个航船码头就分得十分清楚，当时在现《宁波日报》奉化江边的叫外江码头，开的是西坞火轮，通往奉化；现在已填平成濠河公园的地块上，原先还有一个码头叫内河码头，是原护城河连接南塘河的水系,开的是经段塘、栎社、洞桥,一直通达鄞江它山堰的航船。在近千年中由盐碱地改变而来的三北滨海平原又有不同,在这片中国最为宽广的人工河区之一的平原上,横的称河,也有称江,如大古塘河、四塘河、六塘江、七塘江、八塘江等;而直的却称作浦,如淞浦、高背浦、徐家浦、半掘浦、水云浦、四灶浦,因为地势北高南低,浦是不直接入海的;三北平原的水除强排出海外,都要南流汇入姚江。

通海的江不能饮用,故而在宁波城区,居民生活用水过去还是要依靠天落水和附近的河流。天落水就积存在天井大大小小的水缸里,这是过去每个墙门里的一道独特风景。因为依河建房,使得居民集聚起来。比如解放初期的江东区,有镇安街道、百丈街道、东胜街道三大居民区,镇安街道居民集中在新河头,主要靠中塘河和前塘河;百丈街道居民集中在大河头,依靠的是后塘河;东胜街道主要集中在泥堰头,依靠的是姚隘河、惊驾河、长塘河等一些支流。生活于咸碱地上的慈溪人,则建造大量的蓄淡湖泊,较早的如沿山一带的灵湖、窖湖、杜湖、上林湖、外杜湖、白洋湖等,较近期的如四灶浦、浒山、崔陈路江、周家路江等海涂水库。

河流支流的末端,在宁波叫漕子,形状和池塘差不多,所不同的是池塘一般由人工开挖而成,而漕里的水是与河相通的活水。无论城市还是乡村,都曾有过许多漕,只是现在大都已经消失,但地名中还保留相当多漕的痕迹,如余姚的马漕头、杨漕,鄞州的金家漕、徐家漕,江东的筲箕漕、盐仓漕等。漕常常是一个区域活动的中心,每当日落西下,或者是初阳刚露,女人们捋着袖子,捧着一大堆洗涤衣物,在漕埠头浣洗,捣衣的木槌声此起彼伏;有些漕边还有简单的晒场,电线一拉便是晒架,上面飘着各色衣被。漕头也是发酵市民文化的地方,各式各样的社会新闻、家长里短,在女人一边洗一边晒里,播讲开来,故事讲得有板有眼,讲到开心时漕头一片笑声。池塘与漕一样,也是点活江南村镇、构建唯美图画的重要审美元素。鄞南茅山镇始建于北宋端拱年间(988—989)的走马塘村,被称为“中国进士第一村”,村庄里有各种形态的小池,如东邻漕、邵家漕、蟹肚脐、后王漕、徐家漕等。荷花池可以看花,荷叶田田,花开其上,摇曳多姿;蟹肚脐可以看古宅,白墙黑瓦,风采俊逸,高峻漂亮的马头墙映照水中。村庄则被四条河流环抱,宛若水中央,通过紫来桥、西沈桥、庆丰桥等与村外沟通。

因为淡水河网的不断成熟,宁波“井”的发育有了活水来源。宁波可能是中国“井”的起源地,河姆渡文化遗址中保存着一个构木为井的形态。对日常百姓来说,井是人空间知觉的中心;在巷弄里,一口井也许就是一个家族的维系。海曙月湖边的桂井巷,是陆氏家族的聚居地,一条巷走出了 11 名进士、29 名举人。在慈城慈湖南岸,浮碧山下,有一口"孝子井",相传为东汉孝子董黯亲手开凿,井旁原有一块篆书"汉董黯孝子之井"的石碑,这成为一个城市孝魂所系。慈溪鸣鹤镇沿山有十八井,井井不同,井井都有来历,主妇们日日浣洗井旁,讲不完的家长里短,古来今往。余秋雨在《江南小镇》中说:"堂皇转眼凋零,喧腾是短命的别名。想来想去,没有比江南小镇更足以成为一种淡泊而安定的生活表征的了。"也许,井,就是最能勾勒巷陌人家的淡泊与安定的隽美笔墨。

而在近山的区域或者山中人家,溪就是生活的主题了。沿山一带众多的乡镇以溪命名,如奉化溪口镇、宁海越溪乡、象山爵溪镇、鄞州塘溪镇等,以溪命名的村庄更是数不胜数。前童古镇,山溪与人居相恋的格局堪称绝版。小镇据说有 1300 多间建于明清两代的古建筑,按八卦原理"回"字九宫八卦式谨严布局,白溪水缘渠入村挨户环流,家家连接着流水小桥。清流淙淙流过石板桥、河埠头,绕过错落交替的民宅、书院、祠堂、老街、亭台、牌坊,仿佛一座明丽的丽江古城。

鄞东、鄞西塘河以及姚北、慈北、镇北内河,构成的纵横交错的航道网,是近千年来城与乡之间的血脉通道。旧时宁波老城,有众多的航线,有沿着东西六塘河往来于四乡农村的,也有沿姚江和奉化江往来于余姚、慈溪和奉化的。往东乡的船埠在大河头,往南乡的船埠在新河头,往西南乡的船埠在濠河头,往西北乡的船埠在大卿桥。航船分早航船和夜航船。早航船一般早上从农村出发,中午到城里,午饭后开回农村,傍晚即可到家。夜航船利用夜间航行,船上过夜,天亮到达目的地。在古近代,自然以木帆船和排筏为主,清末出现了汽油船,民国时期有了汽轮拖驳,50 年代末则用钢丝网水泥机动船。过去,一条小火轮拖着好几艘航船从码头起航,每一条拖船坐着的都是目的地相近的乘客。到一个大站点后,一些航船就会主动解缆脱离船队,由船老大手摇着船把乘客送到家。船舱内大人孩子热热闹闹,时不时有瞎子敲着小锣来唱一段新闻;船舱外,两岸纤路弯弯,不时有纤夫拉着船迎面而来;沿河埠头众多,船老大都喜欢和在埠头上洗衣洗菜的姑娘、媳妇们调调情,喊几句"荤话";春季里,放眼望去,苜蓿、麦苗、油菜,一片紫,一片青,一片嫩黄,煞是好看;夏季里,水牛在河里戏水,牧童光着屁股捉鱼捕虾,一番别样的田园情趣;秋冬时节,农民们用船装着水果、农产品来做买卖,惹得城里人追着船儿跑,船上抛，岸上接，一分一厘地讨价还价；还有柴火船给城里人送来一捆捆烧火做饭用柴，卖柴的老乡还会热情挑着送到家为止。

来自平原的木船大多为农家的"田庄船"，摇船是稻区农民最基本的技艺。内河渔民的作业船称"脚划船"，是一种手脚并划的小艇，使用脚划的长桨时，手上的短桨当舵，可以轻便地转换方向，在小水道和河汊中灵活穿行。这种小艇加上竹篷，就成了"乌篷船"，它可以计程租用，为市民所喜爱。有一种用竹竿撑行的如同独木舟的小船，船形狭长，两舷上停满了鸬鹚，只要主人的竹竿一动，鸬鹚便纷纷下水，然后把捉到的鱼反吐到鱼篓里。同样用竹竿撑驶、有一种近似正方形的船，称"鸭蛋船"，是放牧鸭子的农民专用的船只。山区溪流上的船是一种两头尖翘的大肚平底船，可以在很浅的溪滩上航行，但也可以沿着内河来到城里的船埠头。"乌山船"有点像威尼斯的"贡戛拉"，童谣唱道："乌山船，两头尖，松毛丝，戤船

西塘河与高桥（鄞州）

青林湾古渡口（江北）

边。""百官船"是内河上装载量最大的叒船，来自曹娥江水域，以上虞百官镇命名，因为船头常常漆成红色，故又被称为"红头百官"。

内河船是经受不住海上风浪的，所以不能出海，航海船是另一番景象。在造船史上，一般也以海船的制造衡量造船的水平。宁波的造船技术、造船数量在历史上一直保持着领先水平。7000年前，河姆渡先民创制中国最早的"浮海"工具独木舟；周代有"周成王时，于越献舟"的记载。徐福东渡的船型我们已经无从知晓，但3000童男童女和水手及百工等近5000人的规模，可以想知航队规模的巨大。

从三江口到和义门的江边上,是古代建造海船的地方,现在称战船街,战船街江边的船场一直延续到清代。北宋,宁波在镇海甬江畔打造神舟,这是中国最早航行于海上的客船,当时使用的减摇龙骨这一先进技术,领先西方 700 年。"万斛神舟"访问高丽时,使得高丽百姓"倾国欢呼"。徐兢在《宣和奉使高丽图经》中详尽地记载了这一大型海舶的航海性能,并记载有其使用指南针导航等一系列技术措施。明清海禁使繁荣兴盛的宁波造船业与航海业,在长达 200 年的时间里一蹶不振。政府对船只建造有明确的限定,如清顺治十二年(1655),清政府规定不许打造双桅大船;清康熙二十三年(1684)暂开海禁时又规定,"如有打造双桅五百石以上违式船只出海者,不论官兵民人,俱发边卫充军","同谋打造者,徒三年";这也使宁波帆船制造者失去了与此时到东亚贸易的商人门交流帆船技术的机会。康乾以后,南北洋海运开始兴盛,以镇海郑氏家族为代表的宁波海商重新复兴。在宁波海事博物馆(庆安会馆)陈列着 100 多艘造型各异木结构古帆船的模型,做工精细,巧丽夺目。船形主要为绿眉毛和疍船两种,前者是浙江古老的船型,后者是为了海漕运而创制的一种船型。这些海船带有明显的"浙船"特点,船首形似鸟嘴,故又称鸟船,而尾部为 U 形底,航行北方也可搁沙滩而不至于侧翻。这符合宁波地处我国海岸线中端,北行多沙滩,南行多礁石的地理特征,既可航行于南方,也可航行于北方。

鸦片战争后,宁波商帮中有识志士率先引进的"宝顺轮",则是中国近代第一艘机械轮船,在中国船运史上,这一艘自办商用轮船宣告着帆船时代的结束。

## 马头墙、乡村与城市

从明清开始,宁波城镇蓬勃发展,徽派建筑影响了地域的角角落落,这些居所的样式在现代又重新经历着一场深刻的洗礼。

人类对家园的描写,似乎更多把笔墨停驻在建筑以及建筑群组成的村庄、集镇与城市上。这些建筑以独特的式样与组织的方式,构成了一个人充满文化味的生活底图。譬如前童,拍摄坐在桥头、溪边,或者古檐下,神聊的老人,定格、收藏,这不仅仅是人的剪影,而且是一幅弥漫着和暖味道的生活场景;每一个人内心都有一张地域印记鲜明的心理地图,这张地图的主角便是这样一幅幅的场景定格,最终构成了一个人一辈子走不出的牵挂。

旧时宁波的建筑群落确实需要用青花瓷般的语言才能描写：高高的马头墙，粉白中刻留灰黑的墙面，黑色的瓦，高高低低矗落在依依的杨柳间、明晃晃的河流与开满荷花的池塘边。如果是雨季，就成了余光中浮想的神韵世界，"下雨了，温柔的灰美人来了，她冰冰的纤手在屋顶拂弄着无数的黑键啊灰键，把响午一下子奏成了黄昏"。"（瓦）浮漾湿湿的流光，灰而温柔，迎光则微明，背光则幽黯，对于视觉，是一种低沉的安慰。至于雨敲在鳞鳞千瓣的瓦上，由远而近，轻轻重重轻轻，夹着一股股的细流沿瓦槽与屋檐潺潺泻下，各种敲击音与滑音密织成网，谁的千指百指在按摩耳轮。"因为多雨，房子为防雨水侵蚀，一般都以条石为基，宁波城里大户人家多用灰紫色的梅园石，素雅大方。在临水的房子，梅园条石往往直接延伸而出，成为河埠头，主妇们开门即可淘洗。甬剧《典妻》开场女主人公家门口洗衣的纯美画面，让所有人都惊赞不已。

这种建筑风格成熟于明清两代。在宁波境内，元以前的建筑，除庙宇或塔林之类，保留至今的已经非常稀少。宁波遗存的古建筑，一是民国时期建设，或为宁波传统的木板楼，由于不耐风吹雨打，在岁月的侵蚀下已多为危房；或为五口通商后，受欧美建筑风格影响，建造的一批西洋楼建筑，如外滩建筑群。二是这些明清建筑，由于选料讲究，建筑结实耐用，保存完好，构成了宁波古建筑群中最耀眼的类型。

这是一种内敛保守的建筑设计。以"口"字形或"日"字形四合院结构为主，正房朝南，或三开间或五开间，高敞开阔，中心是祭祀祖先的厅堂。另三围为相对简朴狭小的厢房，或者就是高耸的院墙。因防盗贼侵袭等，山墙一般不打洞设窗，或只在二楼墙头开窗。但自设高墙不一定意味着禁锢，天井就是一个别出心裁的人与自然对话的设计：它不仅仅承担整个建筑的通风，解决春夏两季闷热潮湿带来的不适，还要解决人的心理与信仰问题。在四合院中，无论正房、厢房，所有人围着天井起居，处处可以直观天井，于是天井成为一个"家"的中心。这一片天空虽小，但因建筑四围反倒强调了它的存在，强调了人们对苍天依赖的事实，使人滋生天人共在的情感。在这个意义上，天井是承载宁波百姓敬天、敬神、天人合一等价值信仰的一个重要文化设计。

每逢过年，人们要起早祭拜天地，开门则怕财气外流，对天井拜天还正好解决了

柔石故居（宁海）

林宅（海曙）

这一问题。现代人祈天求神拜财的活动还有，但留恋天井的人可能不多了。毕竟天井无论怎样开阔，未免还是"坐井观天"，谁会再去顾及古人这种保守的忌讳呢？现代人喜欢在阳台上一览毫无拘束的天地风景，房产开发商就常常以江景房、空中花园、开放式欧式庭院为营销的卖点。这种变迁的实质是家园"天"的退位与神性的式微，而自由的人性在悄然崛起；或者说，以神为中心的四合院已不可逆转地走向了以人为中心的现代寓所。家园感在这个时代已经发生了深刻变迁。

这些大大小小的院落，以及联排的重檐建筑，组成山林中、平原上的一个个村落与集镇，包括旧时的宁波府城，酿成了余光中笔下的隽永江南。如果是小村庄，一般是一条呈脊椎形、宽约一两扁担的主道贯联，这条主道有时甚至连一扁担宽都不到，两旁散开一条条蜿蜒曲折、错落有致的狭小支路，支路联系着四合院。有些村庄顺势发展，化出鱼形、牛形等，虽为人作，但宛如天成，透射着人们对自然形象的崇尚。比如余姚金冠村、中村，奉化岩头村、鄞州蜜岩村等，都有着极为讲究的设计。巷道虽然极小，如果与挑着柴担的乡民相遇，不免有些拥挤，却也避免了繁杂的过境交通，即使重要古道经过的村庄，也保持着一种幽幽的宁静。而且，幽长的狭弄与相对方阔的天井形成了对比，会使生长其中的人们在空间的变化中体验到一种到达家园的亲切与温暖感。

如果集聚的人口较多，镇集较大，主干道便成了一条街道，街道的宽度、沿街的建筑均不超过人体高的4倍。间距虽然紧凑，但两边的商铺都是开放的，行人可以看到铺内的陈设，无形中加宽了街道。东钱湖畔的韩岭、百梁桥所在的蕙江村，以及前童、鸣鹤、梁弄等古镇的老街道，都是这样一种风情，街道与建筑的相互渗透、融合，人情味格外浓郁。粮油、南北货、绸布、海产品、酒铺等店铺里弥漫出来的商业气氛，是一种极为温软的家乡味道。

　　主干道的中心，常常是村镇的公共活动场所。石浦镇的关帝庙就处在老街中心，走过高高低低、弯弯曲曲的长巷，突然眼前出现一座壮丽轩昂的橘红色建筑。这一庙宇，不仅独立成景，而且是主干道的视觉焦点和建筑序列的高潮，使街道的可观性得到大大提升。这些公共建筑不仅有寺庙，还有祠堂、水井、广场、戏台，以及牌坊、风水亭、象征树等标志物。它们是村镇里唯一大加修饰的建筑，是民众的情感载体、精神归属，社会习俗交往所在。这些建筑富含精神的张力，这从它们身上衍生出来的丰富多彩的故事可以感受得到，比如奉化萧王庙镇的萧王庙、慈溪鸣鹤镇的运

宁海前童里弄

河桥、宁海前童镇的石镜精舍、余姚梁弄镇的大王庙等，都有着一个系列的代代相传的故事，如果做一个整理，会发现里面是一部部最本真的最教化人心的百姓口述史。这些公共建筑凝聚了村民的公共意识、道德良知以及价值判断，并以温情的精神魅力与德性脉流保障了聚落的存在，赋予每一个子民以安全感、亲切感与自豪感，或者说是人们心中认同之根的形象载体。人们围绕着这些建筑，形成了属于自己的生活圈，如熟人圈、市场圈、婚姻圈、祭祀圈等。圈子不大，但足够安顿身与心。值得注意的是，人们内心庄严神圣的日神与自由随性的酒神在这里各有安顿：祠堂显然是日神所在，是聚集与交往的第一空间，如同孔庙一样，是不能进行商业活动的；而戏台、寺庙则是酒神所在，村庄里到处都有的观音菩萨、关圣大帝、文昌大帝、财神、土地、龙王、药王等功利性与实用性兼具的世俗化宗教场所的外面，可以开集市，可以闹元宵，可以唱甬剧、舞狂龙，喜庆热闹得有些放纵。

　　开埠后，在外国人集中居住的江北岸开始大量出现西式住房。首先是洋行、税关等服务于港口的各种办公楼，以及饭店、酒楼、诊所、娱乐场所，江北岸成立了工

象山石浦镇关帝庙

江北新马路石库门建筑

具有欧陆风格的老外滩严氏山庄

程局,负责道路、卫生、电气、水道等市政建设,因为洋人主持局务,所以江北岸市政建设工程的规划布局、建筑形式、功能安排上均以西方思想为主导;然后西方宅居模式引进,最初为"外廊样式"和外国古典式建筑,多采用砖(石)木混合结构;后来从上海传入石库门建筑样式。新式建筑为有良好的日照与通风,大大降低了围墙的高度,或用低矮栅栏代替,封闭的天井变成了开敞式的小花园。建筑空间形态由封闭转向开放,并以整体的方式参与城市空间的塑造。砖瓦也在20世纪初期兴起,宁波是较早拥有机制砖瓦工厂的城市之一,1932年6月宁波砖瓦石灰同业公会有80家,年产砖瓦5000万块(张)。一战前后,宁波水泥构件生产厂家也建立起来了,例如江北永泰水泥瓦筒厂、江东大堰碶头王仁来瓦筒厂等。因为宁波里弄住宅属于商品性房地产开发的并不多,宁波商帮在这里建筑宅院，多以自己的喜好决定，因此整体较为芜杂，以一个个建筑群的形态存在。因为风雨侵蚀等原因，近代宁波商帮里式住宅的数量也已经十分有限了。代表性遗存有天福巷石库门建筑群（恒裕坊）、泗州街石库门建筑群（章宅与严宅）、颍川巷石库门建筑群等。

这一切在城市化的当下已经被改写。弥漫温情的小农氛围已经成为城市与乡镇的点缀：宽阔车道代替人行街道，购物中心、游乐中心、商务中心替代了戏台、寺庙等的公共活动场所。运转宏大物流的现代化城市是不能用传统的小道来布局的。在效率与便捷的经济主题词下，空间构局的宏大性已经成为必然。现代人习惯在万达广场这样的商业广场中悠悠靠着沙发听着音乐，抿一口咖啡，透过落地玻璃窗闲看往来的红男绿女，那也就必须适应向天空拓展空间的钢筋水泥结构，必须习惯几百万平方米容积的小区。人们已经告别了与大自然直面对话的时代，不用再多为"风不调，雨不顺"而发愁，但难以释怀的是，当人从四合院、从小巷道里解放出来的时候，有时反而感到自身的渺小。城市很大，人口密集，但并不认识几个人，日日居住的楼道间邻居，甚至是老死不相往来。城市化率早已超过 60% 的宁波，CBD 等高端商务区林立的现代化城市，是不是有人常常在独立的快乐与亲情交融的失落中徘徊？有没有人追问，在极好满足人的生理需要、安全需要的现代建筑中，如何安放自己的情感与灵魂？

或者说，在这个人与生长的大地越来越远的时代，建筑以及建筑构造的空间，如何关照人的内心？或许这就是近十年来，宁波城区翻新改造外滩、盛园、南塘老街等古老街区，各个县域城区与镇正竭力保存古老建筑的意义所在。尽管这些建筑已经不能包容往日的生活，改造后的建筑里，充实的是现代餐饮、娱乐等行业，但是建筑留下来的旧日文化元素，依然流泻着不可言喻的情味，它有木石砖瓦结构特有的神性。人们愿意在这些由天然材质构成的狭小街区里，静静地待上半天，感受慢生活的惬意。在鼓楼，或者南塘的马头墙下，为买一斤油赞子乐滋滋地排上半小时的队，然后又响又脆地咬起来；在盛园的狭弄口，品一杯瀑布仙茗，看一两小时的书。或者在春天油菜花开的季节走进前童，夏日荷叶满塘的日子走进走马塘，秋天黄叶纷飞之时上四明山村，冬日碾糯米粉裹汤团、搡年糕过年的时节，到慈城或者镇海十七房，看看高宅、深井、大厅，青砖门罩、石雕漏窗、木雕楹柱。这样的建筑已经完全不可能成为大多数现代人的居住选择，但拥有这样一个回去的地方，也许就是后城市化时代里,回归乡村的宁波方法。因为没有一个人没有寻根的情结。有没有人想到,这里沉淀着无法替代的文化的独特性,而它们由此成为当代宁波的城市符号。而王澍将这些宁波的美学元素提炼出来,所用即便是断砖片瓦,也化成传奇。因宁波博物馆等建筑,王澍问鼎普利兹克建筑奖。

# 日常风华:融入生活的艺术

## 动静相宜的舞韵与音飞

音乐、舞蹈都是人表达情感的一种艺术方式。宁波以特有的方式表达着这一艺术化的生命冲动。

人的生活里如果没有音乐与舞蹈,就像没有太阳。可以想见,头戴羽冠的河姆渡人应该是最好的舞者,在他们的日常生活里充实着烂漫的乐章。这种状貌也许如同余姚人朱德孚所创作的音乐剧《河姆遐想》里表现的激野而原始的情境。古老的河流、如星光闪烁的湖泊边,远古的先民在劳作之余,吹响了骨笛,低沉婉转的陶埙声和原始的木鼓声与之相和,既是抒写情感,凝聚族群,也是娱乐众神,向天展示生命的绚烂。或许河姆渡也是中国音乐的重要源发地。在西周时代成熟的"匏土革木石金丝竹"八音中,土(埙、缶)、丝(琴、瑟)等乐器的原型可能与河姆渡文化有关。

河姆渡文化第二期,与舜禹时期相当,是中国乐风的初成时代。《风俗通·声音》载"舜作《韶》",这种又被称为舜乐的韶乐,集诗、乐、舞为一体。《尚书》载:"舜弹五弦之琴,歌南国之诗,而天下治。"《尚书·益稷》篇中所述大禹治水成功盛典上"凤凰来仪",可能就是河姆渡人舞蹈的一次记录。而在东海,可能还存在一个崇拜以声音为特殊标志的图腾的原始部族,《山海经·大荒东经》载:"东海中有流波山,入海七千里。其上有兽,状如牛,苍身而无角,一足,出入水则必风雨,其光如日月,其声如雷,其名曰夔。"在金石之乐成为权势象征的商周时代后,原始的民间的声响与舞蹈,淡出了历史的视野。越地只有"今夕何夕兮,搴舟中流。今日何日兮,得与王子同舟。蒙羞被好兮,不訾诟耻"一类翻译成汉语的朴野的《越语歌》,留存在诗与乐合一的杰作《诗经》中。

而现在,我们日常所见的音乐与舞蹈,最生动、最典型的莫过于中山广场这样一些公共空间里每天的演绎。东方初白,一群着白色绸衣、灯笼裤的身影在绿树下舞动太极,周遭亭台楼阁里不多时陆续坐满了人,有演奏二胡、大提琴的,有唱越剧、甬剧的,丝竹与歌声氤氲出一片温暖清亮的明媚。午后,广场上又有一群熙熙攘攘的人,踏着电子音响的节拍,翩然而起跳交谊舞。而华灯初上之时,是宁波大妈最为活跃的时候,佳木斯快乐舞步规模壮观又整齐一致;及至夜深,依然有意犹未尽的未散人群。

这些音乐与舞蹈杂糅着传统与现代、中国与西方不同质的元素,折射着人们内心新的文化需求。文化元素的活泼组合,体现了城市精神的自由度与开放度,流泻着包容与快乐的地域情绪。这种情态是 7000 年地域乐舞发展的主旋律。在中山广场北面姚江畔和义路唐宋码头,出土过大量的越窑青瓷。这些外销的青瓷堆塑上,有众多西亚人作着弹奏或欢庆的状态;或许它就是汉唐盛行于浙东的参军戏、歌舞百戏、巫觋活动的一部分。青瓷上还有本地没有的狮子造型,它让我们想到象山、宁海等地的狮舞。而宁波的音乐与舞蹈,及至后来的戏曲艺术,也是中国艺术的一部分。比如唐朝最流行用越窑青瓷演奏,所谓击瓯为乐,曾作为大唐的高雅文化,传到印度、土耳其等众多国家。这种乐曲到元明时期才渐渐退出舞台。近世,有谓吴哥杂曲,并出江南;越声调曲,并出余姚。自宋到明的四百年间,南戏的声腔及演出形式与山歌发展起来的土戏相融合,在姚江边开成一种大众化、无伴奏的声腔,即"余姚腔",与浙江海盐腔、江西弋阳腔、江苏昆山腔,合称南戏四大声腔,是四腔中产生最早,影响最深远的。现在浙江省地方剧种调腔中如宁海道士座唱班、新昌高腔等,尚有余姚腔的痕迹。

南戏为百戏之祖。昆曲不是百戏之祖,昆曲源于昆山腔,而昆山腔是南戏演化过程的一种,因吸收北杂剧法所形成的一种雅淡舒缓的唱腔,以水磨调著称,深为士大夫所喜爱。南戏最早产生于宋高宗南渡之初,众多南迁的朝廷贵族与官员,以及随之而来的北方士绅平民,为躲避金兵的追赶,逃至温州。温州人口骤增,各种民间技艺云集,形成了多种文化的杂融。瓯越一带,本身兴盛祭祀的傩舞,土著舞者将自身的舞蹈与北方成熟的叙事性说唱文学相结合,成为南戏雏形,即如徐渭在《南词叙录》所说,"以宋人词而益以里巷歌谣",构成曲牌连缀体制,用代言体的形式搬演长篇故事。新艺术更强烈的画面感、情境感,得到了世俗社会的追捧,在宁波、绍兴、杭州、泉州、潮州、衢州、婺州、淮安、扬州等城市迅速扩散流行;而原先城市封闭的坊市制格局的废弛,综合娱乐场所勾栏瓦舍为艺术的表演提供了丰富的舞台与市场,促成了南戏的繁荣。

宁海平调《金莲斩蛟》剧照

四明南词表演

　　江浙新兴的市民阶层成为南戏发展的主要推动者。或者说,南戏的诞生,标志着中国音乐与舞蹈的发展由庙堂走向民间。南戏在接下来两百年的发展中几乎综合了宋代所有伎艺之长,如宋杂剧、傀儡戏、歌舞大曲,以及唱赚、缠令,所以后来居上。它的音乐风格绵密柔丽、轻柔婉转,故事情意缠绵,艺术意境与文化气派同北曲的高亢劲切,表现威武豪放的气概大不相同。在温暖的南方,有很多人会花上一天甚至多日通宵达旦地看一本几十出的南戏演出,成为诗化俗世的重要文艺样式。南戏的经典剧目一演再演,有的甚至跨越几百年,如宋代的《赵贞女蔡二郎》,即宁波瑞光楼下高明所作称为"词曲之祖"《琵琶记》的底本。就有明一代,宁波出现过著名的戏曲家有《红梅记》的作者周朝俊,传奇《昙花记》《修文记》和《彩毫记》的作者屠隆,《曲品》的作者戏剧评论家吕天成等。他们不但写戏编戏,还演戏,办戏班,不慕仕进,却把满腔才华注入民间艺术,使活跃于民间的南戏常常登上文艺的"大雅之堂"。

南戏成熟于 12 世纪前期,早于北杂剧成熟约 1 个世纪前期。北杂剧在元代统一后,空前展现了中国戏曲的生命力量。入明以后,元杂剧走向衰落,而南方戏剧家逐渐成为民族文化主体精神的新的代表,南戏中兴,传奇性的、舒卷的、自由、放达、瑰丽的戏剧审美方式,由此横贯明清两个时代。清代中叶,明清文人传奇的黄金时代过去,昆腔衰落,成为地方性剧种。但江南民间仍然为中国戏曲发展提供了新的动力,出现了与昆腔"雅部""正音"相对峙的"花部""乱弹"新形式。宁波兴起滩簧、走书、四明南词等地方曲艺,材伸展到普通人生活的方方面面,尤其擅长讽刺和嘲笑,表达百姓的喜怒哀乐;唱腔明快激烈,字多腔少,曲白通俗易懂;它们以地方民俗等活动为依托,逐渐从农村走向城市;并随着商人流动,以各地的商帮会馆为据点,在各省市串演。尤其是鸦片战争后,宁波滩簧、余姚滩簧走向上海,在与海外文化的接触中,戏曲引发了自身的变革,出现了成熟的甬剧、姚剧等滩簧戏,"西装旗袍戏"一时在上海滩风行;京剧借助上海,既成为全国性剧种,也形成了以宁波人周信芳为代表的海派京剧。中国戏曲中的"海派文化"在这种西风东渐的现代化进程中形成的。

从宁波的音乐与舞蹈,也可以看出浙东与浙西的文化区别。浙西擅长江南丝竹,用扬琴、三弦、笛等乐器的繁简高低、加花变奏,编织成"小、细、轻、雅"的风格。而浙东还集合大小鼓、锣、钹、唢呐等乐器,盛行吹打乐,奉化尤其集中。在婚、丧、喜、庆的民俗活动中,以及祭孔和官府场面广泛渗透,"十番班""锣鼓班""抬搁"等名目繁多的民间音乐组织,以及《万花灯》《划船锣鼓》等经典剧目,都被人们用来制造活动的氛围。其中,有一民间舞蹈小调"马灯调"广泛流行于宁波乡村,曲调相传始于南宋,为纪念宋高宗赵构为白泥马驮过江而得逃脱金兵追击一事,用的也是吹打乐,高亢明亮、动感欢快,现在马灯调被视为宁波音乐的代表,俞峰执导的歌剧《红帮裁缝》就运用了马灯调元素。

古琴的音韵与繁响的吹打乐刚好相反,是宁波的另一种声音。这种音乐流畅清和、幽奇古淡,深染儒家中正和平、温柔敦厚和道家顺应自然、大音希声等思想,与追求声响效果复杂多变的俗乐恰恰相反,常常从文人雅士深巷大宅的樟树叶间流泻到人世间来。古琴相传也起源于舜禹时期,起兴于春秋战国,成熟于汉,鼎盛于唐宋明清。古代宁波琴家名手辈出,在中国琴史上占据着重要位置。如北宋的高僧琴家从信、演化、则全,南宋的吴文英、史弥远、丰有俊、朱翌,元明时期赫赫有名的"浙派徐门",直至清代的华夏、孙传霁、张锡璜等。"浙派徐门"的创始人徐天民,有很长一段时间就住在海曙区莲桥街的毛家巷,他的学生大学士袁桷家塾中。

从 20 世纪初到现在,宁波音乐家数量惊人。据粗略统计,在国内具有相当知名度的宁波籍音乐家就有 40 多位,如声乐家应尚能、赵梅伯、葛朝祉等,钢琴演奏家、教育家周广仁、李名强等,都是中国百年音乐史上的开拓者与中坚力量。宁波还是中国钢琴的故乡。早在 20 世纪初,商人程定国便在上海办起"祥兴琴行""永兴琴行",制作了"施特劳斯"等名牌钢琴;涌现出林炳炎、顾伯良、李良才等国内顶尖调律师。新中国成立后,北京、上海、东北、珠江钢琴厂的主要技师大都是宁波人;至今东南亚地区的钢琴业多有宁波人执牛耳。而现在的宁波,一个叫陈海伦的商人,用自己的名字命名钢琴,把它销到了钢琴的老家欧洲。

没有人不眷恋着深藏乐舞中的自然节奏,以及其对胸怀的涤荡,对生命意义的领悟。音乐与舞蹈在变迁中,始终熨帖着人的灵魂。人是以心灵、感情和观念来理解和认识自己的。在音乐与舞蹈的情境中,我们一遍遍温习地域故事,分享共同记忆,体验地域的亲情与温度,寻找新的灵感勃动。而现在,宁波人却面对种种声音如甬剧、宁海平调、姚剧,种种舞蹈如跑马灯、鄞州高跷、奉化布龙、余姚车子,以及体育如鄞州龙舟竞渡、四明内家拳、余姚市精武拳等面临失传的挑战,这些充满地域味道的艺术样式,有没有能力去实现时代的变迁? 有一点可以肯定,这里面潜藏着多少元素,可以走向更广阔的空间,它们从遥远中来,应该走向更遥远的未来。

## 金雕彩绣与繁华世俗

朴实无华的宁波人,却在以三金一嵌为代表的雕与绣上,显出了对精致与高贵的独特追求。

人类用磨、雕、刻、塑、铸、绣等方式创建生活世界。从新石器时代起,繁复多样的磨制石斧、石锛、石凿和石铲,打制石锤、石片、石器,使世界的容颜从此处处留下精彩的人类雕饰;同时使石、木、骨、陶等种种材料纷纷融入生活,并承载起人们丰富的精神寄托。这些遗存,是我们洞察石器崇拜时代的重要凭证,也是判断文化区域的重要物证。从文化精神来看,河姆渡文化雕琢的是刚健有为、自强不息的张扬风格,无论是简洁的玉璜还是粗朴的陶猪,抑或象牙雕刻双鸟舁日图的熊熊烈火、圆睛怒目,都与传统中国文化的贵柔、守雌、尚静截然有别。

这一文化风格大约蔓延了四五千年,在春秋战国时代的青铜铸造上达到巅峰。与中原以青铜铸礼器不同,越国以青铜剑名闻天下。宁波城东南有赤堇山,相传即为越国铸剑之地,汉袁康《越绝书·外传记宝剑》记"赤堇之山,破而出锡,若耶之溪,涸而出铜","欧冶子乃因天之精神,悉其伎巧,造为大刑三,小刑二:一曰湛卢,二曰纯钩,三曰胜邪,四曰鱼肠,五曰巨阙"。宁波博物馆馆藏重器,鄞州云龙镇甲村出土的春秋铜钺,至今锋芒依然凛冽。

而从唐代开始,崇尚飘逸、古朴、淡泊、稚拙的道教,追求崇高、壮丽、重穆、典雅的儒家,以及着意庄严、富丽、轻盈、柔软的佛教等种种文化浸染地域,那种如西方古典雕塑式向外张扬的淋漓火气、剑拔弩张的痛快锐利,逐渐消失,古越力量藏锋敛颖地包裹向内部,造型日趋含蓄,转而向含不尽之意于象外的内在美开拓。东钱湖畔圆润的南宋石刻塑像,正是这种变迁后沉淀的典型:它渗透着一个时代温柔敦厚的伦理道德与大巧若拙的哲学精神境界。

这是宁波石材在河姆渡文化后的再一次绽放。唐宋以后,大到石阙和牌坊石雕、碑书石雕、塔建筑石雕、石桥石雕、宅第和园林石雕等,小到石窗、压绷狮、吉祥祭祀贡盘及文房用品等,石材塑造了村庄、城镇的容貌,彰显着社会等级,承载着人们的生活理想。慈溪达蓬山的中华石窗博物馆,集中了众多款款流泄着转向后的文化情味的石雕物件,细细读来,便是一部生动的浙东文化史。四明山的花岗岩体,提供了丰富的原材,其中的梅园石、小溪石、大隐石,并称为宁波三石。大隐石以产石板著名;小溪石筑就了它山堰;浅紫灰色的梅园石不仅构筑了百姓家门框,而且远销国外,在南宋时宁波营造师陈和卿及石匠伊行末等7人用它建造了日本奈良东大寺及寺内两件国宝级文物,高14.2米的十三重石塔和一对高2.5米的石狮子,现在它们已成为世界文化遗产。据载,奈良东大寺工程结束后,在日本关东、箱根、镰仓一带还形成了著名的伊派石匠集团"大藏派石工"。

黑格尔曾将艺术风格发展划分为三个阶段,最初风格严峻,客观简朴;然后成熟繁盛，发展为完美的理想风格；最后追求形式华美与雕琢，风格愉快。宁波对木件的雕刻与漆饰，几乎极完整地走过了这三个阶段。河姆渡文化出土的七千年前的一个漆碗，是宁波也是中国木雕与漆器的缘起，简朴厚重，其内红外黑，如《韩非子》所写"禹作祭器、黑染其外，朱画其内"的格式，直接影响了后代的泥金彩漆。唐宋时进入成熟与繁盛期，尽管在多雨的江南，木器容易腐蚀，但宁波还是保存了北宋大中祥符六年重建的保国寺，这1000年古建的斗拱衔接、榫卯技术，以及梁柱涂饰的"七朱八白"，见证了宁波人当时非凡的构架、雕刻与彩绘能力。现在，保国寺俨然成为宁波的雕刻博物馆，汇聚了大量的佛像造型、砖雕石刻、青铜礼器等。而存于日本兵库县法恩寺，落款为南宋嘉熙年间佛师"明州沈一郎"的漆木雕菩萨，可能是宁波现存最古老的木雕作品。明清时，宁波雕刻连及丝绣进入华美的鼎盛阶段，最终形成了宁波独一无二的"三金一嵌"，即朱金漆木雕、泥金彩漆、金银彩绣、骨木镶嵌。

保国寺大殿

三金一嵌可以说是将绚美与高贵渲染到极致的工艺。观赏这些精致绝伦的作品，我们总是禁不住赞叹宁波人的智慧，他们用雕刻的技艺把宁波人的生理与思维潜能，把自然物理的色泽与花纹，发挥到了尽善尽美的程度，创作能达到这样的水平，已经不是技艺炉火纯青的问题，而是需要独到的审美观、直观的体验能力、超凡的表现能力等几者的融合，需要的是身心的全部投入。这些作品的完美呈现让人想到这四个字："天人合一。"让人想到毕昇的活字印刷术、上林湖的青瓷、它山堰的架构，以及王羲之的书法、华佗的医术、唐诗宋词等。这种技艺鬼斧神工，无不展现着中国

余姚白云桥

瀛洲接武牌坊(海曙)

气度、中国风神、中国襟怀、中国情愫,展现出独特的生命之美。这就是慈溪天元古玩城的民间旧家具能畅销世界的根源所在。

朱金木雕需要雕工与漆工、画工默契配合才能完成。以千工床、万工轿的朱金花板为例,内外通体抄漆,人物的主体部分头脸和手足只雕简形,而用漆色画出细部,漆工的修磨、刮填、上彩、贴金、描花占据重要分量,再装饰云母、砂金、碾金等纯漆工的手艺;可谓"三分雕七分漆",与东阳木雕"八分雕二分漆"不同。泥金彩漆的特点是程序繁复、条件苛刻。共有 20 多道手工工序,制作一件成品需要 3 个月。"泥"包括两种技艺,一是漆料中掺和瓦粉、石灰等填料,堆塑成立体花纹,或模印凸凹的花样,称为堆泥,堆泥的花纹再贴上金银箔;二是将金箔或银箔碾成细粉调入漆料,称为金泥,涂描在漆膜上,称为描金。泥金彩漆的原材,需要用广东辰州的辰砂配制底漆,辰砂与黄金同价;调制时比例要恰到好处,否则不能开出透亮漆色。漆膜干结的气温需在 25~30℃之间,且湿度在 80% 左右。如果太冷要"感冒",太热要"发痧气",漆膜都不干燥。金银彩绣是在极细密上下功夫。制作金银线,需将黄金打成金箔,将极细的丝线包住,或是将金箔碾成金泥浸染在丝线上;而这些线又不会像一般绣线柔软自如,需以钉针、包针、垫金等方法将线钉极层层压在真丝质地的花样上,稍不留神就可能丝断线离。骨木镶嵌的特点是将宁波木雕嵌的传统和民间风俗画融合成一种高雅富丽的图案,古拙几同汉画。所用镶嵌材料是螺钿、象牙、牛骨、黄杨木和彩石,木料为红木或花梨木,都是贵重物品。

宁波地域自古不产金银,也非漆料及朱砂、牛骨的主产地,为什么会形成需要用到大量贵重材质的工艺呢?在多方面原因的辐辏中,地域漫长的工艺史是基础,比如贴金鎏金的工艺在宋代已经成熟,这从 1982 年出土的天封塔地宫以及铜佛像可以获知。而繁忙深广的海洋商贸却是催化剂。海洋贸易解决了物质的短缺,如朱砂、牛骨、螺钿等,是从广东、湖北、江西等运入;红木以南洋为主,尤以紫檀、花梨等为大宗。而黄金则来自日本,是唐宋以后从日本的首项进口细物。日本官方、民间、僧人来明州也常以金易物，并广泛施舍。南宋日僧一次性施舍阿育王寺金三千两，日本福冈尚留存有阿育王寺赠的施金答谢碑。黄金易得，促成了明州城区金箔加工业的发达，箔业会在民国时还有 20 余家会员，宁波银楼业一直开到上海、杭州、北京、武汉，如上海老凤祥的创始人即为郑氏十七房后代。宁波金融业崛起也与之有一定关联。海洋贸易同时使宁波民间工艺师能够海纳百川，博采众长，创造出新的艺术样式。如骨木镶嵌，镶嵌本来即为中国传统技艺，隋唐时已盛行；而在宁波人手里发展到极致，创造了象牙片等嵌入红木的家具，在清乾隆至道光年间达到繁盛。泥金彩漆中有对日本漆艺的借鉴；而金银彩绣的成熟在宁

舞剧《十里红妆·女儿梦》剧照

金银彩绣（宁波博物馆馆藏）

波开埠以后，结合了民间刺绣的传统技法和"外国绷"绣法。

这些贴着生活的器物，装点着宁波人的梦，几乎家家户户都有几件骨嵌或朱金雕家具。多少老宁波人惦念着一座小型宫殿般的宁式床，床前高高翘起的数层楼阁挂落中，有繁复的戏曲人物、奇珍异兽、梅兰竹菊等，床前有高低错落的金色的衣帽柜、食品柜、梳妆台、马桶箱等。老人们常常指着无颈的武士、无肩的美女、凸肚的老爷、挺胸的武士，讲述一个个久远时代的故事。又有多少人还常常怀想把家具摆成十里红妆漫长的色彩流，在旧时庙会看船鼓、抬阁表演，或者在佛堂、戏台抬眼看绚丽的藻井时，种种惊艳的感觉？我们相信，当过于崇拜技术标准、工艺流程和制度化的技术管理体系的现代制造，如果汲取宁波金雕彩绣这种独特的地方悟性技术，将会创造新的技术文明时代，走向美国哲学家蒂利希所说的"文化的神化"。

223

# 风俗底色：宁波人的生活结构与序列

## 自然天放的宁波风俗

> 乡村生活的细节之美，鲜活有趣的旧时风俗，包含着自然伦理之美、人性之美。朴实而诗意的旧时风俗，也是给人带来幸福与尊严的地域生活结构。

河姆渡时代人们的生活可能是我们很难具体描绘的了。母系时代的生活结构全然不同于近五千年来的发展，他们没有私产概念，没有贵贱贫富和阶级差别，妇女们从事原始农业、畜牧业和采集，是生活资料的主要提供者，她们从事的工作比男人的渔猎更为重要。人们没有家庭的概念，因为人均寿命只有 30 岁左右，祖辈很难看到孙辈，子辈靠集体抚养才可能长大。但是，我们也发现河姆渡文化不像其他原始文明那样热衷生殖崇拜，推想因为生产生活的富足与稳定，使文明并没有承受过大的繁殖压力。

人们常常从人存在意义的解释能力来观察一个文明的内涵质量。由奇异的双鸟昇日、长眠时头朝太阳升落的方向等，我们猜想这种膜拜太阳的风俗曾给予河姆渡人的心灵以无限的慰藉。有人还从河姆渡文化中发现了"风"形图样。在甲骨文中，"风"与"凤"是相通相假的，"风"与"凤"二字相同，即风与日有着密切联系，由此推想他们在摹画太阳的运行，探索太阳的运行规律；并由此推想他们已经有较为成熟的时空观念，而河姆渡发达的种植业与卓越的远航能力也能印证这一点。虽然具体不得而知，但我们认为崇日风俗与时空意识的发展相辅相成，使河姆渡人能够为自己短暂的人生与山海相连的天地建立明晰的坐标：他们的人生并非茫然，天地已非混沌。

浓郁的崇日风俗，曾经延续数千年。崇尚鸟日图腾的东夷族创造了灿烂的殷商文化，在商周以后，逐渐沉没。但崇日的痕迹和遗俗，至今比比皆是。旧时农村，每年三月十九、十一月十九会举行一些集体的祭日仪式，一些寺庙的僧徒会设醮诵经。环东亚海洋文化圈里都有太阳崇拜的情结，因为河姆渡文化，我们有了证据确信宁波是这些风俗最初的源头之一。

反观中国众多温暖人心的风俗习惯，其产生都与人们对以太阳为中心的自然世界的认识有关，即所谓人法地、地法天。比如，影响中国人最大的时间标度是太阳历，二十四节气即基于对太阳运行规律的认识与把握，而不是常以为的太阴历。清明、夏至、冬至节气等，至今还是重要的节日。一般认为精确的太阳历起源于春秋，现在还很难推知是否与河姆渡文化有关联。1992年，山西学者田合禄先生经过多次亲身观测，推测伏羲使用的是"立竿测日"方法，即在一个活动圆盘上逐日测影，并将一年365天的日影长短，刻画在圆盘上，最后将这些逐日变化的日影连接起来便是一幅自然完整的先天太极图。数千年来，无论社会组织形式如何变迁，按照太阳的节律生活、劳动，是一致的；文化中顺应自然、天人合一的思维方法，始终贯穿。其他时间节日还有以月之朔望为节，如除夕、元宵节和中秋节；以月和日奇数复叠者为节，如三月初三上巳、五月初五端午、七月初七七夕、九月初九重阳等。周而复始的时间节点是塑造中国人日常生活的最重要手段之一。

在中华文化圈中，人们普遍信仰命运受自然法则支配；太阳运行的具体日子，影响人生所有大事，包括启蒙、出行、造房、职业等一切问题；诞生礼、成年礼、婚礼、寿礼、丧礼等重大礼节，都必须根据生辰，挑选特定的吉时。在唐宋时，演算生辰八字（出生的年月日时的天干地支构成八个字，称生辰八字），挑选黄道吉日，预测人的未来，成了一门特殊而神秘的学问，需要专门学习才能掌握；而这种学问最终渗入了包括儒释道在内的中国所有信仰体系，成为俗世百姓的人生指南。在宁波，研习太阳八卦、《易经》有着漫长的历史，众多学者乐此不疲，甚至推演出一些让人难以置信的精密论断。余姚龙泉山下的虞氏家族，就是以《易经》传家，三国虞翻将汉易象数之学推到新的高度；330年前后，虞氏后代虞喜对比中天星宿在冬至日的古今观察记录,发现其位置变迁,认为是冬至太阳所在的位置逐渐偏西造成的:虞喜是世界上最早发现岁差的人。

或者说,由研究太阳的运行规律,抽象化形成阴阳、五行等《易经》理论,是中国大部分哲学智慧的基垫;中国文化对世界本体的认识统一在易学之中,《易经》是大道之源,是宇宙人生的总方程式。易学以伏羲画八卦、作《连山易》始,周文王因于羑里将伏羲八卦演释成六十四卦、三百八十四爻,并作卦爻辞而成,到春秋孔子作《易传》。《易传》云:"易与天地准,故能弥纶天地之道。仰以观于天文,俯以察于地理,是故知幽明之故。""乾坤其易之蕴邪?乾坤成列,而易立乎其中矣。乾坤毁,则无以见易,易不可见,则乾坤或几乎息矣。"意思是易道作为大道,天地万物是易道的表现形式。孔子将人类道德的存在归结于形而上的易道,为儒生提供了无限的道德勇气和绝对的自信,激励着读书人投身"为天地立心,为生民立命,为往圣继绝学,为万世开太平"。宋代理学对于形而上本体论的追求,使易学研究空前发展。浙东心学一脉阐发推衍本体论、心性论,杨简著《杨氏易传》和《己易》二书,提出"天人本一",主张易之道即人之心,张人心即道,宇宙变化即人心变化过程。王阳明的学问可以说悟于《易》而终于《易》。在贵州龙场驿时,王阳明居一岩洞玩索《易经》,此洞即今之"玩易窝",后又得栖霞山腰的东洞,今之谓"阳明洞",在这里王阳明以孔、颜之乐参悟古今之理、世道人心,悟出"格物致知,知行合一",心、性、命只是天道在身、在人、在天的不同表现形式,在其根本上完全相通为一,所谓"尽心知性知天"。学者认为如果单以心学、理学范畴解析,常有难晓处,若以易道观之,则浑然一体,圆融无碍。黄宗羲也说:"人心之理即天地万物之理。"黄宗羲著有《易学象数论》六卷,而其代表作《明夷待访录》书名"明夷"二字是《易经》中的一卦,卦象为坤上离下,即坤为地,离为火,象征沉沉大地下隐藏着光明火种,以此来喻贤者在困境之中,外似柔顺,内心明智。

《易经》智慧的具体化便化为风俗,风俗也就是这些东方智慧民间化、地域化、人性化的表达。村庄、房舍建构时对于八卦的研判,人生仪式对于阴阳的凭借等,在人日常生活充满暖意的情感场域与充满价值尊严的精神家园的构建中,深藏着人们内心对太阳(或者说是"天")这一绝对与神圣的终极目标的追崇。或者说,中国的风俗构建了人生序列的节奏感,生活方式的归依感;其核心就是对天、对太阳的认识;以至于今天的人们在生活中遇到焦急的情况时,还会不自觉地说"天哪"。

　　在明清时，宁波的传统风俗趋于成熟。比如说生俗，在宁波有诸多仪式，包括有喜(指怀孕)、报喜(指降生)、三朝(指出生第三天)、取名、满月、百岁(出生一百天)、周岁，以及继拜等。在有喜时，新郎岳父家要来专程女婿家行催生礼，送衣箱、送红蛋(包括枣子、花生、粽子等)；在百岁日，请外婆家人来吃"长命百岁"酒，挂"长命百岁锁"；一周岁要举行生日礼仪，办宴席，试新鞋。新鞋用黄布制成，绣虎头和"王"字；小孩穿上试走路，有脚力；山区还信仰小孩试新鞋，走过在地上画的老虎、野猪脚印，脚劲会好，上山下冈、砍柴背毛竹，走起路来快如飞。再如婚俗，宁波从古代"纳彩、问名、纳吉、纳征、请期、迎亲"六礼引申出一系列程式化的仪式，包括说合(做媒)、换帖(合八字)、纳吉(送嫁、纳彩)、择日(下聘、相亲)、搬嫁资、送嫁、送亲、上轿、迎娶、拦轿门、拜堂(拜天地)、洞房、宴客贺郎、倒茶、吵房等。最有宁波特色的是搬嫁资，衣物细软，床上用品，桶钵器皿，房里家私，成套锡器、铜器，几乎为新娘准备了大半辈子甚至一辈子的生活用品。当然，现在因为物资丰富，工艺款式更新迅速，所以嫁资不必多了，只是象征性几件，风俗已经自然移易。

　　在一年中，宁波风俗有序列地安排与祖先和神灵对话，即家祭、族祭的活动。家祭的核心是羹饭供祭。如清明节，万物生长萌发之时，人们上坟清扫墓地，在家里则做清明羹饭，庄重送上对先祖的思念与敬意，祈祷家中平安。冬至，意味着时运时貌的转化，阴阳二气自然传化，是上天赐予的福气之时，所以要虔诚祭祀参拜。也有家庭供奉佛祖、菩萨、各类神明，有在每月初一、十五祭祀的风俗。

宁海前童古镇迎亲队伍

　　在这些社会化的程式中，所有参与的人也实现了自己人生历程中新社会角色的确认。如婚礼，既是宣告婚姻关系的确立，因婚姻而导致的生育、抚养、继承、赡养等一系列权利义务合乎法度，也是确认包括男女双方对于对方家族及一切亲缘的关系，并承担相应的义务和享受相应的权利。一个家族，每年总会有众多的礼仪。这样，送贺宴邀的礼俗一次次强化了人生历程与人生价值的关系,强化了个人与家族紧密型的人际交流范围,达到了"亲亲疏疏"的目的。这正是宗法制度虽然常因严酷而倍受批判,却又以无限亲切的归属感被人怀念的原因;也是婚姻无需通过宗族确定的当下,礼俗依旧延续的原因所在。

家族风俗扩大,从热爱自己的家庭、宗族,发展到热爱生我养我的土地,于是乡土之情油然而生。在宁波,"多年老邻舍家""多年老朋友""多年老同事"之间,彼此相互信任。在称谓上,常常也是仿血亲或近亲型,如"顾家姆妈"等;"阿哥吭大小","阿哥"是广为流行的社会称呼;在相对稳定的居民区里,上了一定年纪的人还被称为"老娘舅""舅姆""嬷嬷""老阿叔"等。这些从表亲和堂亲延伸过来的称谓,显然带有亲昵感,发酵着乡村特有的"远亲不如近邻"的温情,让人眷恋不已。扩大化的家庭观念发育着乡村精神,一种自治性质的公共管理制度由此衍生。在旧时宁波,大多数纠纷都由乡村长者们比如"老娘舅"解决,他们的声誉与尊严往往来自人格和学问。在移民拓荒而成的三北平原,鸣鹤、横河、周巷等由南货、酒米、国药、酱油等市场贸易聚合的小镇,这种自治的性质更加明显。

宁波人的情感交流与乡村空间紧密相连。这种邻里互助的群体意识,在历史上助推了宁波帮从草根商帮成功转型为现代商帮,海内外的一些大城市里宁波同乡会或同乡会馆至今仍然活跃。《鄞县通志》说,甬人"团结自治之力,素著闻于寰宇"。注重乡亲乡谊风尚的延伸即是爱国爱乡、报效桑梓的精神,这就是宁波帮倾其所囊,捐资家乡,修桥、造路、办慈善、建学堂的原因。而回过头来,这种民间的风尚与传统士大夫对世界本体的认识是统一的,天道在身,人生的意义正在于"致良知",这是一种人事,也是一种应天的对话。

而宁波帮数百年的外迁,尤其是近代以来,几十万人迁居上海,也影响了区域里的家庭结构,男子长年外出经商,成千上万的家庭变成了主妇当家,很多儿童只要其母,不知其父,几代母性化的教育一方面形成了宁波人小心谨慎处世的特点,另一方面也促成了女性自强,并走出家庭,融进社会变革。宁波人重女儿,在这个时代风俗有了新的发挥。1844年,英国东方女子教会的阿尔德赛女士在宁波建立了中国第一所女校;1912年,宁属县立女子师范学校成立,即今宁波二中前身,学校开设数学、生物、理化等课程,采纳西方近代自然科学内容,从二中走出的学子有革命志士陈逸仙(陈修良)、朱枫,生物学家叶毓芳,著名女作家萧珊、苏青、於梨华等，她们伴随着政治革命和国族独立这样的时代主题，走上了历史的前沿。这些女性在时代洪流之中，或挣扎，或回避，或抗争，或回击，交出的答卷精彩纷呈。

近代以后，风俗变迁迅速，父母之命、媒妁之言的婚约变成了自主的婚姻；婚礼删繁就简，西方的新式婚礼进入宁波人的生活，据说，宁波人蒋介石与宋美龄的婚礼，引起了中国女性婚装的变革，一身喜庆的套红变成了曳地的纯白婚纱。跪拜作揖的社交礼节被点头鞠躬、握手取代。在现代，年轻人的家庭里，传统的祭祀神灵、祖先的活动可能已经消失。现代化改变了传统的农业生产方式，与传统农业生产相联的传统习俗活动新风俗产生的背后，是宁波人时空概念新的发展：人们在为人生与大地重新立法。然而，我们相信，四明山下、东海之滨，望日而生的风尚将永远不变。因为太阳永恒，人们对家庭生活的欢乐和社会关系的和睦，对生存的尊严与价值的追求，永远不变。地域风俗自然天放的文化底色，将在文化的续接中历久弥新。

### 节庆宁波：东方游戏的文化解读

节日是地域约定俗成的生活高潮，是全民参与的文化创造；因为历史的互动，在中国节庆中也融进了种种生动的宁波元素。

中国的许多节庆，其起源可能与宁波这一区域相关。比如春节，其源头也许可以追溯到河姆渡文化的虞舜时期，宁波可能为中国提供了这一最重要的节日。相传有一种叫"年"的怪兽，凶残异常。它一年四季都在深海里，会在除夕夜爬上岸来。它一上岸，就洪水泛滥，吞食人畜，捣毁田园，使得百姓惶恐不安。后来，人们想了一条驱赶怪兽的妙计：在每家的院子里架起木柴堆，大门外的高处摆好桌子，放满牛头、羊头和酒等。怪兽来时，见了牛头、羊头就张开血盆大口，猛扑过去。这时，人们就点燃柴堆，猛敲锣鼓，大放鞭炮；顿时，火光冲天，声响如雷，怪兽吓得逃回海里。

这一神话里掺杂着各个时代的补充与想象，比如桌、酒与鞭炮是较为后起的事物，但神话的核心却是五千年前的情景：它讲述人们与海水倒灌这一自然灾害的抗争。海水倒灌是影响河姆渡文化发展最重要的自然力量之一，河姆渡文化有四层层积正缘于此;它同样也祸虐当时中国的广大区域,人们用过"堵"与"填"的办法,而舜与禹用疏导的方式,让洪流回归大海。我们猜想,人们最终让"怪兽逃回海里",也许就是舜让海水东归大海的神话表达。神话还记载了春节"腊(腊为合祭众神义)祭"的雏形,人们用虔诚的献祭,与自然对话沟通,让自然回归与人的和谐相处。

这头被称为"年"的怪兽,也许与"龙"这一威武勇猛又诡谲专横,能降泽人间,也能祸及万家的文化符号的起源相关。在宁波,龙神被广泛崇拜。余姚泗门,人们在节日里舞"犴",这条俗称"泥鳅精"的龙相传为龙第四子。据记载,公元前201年,秦始皇第五次南巡至会稽,抵马渚,当地百姓"舞犴渚山"来欢迎这位远道而来的客人。奉化,人们以见龙为乐,以舞龙为吉。据说舞奉化布龙有二十余套动作,游龙、盘龙、跳龙、穿越、摇船、擦背、梅花结顶、龙塔盘等,动作快,力度大,威武神勇,气势磅礴,有"中华第一龙"之称。我们猜想这些龙舞可能与古老的神话相连,张扬着千万年来地域与自然对话的粗犷力量,在发展过程中又融合了多种文化元素,最终与春节一样成为全国性的文化符号。

之所以"龙"之类文化符号会绵延千年成为中国的核心信仰符号之一,或者上溯,之所以现代文化之中还能够发现河姆渡文化的影子,其根源是人的生活世界亘古不变,人总是生活在由空间、时间与心灵构成的立体世界之中。空间包括自然与社会,自然与社会以极大的力量左右着人的命运;时间指历史、祖先与未来,人是时间脉流中的一个节点而已;人还有自己的内心世界,即心灵。这个立体世界是一个困境遭遇,因为里面有四对充满冲突的矛盾:人与自然,人与历史(祖先),人与他人,人与自己。为了这些关系的和谐,在日常生活中,人类探索出了科学、宗教、道德规则和法律等。但人类还是会不时遭遇洪灾、旱灾、虫灾等自然灾害;人与人之间还是会有仇恨、冲突;个人的内心也会时时感到烦恼、困惑。人需要创造另一种文化来综合性地、集中地调节这四对对立关系。节日正是这样一种创设:人们对"年兽""妙计"式的献祭,逐渐演化成一种表达对自然和神的感恩与崇敬之情的祭祀仪式,希望自然和神不再因为不满人的所为而用洪灾等来惩罚人类。人类在节日中停止耕种或狩猎来让自然获得休息的机会;也试图用舞龙、停止一切争执等手段来达到人与人之间的谅解和团结;后来人们还试图以纵情娱乐等方式来补偿人在一年中的劳累和被压制的各种欲望。

中国节日多，大都与自然相关。如直接以二十四节气为节，如清明、夏至、冬至等；直接为自然万物设立节日，如元旦之于太阳，七夕之于星星，中秋之于月亮，等。一年四季十二个月，季季有节日，月月有节日；节日均衡分布四季，人们顺应自然，按照自然的节律生活、劳动、恋爱、生育，春种夏锄，秋收冬藏。当然有些节可以不过，所以叫"不拘小节"。人们在清明踏青，在端午赛船，在中秋赏月，在七夕观星，在重阳登高，亲近自然。《易传·文言》中说："夫大人者与天地合其德，与日月合其明，与四时合其序，与鬼神合其吉凶。"亲近自然，同时也是效法天德，向自然学习，与天合德。而节日里，一家团圆，围坐聚餐，人们从容自如地享受着安宁和丰收的喜悦，品味着"父母俱存，兄弟无故"的人生乐趣；在腊八节，月湖居士林筹集善款向市民施粥，共祈平安吉祥；在春节里，则家家户户，村村镇镇，贴春联，贴福字，放爆竹，互相拜年，祝福声声，好话连连，表达人与人互相尊重。一旦融入这种乐感文化，人就会无意识地遵从这种文化精神。

从语言来分析，"节日"应该分开来解释，"节"是标志某种意义上的起点与终点，"日"是为了纪念或强调某一种物质与精神；"节"起源往往与宗教祭祀有关，后来逐渐加入了世俗娱人的成分；而"日"完全与宗教祭祀无关，它不具备神圣性，它的功能是单一的。现在很多节日从本质上说只是"日"而不是"节"，如国际妇女节、国际消费者权益日、世界人口日等国际纪念日，是联合国专门机构倡导批准的，目的是加强各国政府对一些人类社会问题的重视；再者如与当地地理、经济和文化相关联的节，如荷兰的风车节、加拿大的枫糖节等；这样的节在宁波也有很多，如余姚慈溪杨梅节、服装节、奉化水蜜桃节、宁海的啤酒节等。而传统节日的"节"是"节"，它与宗教信仰、哲学思想、心灵需求息息相关，具有神性，它能上溯到神话时代。如春节，表面是送灶、除夕、拜庙神、拜年、请财神、闹元宵等系列活动，实际上是完成三个主题："天和——达到人与自然、与祖先的和谐，尊重自然，尊重历史"，"人和——理解他人，尊重他人，关爱他人"，"心和——调节自身的心理问题"。通过宗教类祭祀活动解决人与自然、与祖先之间的矛盾，通过世俗活动解决与群体、与自己的矛盾。在祭祀活动中，自然、神与祖先是主角，是祭祀活动的中心，最根本的目的是让自然与神满意。人在这里是谦卑的和次要的。在世俗活动中，人成为主角，歌舞、贴春联、放爆竹、会餐、拜年、闹元宵、放灯等，都是为了娱人，使人乐在其中，但此时自然与神灵并不是被放在一边，在起初的时候其目的也在于娱神。只是人站在"聚光灯"下,而自然与神、祖先退居幕后。每个民族都有这样的节日,如埃及的尼罗河泛滥节、犹太人的逾越节、美洲印第安人的太阳节、印度的神车节、西方的圣诞节等。

节日活动世俗娱乐性是从唐代开始大大增强的。春节、清明、端午、中秋等节日,慢慢从驱邪祈愿的气氛中解放出来,重点由祭神转向了娱人,成为一年中普天同庆、万民欢度的重要节点,出现了《清明上河图》这样美轮美奂的场景。旧时宁波最热闹的节日活动是庙会,在这个大众化的狂欢节里,人们抬着泥木神像游行,大旗在前,仪仗、彩亭、彩幡、龙灯、鱼灯及高跷等在后;队伍中多奇形怪状、争艳斗巧者,以媚神邀福;锣鼓喧闹、爆竹横飞中表演跑马灯,唱马灯调。据载,1933年鄞县城乡共有517处庙祀,如惊驾桥的汤君庙、偃月街的新水仙庙、鄞江的它山庙等,每一个大庙都有属于自己的庙会。庙会常常与赛会结合在一起,著名的赛会城区有二月赛会、四月半会、十月朝会等;乡村著名的如二月二的龙抬头赛会、三北(镇北、慈北、姚北)地区的台阁会、鄞州为纪念高桥之捷(南宋时在宁波高桥的抗金战役)而立的高桥会、钱湖庙会(现已演变成东钱湖龙舟节)。这些众多的节日,以浓浓的宗教味、民俗味有节奏地调剂着宁波人的生活世界。

因为宁波地域在汉代已经汉化,唐宋时代汉文化已经成熟,所以宁波的传统节日与大中国区别不大,只是因特定的历史与地理有所调整而已。比如宁波的中秋放在八月十六,《鄞县志》记载:"(天下)唯四明则以十六为中秋,以中秋竞渡相传,史越王母以十六生,故而是日为佳节,遂以龙舟娱其亲,俗因之不改,天时人事皆为相君所移。"宁波人清明吃青团,夏至吃白煮蛋,端午吃箬叶棕,七夕吃巧果,九月九吃重阳糕,腊月初八吃腊八粥,过年吃年糕。象征"团圆"的汤团,是宁波人对中国春节贡献的又一个文化符号。北方人过年围着吃饺子,宁波人合家聚坐共进汤圆。汤圆使宁波人的节日带有甜味,带有浓厚女性文化色彩,过去男人常年在外,女人常常是一个家的主心骨,过年男人回家,吃女人裹的汤团,猪油、白糖、黑芝麻粉为馅,精白水磨糯米粉为皮,白如羊脂,油光发亮,滑润味美,这就是家的味道,团圆的味道。

但是现在的宁波也遭受着现代化的困境。"日"在扩大,特别是手机节、首饰节、服装节等,这些目的是"节日搭台、经济唱戏"的节日,使节日的真正意思变得模糊,许多节日已经沦为商品日,如端午节成了粽子节,中秋节成了月饼节,买东西、

鄞江十月十庙会

送东西的俗世活动占据了人们的时间与精神，商业化浸染了节日的神圣性。商业性的狂欢必然造成节日给人的"暖意与快乐"越来越淡，甚至变成负担。人的自然生活节奏在工业社会、商业被打破，这种鸦片般的娱乐消减了传统平和自然简单快乐的娱乐，而新的关心人心灵需要的文化机制还未成熟。小孩子不再期待过年过节时好玩的游戏、神秘的活动、簇新的衣服与鞋帽、好吃的丰盛的美食与热闹的聚会，因为在食物与活动上日常与节日已经没有很大的区别。农耕社会里最重要的人与自然、人与神的对立关系，因为人技术能力的增强而退居其次。这正是年味等所有节日的味道越来越淡的原因。弗洛伊德说，人摄取的物质能量转化为生理能量，生理能量转化为心理能量，心理能量在积攒到一定程度之后便要寻求释放。如果一个人的心理能量得不到释放，得不到宣泄，将会怎样？西方的情人节、万圣节、圣诞节是不是我们内心真实的需求？我们能不能发展歇斯底里的霹雳舞、声嘶力竭的摇滚乐这样的狂欢文化？毫无疑问，讲究其乐融融，不追求过度的中国文化，在这个人与群体、人与自己矛盾更为突显的时代中，遭遇着前所未有的前行困惑。宁波能不能再为中国人创造新的节日，可以安放中国人的心灵，能够把关怀深深探到人的终极感？

# 饮食有道:淡而有味的人生美学

## 弥漫七千年芬芳的米香与鱼香

　　七千年前的水稻,近百年来的玉米等,芬芳弥漫日常人家。宁波人对季节滋味的分辨,如同春雨、夏热、秋爽、冬雪那么分明。

　　可能在河姆渡时代,宁波人便已经确定了饭稻羹鱼饮食模式。北纬30度雨水充沛与丰富的热量,适合大多数农作物生长,这条纬线也是世界上最大的农作物起源中心。从河姆渡的发掘来看,有稻米、葫芦籽、菱角、橡子、芡实、薏米等水生作物,有一处籼稻遗存从厚度及面积推算,竟有百吨左右。大多数人可能不知道薏米和芡实为何物了,薏米、芡实其实是营养价值非常高的恩物。当我们盛一碗香甜的稻米或薏米粥时,不要忘记这其实是河姆渡人的饮食文化直入七千年以后。

　　历史上,宁波一直是稻米盛产地。两宋时引进占城稻,亩产一度为全国之最。2012年,"甬优12"杂交超级稻最高亩产1014.3公斤,百亩示范方平均亩产963.65公斤,赶超了袁隆平超级稻,标志着宁波市水稻品种以及栽培技术在国内、国际的领先地位。这片土地不仅适合培育新品种,还兼容各种稻谷生长,如河姆渡有色米研究所李民政老先生选育而成"河姆渡3号超级黑米",河姆渡稻作生物技术有限公司培育了高锌营养优质水稻,一名叫魏建云的小伙子则培植成功了日本的越光米。

米食漫延 7000 年,形成了独特的米香文化。宁波人制作了丰富的米食糕点,如汤团、青团、水晶油包、豆沙八宝饭、烧卖、酒酿圆子等。每个季节都有特色小点,使宁波人对季节滋味的分辨,如同春雨、夏热、秋爽、冬雪那么分明。上了年纪的人,往往都会有一手做点心的绝活。比如冬至用晚粳米做年糕,紧密结实又糯软细腻,所谓刚中有柔,刚柔并济;可以炒螃蟹、菜蕻、荠菜等,民谚说:"荠菜肉丝炒年糕,灶君菩萨伸手捞。"人们还用年糕印版压成"五福""六宝""金钱""如意"等形状外观,象征"吉祥如意";有的则做成"玉兔""白鹅"等小动物;过年吃年糕还寓"年年高"之意。江北慈城、余姚河姆渡都是善做年糕的地方,知名品牌有塔牌、义茂、冯恒大等。

宁波有专门做甜品的店,比如"缸鸭狗"做酒酿圆子,赵大有做龙凤金团,升阳泰有印花糕,三北有豆酥糖,溪口有千层饼,等等。有研究食性的人说,以大米为主食的人常对人对事处理得体、温和通融,但也有石骨铁硬、孤芳自赏、不爱帮助别人之性。甜食可能给人"亲切"感,弥补了宁波人性格的不足,其实宁波人极愿意从事志愿服务工作。汤团可能是宁波人这种复杂性格的象征:外观洁白圆润,白显示其高洁正直;圆润柔和显示其灵活而不死板。但不要以为圆润柔和就好吃(吃在宁波有欺负之义),大口咬开,汤团里的猪油热馅将给人以教训,宁波人不是好惹的。有人则认为宁波汤圆外表洁白,内心是乌黑的芝麻,反映宁波帮经商的"心狠手辣";不仅黑还要甜,这是宁波帮的从商之道。

宁波人的口味极其丰富。河姆渡的发掘中,就有大量桃子、酸枣、橡子、杨梅等水果遗核,鸟、鱼、龟、鳖骨头数量也不少,还有大量羊、鹿、猴子等野生动物,以及饲养的猪、狗的骨骼;林巳奈夫认为双鸟舁日的图形是良渚文化中饕餮纹的源起,如果双鸟舁日与饕餮相关,或许双鸟舁日还是河姆渡人能吃的象征。自然物产的丰富,应该使河姆渡人有较多的时间研究饮食,制作出釜、罐、杯、盘、钵、盆、支座等丰富的夹炭黑陶器皿,用以盛放不同类别的食物;而稻米以粒食为原则,催生了甑的发明,河姆渡人在 6000 年前就懂得利用蒸汽。有人做过统计,在现在的宁波菜烹饪中,"蒸"使用频率占 17.3%,在烹饪方法最为多用,保证了宁波菜的鲜嫩味美;而约在 6000 年前,河姆渡人还发明了便于移动的单体陶灶,可能当初是为解决木构建筑内煮炊防火问题,后来却成为中国人烹饪活动中心炉灶的源起,影响了几千年以来人们的饮食习惯和风俗。

我们已经很难推测河姆渡人是不是饭菜交替入口,是不是有了主食、副食之分,是不是萌生了中国饮食文化上"甘受和,白受彩"的理论,懂得了"下饭",懂得了"乐胃"。但从利用物产的丰富上看,河姆渡人可能开始了注重食物结构整体平衡的中国饮食原则;从釜、鼎、鬲、甑等炊具的使用上看,河姆渡人可能已开始琢磨用水控制火,以水火相济达到鼎中之变,《易经·既济》云:"水在火上,既济。"对鼎中的"和"味之美的"调",是中国味道的神髓,也是中国哲学的滥觞。

宁波是较为讲究吃的区域。六朝时的虞氏家族就不乏美食家,南齐大臣虞悰是第一位有名可考的四明籍美食家兼烹饪师。《南齐书》称"悰善为滋味,和齐(烹饪调和)皆有方法",其《食珍录》是以南方风味为主的食经,与当时以北方风味为主的崔浩《食经》南北辉映。南宋鄞州人高似孙有《蟹略》,明代鄞县屠本畯有《野菜笺》,祖籍慈溪的清代袁枚的《随园食单》被公认为系统论述烹饪技术和南北菜点的巅峰之作。

鼓楼夜市

宁波菜肴的丰富,应当始于宋代商品经济繁荣之后。北宋嘉祐年间月湖休闲文化勃兴,船菜盛行。所谓船菜,就是船家利用鲜活水产、时鲜,加以特殊烹饪技术,主要是活炝、清蒸、红烧、白煮,制作而成。当时,宁波的造船业在全国名列前茅,月湖里画舫如织,画舫小的在后舱设灶炝,两三人可以蹲踞着焙鸡、烧鱼、调羹、炊饭。中舱为餐厅,桌椅雅致,有时鲜瓶花置放左右。大的画舫可以放两三桌宴席。夕阳西下之时,船菜开筵。王安石《众乐亭》诗云:"春风满城金版舫,来看置酒新亭上。百女吹笙彩凤悲,一夫伐鼓灵鼍壮。"是写月湖船菜宴不仅菜肴鲜美,而且有美女做伴,笙歌行乐,仿佛瑶池欢宴。船宴常用酒是名酒"双鱼",为宋时贡酒,酒务就在月湖菊花洲之北端。《湖语》云:"(月湖)北有酿泉,其甘如蜜,当时酒务于此焉,设麯沉沉,双鱼最冽,贡之天子,御尊列云。"稍时,明月悬空,笼罩静湖,灯火明媚,歌如裂帛,有雅兴者吟诗咏曲,或有人玩叶子戏,掷骰取乐,一派盛世景象。

苏东坡非常喜爱宁波美味,比如杨梅,苏轼称"闽广荔枝,何物可对者,可对者西凉葡萄，我以为未若吴越杨梅"。而他对于海味更是情有独钟。苏东坡的《江瑶柱传》曰："始来鄞江，今为明州奉化人，瑶柱世孙也。"《四月十一日初食荔枝》诗："似闻江瑶斫玉柱，更喜河豚烹腹腴。"此诗下有注："予尝谓，荔枝厚味高格两绝，果中无此，惟江瑶柱河豚鱼近之耳。"江瑶柱，即干贝，在宁波有两种，大者为江瑶，小者为沙瑶，以奉化沿海所产为最佳。还有蝤蛑，即指三疣梭子蟹，宋代也指青蟹。苏东坡《丁公默送蝤蛑》诗云："半壳含黄宜上酒，两螯斫雪劝加餐"，邱庞同先生的《宁波海鲜菜的古为今用》一文认为苏东坡所食为宁波梭子蟹制作的蟹生，蟹生即用醋、酱油、黄酒浸制或辅以其他密法原料，浸制新鲜梭子蟹而成的冷拌菜。

在中国，春秋战国时期已经出现南北两大风味的区别。唐代高椅大桌的出现，使中国人的进餐方式从分餐制变为共餐制，并分为南食和北食两大风味派别。北宋的宁波菜即属于南食。两宋之交，大量北方人南迁，使南食与北食交融，促进了菜肴制作技术的提升。明清两代，辣椒从美洲传入到广为种植，改变中国广大区域饮食习惯，同时也影响菜系形成。到清代初期形成了鲁菜、淮扬菜、粤菜、川菜四大菜系；至清末，浙菜、闽菜、湘菜、徽菜四大新地方菜系分化形成。前后四菜系即今所谓八大菜系。浙菜即以杭州、宁波、绍兴和温州四种风味为代表。宁波菜应当成熟于明清，但作为系统的菜系成熟则在清末民国。

19 世纪中叶，宁波辟为"五口通商"口岸后，因中外交流的增加，大大刺激了饮食业的发展，三江口、江厦街一带酒楼、饭铺林立，食客盈门，而雪菜大汤黄鱼、剔骨锅烧河鳗、冰糖炖甲鱼等宁波名菜开始崭露头角。特别是宁波菜随宁波帮进入上海后，与上海菜融合，创新成为新派上海菜，名声大振，成为海派文化的重要组成部分。史料记载，上海滩最多时有专门经营宁波菜的状元楼 19 家、老正兴饭馆 120 多家。被誉为沪上"美食三剑客"的洪丕谟、林苛步、江礼旸等大力传播宁波食俗；上海著名表演艺术家杨华生唱《宁波菜空城计》，大声吆喝"小黄鱼、龙头烤、苋菜梗、韭菜芽、黄泥螺、咸带鱼、臭冬瓜，咸菜炒炒好吃啦"。苏青则在《天地》杂志连载宁波下厨做派，"饭菜吃得不乐胃时，可以再吃些甜点心以资补救"，"我爱用各式各样的较精致的碗碟来摆点心，这样在吃起来时似乎更加会因好看而觉美味了"，等等，浸透着"民以食为天"的平民饮食观，让张爱玲觉得"常常有一种无意的隽逸"。

宁波菜的特性，一是善于烹制各种海鲜，鱼香鲜明。宁波不乏河鱼，但主要是海鲜，"虾鱼蟹鲞"和"蚶蛏壳货"在宁波菜中占有重要地位。东海鱼场里生长着

740多种鱼类、100多种虾类、130多种蟹类、近200种贝类，菜场里到处是绑着麻绳的青蟹、吐着长舌的蛏子、闪着银光的带鱼等。晚清时代，舟山渔场有八大渔帮，有四支就是宁波农民组成，分别是专捕大黄鱼的鄞州东钱湖"湖帮"，专捕带鱼与墨鱼的"姜山帮"，专捕小黄鱼的"大嵩帮"，专捕杂鱼的奉化"桐照帮"，平时渔民在家种田，一有鱼讯便出海赶讯。二是常用"鲜咸合一"的配菜方法，即将鲜活原料与海货干制品，或腌制原料配在一起烹调，产生独特的复合美味，例如鲞火靠肉、咸肉炖蛋、虾子籴豆腐等。当然，干、风、腌、酱、醉、糟、霉、臭的制品，如果独立上盆，也是极富宁波地方特色的，其中被称为"三臭"的臭冬瓜、臭苋菜梗、臭菜心，尤被海外游子称为"乡味"；日本、韩国人做泡菜的技术，也许就是沿着唐宋的海上丝绸之路从宁波传出去的。三是辅主鲜明，讲究鲜嫩软滑，原汁原味。技法以蒸、烤、炖等为主，很少做火锅一类大杂烩。雪菜大汤黄鱼是最能体现这三样特色的宁波菜：用腌制好的雪里蕻做辅料，以野生大黄鱼为主料，不放油，味极清鲜。人们认为，海鲜里饱含的高度不饱和脂肪酸，为宁波开放自由、开拓创新的海派精神提供了营养支撑。

宁波"鲜咸合一"的风格，相对于"重油、重盐、重味"的区域，口味还是"本色、原味、清淡"。比如咸蟹，其实以和淡为美。根据中国饮食辛辣口味地理分布研究，咸淡口味主要取决于地理环境。冬季日照较少，湿润而寒冷，雾气大，需祛湿驱寒，长江中上游形成辛辣重区，以四川、重庆为代表，名菜如宫保鸡丁、夫妻肺片等。北方虽冬季寒冷，但日照时间长、温度和雾气小，形成微辣区，以北京、山东为代表，名菜如辣白菜、酱腌小青椒等。东南沿海地区则冬季普遍温暖，年日照也在1800小时以上，成为淡食区。宁波的咸主要指腌制品，这些咸菜与淡菜调和，即为"鲜咸合一"。这种追求对立统一的调和，塑造着宁波人价值的取向，规约着宁波人生活上的简朴、务实风格，文化上渴望异质交融，寻求变的"味道"；正如辣塑造了湖南人的泼辣豪爽，甜造就了无锡人的绵软甜糯。

开埠以后，西餐也进入宁波人的视野。刀叉盘子代替祖传的碗筷，给宁波人别样的时尚感，当然还有西洋饮料，如咖啡、香槟和葡萄酒等，以及西式糖果糕点，受到宁波人的欢迎。20世纪90年代，肯德基、麦当劳等各类洋快餐，以及法式大餐、日本韩国料理、东南亚菜等进入了宁波。像麦当劳等企业还带来了"质量、服务、洁净和价格"的企业哲学，引发宁波人学习，创建出来必堡、新四方等中式快餐文化。西式的餐饮到来，并没有颠覆宁波菜的地位，反而在民国使菜系得到成熟；在当下，梅龙镇、状元楼等经营传统宁波菜的名店一段歇业以后，又重新开张；乡村的农家乐得到人们的热捧；而日常宁波人的饭桌上，最爱的永远是家常菜。

2012年春节"南塘历史街区"整饬后重新开张。这个靠近宁波南门老城墙根的市衢，旧时一片繁华，《宁波市志》记载："百年石板路，千载南塘河。漫游南门三市，争仰甬水遗辉。船舶争集，人民杂遝，夹道商铺，鳞次栉比。"在这里，乡下农民用土产换生活日用，城市居民寻找新鲜土味，沿石板巷弄挨挨挤挤延展的酒店、米店、油店、肉店、鱼鲞店、杂货铺等等，是孕育精致而地道糕点与菜肴的好地方。现在这片高低错落白墙黑瓦的古建筑群汇集了种种宁波味道，有传统餐饮老字号如宁波一副、赵大有等；有宁波本地及周边县市区特色传统美食小吃：宁海五丰堂、余姚黄鱼面、慈城四季香年糕、三北豆酥糖、奉化牛肉面、东钱湖十六格馄饨等；还有诸如涌上外婆桥、三市里胡同、全丰记等经营江浙派或新派宁波菜肴的现代风情餐饮品牌。怡然走在悠悠石板路上，淘一淘纯正的街巷小吃，或汤团，或馄饨，或大糕，在运河边、甬水桥的石栏上坐下，迎着习习河风细细品尝；或者宴请亲朋，犒劳同仁，跨过高高的宅院门槛，坐在临街的木窗前，喝一口透红的阿拉老酒，看人们排着长队买油赞子，小孩子兴高采烈地咬糖人，一切似乎是百年前宁波人经商交易、日常生活的浓厚风气，心头是不是涌起一种异样的感动？

**茶与瓷：宁波播扬的东方神韵**

> 宁波是茶的原产地之一，煮茶历史悠久；上林湖的青瓷带来了独特的审美风格；而禅宗的盛行又使茶瓷平添了文化的高雅。

茶树为南方嘉木，高一尺、二尺及至数十尺，陆羽《茶经》说，"其树如瓜芦，叶如栀子，花如白蔷薇，实如栟，蒂如丁香，根如胡桃"。相传茶树原产于川蜀，史有巴国以茶纳贡周武王的记载。然而这有可能是拘泥于以中原为中心文字记录的观点，并不符合历史实际。在距今6000年的田螺山遗址中，就发现了多片类似人工栽种的山茶属植物根须；而河姆渡遗存里，也有原始茶类：樟科植物。这种野生茶资源至今在宁波山野里，到处丛生，如2009年在宁海茶山发现了10棵特大野生灌木型茶树王。这种喜温喜湿的双子叶植物在历史上应该广泛分布于长江以南地区，而河姆渡人可能是很早就发现原始茶有充饥、解渴、去毒、医病作用的人群,他们将茶做成粥羹状食物食用。这一距今 6000 年的时段,也正与传说中"一日尝七十二毒,得茶而解"(《神农本草经集注》)的神农氏差相仿佛,或许这位长江流域的文化初祖神农氏,融入了河姆渡人的创造。

饮茶起源众说纷纭,起于上古神农氏、周、秦汉、三国等说法都有,在唐代,茶已经成为举国之饮。在唐以前,茶多富神秘色彩,在宁波民间传说中常与得道成仙紧密联系。天台山以及支脉四明山有诸多围绕神仙丹丘生展开的传说。《茶经述评》说"丹丘,在今浙江宁海县南 90 里",因三国葛玄曾在此设炉炼丹而得名,丹丘子可能就是世人对太极仙翁葛玄的称谓。葛玄即道教经典《灵宝经箓》的著者,《抱朴子》著者葛洪的从祖父;他在天台山一带广种茶树利世,天台华顶归云洞前至今仍有"葛玄茗圃"。相传丹丘子服茗后,轻身换骨,羽化成仙;如《楚辞·远游》所说"仍羽人于丹丘兮,留不死之旧乡";丹丘还一度成为宁海的别名。而王浮《神异记》记载余姚人虞洪在四明瀑布山遇丹丘子获大茗等故事,是这一传说的繁衍;余姚大岚镇姚江源头瀑布岭茶区设立的《大岚茶事碑》即以此事作为瀑布茶源头起叙。

在三国两晋民族大南迁时期,四明山的茶业与文化的迅猛发展相并进,茶叶由食用、药用转为日常生活饮料。在唐宋时期,宁波涌现了不少名茶,如余姚瀑布仙茗、宁波白茶、宁海茶山茶等;在唐代中叶后,作为长江中下游茶区的一部分,宁波进一步发展成为茶叶生产和技术的中心之一。余姚车厩岙在元明两代还是贡茶所在地。踏寻唐诗之路的诗人们礼仪仙人遗踪时,也叩访着仙茗的芬芳。而陆羽是一位将茶文化播向普罗大众的研究者,一部《茶经》将采造、烹煮、茶器、饮用一一加以总结和倡导,使饮茶和"瀹蔬而啜"豁然区别,成为一门专门的技艺和学问。沿着这条线索,我们会发现众多宁波文人的精湛剖解,如明代屠隆的《茶说》、屠本畯的《茗笈》、罗廪的《茶解》、明清季闻龙的《茶笺》等。茶是浸漫中华民族的一种文化现象,而宁波可以说是中国研究茶文化论著的高产区。

宁波人爱茶,诗人写诗赞美,如史浩《与东湖寿老》:"茗盌昼看花坠影,吟臆夜与月为邻。清凉境界天家予,自是全无一点尘。"名医们则推崇茶的医学价值,如明末清初甬上名医高斗魁的《酬惠茶》:"寒热难禁消渴侵,膏肓未必许施针。鸾浆不到贫人口,芥叶倾分故友心。自尔春风生两腋,忽然秋雨振疏林。从来毒草能苏病,起坐思君报此音。"互相敬茶,是中国的礼俗,所谓"南茶北酒",宁波人同样有这样的风俗,明代杨德遵《步至郊园邻人有以新茗馈遗者》云,"比邻何雅意,新茗送余尝"。宁波还曾经流行以花瓣煮茶,清代慈溪姚丙荣《山斋清供》:"春来兰草长琼芽,雨后芳菲淑气嘉。自采玫瑰三两朵,带烟和露煮新茶。"

因为茶叶品类繁盛,而在品饮中又特别讲究色、香、味、形,需要一系列能够充分发挥各类茶叶特质的器具,于是茶具的推陈出新成为茶文化发展的另一条绚丽的线条。河姆渡的黑陶,是中国陶瓷的一个重要开端,《墨子·高贤下》载:"瓦者,舜耕于历山,陶于河滨。"这些拙朴的器具,在东汉末年的余姚,发展成青瓷;到唐宋以后,陶瓷茶具因价格便宜,形体轻盈,煮水性能好,又能保持香气,逐渐取代了金属、玉制茶具。而上林湖、东钱湖制作的青瓷,在当时被誉为诸窑之冠。陆羽《茶经》盛赞,"碗,越州上","若邢瓷类银,越瓷类

三江口海上茶路起航地公园

东钱湖福泉山茶场

玉,邢不如越一也;若邢瓷类雪,则越瓷类冰,邢不如越二也;邢瓷白而茶色丹,越瓷青而茶色绿,邢不如越三也"。其最佳者不能为平民所用,故称秘色瓷。自明以后,世上少有秘色瓷现世,以至清乾隆帝也感叹"李唐越器人间无"。近几十年来,各地有不少越瓷出土。如 20 世纪 80 年代,陕西法门寺地宫出土十三件秘色瓷;宁波博物馆有多件出土于和义路等古港口的越窑茶具,虽时隔千年,在灯光照射之下,依然玲珑剔透,晶莹润泽。

这是一场以茶瓷为中心的南方文化浪潮,与凝重的中原文化不同,将审美引向了深长悠远、冲淡静美的境界;这也是一场平民化的日常生活审美运动,在经济日

趋繁华的中国南方,人们不再满足于"衣求暖、食求饱"的基本生存需求,而是日渐转向生活及日用器皿的精致化。而到青瓷传到国外,则改变了一些国家和地区人们的风俗习惯,成为他们日用生活品中不可替代的物品。《诸蕃志》记载:流眉国(今马来半岛)"饮食以葵叶为碗,不施匙筋,掬而食之"。东南亚这些落后的国家,原本"饮食不用器皿",中国瓷器输入以后,才使他们有了理想的饮食习惯。在日本,越窑青瓷既是日用生活用器,也是艺术品,受到极高的礼遇。日本天皇常将中国瓷器作为国宝赐给有功之臣,代表至高的荣誉,在宫廷中还将青瓷作为墙壁的装饰。

而在卷裹力极强的变革中,由于佛、儒、道诸派思想的融入,氤氲出博大精深的文化气象;对宁波来说,禅宗诗化了茶道,使这场变革由大众物性生活的表面美化,走向了心性层面的审美化。茶的清明与禅的清明是相通的。茶性洁净,茶味冲淡,饮茶能使人心静、益、不乱、不烦。佛教认为"茶有三德":一为坐禅时通夜不眠;二为满腹时可帮助消化;三为茶是不发之物,可抑制性欲。故僧人解渴、坐禅、祈祷、茶会等丛林修持活动,均要用茶。而茶的洁净、冲淡等物理特性体现出来的精神文化内涵,即放下情感纠葛、看淡名利纠纷,凡事不要较真,得之不喜,失之不忧,保持平静心态,与禅宗思想相通,所谓心斋坐忘,澄怀味道,"明心见性","心中清静,无有烦恼,此心即佛"。禅宗最讲求"无造作",主张一切都自然而然,自由自在,茶成为这种性情在日常生活中自然而然感悟、修行的最好载体。而茶又有苦后回甘,苦中有甘的特性,可以使修行者由这种独特的感官体验产生多种联想,由此种禅机达到对人生跋涉和理念上的参透,及至顿悟"苦谛"。宁波自古有东南佛国之称,众多寺院里,诸如阿育王寺、天童寺、七塔寺等,生发着佛家茶礼,以及一个个与茶相关的公案,是禅茶一味的重要播扬地。

而青瓷与佛教也有密切联系,甚至可以说佛教的发展推动了青瓷装饰艺术的发展。三国两晋时期的越窑堆塑罐上,即装饰有佛像,以求超度亡灵,获得吉祥;东晋以后,人们对佛教的信仰更趋虔诚,佛像退出装饰图案,而与象征佛和清净高洁的莲花瓣纹一起出现在瓷器上,并作为越窑青瓷的一个主题装饰题材盛行不衰。如宁波天一阁所藏划花覆莲虎子、浙江省博物馆所藏划花覆莲唾盂、慈溪市博物馆所藏的划花覆莲鸡首壶等。越窑瓷器的输出,改变了一些国家和地区人们的风俗习惯,输出的越窑产品如瓷碗、水注、酒壶、熏炉等器物,更是带有浓浓的佛教色彩,如熏炉是禅宗佛教僧侣在诵经念佛时使用的一种供具。青瓷艺术品则大量地反映佛教的内容,因而青瓷器从其造型及纹饰中,总透出几分顿悟通明的禅宗意趣。陆羽《茶经》中说,盛装绿茶以青瓷为贵,"青则益茶"。其实这位深受佛教影响的诗人,以及同样受佛教影响的陆龟蒙等人,不只是想冲泡出茶品的清幽雅洁、碧绿如玉的汤色,而是以之拂拭佛的灵魂。

茶与瓷,以及内蕴的文化的外播,催化了宁波三江口城的诞生;世界因瓷而理解东方神韵,china与瓷的意义等同。明清时期,绿茶出口量巨大,有出口半壁江山之称;而小白礁等地沉船的发掘,证实当年民间茶瓷贸易的繁忙。现在,日本茶道与韩国茶礼成为这些国家塑造魂魄的仪礼,而追寻源头,却往往与宁波有关,扩而言之是四明山、天台山等山峦中一个个寂美的山寺。如日本佛教天台宗创始人唐时最澄,开创了日本种茶历史,也开始了日本饮茶,他的入关文牒就在宁波盖印;北宋时,高丽高僧义通曾住持宁波宝云寺,为中国天台宗第十六祖师,弘扬天台宗禅茶文化20年,后葬于明州阿育王寺;日本临济宗创始人明庵荣西二次入宋,曾助建天童寺千佛阁,回国后著有《吃茶养生记》,被尊为日本茶祖。日本曹洞宗创始人希玄道元在永平寺按唐《百丈清规》和宋《禅院清规》,制订出《永平清规》,使饮茶成为僧人的日常行为。今宁波江厦公园即昔日明州码头,设有"日本道元禅师入宋碑"。

人生难得一清明,放下一切,看世界天蓝海碧,山清水秀,日丽风和,月朗星稀。一壶好茶在手,或立于东钱湖福泉山顶万亩茶园品味印雪白茶,或坐于余姚化安山黄宗羲隐居地涵饮四明十二雷,或憩于宁海南溪温泉山巅望海岗一啜望海茶,是多么惬意的浮生半日清闲。茶有茶德,可以雅志,可以礼仁,可以行道,可以修身,袁燮《谢吴察院惠建茶》诗谓:"佳茗世所珍,声名竞驰逐。建溪拔其萃,余品皆臣仆。先春撷灵芽,妙手截玄玉。形模正而方,气韵清不俗。故将比君子,可敬不可辱。"这不是佛教修行,也不是故作中国士大夫式的优游,而是在匆忙人生中一寻逍遥而独立的生命境界。

清末慈城人梅调鼎一生致力设计茶具,这位奇崛的书法家曾在慈城创办玉成窑,所作如"汉铎壶"(即以汉之铎为壶)、"笠翁壶"(即戴笠而坐的老者为造型)、"秦权壶"(形似秤砣,寓秦始皇统一度量衡意)等为诸家博物馆收藏之名器,无不满溢传统文化的神髓,以及生活的智慧和幽默。其曲直、张弛、急缓、长短、强弱、软硬相对比的线,大小、多少、光滑与粗糙相对称的面,以及明暗、淡浓、冷暖、轻重的色彩处理,花草、字画、虫鱼百兽的装饰,与特定材质的肌理、质感相映衬的"物趣"及"天趣",尤其是短小隽永、清新可诵的铭文,何其精妙入神。

# 言语表达:文化变迁与言语传承

## 石骨铁硬与柔和畅丽圆融的方言

> 宁波话有四明山石的坚硬,甬江潮涌的气度,但也有山溪的清丽、运河的柔软,这是一种兼容并包的语言,蕴藏着一个城市的个性。

我们猜想河姆渡人的日常语言是当时世界上最为繁复的一种。山海之间丰富的物产,需要命名;原创性的发达的耜耕农业文化、家畜饲养文化、器物制作文化等,需要指称。与前丝绸时代的石锛之路、干栏式建筑之路、木桨舟船之路等相同时,必然会有一条语言之路在大洋西岸传播。韦庆稳通过对《说苑》中"越人歌"的解读,以及对《越绝书》中几个百越语词的考证,认为百越语属于侗台语,操壮侗语的民族,如壮族、布依族、侗族、水族、仫佬族、傣族等。潘悟云指出汉语中"人"义和作第二人称的"侬"是百越语的底层词,它广泛分布在百越文化圈。我们同时猜想,河姆渡语言是一种极富神性的语言。如果说双鸟舁日是神灵崇拜的一种图形语言,那么与之相伴的有声语言必然充满大量的隐喻与灵性的词汇,在绝地天通时代之前,恣意地发展着诗性的智慧,而这些语言符号可能逐渐演变为越人鸡卜巫术的一部分。

由于自身无文字的缺陷和中原文化的不断南下同化,越语渐渐失去了曾经广泛流播的辉煌。前333年,楚国灭越,东楚方言与古吴越语相融合,形成了一种新的汉语江东方言,它是吴语的直接祖先。前221年,秦统一中国,越人被迫内迁江淮,外迁海外,民族进一步融合,纯粹的越人越来越少,语言迅速汉化。五千年越语遗存,可能只剩下一些语义已经模糊的如"余姚""鄞""鄮""句章"等几个地名了。清代著名学者李慈铭《越缦堂日记》认为,"余姚"的得名和盐有关,《越绝书》有"越人谓盐曰余"的记载;而"姚"多认为与舜的传说有关,姚为大舜的名字。句章是勾践时代的地名,唐代颜师古认为"句"是越语的发语词,无具体实义,《汉书注》解释"句音钩,夷语之发声也,亦犹越为于越也";但也有学者结合宁波史籍及具体地理地形,认为句章有实义,可能是"城山"的意思。但有一点可以肯定,东夷语音是古中国语言的重要组成元素;诸如《玉篇》《集韵》《广韵》等中国古字典大量文字是用吴越音注音,参看《周志锋解说宁波话》,宁波方言中大约还使用着1500个远古汉字,而它们在现代汉语中早已经消逝。

如果从汉语发展的角度讲,宁波方言即为汉语的分化,是汉语与宁波地方语言融合的结果。汉代,宁波话已经演化成为与当时中原汉语很不相同的一种方言。东晋王室南迁,陈寅恪在《东晋南朝之吴语》中说:"东晋南朝官吏接士人则用北语,庶人则用吴语。"北人对宁波方言产生一定影响。唐宋时期,有几次大规模的移民潮,尤其是南宋迁都后,北方移民大量进入南方,对南方语言造成冲击,特别是杭州话在语音、词汇、语法各方面都渗透进北方官话的许多成分。有强势文化的中原方言对宁波话的影响是留下了文白异读的特点,这在听甬剧、姚剧这些地方剧时非常明显。宁波方言在宋代至迟在元代已和现在的语言很接近了,李新魁《"射字法"声类考》一文认为"现代吴方言声类系统的规模,在元代已经奠定了"。故而现在的宁波话仍然保持了很多汉语的古老特征,用宁波话文读唐诗宋词比几经变更的普通话更加通顺。像柳宗元的《江雪》、苏东坡的《念奴娇·赤壁怀古》、柳永的《雨霖铃》等代表中国最高文学成就的诗歌,用宁波话才能吟咏出"绝""灭""雪""物"等入声字押韵的韵味。一句话概况,宁波话萌芽于先秦,发展于六朝,定型于唐宋,成熟于元明。

现在的宁波话属于吴方言区浙东临海小区宁波片的方言。通用的地域较为狭窄,其核心地区5000平方公里左右,包括宁波市区、鄞州、奉化、镇海、北仑、舟山和慈溪、余姚的东部。所谓"十里不同音",乡村方言有细微化区别;区域内大致有三种方言:宁波方言是主体,其二是受绍兴话影响的余姚话,再之是受台州话影响的宁海话,余姚在历史上长期隶属绍兴,而宁海长期隶属台州。语言差别一方面是因为行政区域的划分造成,区域中心语言对下属县域语言有着天然影响,另外传统农业生主的形态与格局不同,也造成语言的相对独立性。如空旷可堆积的平地,余姚话称"坛场",宁波话称"道地";地凹积水的窝处,余姚话称"水汪凼",宁波话称"水明汤";有些余姚话中有的,宁波话中不一定有对应的说法,如小河沟余姚话称"浜",栽菱养鱼的水体,余姚话称"荡",宁波话中则没有。相对来说,余姚、绍兴一带淡水渔业等比宁波深入,但脱离了地域限制的名词,如生产工具、竹制品等则趋于一致,如镬铲、火锨、庎厨、掸帚、蒲扇等,说明商品交流与商业服务业态的开放,百作工匠在区域里有着广泛流动。

2011年网络上曾经流行"有种体",以"有种××叫××"的句式,秀各地的方言。网友们不亦乐乎地使用"有种体"造句,使人们对地方语言文化的认同感大大增强。其中"宁波版"是这样的:"有种厉害叫结棍,有种无所谓叫唔高,有种眼镜叫擦眼,有种烦躁叫心戳死,有种翅膀叫叶扫,有种大腿叫大脚胖,有种不懂事叫头大刮青,有种男孩叫小歪,有种羡慕叫眼痒,有种空闲叫调大,有种刮台风叫作风水。"等等如此,宁波人独特的心理文化与对自然、社会的认识,在词汇表达中显现了出来。宁波人观察细致,比如对脚步的动作,用脚底摩擦叫"跶";跷起二郎腿抖动,叫"耸";用力跺脚,叫"蹬";缩进腿脚,叫"跔(音佝)",这种区分度必然培养一个人的精明。浸灌越人"卧薪尝胆"精神的"咬紧苦胆""侯性命"(拼全力)等词汇,必然产生干事业要能吃苦敢拼劲的价值指向。宁波话说"对不起"为"对勿住",更多地说"交代勿过","交代"与宁波特有商业文化背景有关。可以说,宁波话在一定程度上大大补强了中华语言的多样性。

外地人对宁波话的印象是"石骨铁硬"。人们常常将之与苏州话相对比,苏州话部分词汇声调曲折,有先降调然后略升的趋势,吐字一般是前一字重,后一字轻,听上去糯软,仿佛水巷中摇橹的韵致。而宁波话因完好地保留了古音中的入声字,同时许多复韵母也念成单韵母,吐字力度较大,语速相对较快,发音又以降调为主,甚至随着讲话,声音会有明显递增,听起来似乎感觉带点四明山石的坚硬,山瀑的激昂,东海大浪、甬江潮涌的气场,两者完全不同。于是有这样的调侃:"宁可听苏州人吵相骂,勿可与宁波人讲闲话。"

有道是"醉里吴音相媚好",但宁波话也有"吴侬软语"温软可爱的一面,宁波话也很好听，而且表现细致精到。比如宁波话叠词用得特别多，如格格笑笑、怕势势、酸汪汪、长孟孟、糊沓沓等，儿童用语更是多姿多彩，如"饭饭""手手""咩咩羊""晓晓猪"等。俗语、谚语、歇后语则或用比喻、夸张，或刻画细节入木三分，满溢生动活泼，如"人情急如债，镬爿挈出卖"，"吃起饭来峻山挖土，做起活来声声叫苦，争起钱来武松打虎"，"扫地扫一地中央，揩面揩一鼻头梁"。宁波平原人口密度较大，屋宇栉比，行人接踵，人与人的距离影响语言风格，在宁波话的词汇里相当多地表现为对人与人事的关注。这些词汇往往采取"取象类比"的方法，达到鲜活生动的表达效果。如"翻白泥螺"，以腌制不得法而泛起白沫的泥螺比喻装糊涂、无所谓的样子；"埠头黄鳝"，以常年不出、只等猎物出现伸头叼食的黄鳝比喻守着小地盘占取小利益的人；再如稻熟麻雀、笑面老虎、桥头老三等，摩画人的品相栩栩如生，骨子里透着轻松与幽默；这些四音节的方言成语，朗朗上口，宁波人将三音节词汇的节律感也发挥得有滋有味，如"丁相公""菌头猪""败门枋""打横炮"等，批评人事以善意的嘲笑启发人自省自责，透射着地方智慧与地域群体性格。王应麟的《三字经》三字一句、四句一组的类语调如诗歌的三音词表达，可以说是宁波人智慧的集中体现。其实，生活中的宁波话语调也可以变得像音乐一样生动活泼，最经典的就是姚慕双和周柏春相声《宁波音乐家》里那一段经典的"来发，棉纱线拿来"的对话。

故而，宁波话总体是一种融柔于硬、刚柔并济、强于表现的语言。这种生动与妥帖在普通话中根本无法传递，不入其中是不能尝其个中三昧。有许多宁波话，老宁波听着能嚼出相当的滋味来。甬剧七十二小戏《扒垃圾》有打一地名的谜语，一个问"草绳拉纤"，谜底为"段塘"（谐音"断掉"）；一个问"外甥好日，请娘舅吃酒，娘舅赶到，老酒吃好"，谜底为"舟山"（谐音"走散"）；一个问"一张眠床吭人困"，谜底为"孔浦"（谐音"空铺"）；一个问"小顽学生意，勿拜师父"，谜底为"徐家汇"（谐音"自家会"）等。据《甬剧探源》则记载，经过读书文人加工提高后的甬剧，生动风趣，通俗易懂，洋溢农村气息，如《卖草囤》中对课子内容十分有趣，如三白对三黑："孝子牵羊过雪桥"对"皂隶赶猪上煤山"。宁波土话也化入了剧本："荷叶荷花莲蓬藕，糯谷糯米浆板酒"（浆板酒是酒酿），"酒壶酒提酒漏斗，火刀火石火霉头"（火霉头是火绒）。许多宁波人，包括许多新宁波人喜欢参与电视台的一些方言 PK 游戏，收看阿国电影（宁波话改编的影视剧）；"来发讲啥西""讲大道""宁波老话"等各档新闻、谈话、娱乐节目一经推出，就像臭冬瓜、咸菜、枪蟹、龙头烤一样，是宁波人脍炙人口、百吃不厌的一道大餐。

有人做过统计，宁波话中目前尚在应用的谚语有 2000 多条，作为一个宁波人，甚至也不清楚自己至少在使用五六百条谚语，此之谓"人人心中所有，人人口中所无"。这些谚语的使用使语言变得生香活色。如"穷家难舍，热土难离"，"金窠银窠，不如自家草窠"，"秧好一年谷，妻好一生福"，"春天生意实难做，一头行李一头货"，"国乱识忠臣，家贫出孝子"，"人到无求品自高"，"手脚慢泛，起早落晏"等，这些古人老话是世代百姓生活经历反复咀嚼后大彻大悟的警策之语，是老百姓的终生教科书，知识来源于社会本身，是地域历经验证的处世之道与公共祖训。因为佛教长期濡浸，以及从南宋到明代"心学"影响，与"良心"相关的谚语极为推崇，如"人靠良心树靠根，走路纯靠脚后跟"，"天地良心，到处通行"，"好心不怕人猜疑"，"欺心犯心，犯着自身"，王应麟《三字经》的开篇之句便是"人之初，性本善"，"良心"是宁波人思维的基石。

历史上，东南区域的语言对东海诸国产生了较多影响。日本人说话分训读和音读，训读是日本土著发音，音读是向中国学去的读音。音读中又分吴音、汉音和唐音，即不同时期向中国学去的读音，这些读音很多与宁波相关。如日本语的促音，与宁波话中的入声有关，日语的五十音图每个音都能在宁波话音素中找到一一对应。20 世纪，日本语词大量进入汉语，如组织、纪律、政治、政策、经济、科学、健康、法律、共和等，其读音实际是"出口转内销"，它们的发音宁波人是非常熟悉的。因为宁波帮遍布世界各地，这常使许多外埠人把宁波话看成浙江话的代表。

宁波话也是上海话的鼻祖，上海人最喜欢咂摸宁波话的味道。甬剧到上海演出常常场场爆满。有篇《怀念甬剧》的文章，说宁波甬剧团到上海瑞金剧场演出《天要落雨娘要嫁》《三篙恨》和《半把剪刀》等剧目，常演不衰。有一次电视台直播《半把剪刀》时，演至中途，因该地区供电线路发生故障，当剧中人正持剪刀刺向仇人时，荧屏突然漆黑，电视中断，气得前楼阿姨、厢房间外公、亭子间嫂嫂大喊"倒胃口"。上海人喜欢调侃宁波话，上海市人民滑稽剧团有个独角戏传统段子叫《十三家头叉麻将》，讲十三个不同地方的人叉麻将的状态，描绘得最出彩的人物就是宁波人，输了麻将还要强词夺理，把宁波人的好胜心表现得淋漓尽致。

语言不是一种纯净物、超然物，而是一种文化环境影响下的产物。也是在上海，在 19 世纪末宁波人创造了一种奇特的语言，即"洋泾浜英语"（Yang King Pang

English),他们借用英国人的一些单词,简单拼凑成句子,再加上一些辅助性的肢体表达,实现了有限但有效的交谈。洋泾是上海黄浦江的东西两条小河浜,洋泾浜英语命名的洋泾是浦西这一条,从今延安东路轮渡口附近接受黄浦江的水,西流到周泾(今西藏南路)。这一

甬剧《天要落雨娘要嫁》剧照

带,过去是上海老县城北郊的墓地,极为荒凉。1845年,英国人在洋泾之北建立了租界,并沿北岸修筑了松江路;1849年,法国在洋泾之南建立租界,在南岸修筑了孔子路。原来在香港、澳门、广州及南洋的洋行纷纷在这里开设分支机构,由此迅速热闹起来。为了与外国人直接打交道,宁波帮商人纷纷学习英语,一些出版商也印制出以中文读音注音的英文速成手册《洋泾浜英语手册》,并组成了饶有趣味的竹枝词,以便记忆。这些册子注释的语言基本都需用宁波方言发音才能辨明意思,如"清晨见面谷猫迎(good morning),好度由途叙别情(how do you do)。若不从中肆鬼肆(squeeze),如何密斯叫先生(mister)。滑丁何物由王支(what thing you want),哀诺王之不要斯(I no want)"。这里面有许多词汇像"门槛精"(monkey)、"戆大"(gander)、"镬落散母"(all of them),到现在都在日常使用。据说,连英国人后来也要学习这种语言,以便更好地与中国人做生意。宁波话为全国生意人学习,让我们想到改革开放初期广东话、粤语歌的风行;这是一种经济强势下的文化席卷。但有一点不一样,宁波人的洋泾浜意义在于语言创新。有人说,上海能超过广州的原因,关键就在于宁波人的这一语言创新。

语言不只是发声、传声、听声的生理之物,也不只是音义合一、规定与俗成的符号之物。一种语言就是一种文化模式和思维模式。人们是通过语言来认识世界的,无论对客观世界还是对主观世界,都是通过语言来表达的,人们不可能脱离语言来认识世界。就一个人来讲,日常语言相对于书面语来说,更具有语言的"本来面目"。可以说语言的深层是在日常用语之中,而不在书面语之中;在有着深厚民间文化土壤的方言这一文化形态与文化载体中。日常用语有丰富的具体感性,沉

积着历代积累下来的地域共同的意识、价值观念、思维方式、道德准则。人只有模仿、学习,掌握并服从语词的意义、语法规则,并按照同样的方式去实施言语行为,才能为他人、为社会所理解,他也才能理解社会、理解周围的一切及其意义。宁波话石骨铁硬与柔和畅丽相结合,必然影响到宁波人的气质与为人处世的风格。对这种语言的音韵、节奏、腔调里深深积淀的文化,我们认识得还很少。宁波人不能离开宁波话,如果离开了宁波文化和宁波话,也就离开了宁波精神内在传承的魂,宁波人将失去光彩。但是当代方言正遭受多方面的冲击,小孩子从小受普通话熏陶,地道的宁波话已经不太会讲,多多少少带些普通话成分,不少青年人认为说一口标准普通话是"雅"的表现;而外来人口众多、对外经济交往扩大,客观上促使宁波人使用共同语,有声媒体、网络语言,以及周边的方言如上海话等影响着方言的纯正性,宁波方言已经成为最为迫切需要保护的非物质文化遗产。

## 塑造日常伦理的故事传说

> 宁波众多血肉丰富、虚实相生的传说故事,以温煦如春的风格,深潜内心,成为我们行动的指南。

地方故事与传说承载着地域百姓的情感抒发、塑造着人的价值取向、影响着人的审美趣味,它是人们理解世界、把握世界的最主要方式之一。站在双鸟舁日的巨石塑像下,7000年前的神秘情境仿佛就在眼前:古老姚江渡边,靠近干栏茅屋的树林下,一群先民虔诚地听着老人讲故事,而故事的主题正是这"鸟"与"日"。他们目光专注,神情凝重,但或许谁也没有意识到在故事的讲述中,他们的心灵变得轻捷,是因为种种"你是谁""你从哪里来""你到哪里去"之类终极之问正在自然消解。中国很多民族的创世神话都是从一个鸟蛋的破裂开始,或许河姆渡老人正口述着这一故事最古老的版本。

随着历史推演,故事繁衍发酵。到距今5000年时,围绕舜帝产生了许多鸟故事。《绎史》引《孝子传》云:"舜父夜卧,梦见一凤凰,自名为鸡,口衔米以食己。言鸡为子孙,视之乃凤凰。"《竹书纪年》说,舜即天子位后,凤凰结巢于庭中大树上;《尚书》说,舜之韶乐九成,"凤凰来仪"等。舜被描述成凤,鸟与权力、强盛等意义结合，可能是河姆渡鸟故事在新质的政治与伦理文明中的发育。从神话学研究来看，鸟图腾信仰有可能在此时开始为部落首领所专有，信仰走向垄断。

而"鸟"与"日"的故事，在解释世界的同时，还播下了征战世界的信仰力量。它是河姆渡人在海侵时代，能够不畏海浪艰险，凭借简单的舟楫，像鹏鸟一样飞向远方的精神支撑。随着历史的演进，鸟故事逐渐分解为吉光片羽，但精神内核却渗进大地，涌动在历代人们的血脉之中。在春秋战国，幻化出种种重剑轻死、血族复仇、中原称霸的传说。越国高度发达的铸剑业，范蠡、文种等杰出军事家、谋略家的汇聚，使强悍尚武的风尚表现出传奇之美。在秦时，大量越人越海外迁；汉唐宋元，宁波海商活跃于大洋西岸；明清之后，宁波帮闯荡天下，并愈走愈强。如果以七千年来看，征战洪流背后有着河姆渡人飞鸟文化的基因。

刚烈的精神取向与历史相交融对话，产生新的人生态度。天封塔关于老石匠智取甬江鲨鱼精的故事，刺史黄晟建造罗城时与甬江蛟龙作战的故事，这两个抗争洪潮的神话实际上就是另外一种版本的鸟神话，所不同的是河姆渡时代洪潮导致了外迁，唐宋时代演绎成城市保卫战，并以三江口扎下城市之根，来表达抗争的乐观与自信。这种精神，往往在社会变局之际能迅速激活而迸发出耀眼的光辉。如明代倭患、明末抗清、清末鸦片战争、民国抗日战争时，地域爆发出惊人的力量。尤其值得注意的是宁波儒家学者，往往表现出不同一般的刚健劲进。像王阳明是能够征战疆场的常胜将军，黄宗羲是救亡图存的战士，四明内家拳的传习者。

从秦汉到唐宋，宁波文化精神发生了由武而文、由刚而柔的重大变化，许多学者将之比喻为由剑而箫的历史性转型，其实准确地说，应该是实现了内剑外箫的重构。不少流传至今的民间故事记录了这一时代价值取向的变化。比如梁祝传说，这一中国最具辐射力的口头传承艺术，也是唯一在世界上产生影响的传说，其起源地可能就是宁波。宁波有专门纪念故事主人公的梁祝公园，梁祝公园里有英台登岸泣于梁山伯墓几近真实的路径，即"祝适马氏，舟过墓所，风涛不能进。问知有山伯墓。祝登冢号恸，地忽自裂陷，祝氏遂并埋焉"的记载确有印证，梁山伯墓的墓碑也有着一道深深的裂纹，仿佛在印证化蝶双飞的历史真实；宁波百姓还演绎了贯连千年的梁山伯庙会，在清明上坟时还带一抔坟土回家，以避邪趋吉。但宁波最初的版本并不是一场纯美凄婉的爱情故事。女主人公祝英台是上虞人氏，为汉时劫富济贫的侠女，曾三去马太守家盗银，最后遭到太守之子马文才埋伏，死于乱刀之下。

鄞州梁祝文化园雕塑

百姓将其厚葬并在坟前立碑,上刻"祝英台女侠之墓",碑后详记其事。因年久,该碑沉于地下。梁山伯是晋代鄞州县令,清正廉洁,无妻室,因治理水患,积劳成疾而死,死后葬于高桥。入葬时刨出祝之墓碑,众人览其碑文,惋惜之余又不忍拆除祝墓,故合葬,各种传说从此发挥开来。到晚唐张读的《宣室志》,附会上了上虞祝英台与梁山伯同到杭州读书的故事,可能当时宁波已经有出外读书的风俗了。

再如汉代董孝子日担大隐溪上游永昌潭水奉母的传说,是中原二十四孝的类型化故事;但在宁波还有续篇,邻居王寄凌辱董母,董母因此病逝,而董黯等候十年,王寄母亲去世后,斩杀仇人祭母。这两个故事,一个关于爱情,一个关于伦理,共同之处是都相当程度保留着代表"剑"的地域刚烈血性,与其他地方的同类故事有着鲜明区别;但随着历史的推移,本地流行的梁祝故事最终成了越剧《梁祝哀史》的版本,董黯的故事淡化了后半部分:故事中"箫"的价值取向越来越彰显。或者说,从"永嘉之乱"引发的北方移民大浪潮开始形成,历经晋室南渡、唐代"安史之乱"、北宋末"靖康之难"之后,最终定型的系列故事,在民间经历了儒家价值伦理从接受到确立,并最终成为外显主体的过程。

道家、佛教思想的融入,使"外柔"的故事体系更为丰富。比如四明山从晋到唐融入了大量宣扬隐逸避世的道教传说,如刘纲白水冲修炼、大岚升天、刘阮四窗岩遇仙、虞洪遇丹丘子获仙茗等。据说四明山森林公园的鹁鸪洞,还是吴承恩创作《西游记》中水帘洞的灵感所在。而东海也被道教传说深度阐绎。从方士徐福东渡,寻找瀛洲,寻找长生之药开始,到东海龙王的传说,再到起源于福建的妈祖,在宁波得到宋徽宗钦赐顺济庙额,成为全国性的航海保护神;故事价值取向一路走向柔顺。佛教故事同样氤氲生发,普陀最后被定为大慈大悲观世音的道场,成为征召中国世俗百姓的圣地。未来佛弥勒头戴天冠的造型,因为奉化人的全新构建,变成了憨态可掬的和尚，其宽容、和善、快乐的新意义取向，最终为整个中国接受。唐宋元几代，宁波海外商贸繁荣、多种思想文化交融活跃，使之有可能成为中国最早打破神灵垄断、产生新神的地方之一；或者说，基于新的时代要求，宁波最有可能使传统的文化符号衍发新的故事体系，产生新的意义。如观音菩萨，这一中日等国海商所共同创造的大乘佛教偶像，田兆元教授认为是外来文化在中国生根而形成的第一财神。

商业城市用独特的故事为商业伦理立法。在灵桥东塈，曾经有一座三圣殿，纪念的是一个鞋匠却金的故事。一个穷

20 世纪 40 年代的灵桥

苦的鞋匠拾到了在他这里修鞋的南洋珠宝商的一盒珠宝，三年之后将之归还失主。南洋珠宝商决意要把所有的珠宝送给鞋匠，但为鞋匠拒绝。两人的争执引来了路人围观，最后县太爷出面，建议用这些钱造跨江大桥。当然这些钱造桥是远远不够的，县老爷说他来凑一份子。周围的群众为这种精神所鼓舞，纷纷掏钱捐助。于是，宁波第一座大桥——灵桥建造起来了。为了纪念这件事，人们在桥头建造了这座"三圣堂"，圣人，就是普通的鞋匠、国际商人，还有一位政府官员。其实，灵桥是唐代明州刺史应彪所建，但老百姓却愿意相信是这三个人来建造，并建立一个"三圣堂"来纪念。这里包含着一个城市文化的秘密：城市需要有一部客观的建筑史，但更需要一部心灵史，而老百姓所抒写的心灵史更能揭示城市的文化内核。唐宋的宁波，作为一个国际大港已经起步，要让这个城市走向世界，走得更远，在百姓的信仰里确立诚信、奉献的价值结构变得极其重要；而这个商业城市的缔造需要三方面的力量，即普通百姓、国际商人与政府官员共同力行。这种精神需要一个符号载体，置放在宁波最显要的地方，让所有人通过故事，去理解这个城市的灵魂，三江口成为最好的地方，而灵桥的建设成为最好的选择。

天封塔未必有老石匠斗法鲨鱼精的真实，黄晟建筑了罗城，但肯定没有与蛟龙

作战,但是在人们的内心需要有这样的真实。因为天与人的关系未曾改变,宁波水利治理的活动始终贯穿历史:唐代治源头,如广德湖、东钱湖、它山堰;宋代治干流,如六塘河;明清治小流域。比如大运河(宁波段)水利工程遗产点,据统计达107处(不包含河道与水源)。地域必须要有一种生动而深刻的形式传承这种精神,来对话与自然的关系。王元暐造堰、王安石治水的历史转化为故事成为自然的也是必然的选择,只有故事才能真正进入百姓的心灵史;而转化为故事,必定经过虚构,虚构使故事充满情感的张力。其实,对讲述者来说,事实有时并不重要,重要的是故事指向了怎样的价值取向。比如北宋末年,金兵追击赵构,逃经宁波;宁波人义勇抗金,并打出了漂亮的高桥大捷等战役,最后却惨遭金兵焚城。但在宁波民间却说康王逃到宁波某村,因村姑张布兰妙计相救,逃脱了金兵追杀,然后有了康王为报恩下旨"浙东女子皆封王"的传说。又说康王被金兵追杀时被大江阻隔,危急之时,有一宁波地方庙宇中的白泥马驮其过江,事后泥马被封为神马;宁波民间为纪念此事,产生了"跑马灯"这样的群众性民俗节庆活动。这些故事体现着在国家患难中民间的担当,故事内容无论如何嬗变,但始终体现着对未来的自信与乐观这一心灵企望,对于面对自然协力而作的共同契约。这就是宁波人回答世界的精神底色,也是宁波人的智慧。

宋元开始,百戏杂耍、庙会迎神等民间文化活动成为传播普罗大众文化价值观念的重要载体。但对日常百姓来讲,除了这些公共信仰之外,还有根深蒂固的属于私人的祖先崇拜。到明代嘉靖,祠堂成为宁波人接受祖先故事的最重要之地。在宁波有许多古村古镇,它的繁盛程度往往与祖先故事的含金量相关。于是,明以后的宁波村庄里,往往有两个精神建筑,即供祖先的祠堂与供神的戏台,一个用礼仪讲述家族传奇,一个用戏台表演阐释俗世伦理,一庄一谐,互相呼应。

故事的创造、生发和播扬,让普罗大众成为文化过程的主体和中心,人们在阐扬这些故事的过程中,形成了对自身、对地域的认识与肯定,从而形成了纵贯地域的文化精神脉流。在许多心理学家的研究中,认为故事最终是作为意象与行为图式存在于人的不同意识层次(意识、前意识、潜意识)中,尤其是故事所塑造的人物意象,最终形成意象格局,成为人的内心世界最为核心的具有决定性的东西,不仅能推动人按照群体、社会的要求,做出显示自己属于某一社会群体的行为的驱动力,更能有效激发人体释放心理能的生物力,推动一个人想尽办法追求向上。

　　而对宁波的士人来说，这些故事也是充满魅力的审美素材，故事大大拓展日常生活物象的时间性，使生活世界成为"向着无限和永恒展开的时间带"。客观上说，宁波的文学并不发达，文学是个体的情志与独特的审美体验的表达，其成功在于想象之奇特、构思之新颖、题材之开拓、思想之深刻等，达到陌生化效果。但宁波的士人传统以科举为命，写作词科文体都是应用性的代替王言、揄扬王命、润饰鸿业的文章，常常使用一些古今不变、千篇一律的雅颂词汇，不同于个体的言志抒情，不强调个性化的风格，词科文体与文学精神是存在根本性矛盾的。而浙东学术对文章崇尚良知与理性，长期以来，引领性的人物如淳熙四君子、王应麟、王阳明、黄宗羲、全祖望等，重视义理阐析，而相对轻视诗文创作。但因为宁波故事的发挥，激荡着这些士人潜藏心底的生命冲动，宁波形成了情感勃郁的三大诗歌群，即四明山唐诗之路，姚江渡口诗路，以及月湖诗人群。

　　四明山的诗文围绕着仙人的足迹，月湖诗文涉及绚丽的民俗，而最为流丽的是姚江诗歌。百里姚江东西横贯，沿江南北渡口星罗棋布，诸如夏巷渡、河姆渡、下陈渡、蜀山渡、丈亭渡、车厩渡、黄墓渡、城山渡、鹳浦渡、青林渡、桃花渡等。如明人倪谦《江旭浮金》："龙门鲤化翻朱鬣，蛟室人归弄绛绡。满目晴光观不尽，乘槎思泛海天遥。"写的是三江口旭日东升的景色，怀想的是出海逍遥的故事与人。清人罗坤《过黄墓渡》"头上无云地少尘，覆船真可与翁邻。江流不解先生意，浪语传呼古渡津"，怀念的是悬壶济世的商山遗老夏黄公；王安石《龙泉寺石井二首》"山腰石有千年润，海眼泉无一日乾。天下苍生待霖雨，不知龙向此中蟠"，怀想的是姚江之濒龙泉山海眼泉水的神奇。宋人陈允平《过姚秋江钓矶》："莎草离离碧树闲，只疑曾是子陵滩。槿花篱落虫声碎，芦叶汀洲雁阵寒。江上浪平潮正熟，渡头人去月初残。夜深不管蛟龙睡，独对西风把钓竿。"诗里的子陵即汉高士严光，想必大淖独钓、客星犯帝座的故事让作者仰慕不已。而这些与山水清淑、鸢飞鱼跃的风景融为一体的故事，因为文人隽丽的笔触，显现出从世俗伦理转向自我的超迈不群，从而成为一个可以自由呼吸的意象空间。

# 书与商:人生双修的旨向

## 书藏古今的城市价值取向

四明山下千年不绝的书声是宁波最具地域价值的日常生活,支撑着宁波人稳健地走向未来。

读书是宁波人最忠诚的信仰。读书的风尚形成,可以上溯到夷越文化向吴越文化更替时代。在两汉时代已经出现著名的读书人,他们的故事流传至今。如严子陵,光武帝刘秀的同学。刘秀知道严子陵贤能,建立政权后想请老同学辅助,但严子陵慕仰古代清流,只愿垂钓山林;而他的选择也成为中国读书人坚守清高价值的典范,在严子陵垂钓的富春江钓台,历史上留下了堪称奇观的题咏,其中范仲淹在《严先生祠堂记》中赞:"先生之风,山高水长。"此时还涌现了一批文化家族,如虞氏家族,延泽汉唐五百年,先后有 20 余人载入《三国志》等国史正传,人物之盛,所建树的学术、艺术成就之多,不仅江南豪族无出其右,即使在中原望门豪族中,可与之媲美的也不多见。

宁波读书风尚源于中原文化,是一种典型的移民文化现象。严氏、虞氏等家族的根都在中原。移民文化的特点是忧患精神强烈,崇实重行,读书成为他们在全新的生活环境延续自身文化,保持宗族生命力的重要方式。三国两晋南北朝、安史之乱、靖康之变三次大移民潮中高素质移民的进入,使这种风尚得到不断强化,文化

256

传家的人文情怀，"读书立人"家族的使命，成为世代相承的精神脉流。

科举开始后，读书成为底层百姓的上升通道，尤其宋代扩大科举登第名额之后，"朝为田舍郎，暮登天子堂"的世俗事例变得到处可寻。从唐至清，宁波共有进士 2483 名（不含荐举、右榜进士和武进士），其中状元有张孝祥、杨守勤、王华等 12 人。南宋史氏，号称一门出了"二王、三相、七十二进士"。鄞南茅山镇的走马塘村，为北宋长洲进士明州知府陈矜后代聚居地，自北宋端拱年间（988）建村以来，先后走出过 76 位进士，堪称"中国进士第一村"。奉化萧王庙镇青云村，从唐代起孙氏家族就集居此地，青云村即因村庄中贯的青云路得名，小小村庄，在历史上兴办过崇文书塾、培文书塾、仰山书塾等。绵长的书香，使村庄闻人代出，明弘治年间进士孙胜，官至刑部主事，著有《竹庄集》《竹庄诗话》，曾在村中建竹庄书屋与联步青云坊，坊名即引杜甫诗句"联步趋丹升，青云羡鸟飞"，激励子孙进取科举。万历年间工部主事孙能传，著有《谥法纂》、《益知编》《剡溪漫笔》。清代孙云村在金鼓岭筑云村书屋。乾隆十一年（1746）孙上登办湖澜书塾。光绪二十三年（1897）进士、内阁中书孙锵建藏书楼，俞樾题额"七千卷藏书之楼"，著有《砚舫文钞》《砚舫诗话》。至今还存留下众多被称为闾门的官宅，如"景兴闾门""三茂闾门""裕丰闾门""官青闾门"等。再如宁海东岙村，北宋时就出了宁海县第一位进士周弁，周家父子一门八进士；另有陈姓一门出十八学士。元代王于赟得中状元，明清时获举人、贡生功名及在官场任职的有数十名。即使天台四明山上，白云深处人家也是以文化家族自励，宁海清潭村"九世同居地，书卷一脉香"，宋朝时，仅几十户人家的小村出了 13 名进士。读书是唐宋以后成为绝大部分家庭希望之门，家家户户门庭之上的"耕读传家久，诗书继世长"的祖先期待，以及状元及第的传说故事、戏剧表演，点亮了灯下苦读的学子无限憧憬。民间传说明朝有一科余姚中进士 18 人，皇帝非常惊奇，命令钦差实地调查，发现果真处处牛角挂书，书声琅琅，不得不为之叹服。张岱在《夜航船》序中写"余姚风俗，后生小子，无不读书，及至二十无成，然后习为手艺"，可能正是这种淳厚民风的写照。

宁波人以独特而务实的方法，扎实推进弟子研习儒家经典。宋末元初大儒王应麟，编写《三字经》，以韵文的形式，讲述中国数千年文明史与传统伦理文化，广泛生动而又言简意赅，后来成为元、明、清时期流传极广的蒙学识字课本。元代学者程端礼（1271—1345），曾在浙东诸县担任教授，后授学于家乡宁波江东，有感于"今父兄之爱其子弟,非不知教,要其有成,十不能二三,此岂特子弟与其师之过",于是详究读经、学史的程序,制定家塾详细教学计划,即《程氏家塾读书分年日程》。元时,被国子监颁布为各地学校的教育范式,明清两代儒生也奉之为读书规程。

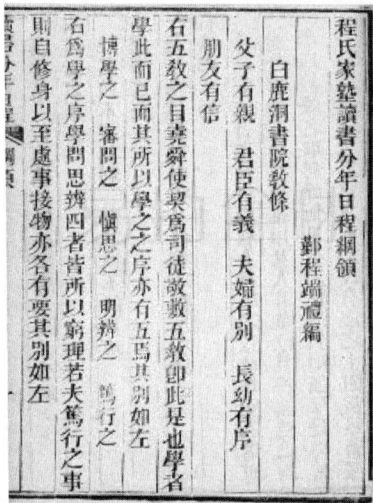

《程氏家族读书分年日程》

海曙镇明路王应麟铜像

宁波两千余年的读书史中,"书中自有黄金屋,书中自有颜如玉"自然是众多俗世家族的内在驱动力。但把读书看作改善俗世生活敲门砖的文人,并不是刚健的主体。宁波人读书有着鲜明的超功利的一面,遵循"大学之道,在明明德,在亲民,在止于至善"这一"修身、齐家、治国、平天下"的修养路线。比如走马塘村出过 76 位进士,想想应该有多少豪华宅第,但历史遗存的只有朴素与清峻的风貌,与天人合一的村庄布局,村庄里最富精神意义的村口的荷花池,村中的"遗忠堂"与护村的君子河,告诫族人为官应清正廉洁,尽君子之德。明末有两位遗民,一位是被称为"日本孔夫子"的余姚朱舜水,另一位是被称作"台湾孔夫子"的鄞县沈光文,他们坚守儒家学者的气节与学术追求,历尽艰难险阻,漂泊异乡,最终通过播扬中华文明而成就自己的人生境界。

而这两位学者不约而同把办学育人、播种文明作为人生的使命,可以看作一种自觉实践的地域文化传统,一种绵延千年的文明力量对外的辐射。宁波的道统和学术很大一部分是通过书院来传承的,有名可稽查的书院达 100 多座。在书院初成的唐代,宁波象山海隅之地就办起了蓬莱书院。庆历年间,鄞县县令王安石创办县学,并邀请杜醇等著名学者任教,州治文教发祥。其后,书院进入大发展时期。"庆历五先生"设立书院,讲授经史为一高潮;由宋神宗赐额的王说的桃源书院等至今尚存遗泽。南宋时有了极大繁荣，沿着运河，书院处处卓立；在月湖畔，大批士族迁入，他们建书院讲学、筑书楼藏书，形成文化渊薮的"月湖人家"。南宋时"淳熙四君子"在月湖讲学，一时使宁波成为南宋的学术中心之一。儒家文明的崇高地位一直延续到外滩的开放。

宁波书院精神的核心是尊崇学术自由，学问路径严格遵行中国学问"博学之、审问之、慎思之、明辨之、笃行之"的传统。在教学风格上，采用辩论、自学研讨等灵活的方式，并打破传统的师承门户之见，到处寻访名师，跟随名师学习；这种游学之风的盛行，也促进了学问与实际的结合。这样的地域风尚是产生王阳明这样顶尖型哲学家的根源所在，也是出现启蒙思想的黄宗羲的人文背景。王阳明出，明代书院复兴，学生们不远万里追随王阳明，到浙江绍兴、江西吉安、广西南宁、湖南长沙、贵州龙场等。在余姚城内的龙泉山上高树丛中，王阳明先生的讲学处中天阁仍在。明正德年间，王阳明弟子大儒钱德洪将龙泉山中天阁开辟为讲堂。中天阁，初建于五代，以唐人方干"中天气爽星河近"之句而命名。正德末年，王阳明回余姚祭祖，被钱德洪、夏淳、范引年等七十四学子迎请到中天阁，拜王阳明为师。嘉靖初年，王阳明丁父忧居家，期间每月的初一、初八、十五、廿三日亲自开讲。开讲之日，听讲者常常有 300 余人。王阳明还为学生订立学规《中天阁勉诸生》，亲自书壁，以告诫勉励学生。而王阳明龙场悟道的艰苦，黄宗羲草堂著述的贫寒，又激励着多少读书人为承担天降大任，而奋发图强。

仁人爱物，由读书而藏书，藏书守道同样形成了一道温暖的人文脉流。在宁波，藏书的鲜明特点是私人藏书家多。北宋以楼郁和陈谧为最，南宋以楼钥的"东楼"、史守之的"碧沚"为最，元以袁桷的"清容居"为最，明初以丰坊的"万卷楼"居首，后以范钦的"天一阁"为第一，清代如全祖望的"双韭山房"、郑氏"二老阁"、卢址的"抱经楼"、黄澄量的"五桂楼"、徐时栋的"烟屿楼"等，民国如秦润卿的"抹云楼"、朱鼎煦的"别宥斋"、冯贞群的"伏跗室"等。藏书一方面寄托了人们对先贤的敬仰和幽思之情，一方面是期望自己熏染先贤墨香成圣成仁，它突显了地域对文化价值的重视，对独立人格的追求，以及对社会的责任感。像清代藏书家黄澄量向借书者宣告，"或海内好事者愿窥秘册者，听偕登焉"，并且"恣其阅览，且供膳宿"。（《五桂楼书目·题识》）他们还经常邀请学者讲学，深入探讨，甚至腾出自己的住房让学者居住，以使学者有更好的创作条件。比如胡三省长期居大沙泥街袁家注释《资治通鉴》，高明隐居鄞州栎社创作，黄宗羲曾避难于泗门谢氏、到甬上白云庄讲学等。如果没有深蕴文化使命感,这些事情是很难想象的。而天一阁久藏而不散的奇迹,在清代就成为广为关注的文化现象,乾隆修建七大藏书楼,就以天一阁为典范。

中天阁阳明先生讲学处(余姚)

白云庄(海曙)

藏书风尚促进了印书业的发展。从宋代以后,宁波一直是中国重要的印书中心;姚黄纸印制的宋刻《资治通鉴》曾经香披天下。同时书籍尤其是佛教书籍,成为宁波口岸出口的大宗物件,对于东亚文化圈的形成起到了重要作用。学者们不但著书立说,还筹资刻书,校勘精确、字体精整的学者私家所刻之书,即"家刻本",是雕版印刷中的精品。清代达到高潮,最著名的为慈溪郑氏家族,刻书前后七八代,历一百四十余年,主要是依托家族二老阁,刊刻黄宗羲与郑氏著述,如黄宗羲《明儒学案》《明夷待访录》郑梁《寒村集》《勉斋先生遗稿》等。再如徐时栋,刻印有《宋元四明六志》《烟屿楼诗集》《四明它山水利备览》;其他如李邺嗣的《杲堂诗钞》、胡文学的《适可轩诗集》、万斯同的《石园诗文集》、姚燮的《大梅山馆集》、许宋珏的《伤寒全书本义》、黄炳垕的《测地志要》等,地方志、诗文、史部、科技等,种类众多。民国时,雕版印刷发展为石印和铅印,宁波最为著名的辑刻书籍当为张寿镛的《四明丛书》,从北京图书馆、天一阁、文澜阁、嘉业堂等公私藏书中共收集鄞县古今先贤人物著作205种,卷帙浩繁,为丛书所罕见。

清代,众多书坊营造了宁波街市书香氛围,清中前期如城区"沈氏奎照楼""群玉山房"和镇海"刘氏墨庄",中晚期如"汲绠斋"与"大酉山房"等。这些书坊刻书多为实用类书籍如四书五经、启蒙类教材、科举考试资料、常用医书、风水地理、佛经等,如"沈氏奎照楼"乾隆间校刊有《易经》《礼记》等书，"汲绠斋"刻有《幼学琼林》《随息居重订霍乱论》《疗疮要诀》等，大酉山房刻有《日用杂字》《朱子小学》《医方汤头歌诀》等。

或许可以这样说，在宁波历史上，是无人不读书的，获取书籍也并不是非常困难的事情。男人们以读书经营人生，女人们也渴望读书，钱绣芸因仰慕天一阁藏书，嫁入范府，却终生不能登楼的故事，让人嗟叹不已。女人是读书传统最坚定的支持者，一些女性本身就具有深厚的学术涵养。宁波有许多寡母教子的故事，如史浩的寡母，可以说是整个史氏家族的灵魂人物。江东有彩虹牌坊，纪念的是清代义女包氏，尽心

月湖烟屿楼

宁波教育博物馆（甬江女中旧址）

培养后代，儿孙均成为英才。而传统戏剧著名的《三娘教子》故事讲的就是慈城冯氏家族故事。在封建时代，不识字的女性通过欣赏戏剧、吟诵佛经等，完成对书籍传播的人生精义的理解；而在文化变革的清末民初，女性投身新学，出现了一大批卓越人物，如中国第一个女大学生金雅妹，宋氏三姐妹的母亲倪桂珍，出版家应文婵，小说家苏青、於梨华等。在和义大道万豪酒店东侧，还保留着中国第一所女子中学甬江女中旧址。

求真务实的读书风尚，使宁波成为西方科技文化最无障碍进入的城市之一。而宁波帮之所以能迅速转型、长盛不衰，根源就是善于学习。东西方的学问在内容与思维方法上，有根本不同，但未改变过宁波人的读书信仰。许多经商家族往往第一代在上海滩创业，第二代致力读书。由此，地域涌现了一大批影响力巨大、具有开拓性的院士，如谈家桢、童第周、路甬祥等，数量遥居全国前列，便不足为奇。宁波人以实业与学问推进了中国的近代化与现代化。而成功的宁波商人首先想到的

是捐资办学,如秦润卿创办"普迪学校",严信厚等人创办"储才学堂",邵逸夫捐巨资在内地助学,包玉刚创办宁波大学等,在宁波大学中,林立的教学大楼都以宁波帮捐资人的名字命名。

## 港通天下的海洋商业洪流

宁波人重商,尤其是海上丝绸之路与宁波帮横亘几百年的活跃,使宁波商业在中国商业史上占有重要地位。宁波人也有东方犹太人之称。

从河姆渡遗址发掘出本土没有的玉石,我们不由猜想,宁波人的商业天性是不是在七千前已经显现?文化的追溯常常到河姆渡第二期即舜禹时代,此时商业已然兴盛,《中国商业史》称舜为"商业家之鼻祖"。另有学者从崇尚玄鸟的文化脉络推断,认为商族起源于契族,契族就是商业交换约定的最早运用群体(故后人称约定为"契约")。而契族属夷越族群,与河姆渡文化密切相连。

商周时代,沿山一带,形成了鄞、鄮、句章等古老的商贸城市。鄮在江东东面鄮山山麓,因海洋贸易而得名。据传鄮山山麓阿育王寺的佛祖舍利就是周敬王时通过海道而来的。句章是春秋战国时期的重要港口,商祖范蠡曾经归隐东钱湖陶公岛。因为泥沙的淤涨与自然的沉积,这些城市逐渐远离海岸,宁波平原形成了三江汇流的自然景观。六朝以后,三江口一带的河岸边已经停泊着众多贩卖上林湖青瓷的船舶,从发掘出来的青瓷堆塑上大量西亚人的形象,可以推想,当时海外贸易之繁忙。而繁荣的贸易,促使唐政府于621年在三江口设立鄞州州治。821年,子城最终在三江口建立。

一般认为,宁波成为国际性港口的标志是659年,日本第四次遣唐使团在越州鄮县港口登陆,日本由此从宁波入唐。唐时明州港,为当时四大港口枢纽之一;在这期间,宁波民间海商活动频繁,如李邻德、李延孝等。宋元时期,则为三大国际贸易港之一;明朝时期,是中日勘合贸易的唯一港口;清代,四大海关之一的"浙海关"便设在宁波。宁波处于辐射东海的区域位置,又是南北洋流的交汇点,中国大运河的出海口,诸多因素突显了宁波在帆船时代的优势地位,使宁波港成为中国重要的海岸码头。贸易文化成为城市重要的塑造者,转口贸易机制推动着商贸意识深入百姓灵魂。

　　如果从中国商业发展来看，宁波城市的诞生正处在中国商品经济发展的转折点。在春秋战国之前，中国以井田制这种农村公社为主，称为领主制，田地所有权属领主所有，分为公田与私田两种，人们在公社里互耕互助，构成一个简单的经济单位；村落与村落之间，"鸡犬之声相闻，民至老死不相往来"，即几乎不发生市场交换关系。随着生产力的发展，人们逐渐告别靠石刀木棍生产、茹毛饮血为生的社会；简单社会经济势必为商品经济所代替，地主制由此产生。地主制并非单一的自然经济，而是与商品经济有着紧密关系，只是因为农业劳动生产率低，社会分工的发展程度有限，独立的手工业在社会经济中占的比重有一个逐渐增加的过程，很多非农业活动还是依附于农业，整个经济显现着自然经济的样态。在唐宋以后，中国的经济又发生了转折性变化，因为商品经济的发展，原来较为稳固的各种社会关系和社会力量流动起来，社会之中财富力量崛起，并与政治力量相抗衡，经济的力量、商业的需求开始规范社会关系、左右社会发展，引发中国城市的重新布局，这就是宁波城市兴起的背景。最终门阀士族等级制崩溃，新的庶族地主等级制度确立。而商品经济继续向前发展，至明清达到了新的高潮，苏州、杭州等城市因为经济的力量吸引着全国的贸易，江南地区"非农业化"已经非常明显，出现了资本主义生产关系的萌芽，越来越多的人从农业中独立出来，农业和农业人口比重下降。最终在清末，因为外来殖民贸易的介入，自然经济完全解体，中国形成以上海等城市为中心的新商品经济城市体系。

　　没有资源也就没有再生产的基本条件，生产水平越高，再生产需要的原材料品种越多，商业就在这种需求中兴起。以饮食需要为例，就可以看到一个个市场在历史中逐渐形成，最终演变成巨大的复杂网络。在河姆渡时代，人们已经食用稻米，将谷粒放于陶釜，加水煮熟成米饭。但稻米一直是奢侈品，因为产量极低，直到魏晋南北朝种植面积才进一步扩大，隋唐之后取代粟和黍成为南方人的主食。而副食即菜羹更是贵族的用品，孟子的理想中，只有七十岁以上才能吃上肉；周王室也只有在祭祀时杀牛宰羊。而"炒"这种烹饪技术虽然产生于春秋时期，但真正发展却在北宋之后。人们在春秋时期注意到了咸和酸，在魏晋南北朝时发明了酱油、醋、豉（即酱），在唐代有了甘蔗制糖之法，明代有了辣味，在清代"鲜"才成为评价美食的主要指标。唐代以后，中国人大量进口香料，比如胡椒，由于中国市场的吸引，有许多胡商专门从事东西方间的香料贸易；因为运输成本高，进口的东西本来就贵，而需求量大,所以胡椒是海洋贸易中获取暴利的重要商品。再之,用的从陶到青铜器到瓷,穿的从麻到丝到棉,人类需求的不断提升与扩大,推动着市场的发展。宁波的青瓷、茶叶、海产品、盐、棉等产品,在历史发展过程中,陆续融入了中国的大市场网。

明清两代,因政府禁海,宁波海商遭受重大打击,底层百姓都不明白从事贸易有什么罪恶,如汪直在宁波港口临刑前大呼:吾何罪。因为海贸中断,人多地少,促使百姓大量外出谋生,成为宁波帮的先声。缺少本地优势物产以及政府背景的宁波商人,从事诸如药业、成衣业、钱庄业、民信业、沙船航运业等行业,惨淡经营。缺乏天然的物产优势,也不寻求对权力的倚傍,反而促成了宁波人对商业精神、商业伦理的价值坚守,也使宁波人没有过多的成规,促成了他们以开放胸怀去开拓,善于灵活调整经营方针,显现出优秀的现代商人品质。这也就是在商业性质变革的时代,宁波帮作为草根商帮能够崛起的原因之一。王宽诚 1947 年刚到香港时,香港经济一片萧条,地价暴跌,房地产不被看好。王宽诚却认真调研分析,预料几年后香港经济必定复苏,于是,果断大胆地在新界购进大片土地,建造数十幢名为"海圆公寓"的高层住宅。因为当时经济不景气,建筑行业渴望薄利承包,所以"海圆公寓"造价很低。到了 1949 年,大批达官巨商蜂拥至香港,"海圆公寓"以极高的价格售出,王宽诚由此获得事业发展的一桶金。

民信业是诸多行业中值得关注的一个行业,对于宁波帮商业伦理精神的培植起到重要作用。民信局始于明永乐年间,盛于清中叶,衰于清末,及至民国式微。余秋雨专门有一篇文章《信客》,以饱含深情的笔墨叙写了两个默无声息但坚守诚信的信客故事。余秋雨所写的信客可能还是民间村庄百姓自发的担当,而宁波民信局作为一个产业,曾经在全国民信局中属于最盛,《安徽通志稿》中有记载:"海通以后,宁波信局乃应运而兴,其组织严密,亦不亚于泰西之邮局也。"清道光三十年(1850)后,在商业和钱庄业繁荣的天后宫和江厦街一带,大约有全盛、协兴、福润等 125 家民信局;其业务广泛,包括一切书信,新闻纸类,商业契约各项票据,以及包裹等;营业范围,除国内沪、京、汉、津等大城市外及市镇以外,还远及南洋群岛、澳大利亚、檀香山等,因收费低廉,运送快捷,而广受欢迎。清光绪二十三年(1897),汕头首批被列为邮政代理机构的民信局有 19 家,其中属宁波民信局的就有全泰盛、福兴康、老福兴等 7 家。信,即人言为信,讲真话,做实事,是立身之道、兴业之道、治世之道。信业典型体现了宁波商人走向成功的根本并不在于地理、物产优势,而在于"信"。

这就是宁波商人与犹太商人存在较多共同特点，并经常对比的原因，他们都特别注重智慧在经营中的作用，他们都懂得要获得成功就必须付出常人一倍以上的努力，做事情务必严谨，眼光独到；而他们的生存法则就是契约精神，或者讲是坚守"诚信"的职业伦理。乐氏同仁堂、北京四大恒钱庄，及至药行街、江厦街，灵魂就是"诚信"二字。所谓"无宁不成市"，其实质也是"无信不成市"。

在近代宁波帮中，无论是中小商人，还是巨商大亨，几乎都是学徒出身，他们踏踏实实历经筚路蓝缕艰辛创业之苦。有不少大亨初到上海时，还光着两只脚，比如虞洽卿。可贵的是，宁波籍企业家创业有成后，即使家财万贯，也多能保持克勤克俭、励精图治的本色，富而不奢，自奉甚俭。如曾担任上海总商会副理事长的黄延芳，反对浪费，连儿子结婚时也不办酒席，只设茶点招待。他还自行设计了一种经济实用的男式服装，一时颇为流行，有"黄衣"之称。但宁波帮在大事上却毫无那种锱铢必较的吝啬小气，而是具有清醒的理性支柱。日本社会活动家内山完造，即上海的著名内山书店老板，在《天无绝人之路》一文中记述过这样一件小事："上海有一家四明银行，是宁波地方的人开设的银行，有次也发生了纸币行使不通的谣言。那时我对店员们说：'四明银行的纸币现有不兑的谣传，如果有客人付四明银行的纸币，务必请他调换一下别的纸币才好。'然而我店里的人全是宁波人，有一资格最老的店员说：'没有那样的事，内山先生要是不喜欢四明银行的纸币，我情愿调换。'遂把店里所收到的四明银行的纸币都选了出来，自己拿出别种纸币来调换了。我也不知道说什么话才好。一听到同乡人（虽然并不熟悉如同路人）所开设的银行信用动摇，便立刻维持同乡人的银行的信用。自然金数可谓极少极少，但这种心理，却支配着全体宁波人。"宁波商帮的"帮"就在这里，另一种意义上的生意"经"。

当代，宁波商人仍以草根精神著称，经济以板块经济为主体，以专业分工的高度细化和集中化为特征，数以万计的小企业、个体户的模式，给宁波人提供了高出内陆人几十倍的经商机会与商战锻炼，并以百折不挠、自强不息的艰苦创业精神，使原本缝衣、做鞋、做塑料小制品的普通劳动者，成为国内著名、世界知名的企业家。宁波商业的灵魂仍然是百姓的经济、民本的经济。

综观宁波商业史，我们不得不慨叹海洋在商业发展中的伟大创造力。可以说，海洋推动着宁波的前行。一方面，宁波城市的形成与海洋密切相关，无论是鄞、鄮、句章，还是三江口州治，都是望海而立，紧连海洋贸易。连联大海的运河，迤逦连缀起区域内余姚、慈城、海曙与镇海等城市,以及无数市镇、乡村。从每一个城市、每一个村镇里一代代都会走出海商。另一方面,城市的兴衰也与海洋密切相关,历史一再证明港通则城市兴,港闭则城市衰,城市的生存机制即是海洋立市。宁波百姓以海为命,主要是依靠海洋贸易,从海洋中获取渔盐之利的只是极少数。宁波百姓的性格是海洋塑造的,开放的海洋让他们视野开阔,长期以来多元文化的共存,使他们能够轻捷而智慧地选择吸收他人的优点。汹涌的波涛让他们学会同舟共济,同时又容忍个体发展自己的个性和创造性,去迎战变幻的世界。"大海洋洋,忘记爹娘",一旦走上征途,就胸怀壮志勇拓四方,而无怯惧沾衿之意。而在茫茫大海的拼搏中,他们形成了自己对于财富、对于未来、对于生命的信仰,"经世致用"的哲学精神,观世音信仰与弥勒信仰等带平民性质的信仰,贯注心灵,并由宁波而走向东亚文化圈。

而商与书的粹合,显现出宁波帮精神双修的高贵气象。良好的学术活动,强调个性、个体、能力、功利、重商的阳明心学、浙东实学等,提供着健全的商业伦理道德,激励着百姓创业欲望和浓厚商品经济意识。良好的读书传统,尤其是儒家传统教育,使宁波人能追求财富,但并不为财富所累,财富显现的是经世致用的事功,宁波人没有停留在为己的物欲上,而是致力"行道以利世"的为人;去认识世界、把握世界、改造世界,最终指向的是仁智双修,德性探求。或者说,经商这一完成生存的依据活动,读书完成意义与价值确立之路,在宁波人身上最终实现统一:都是展现宁波人的创造力与人性品质的直见性命的文化活动。以火油大亨、五金大王叶澄衷为例,其所办上海澄衷蒙学堂,培养了四万余学子,其中有李四光、胡适、竺可桢、李达三等一大批著名人士;所创办的叶氏义庄,其学子中有邵逸夫、包玉书、包玉刚、赵安中、包玉星、楼志章等巨商。而众多宁波帮有了经济实力之后,都热衷于文化、艺术修养的提升,以及收藏图书,如冯云濠以慈城建"醉经阁"藏书,严信厚在"小长芦馆"精研书画等。

暖暖商业氛围依旧浓浓地漫浸着城市。在宁波古老的街衢,我们会看到诸多以商业或手工业命名的街巷,如糖行街、钱行街、羊行街、木行路、战船街、卖鱼路、冰厂路、钉打桥、铸坊巷、镬厂巷、铁锚巷、纺丝巷、扒沙巷、石板弄、帽店弄、酱园弄等等,顾名思义,不难想见这些街巷的经济特色,显现着百工之乡的隽永风情。又如纺丝巷(丝户巷),在唐、宋时期,巷内设有纺丝局,生产一种精美的丝织品,称为"吴绫""交梭绫",是极负盛名的贡品。再如钉打桥,是家用铁器生产的集中场所,

"钉打桥薄刀"是宁波最有名的传统手工业产品。江厦街因过去有江下寺得名，但这条街上以前有多家糖行、钱庄，所以也有叫糖行街、钱行街的。沿江边还有一条狭小的街道，叫半边街，那是几乎人人都知道的水产品交易场所。反倒是现代化的街巷，我们很难辨析那里集中了哪一些行业的生产和经营场所，购物大都在超市、广场，甚至在网络中完成。

宁波带有生活情味的崇商风尚非常有意思。在曾经的南门三市，现在的南塘老街，常常有这些风俗的展示活动。比如正月初五为财神日，商界习俗，五更祀神，亦称接财神，请过财神后，一片爆竹声中"开市"营业。一年中重端午、中秋、岁终等节，尤以岁终为重，祭祀财神。祭祀时燃檀香，点红烛，供糕饼、干果、水果、黄酒、各样牲品，烧元宝

南塘老街（海曙）

等。并有不少"彩头"，如雄鲤鱼供毕后放生江河中，寓"生意兴隆通四海，财源茂盛达三江"之意；在秤尾扎上红头绳，行贩在钱桶上贴财神像纸，或"一本万利""宝藏兴焉"等吉词。宁波人的语言里也满是商业痕迹，如宁波话说"对不起"，多说"交代勿过"，有谁想过这"交代"，原是宁波特有商业名词。

海洋从来眷顾宁波。在轮船时代，宁波兴起了江北外滩，大型轮船可以候潮进出；在河口港没落的集装箱船、大型油轮时代，因为天赐深水良港，25万吨级以下船舶可以自由进出，25万至30万吨级超大型船舶可以候潮进港。30多年时间，北仑港便跃居世界顶尖港口之列。航运是世界主要的物流方式，依然是世界城市发展的最主要动力，曾经的扬州因为长江海口的外移，地位衰落了；曾经的著名工业城市比如长春，因为新经济的兴起，显现衰落；因为是集装箱时代，曾经的九省通衢武汉，地位已不如从前；而上海要借助洋山岛来发展海洋运输业，因为风暴与海雾，洋山岛的年作业时间不到280天，而且水深只有15米；而杭州、绍兴等长三角城市，面朝大海却没能拥有自己的港口。或许宁波人可以自信地说，只要把自己的事情做好了，一切都会自然而然地到来。

家族与人物

# Families and Figures

　　在中国的宗法制度中,"家"与"族"是形成人际关系脉络轴心,生存的意义,或者说人精神、道德、物质上的生存常常在于人与家族互动的生命活动结构之中。然后以家为圆点,扩散移用于家族、乡里、社会和国家。宁波的家族分为两种,一种是以虞氏为代表的门阀贵族,另一种是唐宋以来的文化世族;而以后一种家族为主体。文化世族前期以科举为业,后期以经商为业,典型显现了近世中国的文化变迁。

# 龙泉山下:虞氏与王氏的千年绵延

## 绵延五百年的江东文化家族虞氏

> 虞氏是宁波最早兴起的一个大家族,这一家族代表的是古士族制度在宁波的兴盛,它的衰落也代表着这一制度在中国的结束。

如果我们寻找宁波历史上有代表性的家族,会发现从河姆渡始,几近五千年的越文化时代,宁波并没有形成有重大影响力的文化家族,甚至说有影响力的文化人物也非常稀缺,与中原相比处于落后状态。春秋战国时期活跃于吴、越诸国的著名士人,大多来自外域,如伍子胥、孙武、范蠡等。东汉时的严子陵可能是历史上第一个记入历史的文化名人;而他也不是真正的越人,而是河南汝州的移民之后。东汉时的江东大族虞氏是宁波区域第一个世家大族,但他们也只是整个中国南迁史的前奏部分,南迁的背景是西汉末年的绿林赤眉起义。江南的富庶与安宁吸引着这些家族离开祖辈居住的黄土,朝着东南飞翔,宁波平原是他们停驻的一个选择。

但是我们有理由猜想充满瑰丽色彩的虞姓,最早的诞生地可能就在这条江畔。"余姚",带着繁荣母系氏族文化痕迹的地名,传说为舜的故乡。舜入赘于尧后以出生地"姚"为姓氏。相传,舜受尧的禅让而称王,国号为"虞",称"虞舜",虞舜就是虞姓的始祖。所以,虞氏出自姚姓;这是有关虞氏最古老的传说之一。

现在,关于虞姓最早的谱系记录是唐林宝《元和姓纂》,书云:"虞有天下,号曰虞,子商均因以为氏。又武王封虞仲于河东,亦为虞氏。会稽余姚人赵相虞卿。秦有虞香,香十四代孙意自东郡徙余姚,五代孙歆,歆生翻。翻曾孙骧,骧七代孙荔,荔子世南,唐秦府学士秘书监永兴公。"虞氏在中原地区落根后,经过二千多年的发展,到春秋时,已蔚然成为一个大族;还出现了一位叫虞卿的著名人物,曾经做过赵国上卿,后来去职著书,有《虞氏春秋》传世。虞卿是否是余姚人,已经不得而知,但似乎在冥冥中暗示着余姚与虞氏的密切关系;而这里也明确了余姚虞氏起自虞意。

关于虞意的历史记录不是很多,但由虞意的两个儿子双双入仕推想(虞光为零陵太守,虞国为日南太守),这是个意气风发、充满开拓精神的宗族大姓的领袖人物。他们选定在依山傍水的余姚绪山山麓,即现在的龙泉山周围卜居。光绪《余姚县志》载:"虞国宅在绪山南,郦道元云宅为百官仓,即双雁送国归处,号西虞,以国兄零陵太守光居县东称东虞。"从此,这个文化家族的痕迹深深刻入了浙东大地。

龙泉山下

山不在高,有龙则灵,龙泉山确乎钟毓宁波文化蕃昌的名山。龙泉山最初叫屿山,可能就是杭州湾的一个岛屿。传说东海龙王有一个特别顽皮的小龙子,经常在这一带兴风作浪,有一次居然把岛上的渔民给全淹死了。此事传到天庭,玉皇大帝命龙王把小龙王压于屿山之下,龙王无奈照办,但又不忍心看孩子压在山下,于是把海水吸进肚子带着一家老少搬走了,这一带于是成为陆地。小龙王非常后悔,天天流泪,而周围的百姓常到这山腰的泉眼里取水解渴,天旱也不干涸。久而久之,龙泉山代替了屿山的本名。这个故事使龙泉山充满了神秘感,也可能将文化的尺度延伸到了河姆渡文化时期,故事里包含着海水浸灌的隐喻。

龙泉山大约高200米,但登山顶眺望,全城景色仍可尽收眼底。山下即为泪然东流的姚江,形成"龙山舜水"的胜景。山的东麓是一片繁华的新建路,二千年前遍布的虞氏大宅,是龙泉山文化著称之始;直至民国时这条街还被称为虞宦街。在山的东南向这一片土地,原来称为双雁乡,传说虞国政绩卓著,殉职任上,当时有双雁护送回乡。在山的东二里,有凤山,龙凤两山相对,形成余姚城市地理形胜。凤山上有雁岭,这就是郦道元所谓的双雁停驻之地。

在迁居 200 年之后,这个家族涌现了第一个文化高潮,即以三国时虞翻为中心,将家族的易学研究推向了当时的最高水平。汉代学校制度废弛,博士传授之风止息,学术中心由政府移于家族。史学大师陈寅恪先生一再申述:"东汉以后学术文化,其重心不在政治中心之首都,而分散于各地之名都大邑。是以地方大族盛门乃为学术文化之所寄托。……而汉族之学术文化变为地方化及家门化矣。故论学术,只有家学可言,而学术与大族盛门常不可分离也。"而汉代"通经致仕"的取仕政策,在一定程度上也促进了各地方大族崇尚儒学。于是,出现了以儒家道德文化相维系的世代相沿的"家学",以保证世家大族长盛不衰的文化现象。虞氏是其中的代表家族,以研究《易经》著名。《三国志·吴书·虞翻传》裴松之注引的《虞翻别传》记载:"臣(虞翻)闻六经之始莫大阴阳,是以伏羲仰天县象,而建八卦,观变动六爻为六十四,以通神明,以类万物。臣高祖父故零陵太守光,少治孟氏《易》,曾祖父故平舆令成,缵述其业,至臣祖父凤为之最密。臣亡考故日南太守歆,受本于凤,最有旧书,世传其业,至臣五世。前人通讲,多玩章句,虽有秘说,于经疏阔,臣生遇世乱,长于军旅,习经于枹鼓之间,讲论于戎马之上,蒙先师之说,依经立注。"200 年的发展已经使其无论在经济上,还是文化上均成为江东土著大族,位列会稽虞、贺、孔、魏等"四姓"之首。在东吴割据时代,倚重江东大族,故而使一代文豪虞翻的出现成为可能。

虞翻是一位气节和才学都让人敬佩的易学大家。他的《易注》汲取当时诸家之长,将八卦与天干、五行和方位相结合,推论象数,为"象数易派"奠定了坚实的基础。虞翻完成《易注》后,送与孔融,孔融评价:"闻延陵之理乐,睹吾子之治《易》,乃知东南之美者,非徒会稽之竹箭(虞翻字)也。又观象云物,察应寒温,原其祸福,与神合契,可谓探赜穷通者也。"孙权让虞翻为关羽占卜,算出兑下坎上的卦象,虞翻说:"不出二天,关羽必被杀头。"后来事情果真如虞翻所说。虞翻《易注》对后世影响很大,在唐李鼎祚的《周易集解》中《易注》即占了主流。据《三国志》及其注载,虞翻还为《老子》《论语》《国语》做过训注;虞翻个性狷直,屡次犯颜直谏,常有失君臣之礼的行为。后被贬到交州,史载其在交州以著述、讲学为业,有数百学生跟从。

其子有十一,其中四子虞汜官拜交州刺史、冠军将军,封余姚侯;五子虞忠,官至宜都太守;六子虞耸,西晋时任河间相;八子虞昺,历任廷尉尚书,济阴太守。虞忠在西晋灭吴的战争中,战死沙场;虞耸回乡居鸣鹤后,建立了观察星象的"测天楼","观察星辰之行,以序四时之顺逆",并长期记录当地气候,研习以往历书,写成《穹天论》。

官学地位的减弱和私学的兴盛,带来了学仕分途的后果,而且使学术有了不依附于政治的可能性。余姚大隐镇记录的"大隐"就是虞翻的曾孙、晋朝的虞喜,他是虞翻之后的又一文化高峰。《晋书·虞喜传》载:"虞喜,字仲宁,会稽余姚人,光禄潭之族也。父察,吴征虏将军。喜少立操行,博学好古。诸葛恢临郡,屈为功曹。察孝廉,州举秀才,司徒辟,皆不就。九次征召均不就,隐居治学以终。"《晋书·天文志》称:"虞喜因'宣夜'之说作《安天论》。"英国著名的研究中国科学史的李约瑟博士,这样评价"宣夜说":"这是宇宙观的开明进步,同希腊的任何说法相比,都毫不逊色。"虞喜还在中国天文学史上做了一件大事,那就是发现岁差。南朝宋国大明六年(462),祖冲之应用"岁差"因素,制《大明历》开创中国天文学史新纪元。

如果建筑永恒,余姚大地上应该有多少虞氏家族的豪门。《南史》说,"大姓虞氏千余家……子弟纵横,递相庇荫,厚自封植"。权势常常盖过当时地方长官,甚至时有县令被虞氏大族驱逐。山涛之孙山遐为余姚令,因查办虞喜"藏户",即隐瞒人口,减少税金,最后被陷罪免官。但走上骄逸的家族,毕竟是衰亡征兆。虞翻儿子虞忠、虞耸之后,家传经史已经衰微,到虞翻七世孙虞悰,已经成为一个专门研究美食的纨绔官员。《南齐书·虞悰传》载虞悰"献䬴及杂肴数十舆,太官鼎味不及也"。齐世祖萧道成曾想尝尝虞悰家的扁米粽子,而亲临虞悰的府第芳林园拜访。作为臣子,挖空心思经营腐朽皇帝所好的饮食之道,不仅毁了一个家族,也隳毁了一代王朝。

在虞悰族衰亡之后,姚江之北另外一支虞氏开始繁盛。这就是虞权族,虞权之后有虞检,检后有荔与寄,荔后有世基与世南。虞世南是虞氏家族最后的文化辉煌。按世南本传,"大业中,累至秘书郎。炀帝虽爱其才,然疾峭正,弗甚用,为七品十年不徙"。这位甘于寂寞和贫困的人,像一块玉石深埋在陈朝、隋朝的泥土之中,其被秦王李世民解救于窦建德军中,并被"引为府参军,转记室,迁太子中舍人"时,已是六十三岁。但金子总会闪光,《新唐书》载:"帝每称其五绝:一曰德行,二曰忠直,三曰博学,四曰文词,五曰书翰。"虞世南为凌烟阁二十四功臣之一,所编的《北堂书钞》被誉为唐代四大类书之一,是中国现存最早的类书之一。虞世南书法笔势圆融遒劲,外柔而内刚,深得王羲之七世孙、著名书法家僧智永真传。而他的兄长虞世基却是一个鬻官卖狱、恣意奢靡的典型,不仅毁坏了隋朝政权,自己也死于宇文化之乱。

虞世南之后,虞氏再无杰出人才。郦道元的《水经注》饶有兴趣地记录过虞翻登龙泉山的事情,"虞翻尝登此山四望,诫子孙可居江北,世有禄位,居江南则不昌也。然住江北者,相继代兴,时在江南者,辄多沦替,仲翔之言为有征矣"。在虞翻前两百年间,虞光族名士辈出,世系繁盛;而虞国族后迁居江南罗壁山,走向了萧条。虞翻后代,在虞翻的告诫之下,均居江北。但两百年后,虞氏还是走向了衰落。在虞世南之后大约两百年,在慈溪杜湖畔走出一个年轻的学子虞九皋,我们从他的挚友柳宗元的《虞鸣鹤诔》推想,这位体质文弱的进士应该有可能成为虞氏再度崛起的希望,然而他在及第后不久便溘然病逝。他的家乡,因追思虞氏家族之遗风,即以他的字"鸣鹤"为乡名。

由此,回顾江东大族的发展。两汉时期,陆氏、张氏、虞氏、贺氏等部分中土人士或宗族陆续南迁江东,比之汉魏以后南徙的北方大族,称为江东大族。在经济、文化普遍落后的古代社会里,尽管在春秋战国以后,"学"已经从王宫转向平民,但学术文化总是由少数上层贵族人物所垄断;尤其是在当时的江南,豪强大族以"家法""师法"的经学传承,维系了世家大族的长盛不衰。在东吴时代,豪族成为割据政权的支柱,势力扩张。西晋短暂统一时,又遭受压制,以文章冠世的二陆,即陆机和陆云为例,遭遇坎坷,屡受北人轻辱,后死于"八王之乱",被夷三族。晋室南迁之后,为立足江东,顾氏、陆氏、贺氏等又受到重用,贺循、陆玩、顾和、陆晔等江东大族代表,都位至卿相。但与侨姓士族相比,江东土著大族在政治上处于从属地位。隋朝统一全国后,实行均田制,隋文帝废除九品中正制,改以科举考试选拔用人,唐朝沿袭这一制度变革,士族仍然能够凭其文化优势在科举考试中占据强势地位,故在隋唐两代,门阀士族在政治上仍占有一定的优势。但到中晚唐,政局混乱,加之其后的黄巢之乱,五代纷争,以及社会教育兴起,私门教育衰落,最终造成了士族的解体。

会稽贺氏兴自汉代历经六朝绵延至隋唐,数百年间代有才人,如三国贺齐、东晋贺循、南朝贺瑒、贺琛等,成为江东著姓。贺氏门风尚忠义、倡孝友,在学术上则世传礼学。隋唐兴科举时,贺知章于唐武后证圣元年(695)中进士,是浙江省历史上第一个状元。但贺知章以后,贺氏家族也无显人。虞氏的命运基本相同,加之虞氏家族在经学研究的废退,衰亡的命运更为加剧。

位于龙泉山西麓的余姚名人馆有这个家族的纪念之所,以载入《三国志》等国史正传的 20 多位虞氏族人为中心,纪念他们自东汉至唐 500 余年中,开拓古邑的过程。他们以卓著的文化学术活动,延伸了古越文化,代表了从汉至唐士族学术文化,也是东南地区宋元明清时期学术昌盛的重要源头。追思他们绵延不绝的根本原因,在于他们建立了自己的文化群落、文化领袖、文化人格,以及家族文化在那个时代、地域文化坐标上的定位、价值取向。

在姚江南岸,过去有两座庙,一座在大隐,纪念隐士虞喜;另一座在肖东,即当年的罗壁山下,纪念三国虞翻,而离罗壁山不远,便是相传五千年前虞舜诞生的地方。如果以千年为尺度,以四明山为背景,在龙泉山上南望,你能望见一个家族绘就的一幅曾经烂漫的传奇画卷吗?

## 王氏家族传奇

宁波出现王阳明这样一位圣哲,是历史的偶然,也是历史的必然。一个古老的江东大族,即东晋王氏家族后代——秘图山王氏完成了中国哲学的近世转型。秘图山在龙山东麓,与龙泉山相隔新建路而望。

和缓东去、风光绮丽的姚江两岸生长了多少人家?与虞氏等江东大族走向衰落一样,带着历史战乱纷争信息的南迁江东大族,经历着由贵族而平民的过程。龙泉山下,一批批大族择地而居,又一批批迁徙而去。曾经显赫一时的王氏家族,越过近千年后,又一具有王者之尊的人物在龙泉山北诞生。

王氏与其他姓氏不同,其他姓氏多以上古时期某一个人物作为血缘始祖或得姓始祖,而王姓拥有一个始祖群。在始祖群里,有大禹、子契、后稷、虞舜等煌煌人文初祖的名字,也有夏、商、周三代由“王”的爵位而得姓的人,还有比干、田安、毕公高、太孙赤等名臣大将,得姓过程从商朝末年一直持续到西汉初年,将近千年;而在南北朝到唐的民族大融合时期,又成为四夷民族改姓的重要姓氏,这样的聚合力和感召力是其他任何一个姓氏所无法比拟的。但是这个有着最正统的王室血脉的族群,在秦朝确立皇权制度后的长达两千多年的社会里,几乎没有王姓人像模像样地登上过皇位。王莽等人试图挑战这个命题,结果都以惨烈的悲剧收场。但王姓却总能在不同的历史时期内，以经邦济世、艺术成就等，获得至尊的荣耀，成为当时中国最显赫的贵族。如助秦统一六国的王翦，"书圣"王羲之，倾力变法的王安石，中国古代唯物主义思想的集大成者王夫之等。事实上，他们就是这些领域里的王者。

王氏的辉煌，与一个脉系的发展密切有关，甚至可以说，如果没有这一脉系，王氏在中华历史上就会黯然失色，就不可能与李姓、刘姓、赵姓等一起成为中国最大的几个姓氏。他就是两晋琅琊临沂王氏。琅琊王氏最早为人所知的是王祥，就是"二十四孝"中"卧冰求鲤"的主人公；后有王戎、王衍等家族子弟登上历史舞台，王戎为竹林七贤之一，王衍以清淡著称。把琅琊王氏推到顶峰的是两晋之间的王导，他一手策划了东晋江左王朝的诞生；在王氏势力最大时候，朝中官员四分之三以上都是王家人或与王家相关的人。随后，又出了王羲之、王献之、王徽之这样在中国文化史上绝无仅有的人物，不仅使王家在政治上无人能敌，在文化上更是万世垂范。因为文化的卓著，在门阀制度衰落后，王姓人并没有跟着衰落，而是很快适应了科举时代的新要求，以极具远见的家风、门风，促进宗族子弟积极上进、相互提携，共同走向繁衍发展。

秘图山王氏的世祖便是王导。据1934年版王钦安主修嗣槐堂《余姚上塘王氏宗谱》，从周灵王太子晋开始叙写这一家族，王导为三十三世，为江左一世祖；传至五十三世王言，徙居大名，为三槐王氏一世祖；第五十六世即北宋丞相王旦。谱中《三槐世系表》记载：王补之为王旦七世孙，南宋人，官知绍兴府、宝谟阁待制，迁居上虞县十九都达溪之虹桥，是为虹桥派；补之曾孙王季，在南宋淳祐三年（1243）由上虞达溪迁居余姚的秘图山，是为姚江秘图派始祖。相传王言之孙王祜"植三槐于庭，自知后世必有三公"，这便是三槐派得名的出典。秘图山即以大禹藏治水秘图得名，位于龙泉山之东的一小山，现已无存。

从王季历七代即王子俊、王士元、王纲、王彦达、王与准、王世杰至王天叙。王纲的主要活动就在明朝，史载其善于相人，因刘基举荐，洪武年间拜兵部郎中，擢广东参议，死于潮州变乱，儿子王彦达以羊皮包裹父亲遗体而回。王与准精通《礼》《易》，著有《易微》数千言。王世杰通晓经书，任教太学，常以"槐里子"自号，著有《易说》《春秋说》《周礼考正》《槐里杂稿》数卷。王天叙也以教育闻名江浙，著有《竹轩稿》《江湖杂稿》若干卷；正是他培养出了状元儿子王华和心学大师孙子王阳明，使其家族从平民阶层跃向一地望族。

在王华之前,秘图山王氏家族一直以道德著称,淡泊名利。王天叙"性爱竹,所居轩外环植之,日夜啸咏其间",雅号"竹轩先生",颇有魏晋遗风;相传王天叙母亲性格严厉,又偏爱其弟,遭遇有些像舜,但王天叙能够像舜一样孝敬母亲,爱护弟弟。家族在王华一代走出封闭的书房,走上科举之路。王华年幼时就表现得不同寻常,历史记载有他六岁却金的故事,说的是王华六岁时捡到内有数十金的包裹,如数奉还失主,失主用一锭银子作为酬劳,王华却而不受。因为才气闻名,世家大族争着延请他为子弟老师。浙江左布政使宁良礼聘王华到他家乡祁阳任教,王华执教之余,足不出户,闭门读宁家数千卷藏书。成化十六年(1480),王华以浙江乡试第二名的成绩中举。成化十七年(1481),王华会试名列第三十三位,录取他的主考官正好是他的好友余姚进士谢迁。殿试中,王华被点为第一,状元及第。王华对《礼记》有专研,著《礼经大义》,是明代治《礼记》的必读之书;其《易经》《春秋》的研习水平,与当时专习两经的高手也不相上下。

王阳明故居

一脉相承的家族风范潜移默化、氤氲衍发,无疑是一个家族成为精神贵族、产生伟大人物的重要基础。王华生有四子,长子王守仁,次子王守俭,三子王守文,四子王守章。1472 年,王阳明降生于龙泉山北麓王氏祖宅。《明史》载那一日祖母岑氏午睡,梦见一个头戴金盔、身穿金甲的天神,脚踏一片紫云,抱着一个小孩,从天而降,落在王家。祖父王天叙因为这个梦给孙儿取名王云,命名王阳明出生的楼为瑞云楼。但王阳明五岁时,还不能言语;王天叙听从一高僧之言,认为是"云"字泄漏了天机,于是改名"守仁"。让人称奇的是王阳明不久便开口说话,以天纵聪慧很快能够背诵四书五经。

王阳明之所以世称"阳明",是因为他晚年喜爱绍兴城东南二十里的南镇会稽山阳明洞,并在其中筑室居住,自号阳明子。阳明洞即为"禹穴",为天下第十洞天,唐代诗人白居易《和微之春日投简阳明洞天五十韵》的诗中有"洞穴何因凿,星槎谁与剜。石凹仙药臼，峰峭佛香炉"之句。"阳明"在道教中指东方青帝，即太阳神。

在《传习录》中记录了王阳明与朋友同游会稽山的一次对话，友人指着岩中花树问道："天下无心外之物，如此花树在深山中自开自落，于我心亦何相关？"王阳明回答说："你未看此花时，此花与汝同归于寂；你既来看此花，则此花颜色一时明白起来，便知此花不在你心外。"这便是著名的"南镇观花"。人们对这一问答有很大的争议，不少人以主观唯心主义批评王阳明，认为王阳明否定"物"存在的客观性，以为这是佛教唯识学"唯识无境""万法唯识"等思想延伸，并据此判定阳明心学为佛老之说，如王夫之认为"陆王乱禅"，陆即陆象山，王即王阳明。

其实，王阳明的观点与主观主义无关，王阳明的回答旨在强调存在的意义：天地万物按照本身自然的状态运行，自生自灭，自增自减，这种自然而未被打破的状态就是"寂然"。而当人出现的时候，天地的"寂然"就会被人打破，天地万物才有其存在的意义。花的意义是"汝心"赋予它的，没有"汝心"，怎么认识万物？"事君""事亲"诸事也一样，"心在事君，则事君是一物""心在事亲，则事亲又是一物"，没有"汝心"，怎么事君？怎么事亲？"事"与"物"其存在的意义和价值却是通过人的存在而得到彰显的。也就是说，天地万物作为本然存在的自存之物，是原始的混沌无分状态，本身并不具有独立的意义。存在的真理并不是传统真理观中关于"认识和对象相符合"的客观性的体现，而更多的是成为被表象者"被揭示着的"（海德格尔《存在与时间》）关系和意义性的存在。由此可知王阳明并不否认山中花树自开自落的常识，也不认为山河大地为心生的幻象，而是在本体论上将宇宙之实存转化为生命之意义，将外在客观的宇宙转化为人的生命宇宙，转化为个体精神的真实的宇宙。

在王阳明看来，人类存在及其价值的最终依据，也是宇宙天地之间一切存在的最高本质和终极根源，就是良知。人生价值意义就在于"致良知"。阳明心学的主要思想都针对人的动机、态度、情志和理念，阳明的《传习录》不像众多儒家经典那样牵扯到古代历史、社会、政治、学术内容。这一思想体系的构建与程朱理学相同时，但其走向截然不同：程朱理学号召"存天理，弃人欲"，最终以封建伦理纲常听命于封建统治；而陆王心学强调内圣外王，最终将心性之学转化为卓越的事功，深刻地影响了中国社会历史文化的风貌与进程。

王阳明的弟子中官居高位者不计其数，入阁拜相的如徐阶、张居正、赵贞吉等；

在各自的领域独领风骚者更是如过江之鲫,如徐文长、汤显祖、徐光启、李贽等。嘉靖、隆庆、万历之际,王学大盛。隆庆以后,王学逐步向下层转移,开始出现左派和右派。王学左派以王艮、颜钧、梁汝元、何心隐、李贽为代表,他们更加反对程朱理学,而且批判君主专制体制和封建礼教;特别是李贽,被人称为"异端之尤"。右派以顾宪成、高攀龙为代表,在无锡东林书院讲学,主张实学,力求经世致用;在学术上则主张调和程朱理学和王学。在近代,"阳明心学"又成为呼唤民众觉醒、独立、自强的雷霆之声,康有为、梁启超、章太炎、孙中山,以及陈独秀、胡适等,无不从阳明心学中吸取人性解放、自尊无畏的思想,建立了不朽的事功。毛泽东也深受王阳明影响,很早便通读过《王阳明全集》,并逐字逐句地批注。蒋介石对王阳明的崇拜更是无以复加,台湾的阳明山、阳明大学都是由蒋公命名,"中正纪念堂"门前牌匾上的四个大字"大中至正",也语出王阳明《传习录》之序言。

数之不尽的日本政治家、企业家将王阳明奉若神明。倒幕领袖西乡隆盛、久坂玄瑞、前原一诚,明治开国元勋伊藤博文、高杉晋作等尽出王门。三菱集团创始人岩崎弥太郎,日本国立银行创始人、实业巨擘涩泽荣一,早稻田大学创始人、日本首相大隈重信,著名作家三岛由纪夫,无不是王阳明的追随者。可以说,阳明心学对日本的明治维新以及快速步入工业化社会产生了重大影响。

左宗棠言:"阳明先生,其事功,其志业,卓然一代伟人,断非寻常儒者所能几及。"传统儒家毕生追求的"三不朽",王阳明在57年生涯中都一一践行。他是哲学家、文学家、教育家、政治家、军事家、书法家,别人博而不精,他却既博又精。如在军事上,王阳明仅用35天就击溃了宁王朱宸濠的数万精兵,一举粉碎了其蓄谋几十年的篡位大计。因为军功,王阳明被封为"新建伯",家族门望由此达到顶峰。这就是余姚新建路命名的来由,余姚阳明西路阳明故居前,即立"新建伯"牌坊。

王阳明之后,三代封赠,数世簪缨,成为姚江王氏中显耀的一支。王阳明四代孙王业泰,南明福王时被袭封为新建伯,为王氏家族最后一代伯爵。据光绪《余姚县志》记载:"福王时袭封,感泣请终丧报国,许之,……王师南下,执送营中授以爵,泣曰:'世受国恩,义不改节,得死报君父于地下足矣,遂死之。'"清代,伯府家族规模日渐式微,乾隆年间,有王阳明九世孙王簏,自绍兴郡城回归姚江,隐居乡里,以教书为生。余姚因为出过王华、王阳明等领军人物,在嘉靖之后,科举也走向高峰,进士人数后来居上,超过鄞县、慈溪两县进士人数之和。

　　江浙为文人荟萃之地，中国文化史上的硕学鸿儒，十之六七出于此；而琅琊王姓迁入江浙以后，"孝悌名流，犹为继踵"，可谓光华表世。据研究，琅琊王氏这一宗系在全国现在至少有6千万成员，王姓也是宁波人口最多的姓氏之一。当然，宁波的王姓系派并不都是琅琊王姓，如一代宗儒鄞县王应麟，其祖先为河南浚仪（今河南开封县）人。而从王姓家族的变迁与发展来看，家族的兴盛与家族的社会影响力同家族成员中杰出人物的成就及社会贡献度紧密相关，但家族之所以兴盛，其生命力的关键还在于文化与道德，奋斗、贡献、和谐是其家族成员的道德自律，是维系家族生命力的关键所在。如果没有这种精神，王阳明如何能在龙场最艰苦的日子里悟道？

余姚龙泉寺

　　王阳明宦游各地，故乡一直是他内心最为牵挂的地方。故乡的山水、林泉、朋友，一草一木，在阳明心中无不流泄着真意。"我爱龙泉寺，寺僧颇疏野。尽日坐井栏，有时卧松下。一夕别山云，三年走车马。愧杀岩下泉，朝夕自清泻。"（《忆龙泉山》）余姚是他的出生地，也是他心学思想传播地之一，以龙泉山为代表的故乡山水成为他情感寄托的重要凭证。然而一代匡时济世的圣哲，天不假年，1529年1月9日在归途中病逝，卒于江西南安青龙浦舟中，享年56岁。

# 月湖人家:文化从开化走向汇聚

## 从"庆历五先生"到"淳熙四君子"

以"庆历五先生"到"淳熙四君子"为标志,宁波平民社会兴起。地域文化的自觉与百姓对人生意义的觉醒,大都与这段历史相关。

我们从天空中俯瞰宁波千年,不难看到三江汇聚的自然设计对于城市文明发展的召唤。中古时代,随着经济与帆船航运的发展,那些分散的古老的海洋贸易点逐渐走向汇聚。句章、鄞、鄮三座古老城邑的谢幕和三江口州治大城的涌现,是历史的必然。最终在青瓷等贸易的推动下,在唐代完成了这一历史的飞越。接下去,就是人类如何以智慧达成这次变革的天人合一,月湖成为这个时代应势而出的产物。

唐之前的月湖,不过是宁波平原上一个荒芜的小湖,名为西湖。商贸码头决定了城市的选址,西湖就有了承担蓄淡大湖功能的可能,一个基于咸碱地的城市必需疏浚出属于自己的生命之源。这项工程由鄮县令王元暐完成,导它山之水,作堰江溪,引流入湖;在北宋嘉祐年间钱公铺的整治中,西湖西岸圆转成弯月的形状,所以叫偃月堤,这可能是月湖得名的原因;东边隔镇明岭相望的呈圆形的小湖故而被称为"日湖",合为"明"字,应"明州"之义。从它山堰到月湖的系列水利工程,同时为城市的发展基垫了殷实的农耕经济。而城市里,"家映修渠,人酌清泚","沟血脉连"，"三江六塘河，一湖居城中"，构成了梦境般的江南水乡城郭模样；更何况宋元祐至绍圣间，知州刘淑、刘程先后疏浚月湖，"以积土广为洲，遍植松柳"，化出美轮美奂的十洲。

商业洪流推动城市发展朝着自然先天的设计前行，在经济发展的支撑下，文化也开始繁荣。而三江口经营大陆东海岸的海上丝绸之路，也需要改变地域根深蒂固的边缘意识与出世哲学。这就是历史的机遇与贤达的智慧使月湖很快超越经济、水利与休闲、宜居的功能，成为

王安石与"庆历五先生"塑像（宁波博物馆）

文化汇聚的港湾的原因：混浊而激荡的三江与澄澈而平静的月湖，最终完成了商业文化与儒家文化，即物质文化与精神文化的对话格局。这正是宁波城市近千年发展的特色与精魂所在。月湖所形成的文化高地，完成了宁波固有文化人格的改变，文化学者纷纷从平原西部的山麓，诸如大隐等地方出来，从以世外自然、特立独行为其本位转向对道德主体精神的积极进取与遒劲追求，文化自卑走向文化自豪，并由此促成了宁波州治作为地域的文化中心的形成。一个重要的时代由此轰然到来。

缔造月湖新内涵的人物，是以一批唐末五代中原移民的后代为主，他们或前或后来到月湖之畔，氤氲出浓浓的人文气象。北宋庆历年间，宋仁宗下诏办学点发了月湖文脉。一时间人物如繁星一般闪耀，以杨适、杜醇、王致、王说、楼郁"五先生"最为著名。杨适为"五先生"之首，《宝庆四明志》记其"明律历，晓兵法"，"以文学、行义闻于乡里"，隐居余姚大隐，人称大隐先生，仁宗下诏求遗逸，太守鲍轲、钱公辅等荐之为遗逸，皆不受；与楼郁、杜醇、王致、王说聚于鄞县妙音书院，立孔子像，讲贯经史，学者尊为宗主，开四明讲学风气。王说为杨适学生，在鄞西建桃源书院，因王说的教学，家族中有多人中进士，如弟王该，人称望春先生，登庆历六年进士；长子瓘，登元丰五年进士；五子珩，登大观三年进士；孙子勋，登政和八年进士；等等。王致，世称鄞江先生，宋庆历五年（1045）聘为县学师，不受；安贫乐道，一生隐于鄞

江书院讲学。杜醇,居于余姚大隐,躬耕养亲,学者以为楷模,世称石台先生。

这五人中,以楼郁名气最大。楼氏祖先传说为大禹,大禹十四世孙夏桀荒淫无道,为商所灭,其子仲和、仲礼避祸会稽山,改"姒"姓为"娄"姓;周武王灭商后,封大禹第三十六世孙娄云衢为杞国国君,封号为东楼公,并将"娄"姓改为"楼"姓。东汉末年至魏晋之际,楼氏因北方战乱南迁到义乌,始迁祖为大禹七十九世孙楼泰;唐玄宗先天元年(712年),楼氏一支迁居奉化,始祖为楼鼎,到第四代楼皓时,成为地方大族。楼皓子为楼杲,楼杲子为楼郁。庆历八年(1048),楼郁应王安石之聘,离开家乡,投身明州城的庆历兴学运动。楼郁于北宋皇祐五年(1053)考取进士,曾任舒州庐江县主簿、大理评事等职,不久就还乡执教。最初在柳亭设讲堂教课,后迁入月湖竹洲,前后长达三十年,"乡人翕然师之";著名的学生如丰稷、舒亶、袁毂、汪锷、罗适等;其子孙也先后科举及第,如长子楼常、次子楼光,楼常子楼异等。楼异即开掘广德湖,以得田税,取悦宋徽宗的宁波知府,他同时也在宁波辟高丽使馆,造万斛神舟,促进宁波城市的外向型发展,故在历史上有很大争议。也正是楼异使楼氏在两宋之交成为宁波第一家族。

楼异孙子,南宋进士楼钥曾说:"吾乡四明庆历、皇祐间,杜、杨、二王及我高祖正议号'五先生',俱以文学行谊表率于乡,杜先生又继之,讲明经术,名公辈起,儒风益振。"全祖望这样回顾"五先生"的陶润:"数十年后,吾乡遂称邹鲁。邱樊缊褐,化为绅缨。"从科举史说,"五先生"的教育,实现了地域广泛的文化动员,使平民崛起政坛,成为社会名门的可能变成现实之路,移民后代迅速出现新型的文化世家望族。五先生中,王说和楼郁极重视家族教育,其族遂大;其弟子辈中有众多家族也成为科举世家,最著名的为赵、丰、史、郑等家族。地域由此一改唐宋以前教育集中在虞氏等世家大族之中的情况。他们以文化优势培养族内青年举子参加科考,而举子及第的荣显又反过来强化原有的家族优势,加速了家族科举的兴盛,并为家族文献的累积奠定了基础。

《宝庆四明志》中记载,宁波从北宋端拱二年(989)至靖康二年(1127),进士为126人;南宋初至干道五年(1169)为82人,从干道八年(1172)起至开庆元年(1259)为657人,南宋共有739人,两宋共865人。我们不难看到,经过前几代的努力,宁波科举越来越盛,在南宋嘉定(1208—1224)年间,四明士族在政治与学术上的表现都达到了高峰。楼氏从北宋至南宋末有38名进士;而定居宁波的宋代宗室集团，赵氏家族在南宋竟然有 140 人考中进士。

在教育发展的过程中，宁波乡村基层社会出现知礼明伦的社会精英、乡贤名达，士绅阶层开始形成。从性质上说，士绅不是一个政治阶级，而是宋朝社会文化教育的一个层次，横跨官和民。或者说，因为学校教育的广泛渗透，"社会"得到了极好的发育，形成了一种与政治控制截然不同的控制基层社会的权力核心；庆历兴学的政治目标，即"以礼化俗"的社会整合目标得以实现。封建王朝的"十六条圣谕"即"敦孝弟以重人伦，笃宗族以昭雍睦，和乡党以息争讼，重农桑以足衣食，尚节俭以惜财用，隆学校以端士习，黜异端以崇正学，讲法律以儆愚顽，明礼让以厚风俗，务本业以定民志，训子弟以禁非为，息诬告以全良善，诫窝逃以免株连，完钱粮以省催科，联保甲以弥盗贼，解仇愤以重身命"，乡绅们通过学校教育与普通百姓形成宣讲互动，构成新的价值认同中心，对于宁波文明的延续发展、社会秩序的稳定起到了重要作用。虽然有些乡村教师比如杨适、杜醇等，生活相当贫困，甚至需要救济，但他们深居简出，自视甚高，以德行、才能、声望而深被一乡民众所尊重。顾炎武曾在《日知录》卷十三《廉耻》中转引宋代学者罗从彦的一段话，借以论述朝廷教化、士人操守与民间风俗三者之间的关系，"教化者，朝廷之先务；廉耻者，士人之美节；风俗者，天下之大事。朝廷有教化，则士人有廉耻；士人有廉耻，则天下有风俗"。意思是民间文化的形成，源于朝廷的倡导，但必须借助中层文化即士人文化的表率。如果没有这一精英层，宁波崇文风尚无以形成；同样，缺乏这种广泛的民间文化做基垫，宁波精英文化在历史上一直占有较高比例也无以成为可能。

楼氏的鼎盛在南宋楼钥之时。1191 年，楼钥在月湖南岸建"东楼"，东楼藏书逾万卷。楼钥勤奋著述，著名的有《北行日录》《攻媿集》120 卷等。而从楼钥身上，可以看到四明士族之间通过学术交流、同学共事、婚姻嫁娶等方式，形成复杂的人际网络与社会文化活动，成为地域特色的文化现象。他们组织各种书院教育，延请名师，以维持四明在全国科举上的优势，并以此提振学风，凝聚学术气氛。通过"五老会""八老会""尊老会""真率会"等耆老的社群组织，以及乡饮酒礼的组织，联络在乡的官僚与士大夫的情谊，增进士族对地域的认同，激发塑造地域文化的情怀。他们设置义庄、兴设学校、修筑桥梁及堰堤等社会公益活动，如沈焕、史浩和汪大猷等人共创乡曲义田，将婚姻家族间的互相扶助，扩大为集体性的乡里活动，扶助贫寒学子，既维续家族的稳定发展，也促进地域文化普及。宁波南宋的士绅比起北宋,有着强烈的地方化倾向,他们更留意在家乡的地位与影响力,而不是热衷高官宦途,以及高官家族间相互通婚。尤其是汪氏家族,因为汪思温、汪大猷父子长期罢官居乡,汪思温即为楼钥外公,居乡18年,大猷达25年。他们经营产业,好善乐施,成为推动地区社会文化建设的中流砥柱,其影响力甚至超乎上述名族。

"淳熙四君子"塑像

南宋时,四明人才又出现新的文化高潮,标志是"淳熙四君子"——杨简、袁燮、舒璘、沈焕讲学月湖之畔。这些人与"庆历五先生"有着千丝万缕的联系,他们志趣相同,相隔不过三四代,甚至在血脉上也相互贯连;但他们的学问却大踏步地向前进发。这四位先生都是陆九渊的弟子,他们承接"心学",把四明发展为陆学的重镇,并担当起沟通朱、陆、吕诸学的媒介地位;所主创的"四明学派",堪与闽学、关学、蜀学相媲美、相呼应,蔚为一学统,直接开创、启迪着宋元学风。

他们以研究促进传扬,并以各自独到的造诣,构成了月湖多元化的心学研究文化生态;史称四派,即慈湖学派(杨)、絜斋学派(袁)、广平学派(舒)、定川学派(沈)。文天祥曾形象地勾画四派思想的不同特色:"广平之学,春风和平;定川之学,秋霜肃凝;瞻彼慈湖,云间月澄;瞻彼絜斋,玉泽冰莹。源皆从象山弟兄,养其气翳,出其光明。"(《郡学祠四先生文》)杨简以"万物唯心""万物唯我"的命题将陆学向前推进了一步。袁燮把陆学引向政治和伦理,把人的一切社会行为视为"心"的体现,提出"天人一理""君民一体"的政治伦理观。舒璘将陆学引入日常生活,强调在平凡的生活中刻苦磨炼,有折中朱、陆的思想倾向。沈焕直接顺着陆学的路数,主张修养在于"先立大本",

为学在于"要而不博"。四先生在理论上为弘扬和发展陆学做出了积极的贡献,道德文章为南宋一时之人望。"君子"是孔子理想化的人格,"先生""君子"的称谓,表达的是对这一群学者学问与品格的景扬。

从现在看,在月湖与三江口的对话构局中,在地域海洋文化的背景下,宁波选择外向而自信的学术,重视人自然本性、主张解放个性的心学,并成为心学的大本营,其实是一种历史的必然。杨、袁、沈三人晚年同在月湖传陆九渊心学,杨简主讲于碧沚书院,沈焕主讲于竹洲书院,袁燮主讲于城南书院。经常讲学竹洲书院的还有其弟沈炳和金华学者吕祖俭,史称"竹洲三先生"。

慈城杨氏、城南袁氏、鄞县沈氏均成为绵延宁波千年历史的著名家族。慈城民权路古宅原有"甲第世家"一匾,上记杨简及孙杨明、杨守勤一门三及第,其中杨守勤为"三元及第"。袁氏家族著名的人物如袁燮子袁甫,世称蒙斋先生,南宋嘉定七年进士第一;袁商,嘉定十六年进士;袁桷,元著名藏书家、史学家。沈氏在明代中叶,甬城西门一支有沈一贯、沈一中等,栎社星光村沈明臣、沈九畴、沈光文等。从月湖跳出来看,科举制度创造了一个公平竞争的体系,将封闭的等级社会转变为一个流动的等级社会,使远离政治中心的宁波人能够通过这一制度进入权力中心,而这是古代知识分子实现人生价值、繁荣家族的重要甚至是唯一的途径;"十年寒窗无人问,一举成名天下知",1300多年科举史中,中国历史治国安邦的名臣、名相,贡献卓著的思想家、文学家、艺术家、科学家、军事家等等,大抵都是状元、进士和举人出身,月湖家族正好是宁波著名家族以及近世中国家族的缩影。

## 月湖丛楼中的丰氏、范氏

丰氏与范氏正好是两个互相续接的文化家族,此衰彼盛,证明的是地域藏书一脉在历经种种历史裂变中的存延与发展。

藏书是中国由来已久的古老的文化现象。传说上古伏羲画八卦始有文献,黄帝时已有掌管文献的史官,夏代也有负责图籍的太史,《河图》《洛书》《三坟》《五典》等多为远古文献。殷商甲骨文献可能是我国最早的藏书实物。《史记·老庄申韩列传》称:"(老子)周守藏室之史也。"可能这是最早的藏书机构的文献记录。私家藏书出现于春秋战国之际的诸子藏书。汉代,秦始皇"私人不能藏书"的条例废除;汉魏以后,藏书楼开始出现,涌现了淮南王刘安、南北朝沈约等藏书名家。宋代,随着雕版印刷的兴起与推广,教育与科举的兴盛,私人藏书废止日增,藏书楼不断涌现。到明、清两代,臻于鼎盛。

宁波藏书风尚由来已久,最早可以追溯到两汉时从中原移居地域的文化家族,世间流传着余姚人虞愿"有书数僮"和虞和"舒被覆书"的风雅事迹。但作为一种集体的文化自觉,在北宋庆历五先生立书院、开文风以后。随着中原文化家族不断迁徙而来,这种风尚得到强化:甬江水系涌现了众多以书香维系家族连亘发展数百年的人文奇观。这些家族兴盛,表现了中国家族在汉唐旧式纯贵族的世家大族完全解体后,民众化、普遍化的新型近代封建家庭成为历史主体的走向,他们常常成为研究中国封建后期家族制度变迁的重要案例。

月湖十洲是四明文化家族最集中的区域之一。一泓碧水两边,两宋之时即有袁氏、郑氏、丰氏、史氏、楼氏等江南望族,丰氏是其中跨时最长的书香家庭之一。民国《鄞县通志·文献志》称"丰氏家族藏书肇自北宋"丰稷,至明代丰坊,共十六代,历时四百七十余年。有学者认为,开江浙私人藏书先声的当是丰稷。丰稷为宋御史中丞,秉性刚烈,才情卓著,工于书法,曾巩有诗赞其"读书一见若经诵,下笔千言能立成。精微自得有天质,操行秀出存乡评";其《崇俭爱民疏》《揭蔡京蔡卞奸邪疏》等朝奏,为后人所重,另著有《鲁诗世学》等。十六世孙丰坊二十五岁参加乡试而中解元,三十岁(嘉靖二年)进士及第,仕至礼部主事,是明代屈指可数的几位学者之一,在经学、易学、诗学、绘画、书法、篆刻等诸多领域成就斐然,著述有《〈易〉辩》《古书世学》《〈春秋〉世学》等。丰氏这十多代间,才俊辈出,如丰稷五世孙丰有俊,南宋绍熙元年进士,"以讲学与象山(陆九渊)、慈湖(杨简)最相善",官通判南昌府。十二世孙丰寅初,"博学笃行,耻事胡元,隐居句章之墟",明洪武年间征为国子司业,因进谏朱元璋观灯一事被贬;明成祖入南京后,弃官躬耕,著有《古易略说》。十三世孙丰庆,明正统四年进士,累迁河南布政使,著有《古易筮法》《简庵集》等。十四世丰耘,官教授,著有《家礼便宜录》《唐诗续音》。十五世丰熙,即丰坊之父,弘治十二年殿试第二。因在明世宗"大礼议"之事上,犯颜直谏被贬,在戍所十三年,杜门著述,著有《古易传义》《礼教仪节》《鲁诗正说》等。

融冶游艺、治学、藏书于一体的丰家,氤氲的书香气象,令江南士人倾慕。至丰坊一代，万卷楼落成，丰氏可谓风华绝代，聚书最多时达五万卷。史载丰坊"负郭田千余亩，尽鬻以购法书名贴"，包括颜真卿《楷书干禄字书》、王献之《洛神赋》、钟繇《力命表》、王羲之《楷书道德经》、欧阳询《小楷千字文》等，尽入其彀中。而更为丰家赢得崇高声誉的则是家族闻人高阔的志意、刚烈的秉性，他们敢以无畏的精神、崇高的气节，与社会黑暗相抗争，践行社会良知。但正直之士在纲纪败坏之时，容易成为黑暗社会的殉葬品。明代中后期，皇帝昏庸腐朽，刘瑾、严嵩等奸邪当道，刚直狂狷的丰氏家族屡受踬踣也势在必然。丰坊父子才气颖异，但均被贬谪。而家庭灾难又接踵而至，丰坊的几个兄弟在倭乱之中相继死去，独生子丰莹也英年早逝，家族大厦迅速倾隳。晚年的丰坊因患"心疾"，行为荒诞怪僻，知之者谓其如魏晋阮籍，不知者避之唯恐不及，最终客死僧舍，更增添了末世的悲凉之感。

嘉靖十三年（1534），丰坊罢官闲居家中，埋首学问和治艺，时与甬上名士金湜、范钦、沈明臣等相唱和。范钦与丰坊是邻居加知音好友，两人于人生、于时世、于学问、于书法、于藏书等，有众多共鸣之处，性格也相近。范钦曾因弹劾皇亲国戚郭勋而遭牢狱廷杖之灾，厄难之际丰坊倾力相助，并以《砥柱行》赠范钦，激励范钦"君不见，砥柱崇崇镇中流，撑住天地分刚柔""天下望公如砥柱，太宰司马堪立取，亦知金瓯眷当宁，万金湖中波弥弥，狂夫乐此期没齿，为君湖傍先洗耳"。范钦宝爱此墨迹，赞叹"狂草淋漓趁酒醺，千钧笔力徊超群，满纸尽走龙蛇迹，只见濡豪写性灵"（《刻千字文跋》），于是摹勒石上，今存天一阁内。天一阁现仍存有数量众多的丰坊墨迹及刻石，如兰亭刊石、草书《千字文》及刻石等，以及当年丰坊为范钦所作《藏书记》，可见两人当时深情。最后，丰坊因理家不利，所藏宋椠和写本，十之六七被门生窃去，又因醉酒烧掉书楼，损失惨重，故将幸存的书籍、珍帖及月湖碧沚住宅全部售于范钦，还写下了字据："碧沚园、丰氏宅，售于范侍郎为业，南禺笔。"据传，范钦将家居之处与藏书楼用间弄隔开，并砌高墙防火，"严禁烟酒登楼"等，与丰坊之过失有关；天一阁数百年来从未发生过火灾，得益于此。

丰坊去世后，范钦作《对月怀丰南禺》一诗，谓"独抱韦编希孔氏，共推词赋薄扬云"，我们可以推想范钦在诗中寄托着对这位大十四岁的兄长引领自己走进藏书天地的感激之情。因与丰坊比邻，范钦常与其研究版本，搜求古籍，以充实"东明草堂"。丰家已然谢幕，范氏如何承继书业？我们只能说，这两座楼阁之间似乎有着宿缘，有一种冥冥之中的力量，要使地域的古文化传承连成一气：天一阁续接起从宋到明的丰氏万卷楼书香。地域文化的积存在这两家之间千年相连,透射出四明文化家族绵延不息的生命与自我圆融的能力。

范氏奉宋丞相范宗尹(1100—1136)为始祖。《鄮西范氏宗谱序》称:"吾族自南宋高宗朝仆射公讳宗尹由河南邓城迁于鄞,至明嘉靖十六世祖侍郎公讳钦分居于月湖西偏,治第宅,构藏书阁,是为四明望族。"范宗尹为年少宰相,31 岁时为同中书门下平章事兼御营使,后因受权臣秦桧排挤而罢相;其次子公麟选择在鄞县定居。家族至范钦一代才开始兴起,嘉靖十一年(1532),范钦殿试中赐进士出身第三十八名,这是四明范氏自明以来考取的第一个进士。范钦入仕后,以强硬著称,在袁州任内,严世蕃在袁州老家欲夺取宣化坊,遭到范钦抵制,而严氏终畏其刚直而不敢动;他也是一位有为的地方官员,通过惨烈艰苦的抗倭战争,赢得荣誉,升兵部右侍郎。但他一生的执着始终在"书"上,他爱好搜集书籍,为官三十年转辗十一个省份,他反而庆幸有更多的机会从不同坊肆收集珍本。他爱好刻书,从政伊始,即主持刻印《王彭衙诗》等;归里建阁后,更是形成规模,如《稽古录》一书,署名的刻工就有 52 位。天一阁所刻的书,经范钦亲自校订并流传至今的有《范氏奇书》,计二十种。他能够著述,世传《秦议》四卷、《东明书目》一卷、《天一阁集》三十二卷等;范钦的行草书法,几乎可比肩于沈周、文徵明之间。卓越的文韬武略,使其藏书表现独到的远见:钟情于当代的文献资料,包括明朝的实录、邸抄、揭贴、招供、名人传记及诗文集等,无不收纳;而又以地方志、科举录见长。他收集的明代地方志多达415 种,比《明史·艺文志》著录还要多。现存的 271 种明代地方志中,海内孤本占164 种。现存明代科举录 370 种,占全国现存明代科举录总数的 80%,其中 90%以上为海内孤本。范钦还与江苏太仓著名藏书家王世贞互相交换转抄罕见之本,并得到袁忠彻静思斋等藏书,经过多年累积,蔚为大观。至其谢世前,天一阁藏书已达七万多卷。

我们在范钦诸多的藏书故事中,解读这位伟大藏书家苦心所在:他意欲构建新的家族精神体系,抗拒家族的分蘖、时间的侵蚀、历史的变迁。而最震撼人心的故事是他在病笃弥留之际,把家产分成两份:一份七万多卷藏书;一份万两白银。他立下遗嘱,继承者只能选取其一,不能平均分配。一份是责任,一份是享受,这截然对立的遗产,意义不言而喻。他力图以一个金钱与文化的对立,通过隐喻的方式,对文化传承做一个跨越几百年的设计。黄金易尽,文化精神却能凝聚不散,而书籍是维系家族文化精神的最具体、最优秀的载体。或者,我们可以将之解析为一个儒家实践结构:在科举取士的社会大背景下,"书"是"家"与"国"成为一体的唯一的神圣桥梁。读书是完成从个人修养到管理家族再到治国理政的基本路径,个人也只有通过读书才能参与到国家治政之中,从而实现人生价值;世代以读书为业,使子孙卓立于道德与政治,从而实现家族历史性绵延的繁盛。天一阁从而折射出地域一种上薄拜神教、下防拜物教的理性的人文精神,这种精神是中国农业文明与儒家精神合奏的产物,是"天行健,君子以自强不息"最典型的象征。

《大学》云:"所谓治国必先齐其家者,其家不可教,而能教人者无之。故君子不出家而成教于国。"这位文化长者肯定也预料到数百年后的情景,金已尽,而文化不逸。如全祖望《天一阁藏书记》所评:"今金已尽而书留存,其优劣何如也!"长子范大冲自愿继

范钦

承所有藏书,在这一精神脉流的卷裹中,范氏家族也实现了数百年的兴盛。冯贞群先生考证:"范侍郎子孙繁衍,就其长子大冲光禄言之,今有男丁一百五六十人,登进士者二人,举人四人,贡生七人,监生十四人,诸生二十八人,读书种子继绳不绝。"而这只是范钦长子冲一脉,城西范氏自清入关以来至咸丰,中进士者更有十一位之多,居甬上望族之首。而范氏其他支系家族也以藏书著称,如范大澈的"卧云山房"、范汝梓的"落迦山房"、范永祺的"瓮天居"等。"古今来许多世家,无非积德;天地间第一人品,还是读书",范氏家族为官之道、立家之本、科举之路,正是这句俗谚的极好印证。

清慈溪藏书家郑梁,即二老阁主人,在《为陈怡庭寿范简岩七十序》说:"鄞邑好古藏书之家,丰氏而后推范氏。然人知司马东明公之所藏特富,而不知鸿胪讷庵公为其犹子,其所藏不止如南北阮也。"鸿胪讷庵公即为范大澈,范钦的侄子。相传他的藏书志向与叔父范钦不肯借书有关。范钦订有"书不出阁"之规,虽然藏书极富,

但无一出借。范大澈故而立志遍搜海内秘编,月俸收入,均以购书。有写本不愿借阅者,苦借后抄录,在京师曾雇有 30 余人专门帮他抄书,"卧云山房"抄本,由此名震一时。有故事说,范大澈每逢得到异书,而知道天一阁尚未收集时,就特意备上酒菜恭请叔父范钦到他的西园,把所得异书置于案上,范钦见到书籍非常诧异,知道他的用意,默然离去。西园藏书在清初尚有残存,到乾隆年间已经杳然无存了。

范大冲继承父志,续增藏书,校刊范钦遗著《天一阁集》及《范氏奇书》中范钦未完成的《新语》二卷等。大冲生二子,长汝楠,次汝桦,此后天一阁进入家族共管时期。汝楠有二子,范光文与范光燮,范光文为顺治六年(1649)进士,修葺天一阁,修亭建桥、种花植草,使整个的楼阁初具江南私家园林的风貌。范光燮于康熙十二年(1673)破戒引黄宗羲、李邺嗣等登楼观书,黄宗羲编著了《天一阁书目》,并撰写了《天一阁藏书记》;李邺嗣完成了《甬上耆旧诗》的选辑。乾隆三十八年(1773),范钦八世孙生员范懋柱应诏进呈天一阁藏书 638 种。乾隆帝为嘉奖范氏进呈之功,特赏给《古今图书集成》一部共 1 万卷,后又赠天一阁《平定回部得胜图》、《金川得胜图》各一套;并命文渊、文源、文澜等七大阁均按天一阁楼形制,即上为一大统间、楼下分隔六间,象征"天一地六",以《易经》"天一生水,地六成之",取水制火之义。作为天下藏书范式的天一阁走向荣誉之巅。范钦十世孙范邦绥,咸丰六年(1856)进士,其为官四川时,天一阁遭太平军之乱而部分散失,范邦绥偕族中宗老多方购回。此后一百多年,因战乱纷呈、惯偷盗窃,以及不法书商的巧取豪夺,天一阁藏书快速散失。天一阁传至十二世孙范鹿其为止,1949 年归国家所有。时经冯贞群先生清点整理(编有《天一阁劫余书目》),除清代续增的《古今图书集成》外,原藏只剩下一万三千多卷。

富庶开放、教育发达的江南,有享誉全国的雕版师傅和先进的印刷工艺,也是图书的交易中心,支撑了繁盛的私人藏书,私人藏书与科举成为相辅相成的事情。明清两代,华东地区,其中尤以江苏、浙江、山东、福建集中了全国 74% 的藏书家,仅江浙两省就占到 64.9%。据范凤书先生在《中国私家藏书概述》一文中统计,全国著名藏书家共 4654 人,浙江省有 1062 人,江苏省 967 人,两省共占全国总数的43.6%。历代产生进士、状元最多的地方就是私家藏书最为发达的地区。明代共有状元 89 名,其中浙江 20 名,江苏 16 名,江浙两省占总数的 40.4% 强;清代共有状元 114 名,其中江苏 49 名,浙江 20 名,江浙两省占总数的 60.5%;明清时期江浙文化的强劲优势显现无遗。宁波藏书丰厚，相对来说，杭嘉湖平原因为经济力量雄厚，藏书更为丰富。清末以秘册精椠、庋藏丰富闻名一时的藏书楼，有湖州陆氏皕宋楼、杭州丁氏八千卷楼、常熟瞿氏铁琴铜剑楼、苏州怡园顾氏过云楼藏书楼、上海沈氏书隐楼、湖州南浔刘氏嘉业堂等。陆氏皕宋楼主人陆心源，讲求收藏宋、元刻本、抄本、稿本，一生积书达 15 万卷以上。但在清末，家族湖丝生意失败后，为日本三菱财团低价购买，即现存东京静嘉堂文库文本。常州瞿氏铁琴铜剑楼五代藏书楼主都淡泊名利，以藏书、读书为乐，藏书既博且精，收录 1228 种善本。

但"藏之久而不散"，何等艰难。从明到清，江南有数百知名的藏书楼，月湖近处也有过众多藏书楼，如余有丁的"五柳庄"、屠隆的"古娑罗馆"、全谢山的"双韭山房"、徐时栋的"烟屿楼"，卢址的"抱经楼"等，终究湮灭。尤其是科举制度结束以后，目的在为学子提高语言表达能力和扩大贯通古今知识面的藏书楼，首当其冲。众多藏书楼贱卖书籍，千年藏书楼毁于一旦。据统计现留存于世的藏书楼不超过 120 座；天一阁曾组织书文化研讨会，联系上的仅有 14 家。

天一阁不灭，是因为最后已经成为地域薪火相传的事业，形成了一种具有感染力、凝聚力与穿透力的气场与境界。天一阁出名后，各地登楼观书的人蜂拥而至，嘉庆元年浙江学政阮元以官方身份督促范氏编辑书目，提出由各房分管书橱钥匙，不是全部到齐，一概不能迎客登楼观书，把天一阁拉入门禁森严的封闭之中。由此敷衍出为读书嫁入范府的钱绣芸，终生不能上楼，郁郁而终的故事。民国二十二年（1933），天一阁东墙为台风所坏，书楼也年久失修，范氏无力修复。地方人士发起募捐，会同范氏后人组成重修天一阁委员会，修葺书楼，并迁入府学尊经阁，建明州碑林于天一阁之北。抗日战争期间，重修天一阁委员会将书籍转藏龙泉等地。20世纪 50 年代以来，前后有 30 余家藏书楼或个人将自己毕生所藏捐赠给天一阁。其中冯孟颛"伏跗室"捐藏书近 11 万卷，朱赞卿"别宥斋"捐藏书 10 万余卷，孙翔熊"蜗寄庐"捐藏书 14000 余卷，张秀言"樵斋"捐藏书 57000 余卷，杨容林"清防阁"捐藏书 12168 卷，等等，另有书画、瓷器、玉器捐赠万千计。天一阁所藏书籍至今已达到 30 万卷之多。天一阁已成为宁波藏书文化的象征，成为四明文献之邦的缩影。

近代图书馆出现后，文献的收藏发生重大变革，是这种古老而封闭的藏书楼退出历史舞台的根本原因。归根结底，藏书楼是小生产文化方式的产物，不可能形成面向整个社会的文献信息体制，也不可能承担起社会化的图书供应任务。这是我

民国重修天一阁照片

们无法苛求前人的。但是藏书楼所塑造的敬惜字纸的传统,对传统载道的典籍的推崇,对圣贤文化的追慕,已在地域深深扎根。许多人在刮风下雨的日子里,倾听天一阁古文化遥远的回声。余秋雨就在一个台风暴雨的季节里,走近了这段极端艰难、又极端悲怆的文化奇迹。他写道,天一阁的"主要意义已不是以书籍的实际内容给社会以知识,而是作为一种古典文化事业的象征存在着,让人联想到中国文化保存和流传的艰辛历程,联想到一个古老民族对于文化的渴求是何等悲怆和神圣"。在这里曾经有多少人执着蟾宫折桂的梦想?在书楼周围,曾经有多少场高尚的学术探讨、游艺切磋展开?月湖书楼浓缩着一部中国的科举史——不管范钦当年是因为工作的便利,还是出于对科举的痴心,收集了大量科举录;也是一部中国的学术史,学术大家辈出,学术成果斐然,并酝酿着中国思想变革。一个民族走过的千年文化之路,对文化的崇敬之情与维续文化发展的刚健品格,最终凝聚在月湖书楼之上,以这样一种静默而多情的形式,迎接意欲洞悉民族过往的渴求的人们,多少况味在其中?

# 平民政治:两种不同的家族政治实践

## 四明史氏:繁华南宋文化家族

> 史氏长达几十年经营南宋政权,标志着封建平民政治的繁荣,也显现出宁波城市在特定历史时代在中国格局中举足轻重的地位。

从唐到宋,这几百年间中国的文化格局发生了巨大的变迁。东南沿海区域从大陆的边缘走向了视野的中心,尤其是北宋陆上丝绸之路中断以后,海岸线的价值愈来愈清晰。明州从会稽郡独立出来建州治,向着东方大港的发展,正是这段历史的见证。在唐代中期宁波人口为 4 万户,到北宋末年则高达 12 万户。南宋初年,金人南侵,1130 年金兵攻陷明州,据有关统计,本地三分之一以上的人口死于战乱。战争结束后,杭州成为都城,新的政治地理格局使明州迎来了发展的黄金期,到 1170 年人口达到 136072 户,是全国人口最为密集的地区之一。

史氏迁徙到宁波就是在这个大变迁的年代,居于东钱湖下水村。他们的始祖可能是江苏溧阳史氏,宁波明确有记载的人物是史成,但没有史料能说明他的情况。他的儿子史简开始与文化发生关系,读过一点书,做过乡间政府的衙役,但英年早逝,留下妻子叶氏独立抚养儿子史诏(1058—1130)成人。在两宋,处于建设高涨期的明州,处处充满机会。当时百姓建筑碶闸,兴修水利;曲辕犁的运用,大大提高了土性黏重的水泽田的耕垦功效。广德湖流域谷物亩产 6～7 石,居全宋之首,远远超过一般的 2～3 石。茶叶、甘蔗、蚕桑等副业,海产品加工业,制漆业、印刷业、酿造业等繁荣遍及城市乡村。据《宝庆四明志》,区域内城镇有 148 处,构成江南最为发达之一的城镇群带。贸易远至海外的日本、高丽等国,海外财富源源不断流进城市,如理宗宝祐年间(1253—1258),每年输入明州的日本黄金有四五千两,而南宋全国的黄金年产量也只有数千两。这样的背景下,坚毅能干的叶氏独立支撑家业,还一度使史家达到小康水平,儿子史诏在母亲的尽心培养之下,表现出移民后代特有的朴实上进的精神状态。

史诏具有中等文化水平,因为孝行得到政府的赏识,进过太学,史氏文脉由此良好开端。史诏的儿子史师才成为明州史氏第一个取得进士功名的人,时间是1118 年;史师才先后担任过处州县尉、余姚县尉等职;南宋偏安后,位至副相,但因投靠秦桧,历史评价很低。史师才有五兄弟,中过进士的还有史师木,另三位为师仲、师禾和师光。史师木能力过人,在金兵攻陷明州时,曾成功地组织家族成员和乡民逃难海上。这时的史家在地方上已经有了一定的号召力。

史师才长兄史师仲的儿子史浩真正使四明史氏得到崇高声望。史浩是一位忠直耿介之士,品性与史师才不同。1145 年中进士后,他因不愿意投靠权门,甘愿在地方上做小官。1157 年,史浩进入朝廷担任太学正,后转任国子博士,尽管官职低微,但在国家高等学府任职,为史氏带来了巨大的荣誉。1159 年,史浩获得觐见宋高宗的机会,因在这次会见中,史浩提出确立赵玮(后改名赵眘)皇太子地位的建议,得到没有子嗣的高宗的赞赏。事后,他被高宗选中出任高宗养子普安郡王赵玮的老师,普安郡王就是后来的宋孝宗。这一事件使史氏与南宋皇室建立起非同寻常的政治关系,彻底改变了史氏家族的命运。接下来的一段时间中,史浩发挥出过人的政治才干,帮助郡王树立形象,排除政治困难,赢得了高宗的好感和朝中大臣的支持。赵玮即位后,立即提拔史浩为翰林学士、知制诰;同年 7 月,晋升为副相;1163 年 1 月,晋升为宰相。史浩为政几十年,先后引荐过许多有用之才,其中包括张浚、王十朋、朱熹、杨简、陆游、叶适等近五十人,受朝廷任用。莫济曾诋毁史浩,史浩还是向孝宗推荐,孝宗问史浩为何如此,史浩说:"臣不敢以私害公。"张浚为史浩推荐,晋封为魏国公,在山东用兵上与史浩对立,后兵败自劾,史浩不计前嫌,反而替他上表说情。

史氏家族成为显贵,与宁波经济繁荣有关,当然也离不开教育的发展。明州州学经宋金兵火之后，"鞠为茂草"。绍兴七年（1137），知州仇悆进行大规模重建，后又经多次扩建，到南宋后期，在校生徒竟多达数千人。而且私学兴盛，全祖望说"学者鼎撑角立，雨戴笠，宵续灯，互相过从，以次攻错，书带之草，异苔同岑，其亦盛哉"。在北宋，明州的进士比率不超过全国总数的1％；而到了南宋，只占南宋总人口1.5％的明州，一次科试的进士人数就占到全国的10％左右。在北宋，明州没有人进入国家权力中枢，而到了南宋，进士众多，为明州人执掌相权提供了可能。在南宋，明州地域先后共走出了5个宰相和10个副相。史氏是明州士大夫政治地位迅速上升的集中体现，史氏在明州发迹并非偶然。

但近世以科举发家的显贵家族与前代已经完全不同，其兴亡往往与皇权的好恶密切相关。史浩的第三子史弥远成为权相，其经历与史浩极为类似。这位明州大学者杨简和袁燮的弟子，1187年考中进士。在1206年担任侍郎兼资善堂直讲时，获得了为皇室子弟讲书的机会，从此走进了政府核心。他的政治同盟即为宁宗的养子赵询，并得到了宁宗皇后杨氏青睐。史弥远的政

史氏发祥地东钱湖下水村

史氏故里月湖宝奎巷

治故事远比史浩复杂，史浩为人忠直，如一上台即为岳飞平反，而且敢于秉直进言，甚至不惜与孝宗对立，这也是他二次为相均不到一年时间就愤然辞职的原因。而史弥远贪恋权位，为权力一生发动过两次政变。第一次是1207年，史弥远借韩侂胄北伐失败，杀死专权10年的韩侂胄。政变后，赵询被册立为皇太子，史弥远作为皇后和皇太子的代理人，不断升职，由礼部尚书到同知枢密院事，最后在1208年出

任右丞相兼枢密使。第二次是1220年,皇太子赵询病死,宁宗选定侄子赵竑为新皇太子。而赵竑与史弥远素来没有联系,又经常半公开地表示对史弥远专权的不满,使史弥远最终走上联合杨后拥立远房宗室赵贵诚为帝的政变之路。1224年9月,宁宗崩驾,赵贵诚被史弥远等推为理宗。

史弥远的专断自然在历史上引起了争议。其实在两朝25年为相时,他就遭受了许多非议,尤其是其坚持对金屈辱的外交政策,以及大量印造新会子,引发物价飞涨,民不聊生,引起朝中不少政治势力的不满。史弥远和史浩也有相同之处,如起用了诸多理学人士,在嘉定年间,对不符合赐谥条件的理学家朱熹、周敦颐、程颢、程颐、张载,请朝廷特赐谥号,提高理学派的地位;并提携了一批四明人士,如郑清之、袁韶等,从而形成了一个显赫的四明高官显宦集团,所谓"满朝紫衣贵,尽是四明人"。

史弥远在位期间,史氏家族大多数人并没有得到特别的照顾。史家在这一时期的繁荣,主要还是由于自身科试的杰出能力所致。在史弥远这一辈人中,有9人考中进士,通过荫补权,总共有34人取得官位;荫补权是封建制度规定的特权,跟史弥远的专权无关。除史弥远外,其他人都没有进入权力中枢。对于史家其他人而言,史弥远事实上是他们升迁的阻碍,史弥远为了避免反对派攻击,通常对他亲属的升迁都予以压抑。客观上说,家族内部政治立场的不一致,也严重削弱了家族的力量。而史弥远病重时,越级提拔其侄史嵩之,史嵩之数月之内由大理寺卿升为京湖安抚制置使,遭到朝廷众多非议。这也证明了宋代政治已经不再是家族政治了。

史弥远的子侄辈,明州史氏的长房出现衰败之象。长房在这一代中仅有一人考中进士,大多靠荫补入官,并失去进取之心。而英年早逝的三房史师木一系的后代,却有了最后的兴盛。这要归功于史师木之子,由寡母王氏抚养长大的史渐,一生致力于子孙教育,有五个儿子考中进士,史称"五子登科",并使家族成为官宦与学问并举的大族。明州史氏最后的辉煌就是由史渐的孙子史嵩之创造。1220年,史嵩之考取进士,但他最主要的才干在军事上,是理宗时期最受倚重的封疆大吏之一。入仕以后,史嵩之几乎一直待在南宋国防线上的重要关隘襄阳一带。绍定五年(1232),升制置使兼知襄阳府,赐便宜指挥,成为襄阳军政一把手。1239年,被任命为右丞相,都督两淮、四川、荆湖军马,事实上掌握了南宋三大战场的军事指挥权。

但史嵩之的强势，加上史弥远的专权损毁了史氏名誉，导致他遭到了反对派强烈的攻击，虞复等冒死上表，揭露史嵩之独断专行。淳祐四年（1244），史嵩之的父亲病故，但他不肯依制守孝，最终引发一场声势浩大的学生运动，临安太学生黄恺伯、金九万等率数百人上书论史嵩之不当起复，并指责他贪恋权位，席宠怙势，史嵩之被迫下台。此后，宋元战争吃紧，理宗几度想要起用史嵩之，但为群臣所阻。从此之后，明州史氏家族再无人进入中枢权力系统。这一结果自然对通过权力发家而盛极一时的史氏家族造成了致命的打击。所谓其兴也速，其亡也速。到南宋灭亡前 30 年，史氏迅速衰落。南宋灭亡后，三代宰相之家的史氏家族拒绝与蒙古统治者合作，大多数人选择过隐居生活。与皇权完全疏离的史氏家族，其优越的社会地位也迅速消失，大多沦为平民。史氏成员大量迁居外地，分散各地，聚族而居的大家族不再存在，力量的分散也加剧了史氏家族的衰落。

然而毕竟是主宰了一个时代的家族，尽管远隔千年，当我们蓦然回首，不经意之间，还是会遇见他们的印迹。在东钱湖，有史氏墓道石刻遗存，这一南宋时期规模最大、雕刻最精的石刻，是宁波最具沧桑感的风景之一。2003 年，江东区档案馆重新整理库藏时，发现了东昇村书记史端华在 1991 年献给档案馆的一套祖像。这套祖像画于道光己丑年（1829），当时江东藤下史氏发起了重修宗谱、祠堂的活动。这批档案文献已被国家档案局、中央档案馆列入"中国档案文献遗产"。史氏几代聚族而居月湖之畔，全祖望说："谁移洞天，跨湖之薮？曰惟史氏，十据其九。"（《湖语》）史浩致仕时，宋孝宗赐以月湖竹洲，并敕造真隐观（又称四明洞天）；史浩在月岛建花果园庙，在菊花洲建府第，以宸奎阁（后称宝奎庙）藏皇帝题字、诏书；史弥远在芙蓉洲建府第，并在雪汀筑别墅；史弥坚在菊花洲宝奎庙右建府第；长孙史守之在芳草洲（即碧沚）建别墅。尽管这些史氏的踪迹已经杳然无影，但宁波人依然孜孜不倦地追寻史氏家族推动的月湖文化、四明学术：杨简是史弥远的老师，曾长期在史氏所设的学馆讲学，史浩割竹洲之宅延同科进士沈焕讲学，袁燮是史家姻亲。月湖成为陆学的中心，与史氏的倡导密切相关。宁波人还记着史浩中秋回家误期的事情，在宁波是八月十六过中秋的，所谓"八月十六大节肯（节日），湖西河边看戏文"。不知历史真实如何，但宁波人用独特的风俗感念着曾经生活于月湖边的一个家族，它见证了城市曾经的繁华。

史氏也影响了宁波的佛教风俗,以史浩兴"南法会中水陆法会"与史弥远确立"五山十刹"最为突出。水陆法会又称水陆道场,在佛教诸多法会中最为隆重,短则七天,长则七七四十九天,为死去的人诵经设斋,追荐亡灵,集佛教文化之大成。宋代水陆法会分为南水陆和北水陆,北水陆为镇江金山水陆法会,南水陆即宁波水陆道场。淳熙五年(1178),史浩仿造镇江金山水陆法会,将宁波东钱湖月波山的一百亩田地捐建四时水陆道场,并将东钱湖畔的龙聚庵、无量寿庵以及青山寺都划入四明水陆法会,形成南宋颇具规模的水陆道场。史浩还与天童寺任主持的宏智正觉禅师有密切的交往,并受曹洞宗"默照禅"的启发,将佛教清心虚静的思想渗入自己的诗歌创作,如《赠天童英书记》诗云:"学禅见性本,学诗事之余。二者若异致,其归岂殊途?方其空洞间,寂默一念无。感物赋万象,如镜悬太虚。不将亦不迎,其应常如如。向非悟本性,未免声律拘。"史弥远也笃信佛教禅宗,在宁宗朝时奏请朝廷建立五山十刹的官寺制度,即住持要经历诸山、十刹较低寺庙的任职,德高望重者才能升为五山的住持。南宋五山即为余杭的径山寺,杭州的灵隐寺、净慈寺,宁波的天童寺、阿育王寺。阿育王寺、天童寺两寺被列入朝廷所定的五山,极大地提升了宁波在中国佛教文化中的知名度和地位。

## 方国珍、方孝孺与方氏家族

天台山下,一个个家族崛起而又消逝,从政治的边缘走向政治的中心,然后又走向边缘,这是宁波政治的另一种形态。

在相对平静的王朝统治时期,以史氏家族为代表的宁波士族通过政治权力,实现儒家平治梦想;而在战乱或者朝代变迁之中,宁波以另一种类型的平民家族引领现实变革,掀起风卷云涌的历史浪潮,方氏即是其中的代表。

方姓,起源于方山,即今河南省禹州市。据《珊溪方氏分支谱略》记载:"方氏之先出自神农九世孙帝榆罔之子雷,佐黄帝定天下,食采方山,因以为姓。"方姓的祖先可以追溯到炎帝神农氏。方氏最早南迁是为避王莽之乱,迁移到安徽歙县。

方姓很早就进入宁波,历史上著名的就有好几支。其中有一支可能与历史上一次较大的农民起义有关,这就是北宋末年的方腊起义。方腊,睦州青溪县人,摩尼教教主,因花石纲骚扰,被逼于宣和二年(1120)十月初九聚众起义,据点是青溪县帮源洞。花石纲即宋徽宗时运送奇花异石以满足皇帝喜好的运输团队,10艘船称一"纲";主要是对东南地区的珍奇文物进行搜刮,当时指挥花石纲的为杭州"造作局"、苏州"应奉局"等,背后主使即为蔡京、童贯一伙。花石船队所过之处,当地百姓要供应钱谷、劳役;有的地方为了让船队通过,甚至拆毁桥梁,凿坏城郭。《宋史》记载花石纲"流毒州县者达20年"。

起义发展迅速,在短短三个月内,起义军就攻克了杭州在内的六州六十多县,包括今浙江省全境和安徽、江苏南部、江西东北部的广大地区,威震东南。十一月初,义军尊称方腊为"圣公",改元"永乐",建立政权。义军骤然兴起,切断了宋王朝的经济命脉,宋徽宗惊恐不堪,一面撤销苏、杭造作局和停运花石纲,一方面任命童贯为江淮荆浙宣抚使,统率15万精锐禁军和西北边兵镇压起义军。宣和三年(1121)正月,童贯兵分两路,向杭州和歙州进发。据历史记载,宋江起义失败后,为朝廷收编,参与了镇压方腊的军事活动。二月,宋军包围杭州,义军几经苦战,粮尽援绝,被迫退出杭州。三月,歙州、睦州失守。四月,衢州、婺州攻陷。方腊带领义军退守帮源洞,最终七万多人壮烈牺牲。

童贯采取了血腥镇压,对方腊军队赶尽杀绝不留一人,故方腊义军大多牺牲,史书上无其后裔记载;朝廷甚至还下令将方氏家族的十三处祖墓全部捣毁。但传说其中一支在义军的拼死掩护下,从台州沿海找到一条船出逃,最终漂到了慈溪北面浪港山外的滩涂上。在光绪《慈溪县志》所收戴良的《四景楼记》一文有确切的记载,文中说:"去慈溪(即今慈城镇)北行可二舍,有隙地横塘,方氏之族居之。方氏避睦州之乱,蹈海而东,适海舟漂荡之兹所,遂留家焉,迄今若干世矣!"相传四景楼的形式,是仿照方腊当年在睦州的"万年楼"而建,楼内曾立有呈正方形"永乐"年腊月建的石碑。慈溪观海卫团前方家村外大塘下还存有海岸寺,相传即为方氏后代纪念漂海船舶所建的"烂船庵"。

慈溪团前方村的方族,其实分为两支,另一支是方腊后裔落脚定居三四十年后,莆田方轸后裔方思诚携家来此落户。据《横塘方氏家谱》,南宋年间,鸣鹤方思诚与方思训及其子方宗升迁居到此。方轸,福建莆田人,宋朝进士,曾任鄞县县令,卸任后在当地落户。方轸有五子,长子方熙居慈溪鸣鹤,幼子方融迁慈溪凤浦,这正是"三北十方"的源头。而著名的镇海柏墅方家就是方融的后裔。这一支后代至清末时,成为显赫的经商家族:从方亨宁赴上海经商始,家族六代经营卓著,被称为"执上海商界之牛耳""上海宁波帮中最有权势和最负盛名的家族"。

而对宁波文化影响最大的方氏人物可能还是两位元末明初的人物。严格意义上说,他们身上带有浓厚的台州基因。或者说,以他们两位为代表的方氏家族,见证了宁波文化与台州文化在历史上的互相交融,并因特殊的历史背景,曾经走进中国的政治中心。一是方国珍,台州路桥人,浙东农民起义军领袖;二是方孝孺,宁海人,浙东学者的典范,文学家、散文家、思想家。方国珍年长方孝孺37岁,历史上没有两人交往的记录。他们的祖先或许来自浙徽交界,也可能是福建莆田,也有人猜测与方腊有历史的渊源。不管怎样,与方腊联系起来,还是让人惊讶不已。因为在政治经济相对稳定的浙江,农民起义并不多,但影响最大的两次居然都是由方氏发起,方腊动摇了北宋的统治,方国珍是撬动元朝根基的第一人;而方孝孺也是学者中以敢于反抗暴君而知名的。台州的尚武精神,浸润了他们,而他们成就了台州式的硬气;他们的融入,使宁波文化多了一份别样的石骨铁硬。

方国珍兄弟五人,以浮海贩盐为业。当时蒙元统治者对百姓穷尽剥削与压榨,引起百姓反抗,方国珍同乡蔡乱头啸聚海上。浙江行省参知政事朵儿只班发兵讨伐,一时不能攻克,便胡乱拷打囚禁老百姓,当作自己讨伐的功劳。方国珍的仇家乘机诬告方国珍通寇,遭到官府追捕。方国珍刺杀巡检,兄弟五人与几十个盐帮兄弟,就此起义,四周盐民、贫民纷纷响应。1349年,方国珍在福建五虎门海域击败十倍于义军的元朝官兵,活捉主帅朵儿只班。1351年,在温岭附近的大闾洋全歼江浙水师;1352年三月,方国珍进入黄岩港,击毁台州路达鲁花赤泰不华主力,六月方国珍攻占黄岩城。1355年,攻下温州、庆元(宁波)。1357年,方国珍率军进长江,攻打盐民起义军张士诚,战于昆山,取得胜利,势力达到鼎盛。此时,方国珍接受元政府招安,得到江浙行省左丞职务后,将总部迁到庆元,开设江浙行省,开始了浙东割据生涯。这是宁波历史上唯一一个独立政权。

方氏统治宁波时期(1357—1368),以保境安民为己任,将宁波变成一方安定的乐土,赢得众多才士投奔。有诗赞其"保境三州兴水利,修文东海续兰亭",即是说方国珍治理其间的两大政绩:一是在区域内修建大量水利工程,如海塘、桥梁等,并筑城墙、固海防,保境安民,避免战争祸害,发展生产与贸易,大大改善了浙东的经济条件。如清代史学家全祖望所说:"吾乡藩篱之固,则亦其父子实启之,不可谓无功。其吾乡府城,因元初隳天下城池而坏者,虽筑于纳麟之手,亦至方氏始完。"二是兴办儒学,礼遇文士,庆元府学堂即方国珍亲自指定兴建。方国珍还曾在余姚龙泉山下雩咏亭举办"续兰亭会",按王羲之兰亭雅士42人之数,聚集瓯越名士"修禊赋诗"。钱谦益《列朝诗集小传》载:"国珍招延士大夫,折节好文,与中吴争胜,文人遗老如林彬、萨都剌辈咸往依焉。"这与战乱频繁的中原是个鲜明的对比,王棻在《台学统》中评曰:"续兰亭会虽皆不急之务,然其文采风流亦足辉映千古矣。"元至正二十七年,即明洪武元年(1368)十二月,方国珍率二万四千余部下与海舟四万归降汤和,归顺朱元璋。

为什么同为农民起义,方腊起义迅速失败,而方国珍却能建立政权?一方面是因为方腊起义战场主要集中浙西山区,作战缺少优势;而方国珍充分利用对海洋作战的熟悉,进退得法,取得对元军主力的胜利。另一方面赵宋政治系统对正常经济活动干扰较小,对人财物的索取较为适度,花石纲为江浙一时之害,并没有根本性影响政治统治,这也是两宋农民起义多达数百次,却没有发展成大规模乃至全国性农民起义的根源所在。而元末政府剽掠百姓几成普遍现象,在江南地区,时常有纵骑至各乡"索债征租,驱迫农民,剽掠麦禾";故而引发的是以红巾军为主的全国性农民起义。再者,方国珍虽为普通盐民出身,是元末农民大起义的第一人,但积极争取士人阶层的支持,而士人阶层的支持与否在农民起义史上是能否最终立脚及至成功的关键原因。朱元璋在攻打元军,兼并各路义军过程中,做得最成功的即是访求为元政府所疏远的南方汉族文人,如刘基、张以宁、危素等,赢得他们的支持。方国珍任用名士如刘仁本、邱楠、詹鼎等,还曾邀请高明入其旗下,他们为方氏政权出思想、出政策、出主张,赢得了地方支持。从高明的《余姚州筑城记》、宋濂《故资善大夫广西等行中书省右丞方公神道碑铭》,及至《明史方国珍志》等,都对方国珍有较高的评价。据说,台州一境百姓为感谢方国珍保境安民,还将八月十五中秋节的时间,更为方国珍的生日八月十六。

明朝政府建立以前,南方就有一大批文人归附朱元璋,他们期待朱元璋统一江山之后,能够将江浙传统理学进一步发扬光大,朱元璋在元末至建国初确实表现出了一位明君虚怀若谷、从善如流的姿态。如方国珍部下詹鼎、邱楠均曾在明政权中任职。但总体来说,浙东南地区元遗民,在明初就遭到了打压,陷入进退失据的境地,如刘基、宋濂最后的悲剧遭遇。这是方孝孺(1357—1398)出生时的背景,但他

方孝孺

总体是一个新人,明朝建立时虚龄 12 岁。

方孝孺,字希直,宁海县大佳何镇溪上方村人,曾以"逊志"名其书斋,故号逊志,故里旧属缑城里,故称"缑城先生"。因在汉中府任教授时,蜀献王赐其读书处名为"正学",所以也称为"正学先生"。方孝孺家学深厚,父亲方克勤是明初著名的廉吏;少小才情卓著,乡人以韩愈比之,称其为"小韩子"。现存的方孝孺文集《逊志斋集》中,就有一首其六岁时作的诗:"栋宇参差逼翠微,路通犹恐世人知。等闲识得东风面,卧看白云初起时。"后拜在明初著名文学家宋濂门下,史载其文章"每一篇出,海内争相传诵"。并很早就博得朱元璋赏识,两次受到皇帝接见,但因朱元璋认为"未到用时",没有被重用。

方孝孺真正走上政治舞台是 1398 年,即 41 岁那年;建文帝登位,将他从地方召至朝廷,并委以重任,改革洪武时期的弊政,史称"建文新政"。"建文"年号与"洪武"刚好形成鲜明的对照,从中可以看到新政指向:其最重要的改革内容就是宽刑狱。方孝孺提出"以德为主,以法辅之"的德治思想,推行"宽仁"之政,平反了一大批冤假错案。再之,裁并州县,精简机构,更定官制,以及削藩等。当时为建文帝委以重任的大臣都是饱读诗书的才子,如兵部尚书齐泰,洪武十七年(1384)应天府乡试第一,次年进士。太常寺卿兼翰林学士黄子澄,洪武十八年(1385)会试第一,与齐泰同榜。文人获得了尊严与地位,不必担心像洪武朝那样以言获罪,新朝廷一时有"秀才朝廷"之称;这也是后来大批文臣甘愿为建文帝殉难的原因。

仁义治国,实现了方孝孺平生的愿望,也取得了很好的成效。但是,正当方孝孺大展其政治抱负时,明王朝祸起萧墙。1399 年,朱元璋第四子燕王朱棣发起"靖难之役",举兵夺位。缺少善战良将的南京,三年之间,即在 1402 年 5 月便陷落了,建文帝在大火中不知所终,方孝孺被捕入狱。朱棣谋士姚广孝曾特意请求朱棣勿杀方孝孺,保留天下读书种子。朱棣也想利用"天下文章第一"的方孝孺起草即位诏书,以收揽人心,但是遭到了方孝孺的严词抗拒。这一矛盾最后变为面对面对抗的惨剧,朱棣本来想当面劝说方孝孺改变立场,但被强制来的方孝孺身穿孝服,怒斥朱棣，并在诏书上写下"建文四年，燕王篡位"。朱棣威胁："汝不顾九族乎？"方孝孺大义凛然，毫无惧色："便十族奈何！"于是，历史上最残忍的酷刑诛灭十族，就此发生；为凑足"十族"，竟将方孝孺的朋友、门生并为"一族"，磔于街市。其弟方孝友临刑安慰兄弟："吾兄何必泪潸潸，取义成仁在此间。华表柱头千载鹤，旅魂依旧到家山。"方孝孺作《绝命词》一首："天降乱离兮孰知其由？奸臣得计兮谋国用犹；忠臣发愤兮血泪交流！以此殉君兮抑又何求？呜呼哀哉兮庶不我尤！"清初史家谷应泰这样感叹："嗟乎！暴秦之法，罪止三族；强汉之律，不过五宗……世谓天道好还，而人命至重，遂可灭绝至此乎！"

方氏家族在历史上曾遭受多次屠戮，这是最惨烈的一次。但方孝孺幸存的故友门生不为淫威所慑，保下其次子方中宪，后藏匿于松江府华亭县青村（今上海奉贤）方孝孺的门生俞允家中。200 年后，万历帝为方孝孺平反，方中宪的八世孙方斌，回归宁海故里守祠，其后裔世居宁海。其门生先后编定的《缑城集》与《逊志斋集》流传至今。

而现在回看，方姓家族的历史变迁，在宋代时以福建、安徽最多，明代时以浙江最多；其后人口重心由东南向北移动，河南又成为方姓主要居住地。方姓虽不是宁波的大姓，但是在这千年的变迁中，方姓家族文化与地域碰撞时产生的激烈火花，谁都难以忘记，他们刚烈的反抗、民族的大义，是宁波刚健脊梁的重要组成部分，这是来自南部天台山丛林与大海的罡风：大道奇崛。

# 百里姚江:桨声与书声合奏的江南

## 孙氏、叶氏等三北家族的文化嬗变

　　因为人口的滋繁与三北平原的生长,姚江北来的一条支脉边移民家族繁盛。其中最为著名的有孙氏、沈氏、叶氏等。

　　移民文化的多样性铸就了宁波文化的斑斓多彩。慈溪尤以移民历史长、移民人口多著称。因为从唐开始,因钱塘湾河口向北迁移逐渐定型,加之庵东沙咀形成,万里长江的来沙成就了慈溪陆地的加速扩张,在近千年中有超过 600 平方公里的大海变成了桑田。这期间中国经历了第二、第三两次大迁移的浪潮,三北滋长的土地,给予开拓新梦的中原移民充分的空间。据统计,至 1949 年,境内建祠堂、修家谱的宗族有马、叶、孙、沈、陈、房、施、张、罗等 160 余个,著名的有龙南孙氏、乌山胡氏、桥头余氏、匡堰岑氏、师桥沈氏、鸣鹤叶氏、掌起陈氏、宗汉马氏、天元许氏、周巷周氏等。沿着这些家族的历史迁徙路线,我们所见的不仅是一部三北大地的开发历程,也是一部中国移民史的缩影。

　　三北指原余姚、慈溪与镇海的北部区域;1954 年县域调整时,组成了新慈溪。唐初,移民主要集中在翠屏山北,到南宋时已成为人口密集之区;两宋始,为了防止海潮侵袭,在政府的倡导下,人们合力修筑海塘,并沿着海塘开掘横江、直浦,淡化土地的盐碱。清代,完成三塘至六塘的工程。至民国,修筑到了七塘,而今十一塘也已修起大部分。沿着横塘村镇集聚，如周巷、横河、鸣鹤、掌起等。旧属余姚的龙南孙氏是其中较早兴起的一个家族。据载，龙南孙氏是东吴孙权后裔，928年，其后代孙岳携子侁从睦州（今建德）迁徙到烛溪湖边。这里原是东汉高士严子陵的故乡，横河直贯大地，东通鸣鹤，西接余姚，是联贯三北到姚江的通道。当时，孙氏一门家境贫寒，直到两宋之交时，第六世子昇出家为僧，始识文字。在回家为父母守家期间，为侄子畴、介等讲授《论语》《孟子》《礼记》等，子侁后又得到乌山胡氏大儒胡宗伋的教诲。文化改变了家族命运，至南宋末年成为名门望族，出现了著有《雪斋野语》的孙介、著有《易说》以及十五卷《琴川志》的孙应时等名人。至明代，家族达到鼎盛。清代学者邵廷采在他的《思复堂文集》中说："余姚人物之盛，自宪、孝、武三朝始。其著姓多，莫盛于孙、王、谢，而孙氏尤盛。孙氏自燧及嘉绩六世，世以文章忠孝嗣其家绪，蔑有废坠。海内高仰之，为当代宗臣。"有人做过统计，孙家境这个村落，出了一位阁老（相当于宰相），九位尚书，一位武状元，一位榜眼，一位会魁，三十四位进士，十二位武进士，七十八位举人，三十二位武举人，在朝的文武各职达六百零九人，所谓"横河孙家境，纱帽八百顶"。相传因孙氏高官府第密集，皇帝赐孙家一个"境"字，规定踏入孙家村境内，文官下轿，武官下马。

明代孙家境的第一位进士是孙泓，永乐二十二年（1424）登第；孙燧为孙泓的侄孙，而孙嘉绩为孙燧六代孙；从孙燧起六代，孙氏家族可谓是明朝风云的历史的亲历者，如孙燧与"宸濠之叛"、孙鑛与"抗倭援朝"、孙鑨与"东林党争"、孙如法与"争国本"、孙如游与"晚明三大案"、孙嘉绩与"鲁王抗清"等，家族在历史的变荡之中创造了辉煌的事功，也建树了特立的品格。在孙家境，仍然保存着良好的孙氏宗祠燕翼堂，众多功勋显赫的祖宗塑像供奉其中，"忠烈流芳"匾额显得庄重威严。据说，被民间称为"孙鬼头"的孙如法，被吴承恩写进了《西游记》，成为孙悟空的原型之一，孙家境现还流传诸多"孙鬼头"的故事，表达老百姓对这位机智聪明、忠贞直节的先贤的敬重与喜爱。

其实，这个家族在儒学研究、文学著作，甚至于艺术创作上都有着极高的成就。有明一代，孙家境孙氏著述达两百余种，数千卷。孙燧以治《易》著名，明代孙家境十六名进士中，有十三位是通过治《易》而登第。孙陞、孙鑨、孙如法等均著述等身。最负盛名的是孙鑛，学术专著可考的有百余种一千多卷。而孙氏家族在戏曲上的造诣，是晚明戏曲史上的一个亮点。孙燧夫人杨氏将戏剧带入孙家，其子孙陞也喜好戏剧,精通音律;孙陞的继妻杨文俪是历史罕见的奇才女,有《孙夫人诗》一卷传世。因为家庭影响,孙陞六个子女也都喜欢戏曲,孙鑛的造诣最为深厚。孙鑛的姊姊孙鑞喜好藏书,"于古今剧戏,靡不购藏",其子吕胤昌自幼寄居外祖家,与表兄孙如法同为万历十一年进士,和晚明戏曲界的两大领袖人物沈璟、汤显祖交好。孙如法不但在"争国本"一案中冒死疏救沈璟,还为沈璟创作的数十种传奇改正韵句。王骥德的《曲律》和表侄吕天成的《曲品》被誉为明代曲论的"双璧",也均得到过孙如法的指导。

在清代,这一簪缨世家在科举与文化还是显示了相当的实力,但没有重现明代的辉煌;这一时期,部分家族成员外迁,今坎墩、新浦、三北等地都有此族支系,而远的到达广东、海南、山东等地;据考证,孙中山也是孙家境孙氏后代,曾在1916年到祖祠祭祀。

孙家境北,有石拱桥名为"七星桥"。这是横河上最为著名的石拱桥,传说建桥时有北斗七星下凡相助,故名七星桥。桥上有一气势恢宏的对联,"七曜横波南境北镇;三台锁浪左川右泉",其中"南境"即指孙家境,"北镇"指浒山镇。此桥建于明万历年间,旧时横河上有龙舟互竞的民间风俗,竞舟之日,桥上人群攒聚,呐喊助威,所谓"三月(或端午)龙舟飞斗捷,几人钓坐石生温"。横河曾经是三北也是古代浙东一带最繁忙的运河,唐朝上林湖一带越窑青瓷的商船,宋朝鸣鹤盐商的货船,均从这里经过;明代横河是姚北重要的农副产品集散之地。

顺河东去,迤逦万千人家。相近的有三北著名两大胡氏,即烛溪胡氏与乌山胡氏。烛溪胡氏先祖于五代时迁入余姚,在明中叶胡达时,居烛溪湖塘下,明清两代科第蝉联,簪缨不绝;乌山胡氏以北宋名儒胡瑗之六世孙胡文焕为始祖,胡文焕赘南康郡王即南宋宗室赵世永之女赵贞;这也是一个科举世家,明清两代收录光绪《余姚县志》、道光《浒山志》及民国《余姚六仓志》的家族名人达25人。故地方上素有"孙胡两姓,在朝半进"之称。再之,如马堰徐氏,始祖为南宋初徐处仁,家族人才初兴于元代,鼎盛于明清,据《光绪余姚县志》记载,徐氏有征辟十人,进士二十一人,举人四十六人。著名的如王阳明弟子徐爱,王阳明以徐爱为自己的颜渊。

东去十里为上林湖,有匡堰岑氏、桥头余氏等著名儒学世家。匡堰樟树村因村中原有一棵数人合抱大樟树而闻名,南宋庆元六年(1200),岑氏先祖六二公从余姚车厩携其子孙到此定居,繁衍成族。樟树村现存有桑家大厅,相传明嘉靖年间,岑氏商友公曾在这个大厅内教书育人,称桑家大厅,即因"商""桑"谐音误写而致。余氏为较典型的南方姓氏，魏晋南北朝时，余姓已成为新安郡一带的望族。桥头余姓来源，余秋雨先生在《我等不到了》中这样叙述："凭一种难以表述的直觉，我猜我家应该是余阙、余渊之后，是从安徽流徙到浙江来的。那也就是说，我们的祖先是发端于古代羌族的唐兀人。"再东去，如沈师桥沈氏，始祖为明州市舶司任上退休的沈恒，因爱此处芦苇湿地风光定居，为开化民智，设"海隅书屋"，亲自教授讲学，因馆前有河，沈恒捐资建桥，故称"沈师桥"。沈氏南宋至清出进士21位，举人32位，著名人物如明末忠臣沈宸荃，乾隆帝下江南，曾到沈师桥寻访旧迹，追谥沈宸荃"忠节"。

沈师桥南，运河所至是白洋湖，沿湖便是古镇鸣鹤，建于唐开元年间，距今已有1200多年的历史。千年以来，鸣鹤人烟辐辏。著名人物如南宋嘉定十六年（1223）进士童居易，明嘉靖年间，抗倭义士杜文明、杜槐等。至清康熙时，叶氏一族崛起，举人、进士、诗人、巨贾代出，尤以兴办国药业著名。

叶氏家族在宋时迁居鸣鹤，据引敬堂《慈溪鸣鹤叶氏宗谱》记载：叶氏本为永嘉郡括苍松阳人，宋仁宗庆历时叶道传仕明州教授，后摄慈溪县令；因觇慈溪山水之胜，遂卜居于金川之石步。曾孙叶梦祥以乡荐第一成进士，由石步迁鸣鹤。叶氏崛起与清康乾时叶天霖经营药业有关，鸣鹤的国药业之所以成为古镇的主业，也与叶天霖有关。《慈溪鸣鹤叶氏宗谱》载："世居其乡鸣鹤场，儒家子。少负奇志，薄举业，思用财起家，以行其志。年十四，遂背越、走吴、抵襄汉、入蜀，旋抵粤、抵闽，凡西南称大都会者，舟车无不至，遂致不赀，度可行其志，乃返之。儒生六子，皆有名，官学官，官刑部郎中，官刑部主事，而其第三子名燕，独以能古文负声京师。"

出身书香世家的叶天霖，却立志经商，很早就在余姚一家国药店做店员，相传叶天霖淘得的首桶金非常具有戏剧性。当时余姚的老板写信让他在四川收购红花，他把"红花"误读作"黄豆"，于是大量收购黄豆。老板得知后写信让他保本销掉，若有赢利，均归其所有；而四川黄豆当时因叶天霖收购而奇缺，价格飞涨，叶天霖因而获得大利。叶天霖后在杭州、苏州、广东、福建等地做药材生意，成为江浙一带著名的大药商。之后，叶天霖足迹遍及杭州、苏州、广东、福建等地，成为江浙一带著名药材商。叶天霖儿子叶谱山本为朝廷御医，后辞去官职，在杭州开设药铺以苏东坡《种德亭》诗"名随市人隐，德与佳木长"命名，为叶种德堂。到民国初期，叶种德堂已然为江南国药业之翘楚，被誉为"江南第一药铺"。相对而言，其他走官宦之路的兄弟相对黯淡，固然有不少有为官员，并有大量诗文传世，尤其是子侄辈如叶元基、叶元坚、叶元坊等,组织诗社,出版文集,名噪一时。

叶氏家族可以看成三北家族,及至宁波文化世族,从官宦书香向商贾实业转型的代表。明清两代,鸣鹤居民十之八九外出经商,以国药业著名。而在清代,因为实施分省取士,清代浙江进士为 344 人,远远不及明代的 982 人。作为人文鼎盛的科举大省,浙江科举竞争激烈可想而知,客观上也促使科举家族弃文从商,另谋实现人生价值之路。

鸣鹤国药业起源于明代嘉靖年间,即鸣鹤乐家畈的乐良才行医到北京,拉开了慈溪国药业向外发展的序幕。百年之间,鸣鹤药商遍及全国,世有"国药人才集浙江,浙江有慈溪,慈溪首推鸣鹤场"之说。鸣鹤作为中国国药业的发祥地之一,被业内誉为"国药首镇"。

鸣鹤从街头到巷尾集聚了几十家药材铺,130 家各种老字号,每天南来北往的药材商热闹了整个小镇。叶天霖之子诗人叶声闻有诗描绘当时运河桥畔的繁荣景象:"接水双河潋滟开,分疆两色只山隈。天明塘上声喧起,赶市姚人续续来。语作葫芦集运河,今朝水市价如何。白虾青蟹一时贵,小艇迎来贩客多。"桥周边现存老宅多属叶氏家族,相传叶天霖为六个儿子分别建造大宅,叶氏三、五、六房的古建筑,至今保存完好。加之叶心培所建"二十四间走马楼",原是鸣鹤沈氏的祖屋的"银号",以及岑家门头、大塘俞家等,形成了今鸣鹤古镇内庞大的古建筑群。

横河区域在历史上实际构成了一个特殊的文化区域。一方面,以宗族关系为特征的家族共同体,这一精英文化群体,从唐宋开始以运河为带,如珍珠项链一般嵌于近山平原,而到明亡以后,仕宦、书香之家逐渐衰落,虽然鸣鹤叶氏族人的"白湖诗社"尚有局部影响外,未能再出现精英人物的重大活动。而另一方面,移民大量进入,历时漫长,又以从事"三白"(大豆、海盐、棉花)产业为主,在其中交汇、熔融,逐渐形成了以市场为核心的地缘关系共同体,这在明清市镇经济发展、资本主义萌芽时期,有了产生新的文化的经济基础。而鸣鹤典型显现了三北平原与众不同的经济环境。鸣鹤杜湖、白洋湖一带,与近处上林湖同样,在唐宋拥有规模巨大的青瓷窑场,铸造了越窑的辉煌;再之,从唐始,鸣鹤即为盐场,宋元时期盐仓山下为两浙最大的盐场,所产海盐广销浙、赣、苏、徽、沪五地;后随着海岸线的北移,盐田淡化,废弃盐田开发为棉地,由盐工转化来的棉农,继续专业商品的生产,并进一步扩大从事商品生产的人口。这种商业氛围,使产生从事国药业的叶氏家族,最终引发一个镇面向全国的产业行为，成为可能。同时，也因为这样的文化生态，在变革时代，就有可能产生革新人物。在清末民初，三北家族突然发生人才爆发现象，比如龙山镇，有首创中国民族航运业的虞洽卿、首倡现代教育理论的林汉达、出版家张静庐；观海卫镇有首位成为外国财阀的吴锦堂，长河镇有第一位马列主义教育理论家杨贤江，周巷镇有中国现代园艺学的创始人吴耕民，浒山镇有开创工笔花鸟画新风的陈之佛等，这些人大多出身于下层社会，呈现了一幅人才垂直流动的奇妙景观。

而这也正是改革开放以后，慈溪成为私营经济发展迅速的区域的原因之一。尽管"三白"产业已经过去，但这种能商善贾

位于慈溪龙山镇的虞洽卿故居

的文化渊源，使一个个村镇成为全国的单打冠军，比如天元的古旧家具，周巷的食品，浒山的化纤与针织服装，附海小家电，横河轴承，掌起的打火机，胜山周边等镇的冬用室内拖鞋、滑雪衫、毛绒玩具、手套等块状经济，现在，慈溪特色经济群多达36个，从业人员超过20万，商品交易市场120个，慈溪人平均不到4户就有1户是经商办企业的，如果没有这样一种特殊的文化基础，可能是无法想象的。

## 姚江黄氏的文化骊歌

在战乱纷呈、民族危亡的时代里，黄宗羲为代表的江南文人挺身而出，奏写了不平凡的潇洒与自由的书生精神。

"黄"字本意为戴玉之人，是中国最古老的姓氏之一。据史学家考证，黄族的发祥地在今辽河上源之一的黄水一带，后改称潢水（在今内蒙古东），因为崇拜黄鸟而得名。后辗转迁徙，定居中原，加入少昊部落，并由一个崇拜黄鹂鸟的狩猎小氏族，发

展成以金凤凰为标志,既善治水,又精制玉器,地位仅次于凤鸟氏族的农牧凤鸟氏族。相传部落首领伯益因治水有功而受封,赐姓嬴氏。伯益有 14 支后裔,其中的黄氏,大约于商末周初在今河南潢川建立黄国。这一诸侯国历夏、商、周三代二千余年。

余姚最早的黄氏名人为东汉黄昌,《后汉书》有黄昌传,余姚镇仍有古老的大黄桥地名。姚江黄氏指黄宗羲一族,据《黄宗羲全集·黄氏家录》与宗羲七世孙黄炳垕所编的《黄梨洲先生年谱》,余姚黄氏兴起于南宋初年,开基始祖名为黄万二。天下黄氏均认东汉江夏孝子黄香为祖,是黄氏特殊的文化现象。黄香即二十四孝之一,汉章帝曾褒奖"天下无双,江夏黄香",黄炳垕称黄万二为黄香的第 38 世孙、诸暨孝义黄氏的第十一代。黄万二父亲黄槻在北宋末年任庆元(宁波)通判,黄万二也随父从诸暨徙居庆元府城(今宁波市)。1130 年,金兵南下,攻陷庆元城,黄万二在战乱中与家人失散。起初,他携弟黄万三一同居住在慈溪竹墩;其后,万三留居于此。而万二不久离开竹墩,徙居数里之外的余姚竹桥,从此开余姚黄氏一脉。黄万一则流居定海,据万斯大、全祖望所说,宋学者黄震为黄万一的五世孙。

这个两宋之交卜居姚江之畔的黄氏宗族,历南宋、元、明、清至今,数百年来,产生了许多名留青史的优秀子孙,成为当地巨姓大族。据黄宗羲《黄氏家录》记载,余姚黄氏第七世有黄茂,字茂卿,元泰定甲子年(1324)进士,官任余姚州判;他的三个儿子也都是有作为的官员。黄茂卿还创修了《余姚黄氏族谱》,使祖先创业的历史得以流传。又有黄均保,任北平道监察御史,后谪戍山西安东卫。在明代,著名人士有御史黄均保,以孝悌名闻天下的黄玺;第九代黄堣,建文帝时大臣,在朱棣政变时,与陈子方等大臣殉节自杀。第十代黄伯川,明天顺壬午(1462)举人,官建宁府教授。又有黄韶,成化五年(1469)进士,官江西按察司金事。黄翊,字九霄,书画家,善画竹石菊花,而菊花尤入神品;他的儿子黄嘉爱,正德戊辰进士,官颍州太守,浙中王门中坚之一。同辈又有黄嘉会,字懋礼,举人,官金溪知县。第十三世有黄尚质,举人,官景州太守。十五世有黄球,又名黄应元,明万历庚戌进士。由上可以看出,余姚黄氏在元、明两代家门兴盛、人才辈出;但著称于世,还得归功于黄宗羲祖孙三代的杰出成就。

黄尊素,黄宗羲的父亲,姚江黄氏第十六代孙,万历丙辰(1616)进士,为著名东林党人物。为人精明强干,《明史·黄尊素传》评,"睿愕敢言,尤有深识远虑",死于魏忠贤逆党的残害;崇祯时平反昭雪,追赠为太仆寺卿,赐谥忠端,崇祀忠义、乡贤二祠,为姚江黄氏赢得崇高荣誉。黄尊素娶姚氏为妻,生有五子,长子黄宗羲、次子黄宗炎、三子黄宗会兄弟三人,同拜于大学者刘宗周门下,均为清初著名的学者,时人号称"浙东三黄"。

姚江黄氏世居的余姚竹桥,即黄竹浦村,位于余姚县城东南二十余里。此处姚江江面开阔,静水曲折东行,剡水、蓝溪南来,组成一个明丽的江南水网结构。江岸杨柳依依,房舍高低错落,尽显水乡婀娜秀美风情。在运河时代,这一带经常停泊往来官船,故又称作官船浦或官埭浦。平原之南不远便是四明山麓,溯剡溪而上,有剡湖峁,谐音又称十五峁,峁中风景奇秀,有数片桃林,此为黄尊素与黄宗羲安息之所。黄尊素墓旁有龙虎草堂,因其坐落虎山,东望龙山得名;草堂是有五间平房构成的独进院落,昔日黄宗羲为避清兵搜捕,隐居于此,著述传授。黄宗羲一生著述加上各种编撰,共达 120 种,约 1250 卷之多;内容涉及哲学、史学、天文、地理、数学、文学、艺术等领域,范围之广、程度之深、成果之多,世所罕见。代表作如《明夷待访录》《明儒学案》《宋元学案》《明文海》《南雷文定》《弘光实录钞》《行朝录》等,还先后参与编撰《浙江通志》《余姚县志》及首部《四明山志》等。而这些皇皇巨著的著述与整理,大多与这个安静的山村野居有关。

黄宗羲自称一生"初锢之为党人,继指之为游侠,终厕之于儒林"。幼时,黄宗羲常随侍父亲,听父亲与杨涟、左光斗、魏大中等晚明节臣共论时事,在父辈为国事激昂慷慨、奔走呼号中,幼小的黄宗羲了解了朝局清浊,政治斗争的残酷,也领略了大丈夫立身处世的基本准则。而后参加复社,继承"东林党"余绪,参与署名《留都防乱公揭》,从事反对权奸斗争而被捕下狱;清兵攻下北京、南京两个明朝之都后,他组织"世忠营"奉鲁王抗清,出生入死在所不惜;余姚梨洲镇即纪念其结寨四明山的历史;抗清失败后,则屡拒清廷征召,以讲学著述终其一生。黄宗羲为人子,大忠大孝,为父申冤,亲手锤击杀父仇人;为忠臣,组织义军,保明抗清;为学者,在中国历史上首倡民主思想之学说,为明清之际最伟大的启蒙思想家和史学家。可以说,如果没有黄宗羲,姚江黄氏也就是一个普通的科举世家而已,家族曾经的社会地位随着宗族祠堂、庄严匾额的消失而最终淡出历史的视野。而黄宗羲恢宏跌宕的一生,改变了这个家族的文化性质,他以坚毅不挠的决心、宏富的著述与独到的研究,走向了圣哲境界,昭示着崇高的人生价值。

在龙虎草堂的天井中,有梳明式发髻的老年黄宗羲青铜坐像,这一位终身保持汉服的学者身着宽氅,手执书卷,侧视沉思,脸容清癯,神色庄穆沉重。黄宗羲一生

龙虎草堂黄宗羲青铜坐像

未曾居庙堂之高。追溯他的足迹,或为昭雪父亲冤狱南北跋涉,或为一家生计东西奔走,历经纷乘战乱,政权更替,仍读书不辍,而其一生重大事件几乎都是在这样简洁素朴的草堂、书院中展开,绍兴的蕺山书院,无锡的东林书院,宁波的证人书院,这些寂静但不平静的书院,串起黄宗羲不平凡的一生。

绍兴蕺山原为会稽内史王羲之别业所在地,故又称王家山。明末学者刘宗周因刚直不阿,遭阉官魏忠贤、奸佞马士英、阮大铖辈排斥而归乡,建书院讲学,人称"蕺山先生"。当年黄尊素被逮入京时,途经绍兴,刘宗周为尊素饯行,尊素在席上嘱咐儿子拜宗周为师。宗羲至此在蕺山门下向学,致力于研究宋明以来的理学思想。同时,又开始有计划地阅读史籍。他从明朝自太祖迄光宗共十三朝的《实录》入手,再读二十一史,"每日丹铅一本,迟明而起,鸡鸣方已,两年而毕"(《年谱》),奠定了坚实深厚的学问基础。而后"旁求之九流百家。既尽发家中藏书读之,不足,则抄之同里世学楼钮氏、澹生堂祁氏,南中则千顷斋黄氏,吴中则绛云楼钱氏。穷年搜讨,游履所至,遍历通衢委巷,搜剔故书,薄暮,一童肩负而返,乘夜丹铅。次日复出以为常"(《神道碑》)。广泛的涉猎,使其往往能"凿空新义,石破天惊",生发出卓异而深刻的见解,不过 20 多岁便名声大噪。

黄宗羲认为"科举之学锢人生平",于是自觉地把精力集中在能够经世致用的"实学"之上。周延儒等意欲推荐宗羲为中书舍人等,但宗羲更愿意以平民身份为国家效力。1630 年,复社在南京召集"金陵大会",宗羲经友人周镳介绍参加复社,成为社中活跃人物之一。复社作为继东林之后而起的具有相当影响力的团体,云集陈子龙、吴伟业、侯方域、顾炎武等一时俊彦,宗羲与社中诸同志切磋学问、砥砺志节,增长了见识。1644 年清兵入关,江南各处士民纷纷揭竿而起,组成抗清义军。1645 年,刑部员外钱肃乐、董志宁、张煌言拥立鲁王朱以海为监国;黄宗羲积极响应，与宗炎、宗会率领黄竹浦子弟数百人，在四明山组织"世忠营"，由此投入大规模的抗清复明斗争。

1661 冬，黄宗羲与家人返回余姚，避居龙虎草堂。黄宗羲冷静地接受了抗清斗争的失败，一首《山居杂咏》记录了他那时的心情："锋镝牢囚取次过，依然不废我弦歌。死犹未肯输心去，贫亦其能奈我何！"挫折和危难淬砺了宗羲的意志，丰富了他的阅历，铸成了一位继往开来的思想巨人。年过半百的斗士，将学术的著述与传播作为他更为广阔的战场。1663 年，黄宗羲在《留书》的基础上，写成了《明夷待访录》，这本著作，奠定了黄宗羲作为一个民主启蒙思想家的历史地位。康熙四年(1665)，建续抄堂于黄竹桥，藏书最多时达六七万卷。1675 年，黄宗羲编选成《明文案》217 卷；1693 年，将《明文案》扩编为《明文海》，计 482 卷。1676 年，黄宗羲撰成《明儒学案》这部 62 卷、近百万字的断代学术思想史。这些鸿篇巨著，构建了浙东史学派高大的殿堂。

在之后的三十多年中，黄竹浦是一个热闹的学术码头。1663 年，黄宗羲应友人吕留良之请，渡江北上桐乡，在吕氏家中之梅花阁设馆，为吕氏子弟授课，直至 1666 年冬。1667 年春，黄宗羲重游绍兴，为了纪念自尽殉国的先师刘宗周，光大师门学说，于九月重开证人书院讲席，并着手整理编写一批阐述发明蕺山学术精华的著作，如《子刘子学言》《子刘子行状》《证人会语》等。1668 年，黄宗羲到宁波，创办甬上证人书院。黄宗羲与万泰为至交，万氏八兄弟都是黄门高弟，其中，以斯同(字季野)、斯大(字充宗)、斯选(字公择)及斯年之子万言(字贞一)成就最著。甬上证人书院院址先在广济桥万家，后迁至城西万氏别墅白云庄。甬上证人书院的讲学活动持续了 8 年，到康熙十四年(1675)结束，这 8 年是宗羲讲学最有成就而且影响最大的时期。有人认为，在这几年的研究中，黄宗羲将代表道德动机的意向性伦理与代表现实效果的责任性伦理区分开来，将传统宗教与道德排除的社会学、经济学及政治学等内容重新融入哲学，其创举之功可谓现代宁波精神之父。在宗羲的教诲下，弟子都能刻苦钻研"经学、史学以及天文、地理、六书、九章至远西(按指西欧国家)测量推步之学"，而且"皆卓然有以自见"(万经《寒村七十寿序》)，如鄞县万斯大、万斯选、万斯同，慈溪郑梁，余姚黄宗炎、黄宗会、邵廷采等，多成为浙东学派中坚骨干。私淑弟子则有鄞县全祖望、会稽张章学诚、余姚邵晋涵及其七世孙黄炳垕等，代不乏人。章学诚认为有清一代学术在江南，江南学术可分为浙西、浙东两大系统，但从时代的进步要求来看，浙东之学无疑比浙西之学更有水平、更有价值、更有意义。正如仓修良先生说:"有清一代史学家中,有创见、有贡献、有作为、有影响的大多出浙东学派。"

1678年、1679年、1680年,清廷三次征召黄宗羲,黄宗羲拒不应召。其弟子万斯同入京修《明史》,也执意"以布衣参史局,不署衔,不受俸"。其后,史局修史总裁徐元文力延请黄百家,宗羲不得已而同意。1695年8月12日,一代哲人停止了呼吸,享年86岁。遵照黄宗羲"不用棺椁,不作佛事"遗命,黄百家率家人以极其简朴的礼仪,将老人安葬在化安山黄尊素墓北侧。黄宗羲至交慈城半浦郑溱之子郑梁、孙郑性均为宗羲学生,郑性为完成父愿,建"二老阁",纪念黄宗羲与郑溱,阁中所藏除郑氏本家藏书两万余卷外,另有黄宗羲的藏书三万卷,共计五万余卷,可与宁波范氏天一阁媲美。可惜清末民初国难频繁,"二老阁"多次蒙难,黄宗羲所藏书籍最终散尽。

黄宗炎早年受长兄宗羲之教,明亡参与抗清,著有《周易象词》《寻门余论》等7种。黄宗会早年也受业于兄宗羲,明亡后隐于浮屠,著有《缩斋文集》《缩斋日记》等。宗会与宗炎都是浙东学派中的经学大家。

黄宗羲的后裔子孙繁衍绵盛,而且多以书香传家,能承继家学渊源,光大宗族。黄宗羲娶同乡广西按察使叶宪祖之女为妻,生三子,长子为黄百药,著有《留穷草》传世;次子黄正谊,著有《黄山行脚草》;幼子黄百家,在兄弟三人中最为杰出。另外,黄宗炎的儿子黄百谷亦才学明赫,著有《素问·难经·本草注》《蕙江缘》《返魂香》《稼轩诗稿》等多种诗文著作。黄宗羲后裔,以长子黄百药一支最旺。黄百药的长子黄千顷曾任江苏沭阳县知县;黄千顷生一子名叫黄武万,曾任浙江嘉善县教谕,后为广东从化县知县。黄武万将家族自竹浦始迁至北城官佳弄(今余姚镇管家弄)。黄武万生五子,长子黄壁,生一子,名黄徵谋;黄徵谋次子即黄炳垕。黄炳垕学识渊博,在数学、天文、地理、文史等方面都有深入研究,著有《涌芬诗略》《测地志要》《两太交食捷算》《麟史历准》《方平仪象》《历学南针》等书,受聘为宁波辨志精舍天算斋长,主讲天文数学达十余年。

余姚黄氏至今已繁衍到第30代,现在的武胜门街区管家弄100号黄氏墙门还设有黄氏史迹陈列室,黄梨洲长房子孙仍居住其中;在余姚城南、梁辉、明伟、陆埠等地,都有黄氏后裔。据叶树望《竹桥黄氏述略》姚江竹桥黄氏外迁的共有28支,有南迁广东,北迁北京、徐州、上海、杭州、苏州,西迁两湖荆楚地区等地。据统计,竹桥黄氏历来中进士者13人,见于《中国名人大词典》者达14人之多。

# 慈江西去:走向近代化的运河家族

## 由科举转向商业的慈城家族

宋代开始治理的慈江是江北平原走向繁荣的母亲河,从清末至民国,这一带走出了一批与中国近代化序曲相关的人物。

慈江发源于镇海小桃花岭,一路西去,过三七市镇云山村潘家岛的慈江大闸入余姚境,然后蜿蜒向东,直至丈亭镇三江口汇入姚江,江面平均宽有 30 米。潺子浦、彭王浦、吴泽浦、官桥浦、魏家浦、云山浦自北南入慈江,南面有丰产河、大泾浦、小泾浦、白罗浦等河道沟通姚江,构成一个密集的水网体系。为避免姚江潮汐影响,南宋淳祐六年(1246),制置使颜颐仲主持疏通开拓,建造慈江到中大河航道,直通镇海口。南宋宝祐五年(1257),制置使吴潜买民田开挖慈城至刹子港运河,在姚江北岸建小西坝,与南岸鄞县大西坝对接,船只过坝即进入西塘河,入宁波府城。

清代地理学家顾祖禹的《读史方舆纪要》卷九十二,详细记载了慈江水利,"前江,县南十五里。源出余姚县太平山,流为姚江,入县境,至丈亭渡分为二:一由车厩渡历县南十五里之赭山渡,又东十余里,即鄞县之西渡也。一由丈亭北折而东,贯县城中,出东郭,抵县东南十五里之茅洲闸。又东南流七里,为化纸闸,而入定海县境。宋宝祐五年,制置使吴潜于县东南五里夹田桥,引流导江,凡十余里,为沾溉之利。一名管山江,合流入鄞县界,亦谓之慈溪江。又有新堰,在县东南十二里,亦宋吴潜所建,堰下之田,不患斥卤,舟楫往来下江者胥利焉"。化纸闸即位于九龙湖镇长石村的化子闸,贯通慈江与中大河,化子闸为宋代吴潜所造。这就是现在被列入世界文化遗产的浙东运河宁波段。运河开通以后,带给人们便利的交通,周边城镇、运河码头市场贸易一片繁荣。明成化二十三年(1487),朝鲜人崔溥作《漂海录》,记录浙东运河"江之两岸,市肆、舸舰纷集如云"。现留存古城为慈城、镇海,古镇老街如贵驷老街、骆驼老街、长石老街等。如长石老街位于长石桥边,有五街一弄;旧时慈北、姚北、镇北到宁波,一般都从九龙湖镇雁门岭过河头市到长石桥乘船。当年集市鼎盛时,从上虞、余姚下来的山货船,从慈江载着竹、木器材、缸、甏、陶瓷器和陆埠毛笋、毛竹等农产品而来,吸引着骆驼、汶溪、费市、西经堂等周边集镇的人们。在历史上,繁华景致酿造了诸如陆游的《发丈亭》、董沅的《夜泊慈江》等满溢江南情怀的运河诗歌。

慈城与镇海是这一区域一西一东的两个核心城市。慈城的文化发祥于东汉董黯孝母的故事,董黯汲水奉母的故事背景正是当时咸潮对区域的浸渍。在三国时,乡人阚泽被举荐为孝廉,孙权即位后,拜为尚书,是吴国的核心人物之一。阚泽在赤乌五年(242),舍宅作为寺院,即现在慈湖中学处。开元二十六年(738),慈溪立县,县名即以董黯孝母故事为来历。房玄龄之孙房琯为首任县令,以中街为中轴线,取《易经》八卦"乾三连""坤六断"之意,建南北向三条大街和东西向六条横街,构建县治。慈城文化由此融入了浓厚的儒家伦理与中原格度。宋代,慈城发展成为浙东的商业重镇,经济繁荣促进文化发展,从唐初至清末有519名进士、1000多名举人;明清之际达到高潮,共出330位进士和20位武进士,1049位举人和69位武举人。著名的人物有姚涞、杨守勤、刘安、刘世龙、陈敬宗、赵文华、袁枚、姜宸英等,其中有13人被载入《明史》。慈溪人口远不及鄞县、余姚,但科举进士之数接近余姚,可谓文风兴盛。其中,科举最盛的宗族为冯姓56人,王姓36人,张姓33人。

慈城冯氏堪称望族奇观,余姚虞氏、鄞县史氏等均跨越数百年繁荣,仕宦而名的有数十人,而冯氏繁荣自汉至今长达千余年,始祖可以上溯到汉献帝建安年间任朝散大夫的冯觐。冯觐于汉献帝建安六年任句章尉,定居句章金川乡,即今慈城。南宋冯兴宗,慈湖先生杨简学生,创办象山书院,冯家即以科举世家著称。到了元初,因子孙繁衍,按居住地分已有金川、福聚、大街、西桥、槎树、大树六支族。明代,家族更为繁盛,本支和旁支的堂号众多,至今已传近四十代。著名人物明代如冯岳、冯若愚、冯京第等，清代如冯映斋、冯云濠、冯玉奇、冯定、冯泽夫等，民国如上海金融界巨子冯受之、天津商界领袖冯占祥和金融家冯吉甫，冯吉甫即冯骥才的父亲。

冯岳，嘉靖五年（1526）进士，因军功，官至南京刑部尚书，致仕时，万历皇帝赐宅彩绘台门，完节、淳德两座功德坊。彩绘台门现位于太湖路完节坊。冯若愚与儿子元飚先后为南京太仆寺卿，主管滁州，滁州人感激冯氏父子功绩，于崇祯末年在滁州宝宋斋西侧，建冯公祠。元飏、元飚、元飀为三兄弟，有"冯氏三龙"之

慈城孔庙

慈城城隍庙

称，均为名臣。冯元飚的从子冯京第，复社名士，与黄宗羲、王翊结寨于四明山，组织浙东抗清义军，后为部将出卖，慷慨就义。翠柏路三忠墓，即为纪念冯京第与其战友王翊、董志宁而建。

清代，冯氏向商业转型。五马桥冯映斋一系被称为医药世家，冯映斋创建冯存仁堂；四世孙冯云濠（1807—1855）创"冯万丰"药号，是浙东最大的药材批发商号。冯云濠好行善事，凡浚河、济荒，不惜千金，举人出身的他又好书籍，建醉经阁，又建德润、慈湖两书院。著名的江南药店胡庆余堂建立后，掌门人多为冯氏后代，现代胡庆余堂掌门胡根生也为慈城冯氏之后。冯氏学以致用的近代转向是慈城家族转向的一个缩影。

在近代慈城著名的人物有王铭槐（1846—1918），宁波帮在天津的早期领袖，曾任天津、沈阳两地德商永和洋行买办。其儿子、孙子、曾孙数人在洋行任买办，被称

为"买办之家"。孙衡甫(1875—1944),著名银行家,曾任四明银行董事长。何育杰(1882—1939),中国近代物理学首批拓荒者之一;秦润卿(1877—1966),从事钱藏业,历任上海钱业工会理事长、上海总商会副会长、中央银行监事、上海垦业银行董事长等。尤其在 19 世纪,诸多家族纷纷投身新兴产业。

慈城鼎新街周御史房在 19 世纪末 20 世纪初一时也出现众多名人。如周晋镳(1847—1927),原为南昌县知县等,后弃仕从商,与同乡严信厚创办宁波通久源轧花厂,后投资轮船招商局并任董事;1905 年,参与创办上海华兴保险公司;1908 年,参与创办四明银行,是首届董事会总董;连任四届上海总商会总理,是任上海总商会总理年份最长的人;1915 年,任上海道尹。周仰山,为光复会骨干,辛亥革命后致力于实业救国,与舟山人朱葆山共同筹组"上海宁波同乡会"并担任首任会长。周信芳(1895—1975),周晋镳从孙,京剧表演艺术家,"麒派"的创始人,海派京剧代表人物,与梅兰芳一南一北有"梅芳麒韵"之誉,其代表剧目有《四进士》《徐策跑城》《萧何月下追韩信》等,所塑造的人物有宋士杰、徐策、萧何等,老练持重而又不乏活泼生气,唱腔沙而不嘶,朴而不直,宽响有力,苍凉遒劲。周信芳父亲周慰堂弃儒从伶,因为戏子在旧时被视为贱业,家族认为侮辱书香门楣,一度被逐出祠堂。周信芳成名之后,从祖周晋镳与新任族长周仰山等开放绅士为之多方努力,加之民国后,大潮流主张国民平等,也促成了宗族思想走向开放,周慰堂和他的子孙终于被同意准许还族归宗。周信芳建周氏新宗祠全恩堂。1925 年,全恩堂还举行了盛况空前的开祠仪式。全恩堂至今仍在,但台门、楼房、厢房已先后被拆除。

慈江东去不远,有一村镇名为费市,即著名实业家、书画家严信厚(1838—1906)老宅所在,村里曾有严氏家族的宅院寿芝山庄。严氏相传为东汉名士严光之后。严信厚的父亲严恒,工诗词,擅画芦雁。严信厚受其父亲的影响,也爱好书画,以画芦雁著名。严信厚早年就读费市乡村私塾,后到宁波鼓楼前恒兴钱铺、上海小东门宝成银楼当学徒、职员,后供职杭州胡雪岩开设的信源银楼。胡雪岩欣赏其精明能干,荐于李鸿章;由此步入清政府洋务运动;因经营盐业,积聚大量家财。严信厚致力于宁波早期近代化事业,可以说是宁波近代工业第一人。1886 年创办中国最早的民族企业宁波通久源机器轧花厂,旧址在江北的湾头;这也是中国第一家近代机械化工厂。其后陆续创办慈溪火柴厂、通久源泉面粉厂、通利源榨油厂等。而严信厚的贡献远远不止于此,1897 年在上海发起创办中国第一家银行中国通商银行，并任总董；参与创办四明银行和中国第一家保险公司华兴保险公司，成为中国近代金融业的开创者；1902 年，联络各业巨商，创立上海商业会议公所，并任总理，成为中国近代商会组织的开创者；并在上海、天津等重要商埠广开公司。

严信厚还改变了宁波的金融格局。他在上海创办的源丰润票号，是中国南帮票汇业中最具声望的票号，票号遍布大江南北。而其参与创办的中国通商银行，引进国外金融制度和经营管理方式，使宁波的民族金融业走入新的时代。严信厚预见运河文明即将衰退，如果浙东运河价值消逝，就意味着宁波对内陆的辐射力消失，这可能是他捐巨款在宁波修筑铁路的原因。1912 年沪杭甬铁路宁波至慈溪（今慈城）试通车。这个富而好施的人物，还与宁波知府程云俶等商议，设立西式的储才学堂。1897 年，这个以"革新图强，储备人才"为办学宗旨的学校开办，校长（当时称监堂）为慈城名儒杨敏曾。这个学校是一批新型人才的起点，氤氲了宁波新文明的气象。

现在的老外滩扬善路 1 号，这一幢西式巴洛克宫廷建筑风格又夹杂着细腻的传统中国工艺的三层楼房，即为当年严信厚的住宅，叫严氏山庄。儿子严子均（1872—1931）在宁波的住宅，位于现德记巷 12—14 号，是中西合璧的新式里弄住宅。严子均承继父业，多财善贾，除主持源丰润票号外，在上海独资开设了源吉钱庄，合股开设德源钱庄。源丰润票号，触角伸向国内许多地区，有分号 17 处。1908年，严子均参与操办四明银行、宁绍轮船公司等创建，并任四明银行首任董事。1909 年上海商务总会改选时，作为协理成为其父亲故知周晋镳的副手。严子均企业活动遍及北京、天津、汉口、广州、福州、香港、汕头、厦门、杭州、宁波等地。1926年任上海总商会会董。严子均热心慈善事业，1904 年，严信厚的堂侄、被张伯苓称为"南开之父"的严修建立南开中学，严子均曾助银 10000 两。

严信厚还有两个女儿。大女儿严淑英，嫁给了租界时代的天津四大买办之一、被称为"天津银行界的开山鼻祖"的英国汇丰银行买办吴调卿的三儿子吴熙元。严子均有三个女儿，先后考入高等学府。大女儿严彩韵（1902—1993），1923 年 5 月获哥伦比亚大学化学硕士学位后，任职于北京协和医学院生化系。丈夫为吴宪博士，夫妻共同开拓中国生物化学事业，提出了全世界第一个关于蛋白质变性的合理的理论。二女儿严莲韵（1903—2004），毕业于金陵女大医学化学系，丈夫为沪江大学教授、银行家徐振东，一生致力慈善事业。三女儿严幼韵，今年 108 岁，是复旦第一届女毕业生。丈夫为清华大学教授杨光泩,曾任中国驻伦敦总领事,牺牲于抗战;后改嫁著名外交家顾维钧(1887—1985),在抗战与外交上有突出贡献。

由此看姚江之北,这片区域在 19 世纪、20 世纪实现了集体性的转向。他们大都以上海为中心,锐意推进新的事业。像严信厚不仅是近代宁波帮的开山鼻祖,同时也是中国近代化的积极推进者。或者说,大陆东海岸上一段风起云涌的迁徙史,就曾经孕育于这片土壤。文学界著名的作家、学者有应修人、邵荃麟、穆时英等;书画界有钱罕、洪丕谟等;新闻出版界有王鞠候、魏友、王幼于等;戏剧影视界有京剧大师周信芳,滑稽表演艺术家姚慕双、周柏春等;科教界有近代物理学拓荒者何育杰,参与我国早期铁路建设的王如璋,杰出的无线电专家钱尚平,最早从事日光能研究且具国际影响的王成椿,中国水稻研究所首任所长朱祖祥,中国遗传学奠基人谈家桢,我国航空材料研究创始人之一的颜鸣皋,小麦栽培科学奠基人之一的余松烈等;商海巨子有洪益三、任士刚、应昌期等。而许多村镇,是跨越几代的家族出征,如慈城的钱氏、秦氏、杨氏、周氏、应氏,洪塘的洪氏、裘氏和庄桥的张氏、童氏、邵氏、姚氏等家族,在这一时代出现了人才井喷的状态。他们是睁眼看世界并能海纳百川、融入世界的最早的民间群体之一,也是真正意义上撬动社会深层变革的群体之一。

## 中大河畔的镇海家族

唐代之后,中大河畔因为海洋贸易而逐渐热闹起来,尽管土地咸碱,没有足够的富饶养育生民,但生活于这片土地的家族却从清代开始,激荡起商业变革的波澜。

慈江经夹田桥、茅洲闸,经化子闸,称为中大河,中大河折入骆驼桥、贵驷桥,迤逦向东进入镇海县城,与甬江相连的就是有名的涨鑑碶。南宋吴潜建化子闸后,陆续修建数以十计的堰坝和碶闸,水利设施相当密集。船过河道要口的堰坝时,船主一声招呼,岸边人家闻声而出,用肩膀把船只拖过堰坝。这就是镇海,在区域格局中,作为航运的要口定位:唐元和四年(809),在鄮东甬江口建望海镇,镇海建治开始;后梁开平三年(909),吴越王钱镠巡视明州,见望海镇地处滨海口,有渔盐、航运之利,奏置望海县,为建县之始,不久改名为定海县。康熙二十六年(1687),定海县改名为镇海县;次年,镇海析出舟山,即原昌国境,另建定海县。

地域的百姓深深融入航运贸易之中,并非是航船过坝时的互助,而是因为这片土地本身咸碱,很难以完整的农业生产供养生民。区域里有很多盐田,宋置清泉、龙头、穿山、长山4盐场,明代聚为56团,这有可能也影响着百姓的商业意识。从甬江口"利涉道头"、招宝山的命名来看,老百姓表现出对贸易的急切需求,或者说这片区域的生活机制本身就与商业密切相关,镇海招宝山为东路财神招宝天尊萧升所在,就是这种地域心理的集中体现。清代海禁,广州一口通商,但大宗出口的生丝、丝绸、茶叶多产自江浙一带,所以还是一些洋人冒险到镇海口交易,客观上延续了镇海人商业谋生习俗。而清代南北洋运输兴起,及至五口通商开始后,镇海商业家族迅速勃兴。

镇海最早兴起的为郑氏十七房与柏墅方氏两大家族。镇海澥浦,旧属慈溪,郑氏十七房即为澥浦留存至今的规模较大的明清建筑群。史载十七房郑氏先祖靖侯公在两宋相交的年代为避金兵战火,从河南荥阳举家南迁到此。传到第六世孙郑鍂,分居到十七房,十七房即以郑鍂排行十七得名。《澥浦郑氏宗谱》记载:"郑氏巾卷不绝,代有闻人。"明清时期郑氏一族致力科举,代有封禄。十七房至今犹存进士第、大夫第等七座,有清代成亲王、郑板桥、林则徐、姚燮、徐时栋等为十七房所写楹联、文章。郑氏最早也为科举家族,人称十七房有三宝,即马头墙多、旗杆多、龙河水长流:马头墙与旗杆即指家族举业兴盛,龙河水长流指即使干旱无雨也不干涸。现宗祠里仍存有"父子登科""父子及第"等匾额。但郑氏蔚然为地方大族,却是在经商上。郑氏经商始于明代,根据《澥浦郑氏宗谱》和《定海县志》记载,在明代,十七房郑氏家族中的郑冲、郑文麒已外出经商致富。明正德三年(1508),郑冲输粟而授嘉奖;明代嘉靖五年(1526),郑文麒经商致富,捐例贡,被授登仕郎。家族商帮形成于清初,即康熙中叶的时候,郑世昌承父命外出经商,在北京东四大街开设"四恒银号"。乾隆以后,主要分为六支,一是郑光礽支,弃废举业,在嘉兴、苏州一带经商;二是郑维嘉支,长孙郑德标、曾孙郑勋,在宁波经营鱼盐业、钱庄等,由郑德标五子郑熙,在宁波、绍兴经营鱼盐、钱庄等;三是郑天治支,其子开芳、开圻,主要在岱山经营鱼盐;四是郑伟烈支,因其兄郑谦知平知县时,额课亏损,为补偿债务,到宁波经商,后捐正四品朝议大夫;五为郑惠舜支,在广东经营鱼盐;六是郑德阶支,在宁波经营米行、木行，后捐布政司理问衔。这一家族的特点是商业、举业并行，商业以鱼盐业与钱庄业为中心，致富后常常捐官；据史载从嘉庆开始到光绪末年，共捐官五十多人，其中三品以上两名，是典型的红顶商业家族。

柏墅方氏家族稍继其后，据《方氏宗谱》记载：方氏家族第一代创业者为方亨宁，在嘉庆元年（1796），"孑身至申江，典衣被为资肆市廛，……积数年始营立贾店"。其族弟方亨黉（1783—1846），不久来上海与其兄开设义和糖行，并以上海为基地，向津、汉、宁、杭及长沙、宜昌等地发展，方家逐渐发展为沪上著名的商业家族。这是方家第一代；第二代方润斋、方性斋两人，为方亨黉侄子，两人先是在方义和糖行学业，后独立经营糖业、钱庄、生丝、土布、杂货等。上海开埠，润斋适应形势，在上海开设方振记字号（后改名方镇记），专营生丝、茶叶进出口贸易。方性斋在沪增设同裕、尔康、延康、五康等多家钱庄，成为当时上海9大钱业家族集团之首，并买下勒南市郭仁里和北市兴仁里等很多房地产，方家事业达到前所未有的全盛时期。三代代表是方润斋之子方黼臣，经营方萃和糖行每年营业额约达两三百万两，在同业中居翘楚地位，另外宁波方紫金银楼、杭州方裕和南货店均经营活跃，事业执上海商界牛耳。曾参与领导两次四明公所事件，是19世纪末宁波帮的领袖人物。四代代表为润斋的孙子季扬与性斋的孙子椒伯。方季杨以经营钱庄著名。方椒伯先在宁波从事教育，后到上海从事商业；1919年，与人创办中国毛绒厂。1920年，参与筹建上海证券交易所，任董事，同年任上海银行公会会董。1922年，创办大有余榨油厂，任董事长，同年起连任两届上海总商会副会长。1923年担任宁绍轮船公司董事长、上海公共租界纳税华人会董事长。五代的代表人物是季扬族侄方稼荪与润斋的曾孙方液仙。方稼荪主要在上海经营钱庄，另外如永丰渔轮股份有限公司（任董事）、宁波益康钱庄等。方液仙（1893—1940），是我国民族资本企业家的一个典范，是中国日用化工业的奠基人。宁波斐迪中学毕业后，入上海中西书院，受教于德国化验师窦伯烈。1912年，创办中国化学工业社，研制三星牌牙粉、蚊香、化妆品等系列产品。1937年与人联合创办中国国货联营公司，抵制日货，被称为"国货大王"，是中国爱国民族资本家的一个典范；1940年，为汪伪特务绑架杀害。

郑氏为保护家族发展，在清代时走捐资做官之路；相比较而言，柏墅方氏家族则是典型的商业家族，借助开埠的时机，占据上海，成为宁波帮家族集团中发迹最

郑氏十七房(镇海)

早、实力最强、影响最大、延续时间最长的家族;直至 19 世纪 70 年代,其他宁波帮家族才开始对方氏家族在上海商业上的垄断地位提出挑战。这个家族的形成与发展,一定程度上反映了宁波帮 19 世纪在上海的活动,也反映了中国近代资本主义发展的过程。这两大家族因区域相近,一直保持通婚关系,结成亲帮亲的商帮联盟。如《柏墅方方氏家谱》中记载:方仁高(方亨宁之长子),生六女,长适本邑郑芳均;仁本(方亨学之三子),生二女,次适本邑郑芳墀;仁泰(方亨学之五子),号岳庵,生三女,次适本邑郑钦芳;义富(方亨璜之孙),继娶郑氏,本邑十七房郑星躔女;义存(方亨学之孙,娶郑氏,澥浦十七房盐课司提举衔郑济勋次女);义章(方亨学之孙),娶郑氏,澥浦十七房同知衔郑传箕长女。

与方氏有着密切婚姻联系的还有小港李氏。张永祥先生主编的《江南望族小港李家百年风云》中记载,李家梅塘四子薇庄娶镇海柏墅方家四房方季扬的姐姐;梅塘二女儿银娥嫁给镇海柏墅方家二房方选青;干季房璇祥子祖怀娶镇海柏墅方家方椒伯的长女方芷,仲房泳裳之女伍章嫁柏墅方家方子勤。《镇海柏墅方氏家谱》记载:方义镛,生四女,长适本邑李厚益;方义钧,生三女,长适本邑李厚祚;方义章,生六女,三适本邑李厚礽;方选青,娶陈氏,续娶李氏(即小港李氏),李氏之子即为方液仙。

李氏家族严格地说不在中大河畔,而是甬江口南岸的小港。这个家族比之方家又稍晚兴起,大约在 1820 年前后,15 岁的李也亭从小港到上海淘金;经过 20 余年的苦心经营,李氏建立起包括航运、钱庄在内的庞大家业。进入 20 世纪后,小港李家在上海的事业如日中天。李氏一代代表人物即李也亭(1807—1868),以经营航运著称,曾参与购宝顺轮保护北号船商。二代代表人物为李也亭儿子李梅堂和其侄子李听涛,李氏家人在这一时期纷纷迁居上海,大展宏图,到19世纪末,拥有"余"字号钱庄近10家,"天、地、元、黄"四家房地产公司,成为上海房地产巨子,还创办为数众多的工商企业,经营范围涉及航运、金融、地产、仓储、码头及百货等行业。三代代表人物为上海总商会会长李云书(1867—1935)、旅沪宁波同乡会会长李征五(1875—1933)及李薇庄(1873—1913)三兄弟。他们除经营祖传的航运、钱庄、房产外,还广泛投资新兴事业,如轮船、银行、保险、丝织等,使李家成为沪上工商大家族,达到鼎盛。李云书在上海滩可谓一言九鼎,1905年,还与张謇等人组建沪上首家民办轮船公司大达轮船公司;随后,与虞洽卿发起创办宁波人的银行——四明银行;此外,还创办上海绢丝公司、赣州饼油公司、华通水火保险公司等。并参加同盟会,投身辛亥革命,上海光复后,李云书担任江浙军总兵站总监。李薇庄、李征五均在光复上海之役中做出贡献。

四代以李祖恩(1890—1937)为代表,李氏后代纷纷走出国门求学,力图以实业救国。其中留学美国耶鲁、麻省等著名学府的就有祖贤、祖浩、祖法、祖范、祖永、祖燕;去莱茵河畔攻读工科的有祖芬、祖武、祖白、祖冰、祖薰、祖龄,此外还有多人在英国、日本留学。李家"祖"字辈有73人,其中读大学的有34人,去欧、美、日留学的有19名。李祖恩伦敦大学政治经济学系毕业后,被"北洋财阀"盛宣怀委以重任,相继担任邮传部主事、财政部库藏司司长等职。这一代被认为是李家到上海后的黄金时代;五代以李名觉为代表,这一"名"字辈,经历20世纪中叶翻天覆地的变化,现除居住在大陆各地外,还遍及欧美、日本及港台等地,创造出令人瞩目的成就。李名觉,艺术设计大师,毕业于耶鲁大学,早年师从张大千及姑母李秋君,2004年获美国"国家艺术及人文奖章"。李名立,毕业于麻省理工学院,为美国核科技领域的权威。

相比较于方氏家族,李氏可以说是见证了上海民国初期的黄金时代,他们积极投身社会变革,发展新兴工商业,在抗战中又致力抗日救亡运动。这一家族的鲜明特点是家族事业的承继往往在侄辈中选择贤者,而不一定由儿孙继承。在亲戚、同乡中也提拔了不少后起之秀,如曾任宁波总商会会长、上海总商会主委的俞佐庭和著名实业家乐振葆等,出身均为李家学徒。之后,家族成员从工商业转型到科技文化，一大批家族成员是各个专业领域的成功人士，足迹遍布世界，成为当代宁波帮的代表家族。

研究宁波帮的兴起，我们大致可以郑氏、方氏、李氏三家的先后崛起为线索，看到草根商帮兴起的艰难、发展的机遇与开拓的精神。明代十七房郑冲，与宁波人孙春阳、慈溪人乐良才等可谓是宁波帮之先声，郑氏后代在北京设四大恒钱铺、乐氏后代创办同仁堂药店等为宁波帮事业初步发展，以经营药业、成衣业、鱼盐业、钱庄业为主。19世纪初期是宁波帮大发展时期，代表人物为柏墅方氏始祖方亨宁（1772年生）和方介堂（1783年生）、李家始祖李也亭（1807年生），初始经营糖行、钱庄等，后经营进出口贸易，航运业，家族财富迅速积累。与之同时代的宁波帮人物如慈溪沙船运输业商人董杏芳，药材商人董倬云、冯云濠、慈溪盐商严宇香，棉布商人慈溪张世昌、镇海朱传伦等。19世纪中后叶，以柏墅方氏方黼臣、方季扬，小港李氏李梅堂为代表，经营钱业，并涉足新兴银行、航运、地产、仓储等行业。同一时期，宁波帮能人云涌，如严信厚（1828年生）、叶澄衷（1840年生）、樊棻（1844年生）、周晋镳（1847年生）、朱葆三（1848年生）、盛炳纪（1860年生）。辛亥革命前后，时代巨变，宁波帮以柏墅方氏四五两代、李氏三四两代为代表，致力实业救国，转型中的银行业、航运业等成为民族资本主义的代表性产业。同时期，宁波帮新秀有宋炜臣（1866年生）、虞洽卿（1867年生）、张逸云（1871年生）、黄楚九（1872年生）、傅筱庵（1872年生）、宋汉章（1872年生）、余芝卿（1874年生）、项松楚（1880年生）、黄延芳（1883年生）、盛丕华（1882年生）、包达三（1884年生）、陈万运（1885年生）、刘鸿生（1888年生）、俞佐庭（1888年生）、金润庠（1890年生）等。而20世纪中叶以后，李氏的转型似乎也是一个大的趋向，镇海人在这一时代纷纷求学国外，而回归国内的均成为行业开拓者，并使镇海成为全国院士最为集中的县域之一；至2013年，共有29名中国科学院和中国工程院的"两院院士"。著名的如生物学家、教育家贝时璋院士，计算数学专家周毓麟院士，生物化学家杨福愉院士、杨福家院士等。

据《上海的宁波人》统计，从开埠至1937年，宁波商人在上海创办重要工业企业101家，参与投资创办的驰名商号28家，而金融业有105家。在这一些行业中，镇海籍宁波人显得重要而显赫。郑氏、方氏、李氏之外，如叶氏家族，叶澄衷被称为"五金大王"，在全国有38家分号，108家联号。1891年，戴嗣源在上海创办戴生昌轮船公司,这是中国出现得最早的内河轮船公司。叶又新(叶澄衷之子),1908年与樊时勋(镇海)创办了上海第一家毛纺织——上海日晖织呢厂。1910年,黄延芳成立了当时国内最大的运输企业"上海中华捷运公司"。虞洽卿,1915年创办的三北航业集团后来居上;与盛丕华(镇海)等创办了第一家由华人开设的证券所上海证券物品交易所,这也是当时远东最大的证券交易所。胡西园,1922年在上海创办电灯泡制造工场,后成为中国灯泡业大王,等等。

而航运业在镇海籍的宁波商帮现代发展中,一直有着突出的表现。镇海大碶(现属北仑)人顾宗瑞(1886—1972),1928年,开办"泰昌祥轮船行",至1946年,成为拥有各类船舶13艘,载重吨位近1万吨的大型航运公司。20世纪40年代末,泰昌祥轮船公司迁往香港,更名为"万利轮船有限公司",成为宁波帮在香港经营航运业的先驱。二代由顾国华掌门,产业发展到新加坡、日本等地,成为拥有20余艘远洋轮,载重276万吨的实力雄厚的企业集团。包玉刚到香港后,也倾注精力投身航运事业,至1981年底,环球航运集团拥有船只210艘,总吨位2100万吨,还在纽约、伦敦、东京等地设立十几家子公司、代理公司,跃居世界航运业之冠,人称"东方船王"。1986年,长女包陪庆接掌了父亲的事业,努力开拓大陆航运市场。到21世纪,以108艘船只、2230万吨的运力,重回世界船王的宝座。

而镇海航运业在改革开放以后,又迅速发展。1985年,镇海沿海和内河水运运力各为2500吨。其后,内河运输衰退,至1998年退出历史舞台;而沿海运输却异军突起,在20世纪八九十年代出现大量的航运专业户和合股经营的航运联户,到1995年,共有船舶47艘,总吨位24417吨。1997年9月,镇海区首家民营航运企业宁波甬江海运有限公司成立,国营、集体所有制航运企业格局打破,至2013年,航运业总运力达到110.2万吨,处于省、市领先水平。

# 奉江北去:江东江西的家族变迁

## 塘河人家:鄞州文化家族的家国呼应

在奉化江平原地带,众多文化家族以不同的文化实践,叙写了富有内涵的家国内容,尤其是在家国变革的清末民国,展现了宁波人博大的情怀。

奉化江是宁波的母亲河。通常以为甬江以奉化江口镇奉化江畔形似覆钟的甬山得名。因为旧时余姚属绍兴,故而奉化江对于宁波地域维系的作用更为明显,以奉化江畔甬山命名甬江水系,也成为自然的事情。奉化江上游以剡江为干流,主要支流为东江、县江和鄞江。这些支流汇聚的四明山、天台山清泉,对于宁波意义重大,鄞江古镇即作为宁波南北朝至中晚唐的政治中心,唐代在鄞江上建筑的它山堰是基垫宁波三江口州治的水利工程;而现今,这些支流上仍然密布大中型水库,如剡江上的亭下水库,县江上的横山水库,以及鄞江上的皎口水库、周公宅水库等,如果没有这些水库,宁波现代城市的扩张与发展是无以得到支撑的。

从奉化江的构架上,我们可以清晰地看到鄞奉一体的区域特点,或者说鄞州占据了奉化江的平原地区,但在鄞西,它的翼翅也延伸到四明山的深处;而奉化占据了上游山区及盆地。这种地理上的紧密相连,使它们在历史的追溯上紧紧合为一体。清代江苏无锡人顾祖禹(1631—1692)著有《读史方舆纪要》,说:"夏时有堇子国,以赤堇山为名,加邑为鄞。"如果依照这种说法,鄞在夏朝时已经存在,鄞的区域靠近赤堇山；但在浙东有很多称赤堇山的地方，一般认为奉化白杜可能就是古老的鄞邑所在地。赤堇山，在史书上有诸多记录，如东汉袁康辑录的《越绝书》记薛烛为越王勾践说剑，有"赤堇之山破而出锡，若耶之溪涸而出铜"，《战国策》《吴越春秋》也提到赤堇之锡。而"堇"字，我们已经很难理解在越语中的意义，许慎《说文解字》土部曰："堇，粘土也，从土，从黄省。"段玉裁注："从黄者，黄土多黏也。会意。"许多人根据这一带发现的众多史前遗迹，推想这是远古崇尚黄土的部落图腾演变成的一个字，也就是说，鄞可能与黄帝传说有着关系，这是遥远的中华文化初成时代的事情。

越过这段为历史尘封，为语言遮蔽的漫长时代；在汉晋时期，人们加快步伐从沿山区域向三江口平原迁移。到唐代，三江汇流的咸碱区域已经成为宁波盆地的商业中心、经济中心。水利工程持续增长，技术不断成熟，四围山涧之水缓缓流入州城，解决生活、生产之需；而在宋代，人们江与河的功能已经得以区分：江为自然水系，主要用于雨季排涝，而河与江隔断，用于引导和蓄积淡水。形成了鄞西以广德湖为心、鄞东以东钱湖为中心，六条塘河为主干的密集水网，汇集大约 1 亿方的蓄水，彻底解决平原缺水的问题。这正是鄞州塘河家族繁衍的自然基础。

水利治理带来了农业的生产兴盛，人口的迅速增加，导致物资需求量的扩大，市场发育更为成熟，让两宋之际的南迁家族由此获得充分的生存与发展的机会，文化的发展有了坚实的经济支撑。在东钱湖下水村，即建有忠应庙纪念治水能臣王安石的村庄，不久成为史氏的聚居地，北宋政和年间（1111—1117），史诏迁入东钱湖下水村，一门走出三丞相七十二进士。北宋初期，鄞州区姜山镇与奉化相毗邻的东江畔，陈氏家族从苏州迁入定居，历代走出 76 名进士，因做官人多，为便于车马行驶，在河西岸筑堤塘五里，故名为走马塘。在前塘河汇诸金峨山、大梅山之水的横溪，北宋左丞相陆佃之子、明州通判陆寞择居择阳桥畔，其曾祖父陆珍、弟陆传、堂兄陆长民相继为明州知州，陆寞以"居官忠勤，处家孝友"训子，其 8 子，皆为显宦；诗人陆游即为陆寞之侄。北宋真宗景德二年（1005），苏州人杨厚担任鄞县教官，定居于鄞县东钱湖；北宋后期，三世祖杨仁爽迁居鄞县西南部的光同乡仲夏里（今鄞州区石碶镇栎社），为镜川杨氏的始祖。至明中叶，镜川杨氏宗族人才辈出；杨守陈、杨守随、杨守阯三兄弟，先后中进士，均官至尚书，子侄女婿均为进士，后移居宁波城莲桥街。全权在南宋时随康王南下，定居鄞县洞桥镇沙港村，宋理宗母亲即为全氏，在宋明两代，出过不少名士，而清代著名史学家全祖望即为全氏之后。

淳熙四先生之一沈焕的后代,移居到鄞县栎社,明代著名的人士有沈明臣、沈一贯、沈一中、沈九畴、沈光文等。古林镇俞家村,宋真宗咸平年间始祖俞鼎由吴兴蠡山迁到鄞县,迄今已历千年,在宋代出进士15人,明清出进士4人、举人17人,村庄里至今仍保存着进士第、大夫第等大家族建筑。

其实奉化江两岸的家族大多大致集中在两宋,明清以后因为已无剩余土地,移民或移入山区,以种番薯、土豆、玉米为生,或进入城市,成为工商业者。因为两宋移民有着较高的文化素养,或者具备自觉的文化追求,使得在宋明两代,进士扎堆地出现。以奉化江为中心的平原到山麓的地带,进士过千,鄞县是全国18个进士过千的县域之一。从姓氏上看,以张姓、赵姓、史姓、陈姓、徐姓、黄姓等为多,各姓都有;从区域来看,塘河人家越靠近州治,进士越多。明代进士、鄞县布政张家潭村(今古林镇)张邦奇曾说:“四明多宦族,士大夫读书尚礼,饰帷薄,凝风范,足以燕后昌教,亦往往是。”这些家族因为文化积累丰厚,而且随时移而益长,门祚也较官宦世家、豪门右族更为绵长。他们通常也是精神型望族,具有较高的精神品格追求,热心乡里公益事业,严格以忠孝节义为人生追求目标,以礼义廉耻为做人做事准则。上述持续维持兴盛的家族,常常在出仕之后移居县城即宁波城,可以说宁波辐聚了奉化江两岸的士大夫,文风更为浓郁。

家族借助政治出仕发家致富,代有闻人,成为簪缨望族,其实是一件相当艰难的事情,政治成就一般不能持续两代以上,跨越几朝的辉煌极为罕见。如果做一个平均,鄞县每科进士大约三四人,这对于几十万的总人口来说,属于凤毛麟角。但是这样一种机制存在,却有利于介于国家与地方之间的中间阶层即士绅阶层的长期存在。一方面,科举制度为他们进入仕途提供了可能,通过这个上升通道,他们是国家政权的后备军;如果进入仕途,靠着在封建帝国中的职位,他们可以补偿并扩充家族的财产,维持血缘家族在社会上的地位。另一方面,国家依据他们实现教化,他们事实上也成为乡村社会的支配者。尤其是一些道德高尚的退休官僚,在村庄伦理的维持上,起到积极的作用。他们具有“亚贵族”性质,成员有官僚、幕友、生员,也可能是商人、地主,也有教师等,大多数人的收入可能是普通农家的10倍左右,有足够能力去投身科举。而这个阶层之所以能长期稳定存在,还在于本身的流动性,下层的农民也有可能因为科举成为社会的精英,而科举强烈的竞争,使家族如果没有后继的努力者,将失去文化的优势。这种动态的机制,反而能使国家与社会的利益得到很好的平衡,促进了社会的稳定,这也是鄞州在上千年的历史上基本上没有发生规模性农民起义的原因。

这样的社会结构最终在清末被打破,但在鄞县可能在清初就已经开始瓦解。因为清朝初期,宁波反清复明的抗争极为激烈,鄞县部分士子富有民族气节,以布衣终生,而政府也压制宁波科举,雍正四年,甚至下诏停止浙江乡试、会试达六年之久。清代进士仅百余人,远远不及宋明两代,朝廷和地方高官屈指可数,仅 10 来位,比较著名的如状元史大成、兵部尚书屠粹中、吏部右侍郎仇兆鳌、都察院左都御史童华、曾为帝师的张家骧等;进士居官多为知府县,乡邦才俊得不到有效的相继提携。而此时,黄宗羲讲学甬城之后,经世济用的浙东史学深入民心,不少家族面对现实,走上了经商之路。尤其是鸦片战争以后,科考弊端尤为士人所认识,欧美现代教育因为开埠而不断输入,近州治的奉化江塘河人家,信息灵通,迅速分化,或转而追求西学,或辍学弃试经商,成为现代宁波商帮的先驱。而有些家族经商致富之后,仍以文化为重,资助族人北上以上海为中心大城市,及至境外求学,这就是近代宁波文化望族集中暴发的原因。

马氏曾经居住的海曙马衙街

世居鄞州邱隘盛垫桥的马家是民国时最为典型的文化家族。民国初期的北京文化界,有“一钱二周三沈五马”之誉,“一钱”为钱玄同,“二周”为周树人、周作人,“三沈”为沈士远、沈尹默、沈兼士,“五马”指的是马海曙的九个儿子中的五个——次子马裕藻,四子马衡,五子马鑑,七子马准,九子马廉。马氏家族相传是汉代伏波将军马援之后,也是在北宋末年迁入宁波,历史上三世马贤庵曾为南宋兵部尚书,其后以务农为生,直至清末。马海曙最初也从举业,后弃科举到扬州从商。在太平天国运动时,马海曙曾以筹集粮食为清政府立功。而后通过捐官,成为一名清朝的地方知县,之后曾在月湖边马衙街造房,聘请留日回来的维新派人士叶瀚做家教老师。叶瀚就是“五马”思想的启蒙者。长子马裕藩,以科举取士,没有列入五马;马裕藻为老二，1911 年日本留学六年回国，出任北大教授。1920 年，成为北大国文系主任，并将鲁迅聘为北大教授。一生主要致力汉语正音、传播国语，是中国第一部官方正式颁行的法定汉字注音注音字母的首倡者。马衡娶宁波富商叶澄衷的二女儿叶薇卿为妻，能诗、善书、工篆刻，曾为西泠印社第二任社长，喜昆曲，善骑术，初为北大体育老师，教授骑术；后通过自学，成为金石研究学界的大师，北大讲授金石学期间，对青铜器断代、汉魏石经、石鼓文研究，都做出了引人注目的成绩。1933年起，担任故宫博物院院长，期间为保护国家瑰宝不被战争损毁，辗转大江南北，劳苦功高；马衡有十个子女，戏剧大家马彦祥即为其子。马鑑曾任教于北京协和医学院，43 岁赴美国哥伦比亚大学进修，1926 年，被燕京大学聘为国文系主任；后到香港大学任教。日军占领香港后第二年到成都重建燕大，抗战结束后回香港，重振港大。马准为民俗学家，曾在北京大学、燕京大学任教，教授文字学与目录学，1927年应好友顾颉刚邀请，至广州中山大学图书馆工作。马廉在 20 年代初到北京，就任新创办的孔德学校校务主任，校长由蔡元培先生兼任。在北京大学任教时，教学中国小说史，接替鲁迅。1931 年，回宁波养病，期间曾与来访的郑振铎、赵万里一起整理天一阁藏书；当时宁波城墙已经拆除到尾声，马廉撮拾大量汉晋古砖，1933年，天一阁建明州碑林时，马廉将数百块古砖全部捐赠，即为天一阁"千晋斋"来源。

今天邱隘后塘河边的马家后人仍有三百多户，但马氏族谱经过纷乱已仅剩两本，存于鄞州图书馆，获取完整的家族信息已经变得非常困难。而与后塘河隔奉化江相对的是西塘河，在这一时代，这条河边的高桥镇石塘村也出了一个相似的家族翁氏。这个家族的核心人物是翁文灏，民国时期曾任行政院院长，是我国第一位地质学家。翁氏家族自翁文灏高祖翁开明开始经商发家，曾祖父翁景和在上海、天津、杭州、宁波等城市开设各种各样的工商业，积财 200 余万两银子，其在上海南京路上开设的专营英美洋布的大丰洋布店，是沪上最大原件批发字号。翁文灏父亲翁勉甫无意科举，而是热衷振兴实业。家族后迁至月湖芙蓉洲南端书院巷 11 号。翁文灏于 1908 年考取浙江省官费留学生，到比利时鲁汶大学攻读地质学，4 年之后，成为中国第一个地质学博士；回国后，应北洋政府农商部之聘，到地质研究所任专职教授。出版了《中国矿产志略》等巨著，研究与编制了中国地图，提出"燕山运动"理论，开创东亚地区地质构造学研究的新时期。抗战八年，作为国民党行政院院长，为后方的工矿生产、经济调整鞠躬尽瘁。翁文波，翁文灏的堂弟，其父翁厚甫为同盟会会员;毕业于效实中学,1930年,考入清华大学物理系,当时翁文灏担任地理系的系主任,受翁文灏影响而选择地球物理学。1934年,留学伦敦大学,以设计制造"重力探矿仪"而获得博士学位。抗战时期,任教重庆中央大学物理系。为中国石油勘探、地震预报做出重大贡献,被称为石油物探之父。预测学一代宗师。翁心源,翁文灏之子,主持设计和建设了中国第一条输油管线和油库系列,有专著《油管工程》,被称为"中国输油第一人"。翁心植,翁文灏之侄,为中国工程院院士,被称为"中国控烟之父"的医学家。再如翁心梓,著名钛金属专家,曾任美国总统顾问等,均为著名的教授、学者、医生、银行家、技术专家等。

而在这一时代,塘河人家出现文化家族的覆盖面显然扩大,在东钱湖的南侧群山中的小山村里,也频频走出文化家族,最为著名的如塘溪镇的沙村、童村等。这些山村的百姓往往经过梅岭双石岭或横溪亭溪岭,到横溪河头乘船通过前塘河到宁波。画家沙耆在年轻时去宁波夜栖前塘河头,写下一首《横溪夜泊》:"水村人语近桥多,卧听邻舟发棹声。偶起开篷看夜景,满天星影洒清河。"也许前塘河美丽的星辉,就是他人生长征前斑斓梦境的最好写照。据《沙氏家谱》记载,沙氏家族在南宋时由四川迁到宁波。沙耆,沙村人,离开家乡后,先后在上海昌明艺专、上海美专、杭州艺专和中央大学艺术系习画9年;1937年师从徐悲鸿先生学画,同年由徐悲鸿介绍赴比利时皇家艺术学院深造,师从新写实派画家巴思天院长,并与毕加索及其他著名的现代派画家共同举办展览,成为当地颇具影响的画家。1946年回国后,徐悲鸿聘他为北平艺专教授,但由于疾病缠身,未能上任。之后蛰居家乡30余年,作品数以千计。沙耆和沙孟海是堂兄弟,沙孟海是一代书法宗匠,曾任浙江大学中文系、浙江美术学院书法科教授,西泠印社社长等。沙孟海因父亲过世很早,与四个弟弟均由沙耆父亲照看长大。沙门五杰,即指沙孟海五兄弟,老二沙文求,是早期中国共产党的优秀党员。1926年在沙村建立支部并任党支部书记,1926年奉命调到广州,1928年被捕遇害。老三沙文汉,与其妻子陈修良是一对职业革命家,也是一对学者;沙文汉1925年入党,新中国成立后历任中共浙江省委宣传部长、浙江省省长等职。老四沙文威,也是共产党的地下工作者,新中国成立后,沙文威为纪念二兄,改名史永。老五沙季同,毕业于上海美术专科学校,后到延安鲁迅艺术学院学习,是一位革命战士、艺术家。

童村与沙村一衣带水,这个小村庄在20世纪走出了以童第周为代表的30多位童姓教授。童氏先祖童宴公在唐德宗贞元年间（785—805）曾任苏州府别驾，因避安史之乱，定居赤堇山麓；宋徽宗年间，搬迁到童家吞即童村居住。民国时期，作为一个文化家族，最为闻名的人物是童第周。童第周毕业于上海复旦大学生物系，获布鲁斯尔自由大学博士学位，曾任职于山东大学生物系、中央大学医学院、同济大学生物系和复旦大学生物系。1955 年当选为中科院学部委员，1957 年任中国科学院海洋生物研究所所长，为中国实验胚胎学研究的创始人之一，被誉为"克隆先驱"。童第周的长兄童第锦，饱读诗书，在乡里有较高名望，被当地乡民推选为鄞县政府参议员。二兄童第德是童氏家族的第一个大学生，据说童第德为求读北京大学，一次就卖掉了在奉化松吞村的 20 亩水稻田。童第德为国学大家黄侃先生的得意门

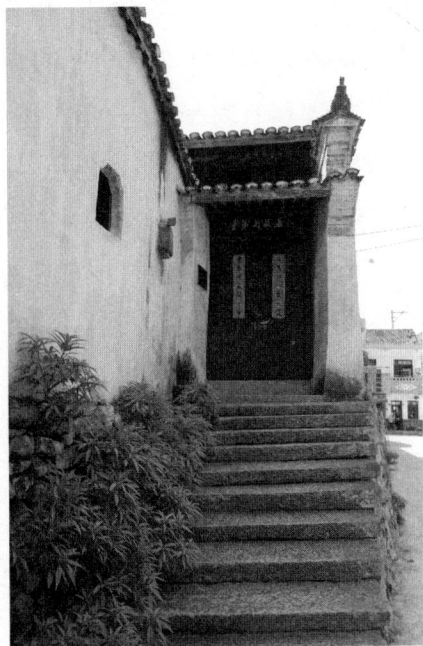

位于鄞州塘溪镇童村的童第周故居

生，曾任职国民革命军总司令部、国民政府交通部等；新中国成立后任中华书局高级编审。接受新思想的童第德，引导 3 个弟弟从学习社会科学转到研究自然科学。三兄童第谷，毕业于浙江法政专门学校经济系，曾任职国民政府中国农民银行等。五弟童第肃，毕业于浙江大学土木工程系，是一位教授级高级工程师。童氏家族中还有中国人民银行副行长童赠银、儒将童中杰、国防科工委高工童祖康、国画大师童中焘等杰出人物。

由此回顾鄞州塘河家族，移民依据谱系的记录，使家族的发展成为一件脉络清晰的事情。一时兴、一时落的家族命运是社会变迁最生动的记录。而塘河家族伺机而动，时代开明则锐意进取，由家而国，担当国家兴亡之责；时代沉闷则雌伏而守，由国而家，坚持对文化的虔诚。塘河或许就是他们蝶栖的家园，他们翩翩飞来，翔集塘河之间，所谓王家桥、董家跳、张隘、邱隘、殷隘、张隘、余隘、徐家漕、大漕等。经过千年的修筑，东西三条塘河已经变成了精致的田园风光，有些还用花岗石驳成石塍。河塘的顶部铺设着讲究的石板路，随河蜿蜒，人们荷锄曳牛其上，纤夫拉着

纤绳,荡悠悠地经过。平板桥和石拱桥跨河而过,与桥下的木船和石板的纤道构成了悠闲文化气韵的立体交通。在唐以前,人们记载家谱是出于世家士族维护门阀的需要,而在唐中叶以后,这一切都改变了:塘河人家记载家谱是为了告诉人们从哪里来,家族有哪一些耀眼的人物,其意义是激励后代知道到哪里去。科举制度的长期存在,使人们面对此起彼伏的家族兴衰既淡定从容,又不懈努力;在兴起时蝶飞大江南北,树德于乡里,在衰落时不乏坚忍刻苦,积聚力量。他们懂得教育、伦理等文化精神对于宗族绵延的重要作用,为着后代的兴盛,他们踏实地积累,从担当家族脉流的延续中,每一个人都找到了清晰的人生坐标,无论怎样的时代与个人,都自觉地朝着既定的目标努力。

**溪涧淙淙:奉江家族的军政精英**

> 奉化江支流鄞江、剡溪两岸,在 19 世纪末 20 世纪初走出了众多政治精英,他们有慷慨赴死的决心,又有缔造新世界的梦想,成为宁波又一种时代家族类型。

奉化江直贯奉化与鄞县两个区域,两区并无天然的山河分界线。奉化在秦汉时即属鄞县,晋到隋先后属句章县、鄮县。作为独立的县域是唐开元二十六年(738),越州鄮县置为明州,析出鄮、慈溪、奉化、翁山四县。一般以为奉化之名是"民皆乐于奉承王化"而来,奉化江即以奉化得名,由此奉化江的命名还是近千年的事情。但是奉化江的支流的名字却是极为古老的,比如鄞江,鄞为古地名,鄞江镇之上称为樟溪。剡溪,似乎是天台山隐逸文化的代名词,世以曹娥江上流嵊县剡溪九曲胜景著名,晋王子猷雪夜访戴故事,使此溪声名益显。而奉化剡溪也以隐逸文化著称,从跸驻乡至班溪乡公棠村(均在溪口镇内),也形成九曲;元陈沆《剡源九曲图记》言:"水一曲而为六诏,晋右将军王公逸少隐居其间,诏六下而不起,地由是名。后人为之立庙,有砚石存焉。"

相对来说,这一带道教文化、佛教文化相对繁盛,雪窦寺供奉的弥勒佛,即在剡溪流域。当然入世的儒家文化仍然是溪边诸村的主体,宁波现存的古村落大多数都集中在四明山、天台山的山涧之旁,剡溪与鄞江都还保存着相当数量的古村落,从村庄的布局、乡村治理等，无不是儒家规范。相对来说，进士文化在山溪的下流更为发达，如剡溪下流萧王庙镇青云村。青云村因村东南有一"联步青云"的牌坊而得名，"联步青云"指明代中期村人孙胜先中浙江乡试举人，又于次年京城会试中进士及第。这一孙氏聚居地，

青云村孙氏宗祠（奉化）

起于唐代，兴于明清，名人另有清光绪进士孙锵，嗜书如命，建有藏书楼"七千卷藏书之楼"，国学大师俞樾题写书楼之名；孙鹤皋，1910 年毕业于日本长崎高等商业学校，追随孙中山先生致力于辛亥革命，后弃政从商，实业救国，在家乡建有藏书楼"天孙阁"。民国孙琴风，为新潮的知识分子，早年在蒋家开设的玉泰盐铺当伙计，后在宁波开森顺木行，到上海开设孙余生营造厂。孙琴风为蒋介石父亲蒋肇聪第二个妻子孙氏的堂弟，蒋介石称之为舅舅，蒋介石去日本留学，路过宁波，常到这位舅父店中；1913 年，蒋介石讨袁之役失败，为政府悬赏捉拿，曾避居萧王庙舅父家中。孙琴风曾在蒋家事务中起到重要作用。

　　蒋介石故乡就在青云村上溯剡溪不远的溪口，溪口以武岭头与溪南山，阻隔剡溪成口得名。蒋氏为溪口蒋、张、单、宋、任五大姓氏之一，五姓氏族共在武岭建庙，即武山庙。清朝末年，蒋介石的父亲蒋肃庵为庙首，以办学、收租、建立商摊等办法，增加庙产，重新开光庙宇，蒋氏将之视为家庙。蒋氏出于姬姓，周公旦帮助成王平息商纣王之子武庚和东方夷族的叛乱，确定宗法制，周公旦将三子伯龄封于蒋国，以国为姓，蒋伯龄为蒋姓始祖。此即蒋氏丰镐房之源，蒋介石在宗谱中属"周字辈"，宅以西周两位帝王的都城丰邑和镐京，各取一字为名。汉代以后，蒋氏大都出自江苏的宜兴，唐初，浙江天台的蒋姓移居奉化。五代时，蒋显出任四明监盐官，住在宁波城内的采莲桥（今白水巷），其后代文人蔚起，成为甬上望族；如果正月初一居住溪口，蒋介石常至白水巷祭祖。元代，宋神宗金紫光禄大夫蒋浚明后裔蒋仕杰迁居奉化武岭，为蒋介石之先祖。

蒋氏故居丰镐房

蒋介石是近代中国著名政治人物，出生于 1887 年，早年留学日本，回国后曾组织辛亥革命杭州、浙江的光复运动，为敢死队总指挥。一生起伏跌宕，主要与六个地方密切相关。一是上海，为其主要根据地，与其结为兄弟的张静江、陈其美、张群、陈果夫、戴季陶等人，主要活跃于上海，组织过反袁等活动，并得到了上海宁波帮的支持，与青帮头目黄金荣、杜月笙等也有往来；1927 年，蒋介石离弃妻妾，在上海迎娶宋美龄，与宋子文、孔祥熙联姻，通过他们加强与美国的联系。二是广州，在这里受孙中山赏识而崛起于民国政坛，由于长期担任黄埔军校校长与国民革命军总司令之职务，有"蒋校长""国民革命军之父"之称。三是南京，登上政治巅峰，北伐、训政、国共内战、对日抗战、行宪等重大事件均发生在这里。四是重庆，在八年抗战中，因担任国民政府军事委员会委员长职务，称"蒋委员长"。五是台湾，经历东西方冷战与台湾经济的初期发展。六是溪口，故乡溪口与前五个地方形成鲜明对比，前五个区域是大城市，是改变世纪中国命运的历史大舞台，蒋介石居于军政核心，是一个饱受争议的历史人物；而溪口是一个山麓小镇，处处为田园诗般的秀丽风光，他是宗族中的普通一员。在邻居街坊的印象里，蒋介石是顽皮的小孩，也是事业成功的人物。1935 年，蒋介石扩建丰镐房，原计划迁走丰镐房附近的 26 户人家，但邻居周顺房不愿搬迁，结果丰镐房就缺了一角。蒋介石主政的 22 年中，1927 年 8 月 13 日、1931 年 11 月 22 日和 1949 年 1 月 22 日，三次从统治中国的位置上下野，辞归故里，溪口均以极大的乡情迎接他的到来。蒋介石常以陶渊明《桃花源记》中的"武陵"称家乡的武岭，也许在他心中，这确实是起伏跌宕政治遭遇中的一个安静的避风港。

蒋介石之子蒋经国 1910 年出生于奉化，其母亲为毛福梅，为溯剡溪而上岩头古村的毛氏望族。1916 年，蒋经国入溪口武山小学；1920 年，由在上海经商的陈果夫照顾在上海万竹小学就学。1925 年赴苏联留学，就读于莫斯科中山大学。1937 年回国后，在溪口读《孟子》《曾文正公家书》等。后任职江西赣县等，抗战胜利后，被任命为东北行营外交特派员。1949年1月，蒋介石下野以后，陪父亲退居溪口。在台湾地区，历任国民党台湾省党部主任委员、台湾行政主管部门负责人等职。1978年，蒋经国任台湾地区领导人后推动十大建设，使台湾地区成为"亚洲四小龙"之一，开启台湾地区政治民主化之路，是为台湾地区民众肯定的一位领导人。

溪口与蒋氏父子关系密切的地方包括武山庙、丰镐房、慈庵、妙高台等。据说武山庙菩萨极为灵验，蒋氏父子将此作为精神依托。近处有宋美龄常居的文昌阁，蒋经国居住的小洋房，以及蒋氏创办的武岭中学等，蒋介石亲自任校长，宋美龄为董事长，蒋经国、蒋纬国、陈布雷、陈立夫、陈果夫等12人组成校董会。沿剡溪有祖居丰镐房，扩建后的丰镐房以蒋介石祭祖敬天的"报本堂"为建筑中心。玉泰盐铺为蒋介石的出生地，长兄蒋介卿所居，蒋介卿曾叨光出任过台州地方法院推事等官职，后辞职回到溪口，开设公裕钱庄。摩诃殿，为蒋家祖庙。蒋介石祭祖时，按照族规，穿长袍马褂，恭恭敬敬地搀扶、迎接族长，一起祭祖，族长仍称其小名瑞元。慈庵在溪口镇外，也是蒋介石母亲墓庐所在，蒋介石回乡常居此处。妙高台近雪窦寺，蒋介石第一次下野时在这里建别墅，题堂额"妙高台"。所谓"妙"在于山底不见台只见峰，山顶只见平台不见峰；相传宋代高僧知和禅师结茅庐而居20年，日诵经文，感化两虎；台中有栖云庵石奇禅师舍利塔，蒋介石夫妇来此避暑，总要在舍利塔前鞠躬行礼。

或者说，这些地点构成了蒋介石的故乡地图，成为蒋氏依恋的心灵家园，有温暖的祖居、宗族的信仰、道教佛教的浸染，以及如武岭中学等溪口响应时代的新建筑。这些物化的家乡证据所构建的心灵场域，与塘河人家有着些许的区别，比如蒋介石从反抗奉化凤麓学堂闹学潮，到走向宁波、日本的过程中，居于剡溪下游的舅父青云村孙琴风起到了重要的引导作用。青云村即有追随孙中山先生革命的孙鹤皋。而剡溪上游的文化氛围大致与溪口相近，如果扩大范围看，蒋氏家族是这一风起云涌群体中的引领性家族而已。1911年11月4日，光复杭州是蒋介石走向发达的第一战，而光复杭州的主力便是蒋介石从奉化招募的百余名敢死队。据载，黄埔军校开办伊始，事务繁杂，蒋介石请上海、溪口等地的老同学、朋友物色人员到广东，虽然报酬不高，但听从号召的有二三十人之多。当时，溪口就来了三位，一是杨忠春，蒋介石私塾同学，在日本读过工科，到军校后管理枪支弹药，北伐时，任军械处长，抵上海后即辞职从商。二是族侄蒋和畅，做随身出纳。三是世交毛太昌号公子毛庆祥,曾留学法国,回国后任总司令部电讯和机要秘书,成为密电专家。此外,身边的警卫人员,多是奉化人,初为十余人,后来增加到百余人。而上游的岩头村相继走出了六位少将级以上的国民党高级军官,被人称为将军村,著名的如毛邦初,毛福梅侄子,黄埔军校第三期学生,参加过第一次东征,平定滇、桂军阀叛乱;毕业后留学于苏联、意大利,后为国民党空军副司令、抗战时期空军总指挥部总指挥。毛景彪,黄埔军校第六期学生,陆军大学第 10 期毕业;任国民党国防部一厅中将厅长等,长子毛高文曾任台湾教育主管部门负责人。还有蒋介石的老师、黄埔军校少校秘书毛思诚,这是蒋介石接受过私塾教学最后一位老师,感情深厚,曾 12 年陪伴蒋介石。

而逆鄞江、樟溪而上,沿江三镇洞桥镇、鄞江镇、章水镇在清末民国,也走出了一批耀眼的人物。章水镇还是革命名镇,浙东四明山抗日革命根据地的主要组块乡镇,后来又成为解放战争时期我国南方重要的游击根据地之一,是离蒋介石老家最近的红色革命区域。章水镇建有鄞州四明山革命烈士陵园,在章水镇街头立有李敏烈士高大的汉白玉雕像,她被称为"浙东刘胡兰"。鄞江镇建岙村是三五游击支队活动的核心地带,"中共四明地委"曾秘密驻扎这里,与当地百姓建立鱼水之情。最为著名的是章水镇蜜岩村,村庄已有千年历史,村民多为应姓。据《蜜岩应氏宗谱》,四明应氏本为河南汝南县南顿(现项城县忠顺乡)望族,唐长庆年间应彪为明州刺史,其子肃与父亲同到明州,定居鄞江。至两宋之交 12 世孙应高时,迁至蜜岩村。清代史学家全祖望的先祖在这里建有别墅"双韭山房",即全氏家族著名的藏书楼。民国时,古村曾走出应桂馨、"亨得利"钟表店创始人应启霖、爱国民主人士应斐章等。应桂馨早年混迹江湖,为上海流氓帮会头子之一。后投身同盟会,1911 年 11 月,参与上海会党军警起义,上海光复后任沪军都督府谍报科长。孙中山就任民国临时大总统时,赴南京担任总统府庶务科长。1913 年,受赵秉钧、洪述祖之命,指使兵痞武士英在上海车站刺杀国民党领袖宋教仁,制造了轰动中外的宋教仁案,为世人谴责;袁世凯为杀人灭口,指使军法执行处特务将其杀死在京津铁路客车中。应桂馨与父亲应文生在蜜岩创办了崇义学堂,1934 年,应桂馨次子应祖禄,将学堂朝南 9 间洋房赠予蜜岩小学。蜜岩小学曾经为抗日活动的重要组织地,校长为中共党组织派地下党员陈洛宁。

而溯奉化江另一支流县江而上,先是萧王庙,有竺梅先(1889—1942),辛亥革命时加入同盟会,参加光复上海之役。在上海先后创办民生工艺厂、民丰造纸厂、上海丰裕公行、宁波大新军服厂等,兼任宁绍轮船公司总经理。抗战爆发后,毁家纾难,与夫人徐锦华在奉化后琅泰清寺创办国际灾童教养院,接收来自上海等地的流浪孤儿 700 余人。再是奉化城区,有周淡游(1882—1919),1906 入东京警监学校,结识陈其美,转而结识孙中山,加入同盟会。曾参与光复浙江指挥联络事宜、讨伐袁世凯的"二次革命"等。蒋介石与陈其美、孙中山相识就由周淡游介绍,陈其美介绍蒋介石加入同盟会。西坞街道白杜王正廷(1882—1961),早期同盟会成员,1907 年赴美国密歇根大学、耶鲁大学学习法律。武昌起义成功后,就任湖北军政府外交部副部长。1912 年,参加起草并主持通过《中华民国临时约法》。一战结束后,赴巴黎参加和会,拒绝在和约上签字。1922 年,曾任汪大燮内阁的外交总长,代理国务总理。在蒋介石的幕下曾任国民党中央执行委员、外交部部长、驻美大使等重要职务。俞国华,毕业于宁波第四中学高中部、清华大学,曾与蒋经国在奉化锦溪小学同过学;父俞作屏与蒋介石为中学同学,曾任蒋氏的秘书,后在陈炯明广州叛乱时殉职。1935 年起,俞国华先后任职于蒋介石身边,曾与蒋介石外访印度甘地、见习开罗会议等。后赴哈佛大学研究院主修国际财政金融,1951 年 1 月,任国际货币基金会副执行董事。戴运轨(1897—1982),日本京都帝国大学物理系毕业,曾任北平师范大学、中央大学、金陵大学教授;1946 年,到台接收日据台北帝国大学。

沿溪直上,到大堰镇,有著名左翼作家王任叔(1901—1972),1915 年考入浙江省第四师范学校,五四运动中任宁波学生联合会秘书。毕业后,先后执教镇海、鄞县等地小学。1922 年,由郑振铎介绍加入文学研究会。1937 年任上海文化界救亡协会秘书长、《救亡日报》编委;与许广平、郑振铎、胡愈之等共同编辑《鲁迅全集》,新中国成立后曾任人民文学出版社社长。一生撰写了大量的小说、剧本、杂文,在文艺理论、史学研究等方面也广有著述。他的作品常常依据浙东农村的社会经济状况,从经济文化视角切入,着力表现农村经济崩溃所产生的社会深层次矛盾,如《河豚子》写吃河豚求死的悲惨一家,在反映人们变革旧社会、旧制度的普遍渴望方面的同时,带有浙东刚健的"乡野风"色彩,是浙东左翼作家群特色鲜明的代表性作家之一。

因为地域相近,这些家族往往互相呼应。比如周淡游、王正廷、俞国华等与蒋氏父子之间的关系,即使与蒋氏父子没有太多关联的王任叔也因为奉化同籍的影响,在"文革"期间遭受迫害。而更多的是互相支持,共赴国难。比如竺梅先在创办国际灾童教养院时沙氏家族就参与其中,如沙耆父亲沙松寿担任教养院总务主任,负责全院的经济财务工作,沙耆的结发妻孙佩君为教员。沙文汉、陈修良夫妇的帮助下,孙佩君在 1943 年带着 30 多名初中毕业生,从横溪乘船舶出发到江北岸轮船码头,然后投奔延安。

纵观宁波近世家族,他们的先祖以唐宋为主进入地域,儒家进取报国为主体的文化精神始终是家族千年绵延的重要支柱。在明末清初变革时期,这些家族在宋明两代,呈现为辉煌的科举史,耕读传家成为具有诗意生存与刚健清明的价值取向合一的生活样式。在清末民初,成为反抗异族入侵、坚持华夷之辨最为激烈的区域之一。在清末民国,受区域中心宁波作为开埠城市的影响,在实学求是、事功报国的浙东学术激励下,家族转型为新型现代家族;因为地域接近在明治维新中走在亚洲前列的日本,纷纷外出日本求学。在当代西学东渐中,宁波扩而言之到浙东、江浙、华东一带对于日本文化的引进,是推动中国语言、思维等变革,走进近代化的最为重要的力量。而这些家族经历艰险曲折的命运、丰富沉重的内容正是这个时代变革具有史诗性价值的具体体现。从奉化江流域看,奉化江下游平原塘河家族较多笃信教育、科技救国,奉化江上游支流的家族较多富有尚武精神,投身革命实践,两类家族合在一起,正好是百年中国历史进程中的风云际会,他们是中国近代史血肉丰富的承载者、表现者,他们鲜活的弄潮力量张扬着中国人面对时代变革时气魄与自信,来自民间的力量,或者说是拥有产生社会精英机制的宁波绅士社会,滋育出新一代以天下为己任的士子,"鼎革之先生",从而完成了国家责任的历史担当。奉化江两岸家族的百年史诗,也充分说明了中国传统机制中蕴藏着新生的文化力量,当时代需要的时候,他们就会跃然而起。

# 参考文献

[1] 冯先铭.中国陶瓷[M].上海:上海古籍出版社,2001.

[2] 史美露.南宋四明史氏[M].成都:四川美术出版社,2006.

[3] 乐承耀.宁波帮经营理念研究[M].宁波:宁波出版社,2004.

[4] 费正清.剑桥中华民国史[M].章建刚,等译.上海:上海人民出版社,1992.

[5] 俞福海.宁波市志[M].北京:中华书局,1995.

[6] 陈桥驿.吴越文化论丛[M].北京:中华书局,1999.

[7] 陶士和.浙江民国史研究通论[M].北京:中国社会科学出版社,2007.

[8] 郑绍昌.宁波港史[M].北京:人民交通出版社,1989.

[9] 乐承耀.近代宁波商人与社会经济[M].北京:人民出版社,2007.

[10] 乐承耀.宁波古代史纲[M].宁波:宁波出版社,2004.

[11] 乐承耀.宁波近代史纲(1840—1919)[M].宁波:宁波出版社,1999.

[12] 傅璇琮.宁波通史(清代卷)[M].宁波:宁波出版社,2009.

[13] 周千军.甬人风采[M].宁波:宁波出版社,2007.

[14] 黄浙苏,钱路,林士民.庆安会馆[M].北京:中国文联出版社,2002.

[15] 黄定福.宁波近代建筑研究[M].宁波:宁波出版社,2010.

[16] 张守广.超越传统——宁波帮的近代化历程[M].重庆:西南师范大学出版社,2000.

[17] 潘起造.甬上宋明心学史[M].宁波:宁波出版社,2010.

[18] 蔡丰明.吴越文化的越海东传与流布[M].上海:学林出版社,2006.

[19] 陈国灿,奚建华.浙江古代城镇史[M].合肥:安徽大学出版社,2003.

[20] 浙江政协文史资料委员会.宁波帮企业家的崛起[M].杭州:浙江人民出版社,1989.

[21] 中国人民政治协商会议浙江省委员会文史资料研究委员会.浙江籍资本家的兴起[M].杭州:浙江人民出版社,1986.

[22] 陆敏珍.唐宋时期明州区域社会经济研究[M].上海:上海古籍出版社,2007.

[23] 孙善根.民国时期宁波慈善事业研究(1912—1936)[M].北京:人民出版社,2007.

[24] 林士民,沈建国.万里丝路——宁波与海上丝绸之路[M].宁波:宁波出版社,2002.

[25] 林士民.三江变迁[M].宁波:宁波出版社,2002.

[26] 徐季子,周冠明.千年月湖[M].宁波:宁波出版社,2002.

[27] 宁波文物保护管理所等.宁波文物考古研究文集[M].北京:科学出版社,2006.

[28] 杨馥源.外滩文化与城市发展[M].上海:上海远东出版社,2004.

[29] 张仲礼.近代上海城市研究(1840—1949)[M].上海:上海文艺出版社,2008.

[30] 罗苏文.近代上海都市社会与生活[M].北京:中华书局,2006.

[31] 杨古城.四明寻踪[M].宁波:宁波出版社,2002.

[32] 林崇建等.混合所有制经济——宁波的实践与探索[M].宁波:宁波出版社,2007.

[33] 谢永康.科学发展　共建和谐——宁波改革开放30年[M].杭州:浙江人民出版社,2008.

[34] 赵江滨.宁波帮志·科技卷[M].北京:中国社会科学出版社,2009.

[35] 周兴华.宁波帮志·文化卷[M].北京:中国社会科学出版社,2009.

[36] 高伟.生存论教育哲学[M].北京:教育科学出版社,2006.

[37] 刘恒武.宁波古代对外文化交流——以历史文化遗存为中心[M].北京:海洋出版社,2009.

[38] 张海洋.中国多元文化与中国人的认同[M].北京:民族出版社,2006.

[39] 张如安.南宋宁波文化史[M].杭州:浙江大学出版社,2013.

[40] 陈铨亚.中国本土商业银行的截面:宁波钱庄[M]杭州:浙江大学出版社,2010.

[41] 周志锋.周志锋解说宁波话[M].北京:语文出版社,2012.

[42] 郭正伟.探索与跨越——宁波农村改革发展30年[M].北京:新华出版社,2008.

[43] 方豪.中西交通史[M].上海:上海人民出版社,2008.

[44] 傅筑夫.中国古代经济史概论[M].北京:中国社会科学出版社,1981.

[45] 沉睡.文化中国——剧变背景下的中国前沿论辩[M].北京:社会科学文献出版社,2004.

[46] 吴国盛.让科学回归人文[M].南京:江苏人民出版社,1999.

[47] 傅崇兰,等.中国城市发展史[M].北京:社会科学文献出版社,2009.

[48] 杨宏烈.城市历史文化保护与发展[M].北京:中国建筑工业出版社,2006.

[49] 于洪俊,宁越敏.城市地理概论[M].合肥:安徽科学技术出版社,1983.

[50] 郑孝燮.留住我国建筑文化的记忆[M].北京:中国建筑工业出版社,2007.

[51] 傅崇兰.中国运河城市发展史[M].成都:四川人民出版社,1985.

[52] 复旦大学历史地理研究中心.港口:腹地和中国现代化进程[M].济南:齐鲁书社,2005.

[53] 陈吉余.陈吉余(伊石)2000——从事河口海岸研究五十五年论文选[M].上海:华东师范大学出版社,2000.

[54] 陈勤建.中国鸟信仰:关于鸟化宇宙观的思考[M].北京:学苑出版社,2003.

[55] 陶鹤山.市民群体与制度创新——对中国现代主体的研究[M].南京:南京大学出版社,2011.

[56] 钱穆.国史大纲:下册(修订本)[M].北京:商务印书馆,1994.

[57] 章启群.意义的本体论:哲学诠释学[M].上海:上海译文出版社,2002.

[58] 李亦园.人类的视野[M].上海:上海文艺出版社,1996.

[59] 周大鸣.文化人类学概论[M].广州:中山大学出版社,2009.

[60] 费孝通.乡土中国[M].上海:上海人民出版社,2006.

[61] 龚鹏程.中国传统文化十五讲[M].北京:北京大学出版社,2006.

[62] 钟敬文.民俗学概论[M].北京:高等教育出版社,2010.

[63] 高丙中.民俗文化与民俗生活[M].北京:中国社会科学出版社,1994.

[64] 吴小如.中国文化史纲要[M].北京:北京大学出版社,2001.

[65] 吕思勉.吕思勉中国文化史[M].北京:海潮出版社,2008.

[66] 陈登原.中国文化史[M].北京:商务印书馆,2014.

[67] 余英时.士与中国文化[M].上海:上海人民出版社,2003.

[68] 钱穆.中国文化史导论[M].北京:商务印书馆,1994.

[69] 周兵.新文化史:历史学的"文化转向"[M].上海:复旦大学出版社,2012.

[70] 丁援.文化线路:有形与无形之间[M].南京:东南大学出版社,2011.

[71] 张鸿雁.城市形象与城市文化资本论[M].南京:东南大学出版社,2002.

[72] 胡兆量等.中国文化地理概述[M].北京:北京大学出版社,2009.

[73] [美]施坚雅.中华帝国晚期的城市[M].叶光庭,等,译.北京:中华书局,2000.

[74] 陈立旭.都市文化与都市精神[M].南京:东南大学出版社,2002.

[75] 倪鹏飞.中国城市竞争力报告[M].北京:社会科学文献出版社,2010.

[76] 李欧梵.未完成的现代性[M].北京:北京大学出版社,2005.

[77] 董晓萍.全球化与民俗保护[M].北京:高等教育出版社,2007.

[78] 邵汉明.中国文化研究二十年[M].北京:人民出版社,2006.

[79] 叶涛.中国民俗[M].北京:中国社会出版社,2006.

[80] 周晓明.人类交流与传播[M].上海:上海文艺出版社,1990.

[81] [德]舍勒.人在宇宙中的地位[M].李伯杰译.贵阳:贵州人民出报社,1989.

[82] [德]舍勒.知识社会学问题[M].艾彦译.北京:华夏出版社,2000.

[83] [德]胡塞尔.现象学的观念[M].倪良康译.上海:上海译文出版社,1986.

[84] [美]赫舍尔.人是谁[M].隗仁莲,安希孟译.贵阳:贵州人民出版社,1994.

[85] [法]佩雷菲特.停滞的帝国:两个世界的撞击[M].王国卿,等译.北京:三联书店,1993.

[86] [美]克利福德·吉尔兹.地方性知识——阐释人类学论文集[M].王海龙,张家瑄译.北京:中央编译出版社,2000.

[87] [美]爱德华·麦克诺尔·伯恩斯,等.世界文明史[M].罗经国译.北京:商务印书馆,1987.

[88] [英]戴维·赫尔德,等.全球大变革:全球化时代的政治、经济与文化[M].杨雪冬,等译.北京:社会科学文献出版社,2001.

[89] [美]列文森.儒教中国及其现代命运[M].郑大华,任菁译.北京:中国社会科学出版社,2000.

[90] [德]哈贝马斯.交往行为理论:行为合理性与社会合理化(第1卷)[M].曹卫东译.上海:上海人民出版社,2004.

[91] [挪威]托马斯·许兰德·埃里克森.小地方,大论题——社会文化人类学导论[M].董薇译.北京:商务印书馆,2008.

[92] [美]罗伯特·F·墨菲.文化与社会人类学引论[M].王卓君译.北京:商务印书馆,2009.

[93] 梁漱溟.东西文化及其哲学[M].北京:商务印书馆,1999.

[94] 牟宗三.中西哲学之会通十四讲[M].上海:上海古籍出版社,1997.

[95] 林毓生.中国传统的创造性转化[M].北京:三联书店,1996.

[96] 李维武.20世纪中国哲学本体论问题[M].长沙:湖南教育出版社,1998.

[97] 李瑜青,等.人本思潮与中国文化[M].北京:东方出版社,1998.

[98] 林安梧.儒学与中国传统社会之哲学省察[M].台北:幼狮出版公司,1996.

[99] (宋)司马光.资治通鉴[M].北京:国家图书馆,2012.

[100] (元)脱脱等.宋史[M].北京:中华书局,1985.

[101] (宋)胡榘,罗濬纂修.宝庆四明志[M].上海:上海古籍出版社,1995.

[102] (清)徐兆昺,撰.周冠明、桂心仪,点校.《四明谈助》[M].宁波:宁波出版社,2000.

[103] 刘恒武,袁颖.浙东地区港城的萌芽及早期发展的初步研究[J].周秦汉唐文化研究[M].西安:三秦出版社,2004.

[104] 王勇.唐代明州与中日交流[J].宁波与海上丝绸之路[M].北京:科学出版社,2006.

[105] 林东华.试论河姆渡文化与古越族的关系[J].百越民族史论文集[M].北京:中国社会科学出版社,1982.

[106] 黄敏枝.南宋四明史氏家族与佛教的关系[A].宋史研究论文集——国际宋史研讨会暨中国宋史研究会第九届年会编刊[C].2000.

[107] 王笛.试论清末商会的设立与官商关系[J].史学月刊,1987(4).

[108] 柳立言.士人家族与地方主义——以明州为例[J].历史研究,2009(4).

[109] 孙建红.宁波民营企业制度演变的历史考察[J].中国经济史研究,2011(2).

[110] 陈桥驿.论历史时期宁绍平原的湖泊演变[J].地理研究,1984(3).

[111] 陈桥驿.越族的发展与流散[J].东南文化,1989(6).

[112] [日]斯波义信:商业在唐宋变革中的作用[J].张天虹译.文史哲(济南), 2009(3).

[113] 刘佳.从传统节日起源看中西方文化差异[J].安徽文学(下半月),2010(3).

[114] 郑永华.清代北京业缘商馆的宗教民俗——以神祇奉祀为中心的探讨[J]. 北京历史文化研究,2007(1).

[115] 李向平.信仰是一种权力关系的建构——中国社会"信仰关系"的人类学分 析[J].西北民族大学学报(哲学社会科学版),2012(5).

[116] 韩琦.美洲白银与早期中国经济的发展[J].历史教学问题[M],2005(2).

[117] 庄国土.论中国海洋史上的两次发展机遇与丧失的原因[J].南洋问题研究, 2006(1).

[118] 张岩磊.生命意义的反思与澄明——信仰的生存论阐释[D].东北师范大学 硕士学位论文,2009.

**图书在版编目(CIP)数据**

文·化宁波:宁波文化的空间变迁与历史表征 / 黄
文杰著. —杭州:浙江大学出版社,2015.6
ISBN 978-7-308-14879-5

Ⅰ.①文… Ⅱ.①黄… Ⅲ.①文化史－研究－宁波市
Ⅳ.①K295.53

中国版本图书馆 CIP 数据核字(2015)第 163529 号

**文·化宁波——宁波文化的空间变迁与历史表征**

黄文杰 著

| | | |
|---|---|---|
| **责任编辑** | 吴伟伟 weiweiwu@zju.edu.cn | |
| **封面设计** | 春天书装 | |
| **出版发行** | 浙江大学出版社 | |
| | (杭州市天目山路 148 号　邮政编码 310007) | |
| | (网址:http://www.zjupress.com) | |
| **排　　版** | 浙江时代出版服务有限公司 | |
| **印　　刷** | 杭州日报报业集团盛元印务有限公司 | |
| **开　　本** | 710mm×1000mm　1/16 | |
| **印　　张** | 23 | |
| **字　　数** | 386 千 | |
| **版印次** | 2015 年 6 月第 1 版　2015 年 6 月第 1 次印刷 | |
| **书　　号** | ISBN 978-7-308-14879-5 | |
| **定　　价** | 60.00 元 | |